Studientexte zur Soziologie

Reihe herausgegeben von
Dorett Funcke, Hagen, Deutschland
Frank Hillebrandt, Hagen, Deutschland
Uwe Vormbusch, Hagen, Deutschland
Sylvia Marlene Wilz, Hagen, Deutschland

Die „Studientexte zur Soziologie" wollen eine größere Öffentlichkeit für Themen, Theorien und Perspektiven der Soziologie interessieren. Die Reihe soll in klassische und aktuelle soziologische Diskussionen einführen und Perspektiven auf das soziale Handeln von Individuen und den Prozess der Gesellschaft eröffnen. In langjähriger Lehre erprobt, sind die Studientexte als Grundlagentexte in Universitätsseminaren, zum Selbststudium oder für eine wissenschaftliche Weiterbildung auch außerhalb einer Hochschule geeignet. Wichtige Merkmale sind eine verständliche Sprache und eine unaufdringliche, aber lenkende Didaktik, die zum eigenständigen soziologischen Denken anregt. Herausgegeben vom Institut für Soziologie der FernUniversität in Hagen, repräsentiert durch Dorett Funcke, Frank Hillebrandt, Uwe Vormbusch, Sylvia Marlene Wilz, FernUniversität in Hagen, Deutschland

Weitere Bände in der Reihe http://www.springer.com/series/12376

Thomas Loer

Reziprozität

Annäherungen an eine
Grundlegung der Kultur- und
Sozialwissenschaften

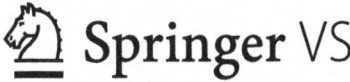

Thomas Loer
independent
Bergkamen-Overberge
Deutschland

Studientexte zur Soziologie
ISBN 978-3-658-32111-6   ISBN 978-3-658-32112-3 (eBook)
https://doi.org/10.1007/978-3-658-32112-3

Die Deutsche Nationalbibliothek verzeichnet diese Publikation in der Deutschen Nationalbibliografie; detaillierte bibliografische Daten sind im Internet über http://dnb.d-nb.de abrufbar.

© Der/die Herausgeber bzw. der/die Autor(en), exklusiv lizenziert durch Springer Fachmedien Wiesbaden GmbH, ein Teil von Springer Nature 2021
Das Werk einschließlich aller seiner Teile ist urheberrechtlich geschützt. Jede Verwertung, die nicht ausdrücklich vom Urheberrechtsgesetz zugelassen ist, bedarf der vorherigen Zustimmung der Verlage. Das gilt insbesondere für Vervielfältigungen, Bearbeitungen, Übersetzungen, Mikroverfilmungen und die Einspeicherung und Verarbeitung in elektronischen Systemen.
Die Wiedergabe von allgemein beschreibenden Bezeichnungen, Marken, Unternehmensnamen etc. in diesem Werk bedeutet nicht, dass diese frei durch jedermann benutzt werden dürfen. Die Berechtigung zur Benutzung unterliegt, auch ohne gesonderten Hinweis hierzu, den Regeln des Markenrechts. Die Rechte des jeweiligen Zeicheninhabers sind zu beachten.
Der Verlag, die Autoren und die Herausgeber gehen davon aus, dass die Angaben und Informationen in diesem Werk zum Zeitpunkt der Veröffentlichung vollständig und korrekt sind. Weder der Verlag, noch die Autoren oder die Herausgeber übernehmen, ausdrücklich oder implizit, Gewähr für den Inhalt des Werkes, etwaige Fehler oder Äußerungen. Der Verlag bleibt im Hinblick auf geografische Zuordnungen und Gebietsbezeichnungen in veröffentlichten Karten und Institutionsadressen neutral.

Lektorat: Cori A. Mackrodt
Springer VS ist ein Imprint der eingetragenen Gesellschaft Springer Fachmedien Wiesbaden GmbH und ist ein Teil von Springer Nature.
Die Anschrift der Gesellschaft ist: Abraham-Lincoln-Str. 46, 65189 Wiesbaden, Germany

Inhalt

Vorwort zur Buchausgabe VII

Vorwort zur Ausgabe als Studienbrief IX

1 **Vorbemerkung** 1

2 **Alltägliche Reziprozität** 5
2.1 Vorbemerkung 5
2.2 Grüßen 6
    2.2.1 Analyse 6
    Exkurs zum Verhältnis von Praxis, Datenmaterial
    und Analyse 9
    2.2.2 Fazit 30
2.3 Sich Verabschieden 31
    2.3.1 Analyse 31
    2.3.2 Fazit 32
    Exkurs zu den Begriffen ‚Wirklichkeit' und ‚Realität' 34
2.4 Danken 35
    2.4.1 Analyse 35
    Exkurs zu Gemeinschaft und Gesellschaft 40
    Exkurs zum Terminus ‚Kommunikation' 50
    2.4.2 Fazit 59
2.5 Schenken 60
    2.5.1 Analyse 60
    2.5.2 Fazit 71
2.6 Zum Begriff der Reziprozität im Ausgang
von alltäglichen Phänomenen 72

3 **Begriff der Reziprozität im Ausgang von der Untersuchung vorkolonialer Kulturen** 75
3.1 Vorbemerkung 75
3.2 Einige Phänomene (Ringtausch, Potlatsch) 76
  3.2.1 Das Phänomen des Ringtauschs 76
  3.2.2 Das Phänomen des Potlatsch 81
3.3 Die erste systematisierende Deutung (Gabe) 89
  3.3.1 Einleitung 89
  3.3.2 Bericht über das *hau* – eine Analyse 91
  3.3.3 Mauss' Deutung und Konzept der Gabe 109
3.4 Theoretische Explikation (Inzestverbot und Exogamie) 116
3.5 Versuch philosophischer Systematisierung 129

4 **Schlussfolgerungen: Reziprozität und die Grundlegung der Kultursoziologie** 141
4.1 Vorbemerkung 141
4.2 Vorüberlegungen zur Kultursoziologie 143
4.3 Tier und Mensch, Natur und Kultur 146
4.4 Die Reziprozitätsregel als Konstitutivum von Kultur 152
4.5 Ausklang 160
Nachtrag anlässlich der Pandemie mit SARS-CoV-2 161

Literatur 167

Originalzitate 193

Vorwort zur Buchausgabe

Seit dem November 2019, als das vorliegende Buch in seiner Fassung als Studienbrief für die FernUniversität in Hagen fertiggestellt wurde, spätestens aber seit März 2020 war es wohl niemandem vergönnt, neben der Zeit zu leben. Gleichwohl sind an dem Text nur wenige Änderungen vorgenommen worden. Die einen betreffen natürlich die Umstände, die mit der Pandemie mit dem Coronavirus SARS-CoV-2 zusammenhängen. Dass als Vorbeugemaßnahmen gegen eine Infektion mit dem Virus auf physische Kontakte[1] möglichst verzichtet werden muss, verhindert zwar bestimmte, mit solchem Kontakt einhergehende Formen des Reziprozitätsvollzugs – wie etwa das Händeschütteln –; dieser verschiebt sich aber nur auf andere Formen oder es entwickeln sich gar neue. Da es uns um grundlegende Fragen geht, beschränken sich die diesbezüglichen Änderungen im Wesentlichen auf eine Ergänzung am Ende des Buches. Zum anderen haben ausführliche Kommentierungen von Passagen des Studienbriefes durch Götz Hindelang (Witzenhausen) und Matthias Kettner (Witten) einige – hoffentlich klärende – Umformulierungen und Ergänzungen zur Folge gehabt. Beiden sei ausdrücklich

---

1 Ein verdinglichtes Verständnis von sozialen Beziehungen muss man bei denjenigen Sozialwissenschaftler vermuten, die im Zuge der Maßnahmen zur Ansteckungsminimierung während der Pandemie mit dem Coronavirus SARS-CoV-2 anfangs statt von der Vermeidung enger physischer Kontakte von der Einhaltung sozialer Distanz sprachen (zur Debatte auf einer deutschen Mailingliste hierzu s.: https://lists.fu-berlin.de/private/qsf_l/2020-March/msg00040.html; zuletzt angesehen am 9. Sept. 2020). Michael Dick etwa versucht diese Redeweise wie folgt zu rechtfertigen: „warum der Begriff so einfach übernommen wird? Vielleicht weil er das Empfinden der Menschen ausdrückt. Das wäre eine empirische Tatsache, die wir nicht ignorieren sollten." (ebd.) Damit setzt er Sache und Begriff ineins, statt auf der Aufgabe der Wissenschaft zu bestehen, die Sache auf den Begriff zu bringen. Die WHO änderte am 20. März 2020 ihre Terminologie (https://www.who.int/docs/default-source/coronaviruse/transcripts/who-audio-emergencies-coronavirus-press-conference-full-20mar2020.pdf?sfvrsn=1eafbff_0; zuletzt angesehen am 9. Sept. 2020).

gedankt, auch wenn ich fürchte, dass ihre Einwände nicht vollständig ausgeräumt werden konnten.

Was in dem Vorwort zur Ausgabe als Studienbrief formuliert wurde, gilt auch noch für das vorliegende Buch: Statt dass hier eingehende Forschungen zusammengeführt und auf bewährte Ergebnisse hin dargestellt würden, muss es als Propädeutikum gelten – und zwar nicht nur im Wortsinne als vorbereitend in der Lehre, sondern ebenso, wie der Untertitel sagt, als Annäherung an einen Begriff, der in einer weiterführenden und umfassenden Studie zur strukturellen Reziprozität zu explizieren ist, die der Autor bald vorlegen zu können hofft. – *Jetzt nur Stangen, diese Bäume / Geben einst noch Frucht und Schatten.*

Overberge, den 17. Sept. 2020

Vorwort zur Ausgabe als Studienbrief

Der Violinist Arnold Steinhardt, Mitbegründer des Guarneri String Quartet, schrieb bezüglich einer Schallplattenaufnahme des Klavierquintetts von Robert Schumann (op. 44), zu der der Pianist Artur Rubinstein das Quartett schelmisch verführte (vgl. Steinhardt 1998/2000: 155):[1][i] „Normalerweise sind Aufnahmen ein natürlicher Spross von Aufführungen, aber in diesem Fall war es umgekehrt."[ii] (a. a. O.: 156) – In ähnlicher Weise verhält es sich mit diesem Studienbrief: Normalerweise sind Studienbriefe und andere Lehrmaterialien ein natürlicher Spross von elaborierten Forschungsergebnissen und erprobten theoretischen Ausarbeitungen, aber in diesem Fall... Ich ließ mich dazu verführen, ein Thema für einen Studienbrief *aufzubereiten*, das zu erforschen und theoretisch zu explizieren ich mir lange schon vorgenommen, dessen *Erarbeitung* ich aber aus verschiedenen Gründen immer wieder verschoben hatte. Dies führte unvermeidlicherweise zu zwei miteinander verschränkten Problemen: Eine Aufbereitung setzt naturgemäß

---

1   Fremdsprachige Zitate werden in diesem Studienbrief in deutschen Übersetzungen wiedergegeben; die Originalzitate finden sich am Ende des Bandes (ab S. 193) und können anhand der Endnotennummer (in lateinischen Ziffern in Minuskeln) zugeordnet werden; diese folgt entweder direkt dem Zitat oder, wenn das Zitat sich in einer Fußnote befindet, der in arabischen Ziffern gesetzten Fußnotennummer. – Erfahrungen mit Übersetzungen auch renommierter Übersetzer zeigen, dass Übersetzungen nicht nur bei literarischen Texten problematisch sind (s. die Bemerkung des von Masatoshi Nagase gespielten japanischen Dichters in dem Film „Paterson" [2016] von Jim Jarmusch: „Gedichte in Übersetzung sind wie duschen mit Regenmantel." – ca. h 1:13; ich danke Andreas Zäh, Frankfurt/M., für den Hinweis auf diesen Film); auch bei wissenschaftlichen Texten ist der Verlust an Prägnanz oftmals erheblich (s. auch Loer 2005: 3, Fn. 1). Nicht durch eine deutschsprachige Veröffentlichung nachgewiesene Übersetzungen stammen vom Autor des vorliegenden Buches. – Sind bei Literaturangaben zwei Jahreszahlen angegeben, so wird vor dem Schrägstrich das Jahr der Erstveröffentlichung und nach dem Schrägstrich das Erscheinungsjahr der benutzten Ausgabe genannt.

einen bereits vorliegenden Stoff voraus, der eben aufbereitet werden kann. Wenn nun dieser Stoff, dieses Thema im Prozess der Aufbereitung selbst erst erarbeitet wird – wenn also etwa im Zuge der Aufbereitung eines Erzes dieses überhaupt erst gewonnen wird –, so wird auf der einen Seite die *Aufbereitung,* die dann ja immer wieder mit der Erarbeitung verschränkt ist, nicht so gründlich erfolgen können, dass sie zu einem leicht verwendbaren Konzentrat führt; vielmehr wird dieses immer mehr oder weniger offensichtlich die Erarbeitung seines Ausgangsthemas erkennen lassen – das leicht verwendbare Erzpulver wird also mehr oder weniger grobe Körnchen und Brocken enthalten. Auf der anderen Seite wird die *Erarbeitung* des Themas unter Umständen verkürzt oder beschleunigt werden müssen, um rascher zu dem verwendbaren Konzentrat zu gelangen, was aber eine vorschnelle und damit unzureichende Klärung mit sich bringen könnte – beim Flotieren könnten etwa scheinbare Verunreinigungen vorschnell abgeschöpft und die Qualität des Erzes so verringert werden. Wenn nun im Laufe der Arbeit an diesem Studienbrief eine Entscheidung zu treffen war zwischen *eingängigerer Aufbereitung* zum Zwecke leichterer Verwendung und *gründlicherer Erarbeitung* des Themas, so habe ich mich in der Regel für Letztere entschieden, wohl wissend, dass damit hier und da die Nutzer des Studienbriefs stark gefordert sind in ihrer Bereitschaft, sich auf komplexe Zusammenhänge einzulassen. Es geht aber hier wie in aller Lehre um „die Arbeit des Denkens, das Anstoß nimmt an befremdlichen Zügen der Erfahrungswelt" (Rumpf 2002: 14) – und in der Wissenschaft müssen an der Erfahrungswelt die vertrauten Züge methodisch befremdlich gemacht werden; die Welt muss mit einem „entfernten Blick"[2][iii] betrachtet werden, um an ihr neue Erkenntnisse gewinnen zu können.

Hierfür wird eingangs – von den Studenten wie von den Dozenten – vor allem die Geduld gefordert sein, sich auf die bekannte Erfahrungswelt einzulassen wie auf Unvertrautes. Für den Lehrenden der Kunst und Literatur hat Ezra Pound dies vorsichtig in eine triftige Maxime gefasst: „Ich glaube, der ideale Lehrer würde

---

2   So der Titel eines Buches von Claude Lévi-Strauss (1983), der in der deutschen Ausgabe verkürzend „Der Blick aus der Ferne" lautet (1983/1985). Auf die Frage, wie er zu dem Titel gekommen sei, antwortete Lévi-Strauss: „Es ist ein dem Japanischen entlehnter Titel, der mir bei der Lektüre von Zeami eingefallen ist, dem Schöpfer des Nô. Er sagt, man müsse, um ein guter Schauspieler zu sein, imstande sein, sich selbst auf eben die Weise zu betrachten, wie die Zuschauer einen betrachten, und er gebraucht den Ausdruck des entfernten Blicks. Ich habe bemerkt, daß dieser Ausdruck sehr genau die Haltung des Ethnologen, der seine eigene Gesellschaft betrachtet, wiedergibt, nicht wie er sie in der Eigenschaft eines ihrer Glieder sieht, sondern wie andere Beobachter, die in weiter zeitlicher oder räumlicher Entfernung plaziert sind, sie betrachten würden." (Lévi-Strauss/Eribon 1988/1989: 262; kÜ) – Da, wie gesagt, auch bei wissenschaftlichen Texten Übersetzungen häufig zu einem Verlust an Prägnanz führen, wurden ggf. die benutzten Übersetzungen von mir korrigiert; mit der Hinzufügung „kÜ" wird dies markiert.

sich jedem Meisterwerk, das er seiner Klasse präsentierte, geradezu so nähern, als ob er es niemals zuvor gesehen hätte."[iv] (Pound 1934/1987: 86; Kursivierung getilgt) Dies verhindert ein zu schnelles Einrasten von Vor-Urteilen, die in der Praxis unabdingbar das uns praktisch Vertraute konstituieren. In der Wissenschaft aber führte dieses Einrasten zu „unvollständigen Beobachtungen und noch unvollständigeren Induktionen" aus denen „irrige Ansichten vom Wesen der Naturkräfte [entstehen]: Ansichten, die, durch bedeutsame Sprachformen gleichsam verkörpert und erstarrt, sich wie ein Gemeingut der Phantasie durch alle Klassen einer Nation verbreiten." (von Humboldt 1845–62/2008·1: 27)

Erst nach einem befremdlichen und befremdenden Durchgang durch die vertraute Alltagswelt wenden wir uns vorliegenden Forschungsergebnissen und begrifflichen Ausarbeitungen des Themas zu; denn nun sind wir in der Lage, selbst zu beurteilen, ob es sich dabei um ‚durch bedeutsame Sprachformen erstarrte Ansichten' handelt, mittels derer man „so Bescheid weiß, dass das Phänomen [...] nicht mehr in Staunen versetzt, sondern dass es [...] nur zur Bestätigung des Gewussten schrumpft" (Rumpf 2002: 15), oder ob sie erlauben, „untersuchend und darum zweifelnd, das fest Ergründete vom bloß Wahrscheinlichen" zu trennen und „durch Erweiterung und Berichtigung" der Ansichten zu vervollkommnen (von Humboldt 1845–62/2008·1: 27).

Dabei decken die vorliegenden Forschungsergebnisse und theoretischen Erkenntnisse, die wir hier betrachten, bei weitem nicht das ganze Feld der Untersuchungen zu unserem Thema ab. Der Auswahl liegt die Überlegung zugrunde, diejenigen Autoren heranzuziehen, die das Thema der Reziprozität am fruchtbarsten erarbeitet haben. Dass dies mit Marcel Mauss und Claude Lévi-Strauss diejenigen Autoren sind, die zudem im Beginn der wissenschaftlichen Diskussion dazu stehen und sie damit auch überhaupt grundgelegt haben, ist kein Zufall. Der dritte Autor, dem wir ein Unterkapitel widmen, Marcel Hénaff, wiederum hat im Ausgang von den beiden zuvor genannten Forschern den Begriff der Reziprozität auf eine sehr anregende und weiterführende Weise in die Diskussion um die Konstitution von Gemeinschaft und Gesellschaft überhaupt zurückgebracht.

Die Ubiquität von Phänomenen der Reziprozität in alltäglichsten Handlungen und die Fundamentalität struktureller Reziprozität bringen es mit sich, dass man, wenn der Blick dafür einmal geöffnet ist, sie überall entdeckt. Das bedeutet, dass die hier im ersten Hauptkapitel untersuchten Phänomene alltäglicher Reziprozität sich leicht vervielfachen ließen. Dies kann man sich bei der Arbeit mit dem Studienbrief zunutze machen, indem man die Analysemethode auf weitere Phänomene anwendet, so einerseits die methodische Erschließung unserer sozialen Wirklichkeit einübend und andererseits dem Begriff der Reziprozität eigenständig weitere Facetten hinzufügend. – Anregungen dazu sind in Fußnoten untergebracht und mit dem in Kapitälchen gesetzten Hinweis WEITERE FORSCHUNGS-

MÖGLICHKEIT markiert; es sind, wie gesagt, Anregungen und sie sind keineswegs erschöpfend.

Diese erweiternde Forschung kann und sollte in Gruppen erfolgen, wie es sich für Analysen mit der Methode der Objektiven Hermeneutik, die hier zur Anwendung kommt, bewährt hat. Allerdings sollte über der mündlichen Arbeit in Gruppen nicht die intensive Auseinandersetzung mit den Phänomenen wie mit ihrer begrifflichen Explikation versäumt werden, die meiner Erfahrung nach der schriftlichen Be- und Ausarbeitung eigen ist und die leider in der universitären Lehre im Zuge ihrer bolognesen Beschleunigung ins Hintertreffen zu geraten droht. Hier ist m. E. dem Künstler und Kunstpädagogen Gert Selle zuzustimmen:

„Schreiben macht in der Tat etwas größer [...]. Schreiben gewährt Zeit und Konzentration für die Sache, es erlaubt die reflektierende Artikulation des Wahrnehmens und Denkens im stummen sprachlichen Vollzug. Es läßt Annäherung und Distanzierung zu, fordert auf, für sich zu sein und suspendiert vom Zwang, sogleich verbal mit anderen kommunizieren zu müssen. [...] gerade weil ein Verlust von Spontaneität des Ausdrucks zu verzeichnen ist, stellt sich ein Formanspruch auf Genauigkeit ein, der den kreativen Akt des Schreibens am Material der Sprache erfaßt, das in seiner Form Dauer beansprucht, vom Daherreden erlöst und zu einer bedachten Verantwortlichkeit für die Gültigkeit des Geschriebenen führt." (Selle 1994: 76 f.)

Dieser Verantwortlichkeit auch in dem hier vorgelegten Text nachgekommen zu sein, nehme ich für mich in Anspruch – ob ich ihn erfüllen konnte, müssen die Leser, die die Mühe auf sich nehmen, mit diesem Studienbrief zu arbeiten, beurteilen und sie müssen ihn sich eigenständig und gemäß eigenen Forschungs- und Bildungsinteressen aneignen. Da geht es einem wissenschaftlichen Autor mit seinem Werk nicht anders als einem Komponisten mit dem seinen:

„Wenn seine Komposition in die Welt hinausgeht, wie ein Kind, das erwachsen geworden ist und seine Eltern verlassen hat, verzichtet der Komponist auf die Kontrolle darüber. Er muss akzeptieren, dass jede Aufführung unterschiedlich sein wird, manche weit entfernt von seiner ursprünglichen Prämisse."v (Steinhardt 1998/2000; 177)

Insofern bleibt mir nur noch zu danken: Sascha Liebermann (Alfter) für einen diesmal weniger umfangreichen, nicht jedoch weniger intensiven, wie stets weiterführenden Austausch zu einigen Aspekten der Arbeit und zu Hinweisen, die zur Vermeidung von Missverständnissen beitrugen; Marcel Hénaff (San Diego), posthum, da er leider im Juli 2018 verstarb, für einen von Offenheit und Neugier geprägten kurzen, aber aufschlussreichen Briefwechsel; Rebekka Burke (Essen) für die Kommentierung meiner Analysen eines Maori-Textes; Götz Hindelang (Witzenhausen) für einen klärenden Schriftwechsel zur Frage der Rezensregel; Regina Loer (Bochum) für das Korrekturlesen einiger Passagen und für die Unterstützung bei der Literaturbeschaffung; Ute Fischer (Dortmund) und ihrer Hilfskraft Sina-Marie Levenig ebenso dafür; den Studenten meines im WS 2018/19 an der Universität Witten/Herdecke durchgeführten Seminars über Marcel Mauss für Anregungen und Nötigung zu weiterführender Explikation, darunter Kantemir Apaschev, der zudem aufschlussreiches Material beisteuerte (s. u., S. 60 ff.); schließlich, als Letzter, aber für das Entstehen des Studienbriefs Wichtigster, Dorett Funcke (Hagen) für einige klärenden Kommentare, vor allem aber für das Anstiften dieser Arbeit, die, wie gesagt, den forcierten Beginn, nicht den Beschluss der Beschäftigung mit dem Thema der Reziprozität markiert.

Overberge, den 10. Nov. 2019

Vorbemerkung 1

„Es geht immer hin und es geht her."
(Brückner 1993: 320)

Gegenstand der Soziologie ist menschliche Praxis, also Handeln in seinen vielfältigen Ausprägungen. Damit ist keineswegs die Berechtigung der Auffassung, es sei „Gesellschaft – das eigentliche Forschungsgebiet der Soziologie" (Institut für Sozialforschung 1956: 22), bestritten; allerdings begreifen wir menschliche Gesellschaft (s. u., S. 40) als wesentlich durch Praxis bestimmt. Dabei ist, wenn wir den Begriff der Praxis genauer betrachten, die Rede von ‚menschlicher Praxis'[1] schon ein Pleonasmus. Im Duden heißt es, das Wort ‚Praxis' leite sich her von „lat. praxis < griech. prāxis = das Tun; Handlung(sweise); Unternehmen; Wirklichkeit, zu: prássein, práttein = tun, handeln" (Duden 2001 a: Lemma ‚Praxis').

Hier sei bereits auf eine wichtige Differenz hingewiesen, die für unsere Überlegungen noch eine Rolle spielen wird: Einerseits bedeutet ‚Praxis' konkret „Geschäft, Unternehmung, Verrichtung" (Gemoll 1954/1979: 626) mit dem Fokus auf „Tat" (ebd.) und damit Entscheidung, die eine Entscheidungsmitte beinhaltet; andererseits bedeutet ‚Praxis' abstrakt „Handlungsweise" (ebd.); Letztere bezeichnen wir im Deutschen normalerweise als *Praktik*. In der Soziologie findet sich eine Tendenz zur Vernachlässigung dieser Differenz, was nicht ohne Folgen bleibt;

---

[1] *Anführungszeichen* werden in diesem Studienbrief wie folgt verwendet: Volle Anführungszeichen („xxx") stehen außer bei wörtlich wiedergegebenen Textstellen (Zitaten) vor und hinter wörtlich wiedergegebenen Äußerungen (so wenn etwa im analysierenden Text Äußerungen aus dem behandelten Datenmaterial zitiert, aber auch, wenn Beispieläußerungen gegeben werden); halbe Anführungszeichen (‚xxx') kennzeichnen metasprachliche Sprachverwendung – dies ist hier der Fall – oder markieren eine Anführung innerhalb einer Anführung (wenn im zitierten Text für diese eine andere Typographie – etwa Guillemets – verwendet wird, wird diese beibehalten).

diese Tendenz ist wohl dem Einfluss Pierre Bourdieus zuzuschreiben. Das Problem hat seinen Ausgang darin, dass sich im Französischen nicht so ohne Weiteres eine Unterscheidung zwischen Praxis und Praktik machen lässt, da beides ‚la pratique' heißt. Dies geht bei Bourdieu mit einer begrifflichen Verkürzung einher. Wo Soziologen von Bourdieus Praxis-Begriff ausgehen, setzt sich diese Verkürzung oftmals fort. So wird z. B. in Frank Hillebrandts „Soziologie der Praxis" (vgl. 2009: 19–90) der Begriff der Praxis auf den Aspekt der *Handlungsweise* reduziert – und dies, obwohl Hillebrandt als deutsch Schreibender oftmals von Praxis redet. Das zeigt sich etwa, wenn „Tausch[..] als Verkettung von Einzel*praktiken* in der Sach-, Sozial- und Zeitdimension" (a. a. O.: 96; kursiv von mir, TL) bestimmt und das dann als „*Praxis*theorie" (kursiv von mir, TL) bezeichnet wird. Das Verhältnis von Praxis und Praktik ist aber so zu sehen, dass eine Lebens*praxis* – sei dies ein Individuum oder ein Kollektiv – Entscheidungen trifft, deren Umsetzung sich in bestimmten Handlungsweisen, eben *Praktiken,* ausdrückt; die Wahl dieser Praktiken aber geht wiederum auf Entscheidungen der Praxis zurück. – Wenn ich (Person A) mich also etwa dafür entscheide, mich von Büchern zu trennen, so kann ich dies an einer Büchertauschbörse tun, und mich für eine Büchertauschbörse entscheiden, bei der ich zunächst eine gewisse Anzahl an Büchern abgebe (Praktik 1_A), was andere Personen B, C ... ebenfalls tun (Praktik 1_B, Praktik 1_C, ...), um dann in einem zweiten Schritt mir eine gewisse Anzahl an anderen Büchern auszusuchen (Praktik 2_A), was andere Personen B, C ... ebenfalls tun (Praktik 2_B, Praktik 2_C, ...). Die Verknüpfung dieser Einzelpraktiken ergibt aber nicht eine Praxis, sondern ein aufeinander bezogenes Tausch-Handeln – wie dieses genau zu denken ist, damit müssen wir uns noch beschäftigten.

Zurück zum Handeln: Handeln ist regelgeleitetes Verhalten. Wir werden später (s. u., S. 143) noch auf diese Annahme zurückkommen, betrifft sie doch einen wichtigen Aspekt unseres Themas; wir müssen aber hier schon festhalten, dass der Begriff des Verhaltens im weiteren Sinne – das ist hier gemeint – vom Begriff des Verhaltens im engeren Sinne unterschieden werden muss. Ersterer ist das Genus proximum sowohl zu Letzterem wie zum Begriff des Handelns. Handeln nun ist spezifisch menschlich;[2] Tiere handeln nicht, sondern verhalten sich – hier ist Verhalten nun im engeren Sinne zu verstehen. Das bedeutet, sie verhalten sich gemäß ihrer genetischen Programmierung und den erlernten „Verhaltensmustern"[vi] (Count 1970: 7), die in entsprechend genetisch vorgesehenen Prägungsphasen erworben werden und in die genetische Ausstattung passen.

Wenn wir uns in einem soziologischen Studienbrief der Sache und dem Begriff der Reziprozität zuwenden, so thematisieren wir diese also als einen Aspekt

---

2 Auch diese Behauptung stellt einen Vorgriff dar; wir werden sehen, dass sie zu den zentralen Aspekten unseres Themas gehört.

Vorbemerkung

von Handeln. Sofort stellen sich natürlich viele Fragen: Inwiefern ist Reziprozität ein Aspekt von Handeln? Worin manifestiert sie sich im Handeln? Was ist ihre Bedeutung im Handeln?

Wenn ein Soziologe sich einem Gegenstand zuwendet, der bereits mit einem Terminus benannt wird, so tut er gut daran, sich über die Etymologie des Terminus Klarheit zu verschaffen.³ Was also heißt ‚Reziprozität'? Das Wort stammt offensichtlich aus dem Lateinischen; ziehen wir ein lateinisches Wörterbuch heran, so finden wir jedoch das Wort selbst zunächst nicht. Wenn wir aber das Suffix ‚-ität' abziehen, das aus der lateinischen Endung ‚-itas' oder aus der französischen Endung ‚-ité' abgeleitet ist (vgl. Eisenberg 1998: 274) und die Substantivierung – und zwar im Sinne einer Eigenschaft⁴ – markiert, so bleibt der Stamm ‚reziprok'⁵ zurück und dessen lateinisches Pendant findet sich sehr wohl: „reciprocus, a, um (aus *recus u. *procus [vgl. proceres] zusammengesetzt), auf demselben Wege zurückgehend, -kehrend, -tretend" (Georges 1913–18/2002: Lemma ‚reciprocus'; Hervorhebungen getilgt, TL). Damit können wir also vorläufig und vorgängig festhalten, dass mit dem Terminus ‚Reziprozität' eine Eigenschaft des Handelns gekennzeichnet ist, die darin besteht, dass etwas an ihm ‚auf demselben Wege zurückgeht' – dies setzt voraus, dass es zuvor auf diesem Weg in die andere Richtung hingegangen sein muss. Was mag das sein? Bevor wir, was ja eine Möglichkeit wäre, die Literatur zum Thema der Reziprozität heranziehen, werden wir versuchen, uns anhand von Beispielen alltäglicher Reziprozität einen eigenen Begriff zu erarbeiten; dies erlaubt es uns, einen Maßstab für die kritische Sichtung der Literatur zu entwickeln.

In dieser Hinsicht lässt sich auf unser Vorgehen bezüglich des Begriffs der Reziprozität übertragen, was Ralf Dahrendorf zu seinem Vorgehen bezüglich des Begriffs ‚homo sociologicus' sagt:

> „Statt begrifflicher Kritik und Polemik soll uns zunächst der Sachzusammenhang, aus dem *homo sociologicus* entspringt, beschäftigen, bevor wir die Zeugenaussagen an den Ergebnissen unserer eigenen Untersuchung messen." „Es bedarf kaum der Betonung, daß die folgende Analyse dennoch nicht ‚naiv', sondern ständig an der soziologischen Diskussion der in Frage stehenden Kategorien orientiert ist. [...] Wo die folgende Darstellung direkt von einzelnen Autoren abhängig ist, ist dies selbstverständlich angemerkt." (1959/1965: 23; kursiv i. Orig.)

---

3 S. etwa zu Begriff und Terminus ‚Supervision': Loer 2018 a: 7 f.
4 S. für die entsprechende lateinische Endung: Stowasser 1979/1998: XV.
5 Auf den Lautwandel von ‚k' zu ‚z' gehen wir hier nicht ein; sie geben zwei verschiedene Aussprachevariante des lateinischen ‚c' wieder (vgl. Stowasser 1979/1998: IX f., XXIII).

Alltägliche Reziprozität 2

2.1 Vorbemerkung

Im folgenden werden wir uns durch unseren zeitgenössischen Alltag bewegen und dort Momenten der Reziprozität nachspüren. Hierbei ist, wie sich rasch zeigen wird, eine Auswahl zu treffen; die von uns getroffene dient einerseits dem Ziel größtmöglicher Anschaulichkeit, ist aber andererseits in gewisser Hinsicht auch zufällig: abhängig vom zufälligen Ort des Autors. ‚Ort des Autors' meint seine Position in der Geschichte: verortet im 20. und 21. Jahrhundert, und seine Position in der Weltkultur: verortet in der westlichen Kultur, auf deren Boden, wie Max Weber festhielt, „Kulturerscheinungen auftraten, welche […] in einer Entwicklungsrichtung von u n i v e r s e l l e r Bedeutung und Gültigkeit lagen" (Weber 1920/1986: 1; gesperrt i. Orig.). Zu diesen „Kulturerscheinungen" zählt die Wissenschaft[1] mit dem rationalen Beweis (ebd.), die „rationale harmonische Musik" (a. a. O.: 2) und ihre Weiterentwicklung,[2] die „»klassische[..]« Rationalisierung der gesamten Kunst" (a. a. O.: 3), die „Fachbeamten" als Eckpfeiler des modernen Staats und der modernen Wirtschaft" (ebd.; Sperrung getilgt, TL), der moderne Politiker,[3] der „»Staat« überhaupt im Sinn einer politischen Anstalt, mit rational gesatzter »Verfassung«, rational gesatztem Recht und einer an rationalen, gesatzten Regeln: »Gesetzen«, orientierten Verwaltung" (a. a. O.: 3 f.), „die rational-kapitalistische Organisation" der Wirtschaft (a. a. O.: 7), der Unternehmer[4] sowie die „praktisch-rationale[..] L e b e n s f ü h r u n g überhaupt" (a. a. O.: 12; gesperrt i.

---

1 S. hierzu auch Weber 1919/1985 und Oevermann 2005.
2 S. dazu exemplarisch die Kapitel über John Cage und Helmut Lachenmann bei Albrecht Wellmer (2009: 219–299).
3 S. hierzu Weber 1919/1980.
4 S. hierzu Schumpeter 1928/1987; vgl. auch Loer 2006 a.

Orig.). Die erstgenannte Kulturerscheinung, die Wissenschaft, ist Voraussetzung dafür, sich überhaupt Phänomenen der Reziprozität neugierig, unvoreingenommen und ohne praktische Notwendigkeit zuzuwenden und sie methodisch zu untersuchen, sowie den Gegenstand, den sie darstellen, auf den Begriff zu bringen und das hervorgebrachte Wissen zu systematisieren (s. Endruweit 1989 b: 820); die Kulturerscheinung der Wissenschaft betrifft also die *Haltung*, mit der wir uns den zu betrachtenden Phänomenen zuwenden. Die letztgenannte Kulturerscheinung, die methodische Lebensführung, betrifft die *Beispiele*, die wir in unserer Kultur finden können – und wir müssen uns später die Frage stellen, ob und ggf. inwiefern diese Beispiele tatsächlich Momente ‚universeller Gültigkeit' erkennbar werden lassen. Dies betrifft auch die durch den historischen Ort bedingte Selektivität – so werden wir etwa beim Grüßen, das im nächsten Abschnitt dieses Kapitels behandelt werden soll, kaum Beispiele finden wie „Gnädige Frau haben befohlen." (Fontane 1894–95/2000: 16430) –, was ebenfalls die Frage ‚universeller Gültigkeit' aufwerfen wird. Es heißt etwa in einem Anstandsbuch des 19. Jahrhunderts über den Gruß: „Verschiedenartig fast bei allen civilisierten Völkern, – die [sic!] uncivilisierten garnicht zu gedenken – sind auch innerhalb der Grenzen nationaler Sitte seine Formen vielgestaltig." (von York 1893/2004: 18446 [280])

2.2 Grüßen

2.2.1 Analyse

Dass das Grüßen eine Exemplifizierung von Reziprozität darstellt, ist ein vorgängiges Urteil, also ein Vorurteil, das sich in der Analyse erst bewähren muss. Um Material auszuwählen, in dem der Gegenstand, der für die Beantwortung einer Forschungsfrage untersucht werden soll, a prima vista zum Ausdruck kommt[5] und folglich untersucht werden kann, bedürfen wir solcher vorgängigen Urteile. Diese Vorurteile stammen aus Erfahrungsregeln, für die Max Weber festhält, „daß wir, infolge unserer an der eignen Alltagserkenntnis geschulten Phantasie, bei der »Deutung« menschlichen Handelns die ausdrückliche Formulierung jenes Erfahrungsgehaltes in »Regeln« in weiterem Umfang als »unökonomisch« unterlassen und also die Generalisierungen »*implicite*« verwenden." (1903–06/1985: 111 f.; Sperrung getilgt, kursiv von mir, TL) Aufgabe der Wissenschaft ist es aber, Sachverhalte zu *explizieren* und auf den Begriff zu bringen, so dass eben die vorgängigen Deutungen, die aus Erfahrungsregeln alltäglichen Ursprungs oder auch

---

5   Zum Weg, der von der Forschungsfrage zur Theorie zu beschreiten ist, vgl. Funcke/Loer 2019 b, bes.: 1–17.

aus wissenschaftlichen Erkenntnissen[6] stammen können, (weiter) expliziert und im Zuge der Explikation auf ihre Geltung überprüft werden müssen. Insofern ist das vorgängige Urteil vorläufig und es geht nicht um die Subsumtion des Phänomens (hier: Grüßen) unter einen Begriff (hier: Reziprozität). „So wie der theoretische Begriff erst in der rekonstruierenden Darstellung einer konkreten Sache seine Gültigkeit erweisen kann, so kann gleichzeitig – in umgekehrter Richtung – die konkrete Sache erst in der Allgemeinheit der rekonstruierenden Begriffsbildung ihre gültige Ausdrucksgestalt gewinnen." (Oevermann 1983: 234)

Statt uns also zu fragen, was denn nun ein Gruß sei, gehen wir von einem konkreten Phänomen aus; dieses untersuchen wir zugleich daraufhin, welche *Besonderheit* es darstellt, sowie daraufhin, welches *Allgemeine* in ihm sich realisiert. Das Phänomen des Grüßens ist ubiquitär, so dass es künstlich wäre, wir würden zunächst ein entsprechendes Protokoll erheben – etwa ein Tonbandgerät in einer Bäckerei aufstellen, um die Begrüßungen dort aufzuzeichnen[7] –; stattdessen können wir leicht gedankenexperimentell ein entsprechendes Protokoll erstellen:

(I) A: Guten Morgen \...[8]

Diese Äußerung von A werden wir als des Deutschen mächtige Sprecher sofort als Begrüßungshandlung verstehen; bei der Bezeichnung ‚Begrüßungshandlung' handelt es sich zunächst um eine Deskription, mit der wir uns „auf der Ebene der Umgangssprache" (Oevermann 1983: 236) bewegen. Wir könnten sofort zahllose Situationen benennen, in denen diese Äußerung hätte fallen können. Was

---

6 Zum Grüßen heißt es etwa in einem Aufsatz Ulrich Oevermanns, in dem zum ersten Mal die Begrüßungshandlung in extenso analysiert wurde und auf den wir uns hier und im folgenden implizit wie explizit immer wieder beziehen: „Begrüßungshandlungen sind notwendig reziprok" (1983: 237).

7 Dies könnte allerdings durchaus aufschlussreich sein, wollten wir die historisch spezifische Grußpraxis und ihre Veränderung in einer bestimmten Gesellschaft untersuchen, was eine WEITERE FORSCHUNGSMÖGLICHKEIT wäre. – „Wenn man in deutschen Läden, Tankstellen, Hotels und Arztpraxen an den Kassen und Rezeptionspults zunehmend mit ‚Hallo' begrüßt wird, statt dass die Kassiererin, der Tankwart, der Portier und die Sprechstundenhilfe einem einen guten Tag oder einen guten Morgen wünscht, dann spürt man ganz elementar die Bedeutung, die der Gruß im gesellschaftlichen Leben hat: Die gesellschaftliche Beziehung zu den genannten Personen, obgleich rollenförmig und distant verbindlich, ist einer scheinbaren Vergemeinschaftung gewichen, die an Oberflächlichkeit und Unverbindlichkeit aber kaum zu übertreffen ist. Daran lässt sich die Entwicklung unserer Gesellschaft in einer Prägnanz rekonstruieren, die große Studien zum Wandel der Sozialstruktur kaum zu erreichen in der Lage sind." (Loer 2007 a: 408 f.)

8 Die Numerierung mit römischen Ziffern (in Majuskeln) werden in diesem Band für das zu analysierende Datenmaterial verwendet; der Großbuchstabe steht für einen Sprecher; das Symbol „\..." bedeutet, dass die wiedergegebene Äußerung des Sprechers noch weitergeht.

die Äußerung pragmatisch bedeutet, ist uns sofort klar. Da wir hier aber nicht eine bestimmte Praxis untersuchen, die sich entsprechend äußert,[9] sondern die *Begrüßungshandlung selbst,* müssen wir uns fragen, was die Äußerung selbst nun bedeutet.

Götz Hindelang machte auf einen „Forschungstrend" in der Linguistik aufmerksam: „In den letzten Jahrzehnten hat die sog. Konstruktionsgrammatik sehr viel Verständnis für die ungewöhnlichen, festgefügten, quasi idiomatischen Wendungen in der Sprache aufgebracht. Die Konstruktionen werden nach Auffassung dieser Linguisten in einem eigenen ‚Konstruktionen-Lexikon' gespeichert und müssen nicht als Verkürzungen von voll ausformulierten Sätzen analysiert werden. ‚Guten Morgen' wäre eine solche Konstruktion, die als Ganzes im mentalen Lexikon abgespeichert ist." (undat. [eingeg. am 11. Sept. 2020] briefl. Mitteilung an den Autor) Damit wäre eine Frage, wie die soeben gestellte nicht angebracht. Wir fragen allerdings nicht linguistisch, sondern soziologisch: Welches Handlungsproblem wird durch die Konventionalisierung von Grußformeln gelöst und was bedeutet diese konventionalisierte Form der Lösung. Um das zu untersuchen, können dann die konventionalisierten Formeln nicht schlicht als gegeben hingenommen werden, sondern müssen selbst in den Fokus der Untersuchung rücken und auf ihre Bedeutung hin untersucht werden. Ob die Grußformeln „in einem eigenen ‚Konstruktionen-Lexikon' gespeichert werden", ist demgegenüber nachrangig, denn sie sind ja nicht biologisch dort hineingewachsen, sondern wurden geregeltem[10][vii] Handeln entnommen, das seine objektive Bedeutung hat, unabhängig davon, ob diese subjektiv realisiert wird.

Insofern spüren wir der Bedeutung der „Konstruktion" „Guten Morgen" weiter nach; es handelt sich offenbar entweder um einen Dativ oder um einen Akkusativ, jedenfalls aber um eine elliptische Äußerung, denn im Deutschen erfordern beide die Verwendung eines Artikels – sei es des bestimmten oder des unbestimmten. Wir können also etwa sagen: „Zu einem *guten Morgen* (gehört ein guter Kaffee.)"

---

9 Das ist die Ausrichtung des erwähnten Aufsatzes von Ulrich Oevermann (1983); er untersucht dort die Praxis der Fernsehkommunikation – exemplarisch an der Begrüßungshandlung.

10 Allerdings setzt die Konstruktionsgrammatik den Begriff der Konstruktion gerade *gegen* den Begriff der Regel, wie Charles Fillmore, Paul Kay und Catherine O'Connor in einem als ihr Gründungsdokument dieser Forschungsrichtung geltenden Aufsatz festhalten: „Der übergreifende Anspruch ist, dass die eigentlichen Einheiten der Grammatik mehr dem Begriff der Konstruktion in traditionellen und pädagogischen Grammatiken ähneln als dem der Regel in den meisten Versionen der generativen Grammatik." (1988: 501) – Auf diese Auseinandersetzung zwischen einem im weiteren Verlauf dann „biologischen Ansatz der Erforschung von menschlicher Gesellschaft, menschlichem Verhalten und Erkenntnisvermögen" (Croft 2006: 91) und der generativen Grammatik im Sinne Chomskys (1965 u. 1965/1972), kann hier nur hingewiesen werden.

Oder „An den *guten Morgen* (vor zwei Wochen, an dem wir gemeinsam frühstückten, erinnere ich mich gern.)"[11]
Da in unserem Protokoll nicht markiert ist, dass die Äußerung vor dem hier wiedergegebenen Teil begonnen hat – im Gegenteil: auch die Großschreibung des Adjektivs lässt vermuten, dass die Äußerung hier beginnt und aus unserer Erfahrung können wir ableiten, dass solche Äußerungen als initiale Äußerungen vorkommen –, müssen wir uns fragen, wie eine solche als gängig anzunehmende Ellipse sich auflösen lässt.

Exkurs zum Verhältnis von Praxis, Datenmaterial und Analyse

Zuvor soll aber kurz das *Verhältnis von Praxis, Datenmaterial und Analyse* bezüglich der Auswahl erläutert werden.[12] – Das unten stehende Schema verdeutlicht exemplarisch mögliche Selektionsverhältnisse von Analyse, Verschriftung, Audioaufzeichnung und zu erforschender Praxis. In der Regel ist es so, dass die Aufzeichnung (b) nicht so lang andauert wie die zu erforschende Praxis (a). – Eine interessante Ausnahme hierzu bildet jede fiktive Praxis wie etwa eine in einem Film hervorgebrachte. Dort fallen Beginn und Ende der fiktiven Praxis mit Beginn und Ende der Aufzeichnung zusammen.

Im Idealfall sollte die Aufzeichnung, um für die Analyse jederzeit zur Verfügung zu stehen, vollständig verschriftet werden, es sollten also die Objektivation der Praxis in beiden Modi, dem auditiven (b) und dem skripturalen (c), umfangsgleich und nicht, wie in unserem Schema, die Ebene der Verschriftung (c) mit Auslassungen versehen sein. Die Forschungspraxis zeigt aber, dass meist (zeit-)ökonomische Einschränkungen dazu führen, dass vollständige Verschriftungen eher die Ausnahme darstellen.[13] Dies ist kein grundsätzliches Problem, da man ja nachverschriften kann, wenn sich aus der Analyse das entsprechende Erfordernis ergibt. Die Ana-

---

11 Der dem zu analysierenden Protokoll entnommene Teil der Beispieläußerung ist durch Kursivdruck markiert; der in der Klammer stehende Teil bietet eine mögliche Fortsetzung; der vor dem kursiv gedruckten Teil stehende stellt eine Möglichkeit dar, die Ellipse aufzulösen.
12 Hier handelt es sich zwar um eine gedankenexperimentell entworfene Praxis; da die Klärung für die Analyse von Protokollen realer Handlungen aber hilfreich ist, soll sie nicht ausgelassen werden.
13 Wenn man, um den zeitökonomischen Zwängen entgegenzuwirken, die Verschriftung von Schreibbüros erledigen lässt, muss man diese sehr sorgfältig auswählen und mindestens stichprobenweise überprüfen; in der Regel können nämlich etwa Büroschreibkräfte die für die Analyse erforderliche Genauigkeit der Verschriftung nicht gewährleisten, da sie habituell auf korrekte Schreibung und nicht auf die präzise Übertragung der nach grammatischen und Stilregeln meist ‚inkorrekten' Rede eingestellt sind.

lyse (d) verfährt nun gegenüber dem Material in umfangslogischem Sinne selektiv. Das muss aber wohlbegründet geschehen.

(a) Zu erforschende Praxis

|—————————————————————————————————————|

(b) Audioaufzeichnung (zu analysierende Objektivation der Praxis, Modus A)

|—————————————————————————————————————|

(c) Verschriftung (zu analysierende Objektivation der Praxis, Modus S)

|—— ——— —— — ——— —— ——|

(d) Analyse

|—| |—| |—| |—| |—| |—|

In unserem Protokoll fällt nun der Beginn von (a) und (b) zusammen, so dass es sich also bei der Ellipse nicht um ein Erhebungsartefakt handelt. Kann es sich dann überhaupt um einen Dativ handeln? Wenn wir Beispiele für den durch Weglassung des Artikels zur Ellipse verkürzten Dativ betrachten – etwa: „Gutem Hirten folgt die Herde." – so zeigt sich, dass die Markierung des Dativs dann vom ausgelassenen Artikel auf das Adjektiv übergeht. Insofern ist nun klar, dass es sich um einen Akkusativ handeln muss. Allerdings gibt es nur bei Stoffsubstantiven, die „auch im Singular ohne Artikel oder eine andere determinierende Einheit auftreten" können (Eisenberg 1999/2001: 158), Beispiele für den artikellosen Akkusativ im Singular. Es ließe sich also etwa das Beispiel „Guten Wein trinkt man gern" bilden, da ‚Wein' – anders als ‚Morgen' – ein Stoffsubstantiv ist. Möglich wäre allerdings natürlich noch der Plural, da ‚Morgen' keine Pluralmarkierung hat – dann handelte es sich um den Dativ; so könnte es etwa heißen: „*Guten Morgen* Land und guten Obstwiesen trauerte der enteignete Bauer nach", oder: „*Guten Morgen* sollten gute Abende folgen."

Den artikellosen Akkusativ im Singular gibt es ansonsten nur bei zu der unseren analogen Äußerungen wie: „Guten Tag", „Guten Abend", „Guten Appetit", „Schönen Urlaub", ... Was haben diese Äußerungen gemein? Sie stellen offenbar einen Wunsch dar – und entsprechend schließt die Äußerung auch mit einem stimmliche Nachdrücklichkeit wiedergebenden Ausrufezeichen ab:

(I)   A: Guten Morgen!

Damit sind die Dativ-Plural-Lesarten ausgeschlossen. Wenn wir die Ellipse als Wunsch auflösen – was sich als einzige Möglichkeit erwiesen hat –, so lautet die Äußerung in Langfassung: „Ich wünsche Dir (o. Euch o. Ihnen) einen *guten Morgen!*"

John R. Searle behandelt das Grüßen als einen eigenen Typus illokutionärer Akte; das mag auch daran liegen, dass er von „einem sehr einfachen [...] Beispiel – der Äußerung des Satzes »Hallo«"[viii] (1969/1983 a: 77) ausgeht. Unsere Analyse geht weiter, da wir die Bedeutung der Äußerung selbst noch zu explizieren suchen; für sie trifft ebenso wie für die Äußerung von ‚Hallo' zu, dass sie „unter bestimmten Bedingungen als Begrüßung des Zuhörers durch den Sprecher gilt"[ix] (ebd.). Wir werden auch sehen (s. u., S. 29), dass Searles Annahme, die Äußerung von ‚Hallo' habe „keine Aufrichtigkeitsbedingung"[x] (a. a. O.: 99), sich so nicht halten lässt.

Wann können wir nun einen Wunsch äußern? Ein einfaches Verfahren, sich dies klar zu machen, ist die Bildung von Beispielen und Gegenbeispielen – ein für die Objektive Hermeneutik wichtiges Verfahren.[14]

(1a) Ich wünsche mir zum Nachmittagstee ein Stück Apfelkuchen.[15]

Von diesen Sätzen können wir viele bilden; ihnen gemeinsam ist α) ein Akteur (Satzsubjekt) des Wünschens (A), β) etwas (Akkusativobjekt), das erwünscht wird (X) – hier ein Ding –, und γ) eine Person (Dativobjekt), der etwas gewünscht wird (B) (im Beispiel 1a sind Akteur und Person, der etwas gewünscht wird, dieselben). Die gleiche Struktur finden wir in dem Gruß: A (Sprecher) wünscht B (Gegenüber) einen guten Morgen (X). – Versuchen wir nun durch Kontrastierung herauszufinden, welche Voraussetzungen in dieser Äußerung implizit noch gemacht werden:

(1b) *Ich wünsche mir zum Nachmittagstee ein Stück Apfelkuchen; ich mag keinen Apfelkuchen.

---

14   Zu Konstitutionstheorie, Methodologie und Methode der Objektiven Hermeneutik vgl.: Oevermann et al. 1976, Oevermann et al. 1979, Oevermann 1981, 1983, 1986, 1988, 1991, 1993, 1999, 2000 a, 2003 b, 2008/2016, 2013; Sutter 1997; Wernet 2000/2009; Zehentreiter 2001; Loer 2006 b, 2015 b; s. auch: Burkholz/Gärtner/Zehentreiter 2001 u. Becker-Lenz et al. 2016.
15   Die Numerierung mit arabischen Ziffern wird in diesem Studienbrief für Beispieläußerungen verwendet; zusammengehörige Beispieläußerungen erhalten dieselbe Nummer und werden durch lateinische Kleinbuchstaben unterschieden.

(1c) *Ich wünsche mir zum Nachmittagstee ein Stück Apfelkuchen; ich weiß, dass ich keinen bekommen kann (weil wir keinen haben, weil ...).

(1d) *Ich wünsche mir zum Nachmittagstee ein Stück Apfelkuchen; ich werde alles dafür tun, dass ich ihn *nicht* bekomme.

(1e) *Ich wünsche mir zum Nachmittagstee ein Stück Apfelkuchen; ich werde *nichts* dafür tun, dass ich ihn bekomme.

Die Äußerung 1b ist pragmatisch widersprüchlich,[16] da etwas gewünscht und zugleich als unerwünscht bezeichnet wird, und könnte nur durch eine Zusatzannahme geheilt werden – etwa, indem der Apfelkuchen einem anderen Zweck als dem des Genießens durch den Sprecher zugeführt wird (z. B. um ein verwöhntes Schoßhündchen zu füttern). – Wir können daraus die „Bedingung der Aufrichtigkeit"[xi] (Searle 1969/1983 a: 93) entnehmen, dass der Sprecher tatsächlich wünschen muss, dass B (in diesem Fall er selbst) das Objekt erhält. Eine „Bedingung der Aufrichtigkeit" ist nicht eine Bedingung der tatsächlichen subjektiven Wahrhaftigkeit, sondern eine Bedingung die *objektiv* als erfüllt gelten muss, damit die Äußerung als sinnvoller Sprechakt gelten kann. Das bedeutet, dass auch dann, wenn der Sprecher den Hörer täuscht, diese Täuschung gerade nur gelingen kann, solange die „Bedingung der Aufrichtigkeit" als erfüllt gelten kann. Nur mit Äußerung 1a, nicht aber mit Äußerung 1b könnte der Sprecher also vortäuschen, dass er ein Stück Apfelkuchen möchte – etwa um den Zuhörer dazu zu bewegen, die Gartenterrasse für eine kurze Zeit zu verlassen... Insofern ist es sinnvoller, von ‚*pragmatischen Erfüllungsbedingungen'*[17] zu sprechen.

Die Äußerung 1c ist ebenfalls pragmatisch widersprüchlich und könnte nur durch die Transformation in den Konjunktiv geheilt werden:

(1f) Ich wünschte mir zum Nachmittagstee ein Stück Apfelkuchen; ich weiß, dass ich keinen bekommen kann (weil wir keinen haben, weil ...).

Daraus können wir als weitere pragmatische Erfüllungsbedingung entnehmen, dass der Sprecher von der Realisierbarkeit des Wunsches ausgehen muss.

---

16 Der sprachwissenschaftlichen Konvention folgend, die den Asterikus „als Kennzeichnung von erschlossenen, nicht belegten Formen" (Duden 2001 b, Lemma ‚Asterikus') benutzt, werden so Sätze gekennzeichnet, die nicht regelgemäß sind, hier betrifft es eine Abweichung von geltenden pragmatischen Regeln.
17 Zu diesem Terminus s. zuerst Oevermann 1981: 12–17.

Die Äußerungen 1d und 1e zeigen, dass zu den pragmatischen Erfüllungsbedingungsbedingungen des Wünschens ebenfalls zählt, dass der Sprecher keinesfalls Maßnahmen ergreift, die ein Eintreten des Gewünschten verhindern (1d), ja, dass er sich sogar (im Rahmen seiner Möglichkeiten) für das Eintreten des Gewünschten einsetzt. Die Einschränkung ‚im Rahmen seiner Möglichkeiten' lässt es zu, Sprecher einzuschließen, die sowohl zum Backen wie zum Einkaufen noch nicht (Kleinkind), nicht mehr (Gelähmter) oder vorübergehend (Kranker) nicht in der Lage sind; für diese wäre es nicht im Rahmen ihrer Möglichkeiten, etwas dafür zu tun, dass sie den Apfelkuchen bekommen.

Wenn wir Robert Spaemanns richtige Behauptung: „Etwas wollen heißt wollen, daß es nicht beim Wollen bleibt." (1996/2006: 63) heranziehen, so können wir zur Begründung des soeben Ausgeführten sagen: ‚Wenn ein Wollender oder Wünschender dies nicht wollte oder wünschte, wäre es gar nicht Wollen oder Wünschen.' (ebd.; umformuliert) – Allerdings geht es hier nicht darum, ob diese Bedingung subjektiv erfüllt ist, sondern eben wiederum um die pragmatischen Erfüllungsbedingungen: Einen Wunsch äußern hat zur pragmatischen Erfüllungsbedingung, dass die Realisierung des Gewünschten angestrebt, zumindest nicht behindert wird.

Nun können wir von unserem Ausflug in die Sprechakttheorie zurückkehren zum Gruß, der ja, wie wir gesehen hatten, in Langform einen Wunsch darstellt: „Ich wünsche Dir (o. Euch o. Ihnen) einen *guten Morgen!*" Der Sprecher bringt hier also zum Ausdruck, dass er aufrichtig wünscht, dass der Angesprochene einen guten Morgen habe, und zugleich, dass er selbst nicht nur nichts tun wird, das Eintreten des Gewünschten zu verhindern, sondern bereit ist, zu seinem Eintreten beizutragen. Das erklärt, warum wir etwa folgende Äußerung als zynisch empfinden:

(2) *Guten Morgen! Dies ist ein Überfall.

Um nun der Eigenschaft der Reziprozität, von der wir ja im Vorhinein als Eigenschaft der Grußhandlung ausgehen, weiter auf die Spur zu kommen, müssen wir noch klären, was denn das X ist, das hier gewünscht wird: Was ist ein guter Morgen? Wie kann der Morgen als Teil des Tages gut sein?

In der Geschichte der Philosophie gibt es, wie wir wissen, verschiedene Entwürfe zur Bestimmung des absolut Guten. So etwa ist für Platon „die Idee des Guten die größte Einsicht"[xii] (Platon 1990: 531), in der mittelalterlichen Philosophie wird – in verschiedener Weise – das als absolut bestimmte Gute mit Gott gleichgesetzt (als „höchstes Gut"[xiii] – s. dazu: Spaemann 1974: Sp. 973) und auch in der Philosophie der Neuzeit wird weitgehend versucht, das Gute unabhängig von besonderen Bedingungen zu bestimmen (vgl. a. a. O. u. Riesenhuber 1974; s. zum Guten außerdem: Reiner 1974, Locher 1974).

Da hier aber ja einer bestimmten Person ein guter Morgen gewünscht wird, geht es nicht um das absolut Gute. Vielmehr muss – nach bestem Wissen und Gewissen – davon ausgegangen werden, dass das, was den Morgen zu einem guten macht, etwas ist, das ihn *für die Person,* der er gewünscht wird, zu einem guten macht. Dabei gibt es natürlich allgemeine Aspekte, von denen einer aber ist, dass die *betreffende Person als diese Person selbst* in diesem Wunsch *gewürdigt* wird.

Wie ist das zu verstehen? Bei Ernst Tugendhat heißt es:

„Die Frage nach dem guten Leben ist gar nicht so verschieden, was die letzten Kriterien anlangt, von der Frage nach dem besten Wein oder der, welches Musikstück besser als ein anderes ist." (Tugendhat 2007: 52)

Und genauer:

„Dabei kommt hier [sc. bei der Frage nach der Güte von etwas] ein subjektives Moment herein: der Vorzug ist zwar kein schlicht subjektiver, beliebiger, sondern ein objektiv begründeter, das Kriterium für dieses objektive Begründetsein besteht aber letztlich nur darin, daß diejenigen, die etwas von der Sache verstehen, über den Vorzug entscheiden. [...] Was also gut oder besser in dieser Bedeutung ist, ist das, was als solches von allen, wenn sie nur die nötigen Erfahrungen gemacht hätten, anerkannt würde" (Tugendhat 1979: 274f.).

Dies ist ein Bestimmungsversuch, der aufgrund der gelungenen Verschränkung von subjektiver Perspektive und objektiver Verankerung weder an der Skylla der Beliebigkeit noch an der Charybdis der Verabsolutierung zerschellt. Für den Wunsch „Guten Morgen!" bedeutet dies, dass die Person, die in ihrer Lebensgeschichte „die nötigen Erfahrungen gemacht" hat, um zu bestimmen, was für sie ein gutes Leben ist, selbst und nur sie selbst, beurteilen kann, wann der Morgen für sie – eben als Moment eines guten Lebens – ein guter ist. Dies gilt für jede Person, insofern trifft auf Personen zu, was Peter Rühmkorf so formulierte: „Einmalig wie wir alle" (1989/1990). Darin, dass nur sie selbst, beurteilen kann, wann der Morgen für sie ein guter ist, und in der Selbstverpflichtung der wünschenden Person, mit der sie sich dem Urteil der begrüßten Person überlässt, besteht die o. g. Würdigung letzterer durch erstere.

Nicht eine konkrete Zuwendung also geht hier von der Person A zur Person B, aber doch die Bereitschaft zu einer solchen. Die Person B wird also, wie gesagt, im Gruß von der Person A gewürdigt und somit als Person anerkannt. Dies bedeutet, dass A sie *zugleich* als ihres*gleichen* und darin in ihrer *Besonderheit* anerkennt:

„Personen sind Individuen, [...] so, daß sie als die jeweiligen Individuen, die sie sind, auf individuelle, unverwechselbare Weise das Allgemeine selbst *sind*." (Spaemann 1996/2006: 29; kursiv i. Orig.)

Auch wenn wir uns im Alltag der Verpflichtung, die wir mit einem Gruß wie „Guten Morgen!" eingehen, nicht bewusst sind, so gehen wir sie doch objektiv ein. Damit stellt sich aber die Frage, warum wir überhaupt grüßen.

Angesichts unserer weitreichenden Schlussfolgerungen aus nur einer Fallgestalt des Grüßens, stellt sich die oben (S. 6) bereits aufgeworfene Frage nach der Gültigkeit der Analyse, gar nach der ‚universeller Gültigkeit' besonders dringlich. Diese Frage sei hier zunächst mit einem Hinweis von Marcel Mauss beschieden:

„Es ist ein Irrtum zu glauben, daß der Kredit, auf den eine wissenschaftliche Proposition Anspruch hat, eng von der Zahl der Fälle abhängt, in denen man sie verifizieren zu können glaubt. Wenn eine Beziehung in einem, sogar einem einzigen, aber methodisch und in Einzelheiten untersuchten Fall festgestellt worden ist, so ist ihre Realität ungleich sicherer, als wenn man, um sie zu demonstrieren, mit zahlreichen Fakten, die aber disparat sind, mit eigenartigen Beispielen, die aber unklar aus verschiedenartigsten Gesellschaften, Rassen und Zivilisationen bezogen worden sind, veranschaulicht."[xiv] (Mauss 1904–05/1968: 391; zit. n. König 1972: 651; kÜ)

Soziologisch betrachtet ist *jede Handlung die Lösung eines Handlungsproblems*. Damit ist nicht gemeint, dass wir stets mit Aufgaben zu kämpfen haben, die uns als dramatisch erscheinen, sondern dass *analytisch betrachtet jede Handlung als Antwort auf (mindestens) eine Frage zu verstehen* ist. Jede Handlungssituation stellt für eine bestimmte Lebenspraxis immer auch eine Entscheidungssituation dar, in der sie aus gegebenen Optionen auswählen oder eine neue Option entwerfen muss. In folgender Beobachtung, die Claude Lévi-Strauss mitteilt, wird die Situation, in der wir typischer Weise grüßen, und damit das Handlungsproblem, für das der Gruß eine Lösung darstellt, deutlich:

„Oft konnten wir den zeremoniellen Aspekt der Mahlzeit in den billigen Restaurants Südfrankreichs beobachten, besonders in jenen Gegenden, wo der Wein [...] mit einer Art mystischer Ehrfurcht umgeben wird. In den kleinen Lokalen, wo der Wein im Preis der Mahlzeit eingeschlossen ist, findet jeder Gast vor seinem Teller eine kleine Flasche mit einem meist minderwertigen Getränk. Diese Flasche gleicht der des Nachbarn aufs Haar, so wie die Fleisch- und Gemüseportionen, die eine Kellnerin der Reihe nach austeilt. [...] Die kleine Flasche mag zwar nur knapp ein Glas enthalten, doch dieser Inhalt wird nicht in das Glas des Besitzers, sondern in das des Nachbarn gegossen, und dieser macht augenblicklich eine entsprechende Geste der Reziprozität.

Was ist geschehen? Die beiden Flaschen sind gleich groß, ihr Inhalt von gleicher Qualität. Jeder, der an dieser aufschlußreichen Szene beteiligt ist, hat letztlich nicht mehr erhalten, als wenn er sein eigenes Quantum getrunken hätte. Ökonomisch gesehen hat niemand gewonnen und niemand verloren. [...]
Die Situation zweier Fremder, die sich am Tisch eines billigen Restaurants weniger als einen Meter voneinander entfernt gegenübersitzen [...], ist banal und episodisch. [...] In unserer Gesellschaft ist es üblich, Personen zu ignorieren, deren Namen, Tätigkeit und gesellschaftliche Stellung man nicht kennt. Aber in dem kleinen Restaurant sind solche Personen ein bis zwei Stunden lang ziemlich eng zusammengepfercht und zeitweilig durch ein und dieselbe Beschäftigung vereint. Bei dem einen wie bei dem anderen besteht ein zwar nicht sehr starker, doch realer Konflikt, der ausreicht, einen Zustand der Spannung zwischen der Norm des Alleinseins und der Tatsache der Gemeinschaft zu erzeugen. Sie fühlen sich sowohl allein als auch beisammen, gezwungen zur gewohnten Reserviertheit zwischen Fremden, obwohl ihre jeweilige Position im konkreten Raum sowie ihre Beziehung zu den Gegenständen und Geräten der Mahlzeit Intimität suggeriert und in gewissem Maße auch verlangt. Diese beiden Fremden sind für eine kurze Zeit einem Zusammenleben ausgesetzt. [...] Es ist diese flüchtige, doch schwierige Situation, deren Auflösung der Austausch des Weins erlaubt. Er ist eine Bekräftigung des guten Willens, der die gegenseitige Unsicherheit beseitigt; er setzt eine Bindung an die Stelle des bloßen Nebeneinanders."[xv] (1949/1984: 115 ff.; kÜ)

Die von Lévi-Strauss hier beschriebene besondere Situation gleicht der Situation des Grüßens: Wann grüßt eine Person A eine Person B? Es liegt die *Situation* vor, dass die beiden *sich begegnen* – eine Situation, die ebenfalls „banal und episodisch" ist. Gehen wir noch einen Schritt zurück und stellen uns eine Gesellschaft vor, in der die Kategorie des neutralen Fremden, dem wir mit „ziviler Unaufmerksamkeit"[xvi] (Goffman 1963/66: 83–88) begegnen, den wir also, wie Lévi-Strauss sagt, üblicherweise ignorieren, praktisch (noch) nicht existiert: „Der Begriff des neutralen Fremden fehlt ursprünglich." (Gehlen 1955: 37)

Um uns eine solche Situation besser vergegenwärtigen zu können, ziehen wir als Kontrast die Begegnung von Hunden heran. Konrad Lorenz beschreibt in vielen Beispielen die entsprechenden „Hundesitten" (1950/1975: 30–42). Leider drückt er sich, wie er selbst zugibt, „stark vermenschlicht" (a. a. O.: 32) aus, auch wenn er einleitend deutlich macht:

„Die Bedeutung der einzelnen Signale, der verschiedenen Ausdrucksbewegungen und -laute, ist [...] durch *angeborene*, ‚instinktmäßige' Normen des Agierens und Reagierens [festgelegt]. Die gesamte ‚Sprache' einer Tierart ist daher unvergleichlich konservativer, ihre ‚Sitten und Gebräuche' sind gleichzeitig viel starrer und *bindender* als die des Menschen. [...] Äußerlich gesehen, wirken diese im Erbbilde des Hundes verankerten Gesetze ähnlich den Regeln überkommener menschlicher Sitten. [...] Im Sinne dieser Analogie ist also die Kapitelüberschrift [sc.: „Hundesitten"] zu verstehen." (a. a. O.: 31; kursiv i. Orig.)

Obwohl Lorenz hier durch Anführungszeichen und Kommentierung auf die Differenz zwischen menschlichen Sitten und tierischen Verhaltensgesetzen bereits verweist, müssen wir diese doch etwas deutlicher herausarbeiten. Die „unverbrüchlichen Gesetze" (ebd.) etwa, die die Tierwelt beherrschen, kann man – anders als Lorenz es hier ungebrochen tut –, sinnvollerweise nicht „Normen" nennen, sind Normen doch Regeln und Regeln eröffnen Optionen, zwischen denen gewählt werden kann (und muss). Zudem schreiben Normen bestimmte Optionen vor und verbieten andere; aber es kann von diesen Vorschriften und Verboten abgewichen werden (vgl. zum Begriff der Norm Loer 2008). Im ‚Erbbilde verankerte Gesetze' hingegen eröffnen nicht Verhaltensoptionen, sondern legen – letztlich wie Naturgesetze – ein bestimmtes Verhalten fest – und zwar auf eine Weise, dass nicht davon abgewichen werden kann. Deshalb darf die äußerliche Ähnlichkeit auch nicht im Sinne einer Analogie dazu verführen, biologische Gesetze und kulturelle Regeln gleichzusetzen. Was bei weniger äußerlicher Betrachtung deutlich wird, ist, dass Hunde in ihrem Begrüßungsverhalten derart festgelegt sind, dass das Verhalten des einen vollständig von dem Verhalten des anderen bestimmt ist – und umgekehrt:

> „Ich brachte das Beispiel von den kämpfenden Hunden, um den Begriff der Geste einzuführen. Der Akt jedes der beiden Hunde wird dem anderen Hund zum Reiz für seine Reaktion. Es besteht also eine Beziehung zwischen diesen beiden; und da der Akt durch den anderen Hund beantwortet wird, wird dieser wiederum verändert. Eben die Tatsache, daß der Hund zum Angriff auf einen anderen bereit ist, wird zu einem Reiz für den anderen Hund, seine eigene Position oder seine eigene Haltung zu ändern. Kaum hat er dies getan, löst die veränderte Haltung des zweiten Hundes beim ersten wiederum eine veränderte Haltung aus. Hier haben wir eine Gestenkonversation."[xvii] (Mead 1934/1980: 81 f.; kÜ)

Es kann hier nicht auf Meads Theorie der Entstehung der Gestenkonversation und ihre Weiterungen eingegangen werden. Vielmehr soll herausgestellt werden, wie die Ausführungen von Lorenz und von Mead sich ergänzen. Wenn Mead nämlich sagt: „Es *besteht* also eine Beziehung zwischen diesen beiden"[xviii] (ebd., kursiv v. mir, TL), so macht er deutlich, dass Reiz und Reaktion *vorgängig* miteinander gekoppelt sind – und Lorenz gibt uns mit dem Hinweis auf die genetische Verankerung dieser Kopplung „im Erbbilde" die Antwort auf die Frage, worin und warum diese Beziehung zwischen Reiz und Reaktion besteht. Damit ist auch klar, dass der Reiz nicht eine Qualität der äußeren Realität ist, sondern erst aufgrund der Verarbeitung durch den Organismus gemäß seinen „Mustern besonderen Verhaltens"[xix] (Count 1970: 7; kÜ) zu einem solchen wird und eben ein entsprechendes Verhalten bewirkt.

Wir können also die Begegnung von Hunden folgendermaßen darstellen: Es entsteht eine *Begegnungssituation*,[18] in der ein Hund 1 einen Hund 2 und dieser jenen wahrnimmt; dabei nimmt jeder der beiden den anderen *Hund in der Situation* nicht lediglich sinnlich, sondern als *konkretes Reizmuster* wahr. Diesem Reizmuster entspricht in dem genetisch festgelegten Verhaltensrepertoire der Hunde ein *Reaktionsmuster*,[19] dessen Ausführung dann seinerseits ein neues Reizmuster ergibt etc. Insofern können wir sagen, dass hier eine zwar hochkomplexe „Gestenkonversation" abläuft, dass diese aber vollständig festgelegt ist, so dass für die Hunde kein Optionenraum besteht, aus dem sie eine Wahl treffen. Vielmehr sind Situation und Reaktionsmuster eindeutig verkoppelt. Diese biogrammatische Verdrahtung, wie man es abkürzend nennen könnte, ist der entscheidende Punkt. Auch die folgende Bemerkung von Adam Smith zielt darauf:

> „Niemand sah jemals einen Hund einen angemessenen und bedachten Austausch eines Knochens für einen anderen mit einem anderen Hund machen. Niemand sah jemals auch nur ein Tier durch Gesten oder natürliche Schreie einem anderen andeuten […] ich bin gewillt, dies für das zu geben."[xx] (1776/1981: 26)

Es geht nicht vorrangig darum, dass Tiere keine Gegenstände austauschen – wie Marcel Hénaff zu meinen scheint (s. u., S. 132), sondern darum, dass sie sich (im engeren Sinne) verhalten und nicht handeln, das heißt, dass sie keine Handlungsoptionen haben, die es ihnen erlaubten, ihr Verhalten als angemessen zu bewerten, zu bedenken und einem anderen Tier Absichten anzudeuten. – Hénaff hält gleichwohl zu Recht fest:

> „Kurz, man hat niemals Tiere eine *Vereinbarung* treffen sehen (was etwas von einer ganz anderen Ordnung ist als die Verhaltensweisen der Koordinierung oder sogar der Kooperation innerhalb einer Gruppe oder als die Ereignisse spontaner Hierarchie)."[xxi] (2012/2014: 65; kursiv i. Orig.; kÜ)[20]

Wie verhält es sich nun beim Menschen? Menschen grüßen einander, wenn sie sich begegnen – wenn wir, wie oben gesagt (s. o., S. 16), einmal die Kategorie des

---

18 Zur Beschreibung einer solchen s. etwa Lorenz 1950/1975: 32 f.
19 S. o.: „Es *besteht* also eine Beziehung zwischen diesen beiden".
20 S. auch u. S. 50 den Exkurs zu ‚Kommunikation'.

neutralen Fremden außer Acht lassen. Auch wenn das Nicht-Grüßen, da wir es ja mit regelgeleitetem Verhalten, also Handeln zu tun haben, auch schon vor der Herausbildung dieser Kategorie eine mögliche Option ist, handelt es sich bei dem neutralen Fremden um ein historisch spätes Phänomen. Wir werden noch sehen, was hier impliziert ist (s. u., S. 20). Warum grüßen Menschen nun einander bei der Begegnung? Auf welche Frage ist die Grußhandlung eine Antwort? Welches Handlungsproblem wird damit gelöst?

Oben haben wir gesehen, dass im *Grüßen* die Person des Gegenübers, die Person des Gegrüßten gewürdigt und damit als ganze Person anerkannt wird. Zumindest gilt dies für die Form der Begrüßung, die wir betrachtet haben. Diese ist nun, wie wir wissen, durchaus typisch; sowohl das ‚Entbieten der Tageszeit', wie es umgangssprachlich flapsig genannt wird, oder dem Gegenüber allgemein Gutes wünschende Grußformen (etwa chinesisch: ‚Sie gut!' oder ‚Du gut!'),[xxii] als auch Friedenswünsche (etwa hebräisch und arabisch: ‚der Friede sei mit euch!')[xxiii] sind übliche Formen der Begrüßung. Mit der Würdigung der ganzen Person ist sie als Angehöriger der Gattung[21] und zugleich unabdingbar in ihrer Besonderheit – wir erinnern uns: was gut für sie ist, ist nur aus ihrer Lebensgeschichte heraus bestimmbar – anerkannt. *Diese Anerkennung ist eine praktisch gegebene Antwort auf die Frage: Wer oder was ist das, was mir da begegnet?* Und Grüßen als diese Antwort impliziert – vor aller weiteren inhaltlichen Bestimmung – die praktische Anerkennung dessen, dass es sich nicht um *etwas* handelt, sondern um *jemanden*.[22]

Man grüßt nicht etwas, sondern nur jemanden (vgl.: „Es gibt keinen gleitenden Übergang von ‚etwas' zu ‚jemandem'." – Spaemann 1996/2006: 258). Max Horkheimer geht soweit, zu behaupten: „Die Rede an einen richten, heißt im Grunde, ihn als mögliches Mitglied eines zukünftigen Vereins freier Menschen anzuerkennen." (Horkheimer 1996: 172; zit. n. Müller-Doohm 2003: 410) – Nun finden sich neben metaphorischem Grüßen (etwa: „Seid gegrüßt, ihr stolzen Berge", Bergsteigerchor „Kurt Schlosser"; s.: https://www.musik-sammler.de/album/270868; zuletzt angesehen am 11. Dez. 2018) empirisch aber auch Begrüßungen von nicht-menschlichen Lebewesen (etwa von Haustieren) oder gar von nicht-lebenden Dingen (etwa der Berghütte bei der Rückkehr von einer Tour). Diese werden dann wie Personen behandelt – entweder, *als ob* sie Personen wären (vgl. Loer 2016 a), oder

---

21 Wenn wir hier und des Öfteren von der Gattung der Menschen (Homo) statt genauer von der Art oder Spezies Mensch (Homo sapiens) sprechen, so folgen wir damit gängigem Sprachgebrauch, leben doch heute einzig noch Angehörige der genannten Art als Vertreter Gattung.
22 Dass dies auch ganz andere Formen annehmen kann, in denen die sich grüßenden Personen als Personen in ihrer konkreten Eigenheit gerade negiert werden, vollzog sich in dem vorgeschriebenen sogenannten „Deutschen Gruß" der Nationalsozialisten. Dies hat Tilman Allert detailliert und überzeugend herausgearbeitet (2005; vgl. Loer 2007 a).

tatsächlich *wie* Personen (s. u. hierzu die Analyse des *mauri*, S. 91 ff.). Das „Verhalten" dieser Pseudo-Personen lässt sich *objektiv* keinesfalls als Handeln, im Falle von nicht-lebenden Dingen nicht einmal als Verhalten bestimmen (auch wenn immer wieder so geredet wird – s. etwa Rahwan et al. 2019), aber es wird offenbar *subjektiv* durch die Grüßenden als solches gedeutet.[23]

Wenn wir das wie oben formulieren: Die im Grüßen ausgesprochene Anerkennung ist eine praktisch gegebene Antwort auf die Frage: Wer oder was ist das, was mir da begegnet?, sehen wir sofort, dass auch andere praktische Antworten möglich sind: Das Nicht-Grüßen bedeutete, das Gegenüber nicht als Person, also nicht als jemanden zu behandeln, was einer praktischen Kategorisierung als Nicht-Person, also als etwas gleichkommt und damit die Bereitschaft impliziert, es als Ding und damit etwa rein gemäß seiner Funktion zu behandeln; dies könnte (a) Nicht-Beachtung, (b) instrumentelle Nutzung oder gar (c) Zerstörung implizieren. Es ist klar, dass damit, wenn es sich faktisch um einen Angehörigen der Gattung Mensch handelt, (a) Missachtung, (b) Verdinglichung oder gar (c) Feindschaft ausgedrückt ist.

Ein feindlicher Akt (c) als eine mögliche praktische Antwort auf die genannte Frage wäre wie folgt zu explizieren: Was mir dort begegnet ist ein *Feind* – und damit durchaus ein Angehöriger der Gattung. Selbst aber, wenn wir den uns Begegnenden als nicht zu unserer Gattung gehörend behandeln, so zeigt sich an der Rechtfertigung, die diesem Tun gegeben wird, dass es als erklärungsbedürftig und damit als aktiv vollzogener Ausschluss betrachtet wird.

Noch die verachtende Rede vom „Untermenschen", in der die Nationalsozialisten und ihre Anhänger im nationalsozialistischen Deutschland sich gefielen – etwa wenn Reichsinnenminister Wilhelm Frick sagte: „Untermenschen, die sich nicht mehr erziehen lassen, werden wir auf die Dauer unschädlich zu machen wissen." (NP 1947/2000: 1577) – kann offenbar nicht umhin, die Zugehörigkeit zur Gattung anzuerkennen. So sagt Robert Spaemann über Personen mit Recht: „Ihre Reduktion auf bloße Gegenständlichkeit ist selber ein personaler Akt mit der spezifischen Qualität der Bosheit." (1996/2006: 193) Einige Nationalsozialisten gingen allerdings noch weiter; so bezeichnete etwa der Propagandaminister Joseph Goebbels Polen als „Tiere in menschlicher Gestalt" (NP 1947/2000: 25010). Wie dies in der konkreten Begegnung umgesetzt wurde, ist eine weitere Frage,[24] die m. W.

---

23 Es ist hier nicht der Ort, auf die sogenannte Akteur-Netzwerk-Theorie einzugehen, die – zumindest in der von Bruno Latour vertretenen Version – Dingen den Status von Akteuren meint zusprechen zu können (Latour 2005: 63–86; „Objects too Have Agency" – zur überzeugenden Kritik hieran s. Jung 2012: 380 f.). – Vgl. u., S. 73.

24 Vgl. den Bericht des polnisch-jüdischen Autors Michał Głowiński: „Auch diese Desinfektion war nur eine Schikane, sie bezweckte nicht etwa Sauberkeit, sondern war eine weitere

noch nicht systematisch erforscht wurde und die auch schwierig zu erforschen ist, da man angesichts der Monstrosität des Verbrechens nur schwer die für die Forschung erforderliche Distanziertheit aufbringen kann. Selbst hier aber handelt es sich um ein Ausschließen, und ausschließen kann man nur, was man a prima vista als zugehörig betrachtet hat. Insofern gibt es für Wesen, die biologisch zur Gattung Mensch gehören,[25] keine Möglichkeit, aus dem sozialen Zusammenhang dieser Gattung ausgeschlossen zu werden, da selbst der Ausschluss noch eine soziale Antwort auf die Begegnung mit ihnen als Angehörigen der Gattung darstellt, die – das werden wir noch sehen – soziokulturell konstituiert ist, und eben nicht lediglich biologisch.

Nur die erwähnte Kategorie des *neutralen Fremden* nun ermöglicht es, die Verpflichtung zu vermeiden, die mit dem Grüßen verbunden ist, ohne die Konsequenzen der Missachtung, Verdinglichung oder eben gar Feindschaft in Kauf zu nehmen. Indessen sehen wir sofort, dass mit der Behandlung des Gegenübers als neutralen Fremden eine andere Verpflichtung übernommen wird, nämlich die, ihm gegenüber eben jene „zivile Unaufmerksamkeit"[xxiv] (Goffman 1963/66: 83–88) aufzubringen, von der wir oben bereits sprachen. Wenn wir eine Person, der wir auf der Elberfelder Straße in Hagen begegnen, als neutralen Fremden behandeln, sie also nicht grüßen, so wäre es erklärungsbedürftig, wenn wir im Anschluss daran etwa in gleichem Schritt neben ihr gehen und uns merklich für ihr Tun interessieren würden.

Auf der Via Porto auf Ischia konnte ich im Frühjahr 2016 einen Straßenkünstler beobachten, der genau die Verletzung dieser Verpflichtung zum Ausgangspunkt für sein Unterhaltungsprogramm vor den Müßiggängern in den dortigen Straßenrestaurants und auf den vertäuten Yachten machte, indem er flanierenden Personen, denen er zunächst als neutraler Fremder begegnete, nachging, in ihre Taschen und auf ihre Mobiltelefone schaute, ihre Bewegungen und Äußerungen gestisch kommentierte etc. Dies führte bei den so behandelten Personen zu großen Irritationen.

Der Philosoph Gunzelin Schmid Noerr, der Ende der 60er Jahre des vorigen Jahrhunderts an der Johann Wolfgang Goethe-Universität in Frankfurt/M. studierte, berichtet folgende Begebenheit:

Erniedrigung: Die Menschen sollten auf die Stufe von Insekten herabgewürdigt werden, die für die man ein vernichtendes Präparat bereithielt." (2001/2003: 133)

25 Also Wesen die gemäß der geltenden biologischen Klassifikation eben zur Gattung Homo und damit zum Tribus der Hominini in der Unterfamilie der Homininae der Familie der Hominidae innerhalb der Überfamilie der Hominoidea oder, um es mit Robert Spaemann zu sagen, die „aufgrund des genealogischen Zusammenhangs mit der ‚Menschenfamilie'" (1996/2006: 256) zu ihr gehören.

„Im ehemaligen philosophischen Seminar im Hauptgebäude der Frankfurter Universität mußte man, um in die Bibliothek zu gelangen, einen Vorraum durchqueren, der von einem schweren Vorhang geteilt wurde; dieser bildete mit der fensterlosen Wand eine Art dunklen Gang, durch den der Weg führte. Dort stieß ich eines Tages im Wintersemester 1968/69, damals Student im fünften Semester, unversehens mit einer mir entgegenkommenden Gestalt zusammen, die daraufhin, im momentanen Erschrecken nach Fassung suchend, meine, des ihr Unbekannten Hand ergriff und schüttelte, um sich dann ohne ein weiteres Wort zu entfernen. Es war Adorno." (1987: 233)

Diese Szene können wir als typisch für die Situation betrachten, in die wir als Menschen geraten, wenn wir einander begegnen. Was Lévi-Strauss sagte: dass in der Situation der Begegnung durch ein ‚bloßes Nebeneinander'[xxv] (1949/1984: 117; kÜ) eine Unsicherheit hervorgerufen wird, ähnlich dem Adornoschen Erschrecken, müssen wir nun berichten. Bei Menschen kann es ein solches ‚bloßes Nebeneinander' gar nicht geben: objektiv sind wir in der Situation der Begegnung aufeinander verwiesen und jegliches Tun oder Lassen des einen wird zwingend vom anderen auf die Begegnung und damit zugleich auf sich bezogen. Selbst das Ignorieren des Anderen ist ein auf ihn Bezugnehmen, wie Paul Watzlawick bezüglich der Kommunikation gezeigt hat: Er formulierte dazu „ein metakommunikatives Axiom: *Man kann nicht* nicht *kommunizieren.*"[xxvi] (Watzlawick/Beavin/Jackson 1967/1996: 53; kursiv i. Orig.) Das genau macht die Absurdität des Versuchs aus, sich auf den „bekannten Wiener Standpunkt [zu] stellen [...]: ‚Gar ned ignorieren!'" (Kraus 1911: 12).

Strenggenommen ist schon in dem Ausdruck „Situation der Begegnung" gesagt, dass es sich nicht um ein ‚bloßes Nebeneinander' handelt. Man müsste also korrekt so formulieren: *Die durch sie selbst wahrnehmbare Ko-Präsenz von zwei Angehörigen der Gattung Mensch*[26][xxvii] ist begrifflich als *Situation der Begegnung* zu bestimmen. Diese ist allerdings – anders als in der Situation der Begegnung von Hunden (s.o., S. 18) – nicht inhaltlich präfiguriert. – Dass wir – begrifflich angemessen – auch bei Hunden von einer Situation der Begegnung sprechen, zeigt, dass für uns ‚Begegnung' nicht zu der „Anzahl signalhaft einschnappender Wörter" (Adorno 1964: 9) des Jargons der Eigentlichkeit gehört. Für die Gattung Mensch trifft dann schon eher zu, was Adorno mit Bezug auf Gottfried Kellers „Gedicht jenes Titels [sc.: ‚Die Begegnung'], von großartiger Unbeholfenheit"

---

26 Vgl. die Bestimmung von Erving Goffman, der als „vollständige Bedingungen von *Kopräsenz*" die folgende benennt: „Personen müssen spüren, dass sie nahe genug sind um bei allem wahrgenommen [perceived] zu werden, was auch immer sie tun, einschließlich, dass sie andere wahrnehmen [experiencing], und nahe genug, um in ihrem Spüren, dass sie wahrgenommen werden, wahrgenommen zu werden." (Goffman 1963/1966: 17)

(Adorno 1964: 66), so formulierte: Das Wort Begegnung „sammelt [...] das mächtige zum unmittelbaren Ausdruck unfähige Gefühl des Abschieds darum in sich, weil es nichts anderes bezeichnet als im genauen Wortsinn den Sachgehalt, daß die beiden ohne Absicht sich trafen." (ebd.; vgl. Keller 1846/2002) Das Sich-Treffen ohne Absicht nötigt, weil es in der Gattung Mensch keine Präfiguration gibt, zum inhaltlichen Vollzug der Reziprozität.

Nun sind wir ja nicht nur als Angehörige der Gattung Mensch *überhaupt in Kultur* eingebunden, sondern auch *immer schon in eine bestimmte Kultur;* und jede bestimmte Kultur hat immer schon bestimmte Regeln für die Gestaltung der Begegnungssituation – wir können auch sagen: für ihre Bewältigung – ausgebildet, denen wir wie selbstverständlich folgen, so dass das Adornosche Erschrecken uns normalerweise nicht erreicht.[27] Wir fragen uns aber nun hier, *warum jede Kultur* entsprechende Regeln ausgebildet hat, der Lösung *welchen – universellen – Handlungsproblems* die Befolgung dieser – kulturspezifischen – Regeln dient.

Bevor wir dieser Frage mithilfe der Diskussion des Phänomens der Gabe weiter nachgehen, wollen wir die Handlung des Grußes, die ja die Eröffnung einer gemeinsamen Praxis darstellt, weiter betrachten.

(I)   A: Guten Morgen!

Wir hatten oben bereits festgestellt, dass es sich bei der Äußerung von A um einen Wunsch handelt, dass also A (mindestens) einer weiteren Person etwas (einen guten Morgen) wünscht. Nun stellt sich die Frage, welche Optionen für die weitere Person resp. die weiteren Personen mit diesem Wunsch eröffnet sind. Wieder können wir diese Optionen gedankenexperimentell entwerfen. Um uns von der Begrüßungshandlung, die ja unser Gegenstand ist, zu lösen, ist es hilfreich, sich zunächst einmal die Antwortoptionen auf einen anderen Wunsch vor Augen zu führen. Nehmen wir an, Person A wünscht Person B: „Gute Reise!", so kann B sich für diesen Wunsch (a) bedanken: „Danke!", sie kann (b) sich bedanken und den Wunsch erwidern: „Danke, gleichfalls!" oder (c) den Wunsch lediglich erwidern: „Gleichfalls (gute Reise)!" Schließlich (d) könnte B auf den Wunsch auch schweigend reagieren.

---

27   Es wäre interessant zu sehen, inwiefern Adornos Begriff des Nichtidentischen (vgl. etwa 1962–63/1974; 1966/1982: 137–207) mit einer gesteigerten Sensibilität gegenüber der ungeregelten Wirklichkeit zusammenhängt, die denn dann auch ein solches Erschrecken hervorbringt, dessen Kehrseite das Glück ist. – Vgl.: „Wenn die Kraft analytischer Einsichten dem Leiden gleich ist, aus dessen Erfahrung sie stammen, dann ist das Maß der Verletzbarkeit und der Verletztheit Adornos philosophisches Potential." (Habermas 1963/1981: 166)

Was würden die einzelnen Optionen bedeuten? Entwerfen wir zunächst zur Option des *Dankens* (a) gedankenexperimentell Situationen, in denen (α) wir uns bedanken und solche, in denen (β) ein Dank unangebracht ist.

(a α) (i) Jemand schenkt uns aus seiner Flasche Wein ein. – (ii) Wir sind mit dem Auto steckengeblieben und jemand hilft uns aus dem Schlamm. – (iii) Jemand erklärt uns auf Nachfrage den Weg. – (iv) Jemand hält uns die Tür auf. – (v) Der Kellner bringt uns das bestellte Essen. – (vi) Der Bäckereiverkäufer gibt uns Wechselgeld heraus.

(a β) (i) Der Bankräuber bedankt sich beim Filialleiter für das erbeutete Geld. – (ii) Ein Fußgänger bedankt sich bei einem Autofahrer, der ordnungsgemäß bei Rot angehalten hat. – (iii) Der Chef sagt zu seinem Assistenten: „Ich brauche die Unterlagen. Danke!" – (iv) Der Schüler bedankt sich beim Klassenkameraden, der ihn beim Lehrer verpetzt hat.

Was können wir aus diesen Beispielen bzgl. des Dankens schließen? Wir bedanken uns etwa, wenn uns jemand eine Zuwendung zuteil werden lassen hat (a α i), wenn uns jemand bei der Lösung eines Handlungsproblems, das wir eigenständig nicht lösen konnten, geholfen (a α ii) oder uns einen Dienst (a α iii) – auch einen unverlangten (a α iv) – erwiesen hat. Hier scheint also eine empfangene Gabe mit einem Dank abgegolten zu werden. Aber auch, wenn uns jemand eine verlangte und bezahlte Dienstleistung erweist (a α v) oder eine ökonomische Tauschhandlung vervollständigt (a α vi), bedanken wir uns. Das ist merkwürdig, wurde doch (oder wird) die entsprechende Gabe durch Bezahlung abgegolten. Es muss also der Dank etwas betreffen, was über die rein ökonomische Transaktion des Tausches hinausgeht.

Unpassend erscheint der Dank hingegen dann, wenn (a β i) der „Dienst" unter Zwang erwiesen wurde, wenn (a β ii) die ‚Gabe' etwas allgemein Selbstverständliches darstellt und also eigentlich keine der Person zugedachte Gabe ist,[28] wenn (a β iii) der Dank erfolgt, bevor die Gabe erfolgen konnte, so dass sie als bereits gegeben erscheint und damit die Freiwilligkeit des Gebens getilgt wird, oder wenn (a β iv) es sich um eine Schädigung handelt. Das letztgenannte Beispiel macht deutlich, dass die Gabe etwas Positives sein muss, dass sie, ganz wie wir beim Gewünschten gesehen haben (s. o., S. 14), für den Empfänger wertvoll sein muss. Zudem muss sie offensichtlich ein Plus über das allgemein selbstverständlich Erwartbare hinaus haben (a β ii). Die Beispiele (a β i) und (a β iii) hingegen lassen deutlich werden, dass das Geben freiwillig erfolgt sein bzw. erfolgen muss. Damit ist auch klar, dass es kein bloßer Mechanismus sein kann, sondern eine per-

---

[28] Wie dazu der Dank für das Wechselgeld (a α vi) passt, wird noch zu bedenken sein. – „Nichts versteht sich von selbst und doch gibt es unendlich viel Selbstverständlichkeiten." (von Gleichen-Russwurm 1932/2004: 6870 [147])

sönliche Zuwendung impliziert. Das Gemeinsame der Situationen, in denen ein Dank angebracht erscheint, ist offenbar nicht allein, dass der Dankende etwas ihm Wertvolles empfangen hat, sondern dass er dabei als besondere Person gewürdigt wurde. Das scheint auch dasjenige zu sein, was im Dank in Situationen ökonomischen Tauschs zum Ausdruck kommt; denn wenn wir aus einem Kaffeeautomaten Wechselgeld herausnehmen, bedanken wir uns keineswegs. Unsere obigen Überlegungen zum Wünschen berücksichtigend können wir sagen, dass dasjenige, was den Dank kennzeichnet, den Dank-Empfänger qua Person betrifft.[29] Geschenke, die zweckfrei erfolgen, realisieren dies in purifizierter Form:

> „Blumen [...] sind stets passende Geschenke [...], weil sie die stolze Versicherung sind, dass ein Strahl von Schönheit alle Brauchbarkeiten[30] der Welt an Wert übertrifft. Diese fröhlichen Naturen kontrastieren mit der etwas strengen Fassung der gewöhnlichen Natur: Sie sind wie Musik, die aus einem Arbeitshaus heraus erklingt. Natur verhätschelt uns nicht: wir sind Kinder, keine Schoßhündchen: sie ist nicht liebevoll: wir werden behandelt ohne Angst oder Gunst, gemäß strengen universellen Gesetzen. Doch diese grazilen Blumen sehen aus wie der Scherz und die Vermischung von Liebe und Schönheit. Man sagt uns gewöhnlich, dass wir Schmeicheleien mögen, selbst wenn wir dadurch nicht betrogen werden, weil es zeigt, dass wir wichtig genug sind, umworben zu werden. So etwas wie dieses Vergnügen geben Blumen uns: Wer bin ich, dem diese süßen Hinweise zuteil werden?"[xxviii] (Emerson 1844/1907: 187)

Interessant ist nun für unsere Frage der Reziprozität, dass der Dank nicht nur angesichts einer solchen freiwilligen Gabe, eines zweckfreien Geschenks, das die Person des Beschenkten als solche würdigt, ausgesprochen wird – auch wenn er dort seine reine Form zu finden scheint –, sondern gleichwohl auch in Situationen des ökonomischen Tauschs, wo die Vergeltung durch Entgelt bereits „erledigt" ist. Wie ist das zu verstehen? Offensichtlich erfährt der sich Bedankende sich nicht nur anerkannt in der *Rolle* des ökonomischen Akteurs – etwa des Kunden –, sondern als *ganze Person* gewürdigt.

Was hat es nun mit der Option des *Erwiderns* (b und c) auf sich? Offensichtlich haben wir hier etwas, das wir oben (S. 3) als den semantischen Kern von Reziprozität fanden: Etwas geht ‚auf demselben Wege' zurück. Hier ist es der Wunsch

---

29 Wie immer ist ein Blick in andere Sprachen und Kulturen aufschlussreich; im Türkischen sagt man anstelle von „Danke!" etwa „Sağ ol/Sağ olun!", was wörtlich soviel heißt wie „Sei/Seien Sie lebend!" oder „Sei/Seien Sie gesund!" Dies kann sich klarerweise nur auf die Person beziehen. **Weitere Forschungsmöglichkeit:** Untersuchen Sie Formeln des Dankes in den Ihnen bekannten Sprachen.

30 Wir übersetzen hier „utilities" mit „Brauchbarkeiten" im Sinne Ludwig Josef Brentanos (s. 1907: 5; vgl. Loer 2006 d: 22 f.).

der guten Reise, der von Person A zu Person B geht und dann zurück. Alles, was wir zum Wunsch bereits ausgeführt haben, gilt dann hier auch. Was aber macht den Unterschied aus zwischen dem primären Wunsch und dem darauf antwortenden Wunsch?

Differenzieren wir unser Gedankenexperiment: Einer Person B, die gerade einen Zug bestiegen hat, wird von einer Person A, die auf dem Bahnsteig zurückbleibt, eine gute Reise gewünscht. Person B könnte hier nur dann mit „(Danke), gleichfalls!" antworten, wenn Person A ebenfalls eine Reise antreten würde. Dies ist vom äußeren Augenschein her nicht der Fall ist, weshalb ein bloßer Dank zu erwarten wäre. Person B würde mit dem Dank die Würdigung ihrer Person erwidern, inhaltslos gewissermaßen und somit rein die Anerkennung der wünschenden Person als solcher zum Ausdruck bringen. – Wir werden auf die Handlung des Dankens noch weiter eingehen (s. Abschn. 2.4).

Wenn es sich nun bei den Personen A und B um Reisebekanntschaften handelt, die an einem Bahnhof aus dem gemeinsamen Zug aus- und in jeweils einen anderen Zug umsteigen, so erwarten wir, dass B sich nicht lediglich bedankt, sondern den von A ausgesprochenen Wunsch mit einem Gegenwunsch beantwortet (b bzw. c). Ein bloßes „Danke!" wäre hier fehl am Platz. Warum? Wir können nun in Verbindung mit obigen Überlegungen sehen, dass das bloße Danken gewissermaßen dort Platzhalter für eine inhaltlich symmetrische Reziprozität auftritt, wo diese nicht, zumindest noch nicht möglich ist.

Ist allerdings inhaltlich symmetrische Reziprozität möglich, so muss diese offensichtlich auch vollzogen werden; eine Beschränkung auf den Platzhalter bekäme hier den Charakter der Verweigerung einer inhaltlich symmetrischen Reziprozität, woraus eben die von uns festgestellte Unangemessenheit resultiert. Das unterscheidet die Wuscherwiderung vom Wunsch: Die Unterlassung des primären Wunsches wäre keine Verweigerung; eine bloße Verabschiedung[31] etwa hätte es ja auch getan.

Das Beispiel d, also das sich einer Antwort Enthalten, stellt offenbar nicht nur eine Verweigerung einer inhaltlich symmetrischen Reziprozität dar, sondern eine Verweigerung von Reziprozität überhaupt. Es zeigen aber schon unsere Formulierungen „das sich Enthalten" und „Verweigerung", dass eine Beziehung zugrunde liegt, die die Erwartung konstituiert, die überhaupt erst das Ausbleiben einer Antwort zu einem sich Enthalten, zu einer Verweigerung macht.[32]

---

31 Allerdings müssen und werden wir uns auch mit der Verabschiedung noch beschäftigen (s. Abschn. 2.3).
32 Welche Irritationen die Wahl der Option d auslöst, erweist sich anschaulich an der Hauptfigur der TV-Serie „Kommissarin Heller" (s. https://www.zdf.de/filme/kommissarin-heller), die immer wieder genau diese Option wählt. – Zur Problematik des Begriff der Erwartung in

Kehren wir zum Thema des Grüßens zurück. Angesichts der bisherigen Überlegungen können wir nun erwarten, dass die Person B den Wunsch erwidert. Ein bloßes Danken würde, da hier inhaltlich symmetrische Reziprozität möglich ist, deren Verweigerung bedeuten. Da der Inhalt hier ein Wunsch ist, würde diese Verweigerung eine Selbstüberhöhung zum Ausdruck bringen: – in Anlehnung an Emerson könnte man dies wie folgt formulieren: „Ich bin es wert, dass mir dieser süße Wunsch zuteil wird und der andere mir gegenüber die damit verbundene Verpflichtung eingeht – und der Andere ist es nicht wert."[33][xxix]

(I) A: Guten Morgen!
     B: Guten Morgen!

Person B antwortet mit dem gleichen Wunsch – allerdings ohne zu danken. Widmen wir uns zunächst diesem zweiten Aspekt, da wir bei unserer bisherigen Betrachtung des Wunsches einen Dank als regelgemäß auch die Wunscherwiderung begleitend gefunden hatten.[34]

Der Dank tritt hier im Handeln zweier aufeinander bezogenen Personen auf – diese etwas umständlich erscheinende Formulierung verwenden wir hier, um deutlich zu machen, dass die Personen in ihrem Handeln *bereits* aufeinander bezogen sind – wie die Hunde in Meads Beispiel (s. o., S. 17). Allerdings sind sie dies nicht durch die „im Erbbilde [...] verankerten Gesetze" (Lorenz 1950/1975: 32). Auch wenn noch zu klären ist, wodurch Personen im Handeln bereits aufeinander bezogen sind, teilen wir die Kritik Ulrich Oevermanns an dem sich sonst hier

---

der Systemtheorie, wo er – zusammen mit dem der Erwartungserwartung – eine bedeutende, aber unbefriedigende Rolle spielt, s. Loer 2015 b: 293 f., Fn. 7; vgl. demnächst: Loer 2022 b.

33 Dass es in einem Anstandsbuch aus der Mitte des 19. Jahrhunderts heißt: „Einen empfangenen Gruß nicht zu erwiedern [sic!], ist eine Grobheit, wie niedrig auch die Stellung des Grüßenden sei." (de Fresne 1859/2004: 6635 [161], verweist darauf, dass es offensichtlich „s e h r   h o c h über dem Grüßenden" (ebd.; gesperrt i. Orig.) stehende Personen gab, die sich so verhielten – und damit genau das Es-nicht-wert-Sein des Grüßenden ausdrückten. Vgl. dazu auch das Märchen „Der Hase und der Igel", in dem das tödliche Verhängnis damit beginnt, dass der „grausahm hochfahrtig[e]" Hase (Grimm 1843/2012 a: 459; vgl. b: 297) den Gruß des Igels nicht erwidert. – WEITERE FORSCHUNGSMÖGLICHKEITEN: ÜBERLEGEN SIE bei welchen Gelegenheiten das Zurückgrüßen Pflicht ist und warum. ERHEBEN SIE PROTOKOLLE von diesen Situationen und ANALYSIEREN SIE sie. Ziehen Sie dazu folgende Bemerkung von Claude Lévi-Strauss heran: „Denn die Eröffnung birgt stets ein Risiko" (Lévi-Strauss 1949/1984: 70; kÜ). – INTERPRETIEREN SIE die Darstellung eines Treffens zwischen einander unbekannten Gruppen bei den Nambikwara (im Amazongebiet Brasiliens), die Lévi-Strauss beschreibt (1948: 90–95).

34 Es irritierte mich dementsprechend, dass mir in Sachsen auf den Wunsch „Einen schönen Tag noch!" mehrfach die knappe Erwiderung „Das Gleiche!" begegnete; diese wäre einer eigenen Analyse wert. (WEITERE FORSCHUNGSMÖGLICHKEIT)

anbietenden gängigen Terminus ‚Interaktion'; mit Recht wies er darauf hin, dass „man [...] die Terme ‚Interaktion' und ‚Intersubjektivität' aus dem Begriffsrepertoire der Sozialwissenschaften verbannen [müsste], weil sie rein terminologisch schon den Kategorienfehler suggerieren, die Subjektivität und die Einzelaktion seien das jeweils Vorgängige, das durch eine mit ‚Inter' bezeichnete Koordinationsoperation mit anderen Einzelnen in Verbindung gebracht werden müßte." (Oevermann 2010 b: 7).[35 xxx] Wenn nun der Dank im Handeln zweier aufeinander bezogenen Personen, wie wir gesehen haben (und womit wir uns weiter unten noch genauer beschäftigen werden), das Moment der Würdigung der Person des Gebenden durch diejenige, die eine Gabe empfangen hat, darstellt, so fragt sich, ob wir hier eine Beziehung vorliegen haben, in der auf diese Würdigung verzichtet wird. Ziehen wir zu diesem Zweck weitere Beispiele heran, in denen bei Vollzug inhaltlich symmetrischer Reziprozität *kein* Dank erfolgt. Neben dem einen Wunsch darstellenden Grüßen ist dies etwa noch der Fall, wenn man sich beim Zutrinken ein „Wohl bekomm's!" wünscht.[36] Anders als in unserem obigen Beispiel des Wunsches „Gute Reise!" und seiner Erwiderung, enthält hier der Wunsch keine sachliche Spezifizierung. Was eine gute Reise ist, lässt sich zwar nicht vollständig, aber doch weitgehend unabhängig von der Person des Reisenden bestimmen; was aber das Wohlsein ist, das durch das Getränk erreicht werden möge, ist weitestgehend nur persönlich spezifizierbar. Möglicherweise ist es also der sachlich unspezifische Charakter des Wunsches, der dazu führt, dass der Wunsch selbst in sich bereits eine Würdigung der Person darstellt, was dann eben auch für seine Erwiderung gilt. Sie mit einem Dank zu versehen, wäre nicht nur unnötig, sondern würde den primären Wunsch seines umfassenden persönlichen Charakters berauben und ihn zu einem sachlich spezifischen machen. Es würde dem zuerst Grüßenden damit eine Unaufrichtigkeit unterstellt.[37]

Somit können wir schließen, dass im Grüßen der Grüßende den Gegrüßten unspezifisch als ganze Person würdigt und nun, im Gegengruß, seinerseits als solcher gewürdigt wird. Wir haben hier also Reziprozität in Reinform vorliegen. Was aber ist es nun, das hier ‚auf demselben Wege zurückgeht' (s. o., S. 3)? Da der Inhalt des im Grüßen ausgesprochenen und ausgetauschten Wunsches an die Person

---

35 Vgl. auch: „Du bist ein Schriftsteller – gib ‚Interaktionen' auf." (Roth 2007: 142) – *Die Originalzitate zu den Übersetzungen in Fußnoten finden sich, wie oben erläutert, am Ende des Bandes; mehrere zu einer Fußnote gehörenden Zitate werden dort durch Gedankenstriche getrennt.*

36 Auch „Prost!" – als Kurzform von (lat.) „Prosit!": „es möge nützen" – meint ja bekanntlich genau dies.

37 Deshalb können wir auch sofort eine entsprechende Situation imaginieren, in der ein „Guten Morgen!" mit „Danke, gleichfalls!" zynisch beantwortet würde – etwa hätte es einen nicht gewundert, wenn Monty Python die Gekreuzigten am Ende von „Life of Brian" einen solchen Dialog hätten führen lassen.

des Begrüßten gebunden und erst durch sie spezifiziert wird, ist es offensichtlich die *Anerkennung der Person qua Person*, die hier hin und ‚auf demselben Wege zurückgeht'. Dabei geht es keineswegs um Anerkennung in einem moralisch bedeutsamen Sinne. Um solch einen normativ gehaltvollen Begriff der Anerkennung geht es Axel Honneth in seiner Anerkennungstheorie – etwa wenn es heißt: „Wir können uns [...] das gesellschaftliche Zusammenleben menschlicher Subjekte nur verständlich machen, indem wir unterstellen, dass sich diese reziprok als Wesen anerkennen, die über die Autorität verfügen, selbst darüber zu befinden, ob die gemeinsam praktizierten Normen gutgeheißen werden können." (Honneth 2018: 199) Auch, dass „das Geschehen der reziproken Anerkennung zwischen Subjekten [...] als Bedingung der Möglichkeit von individueller Selbstbestimmung" (a. a. O.: 190) gilt, ist noch zu voraussetzungsvoll. Wenn wir von der wechselseitigen Anerkennung der Person *qua* Person sprechen, so geht es lediglich um die „Anerkennung als ‚meinesgleichen'" (Spaemann 1996/2006: 195), wobei das Wort ‚meinesgleichen' nicht „ab[hebt] auf die Ähnlichkeit des Anderen mit mir, sondern auf die gleiche Unvergleichlichkeit und Einmaligkeit." (a. a. O.: 196) Dies kommt darin zum Ausdruck, dass der Grüßende sich an den durch die konkrete Person des Begrüßten auf ihre unvergleichliche und einmalige Weise zu spezifizierenden Wunsch bindet. Damit aber erweist jener selbst sich als Person und diese kann somit nicht umhin, ihn im Gegengruß ebenfalls als solche anzuerkennen.

Diese wechselseitige Anerkennung als Person findet sich auch, dies sei hier noch nachgetragen, bei einem a prima vista viel unverbindlicheren Gruß wie „Hallo". Denn anders als Searle meint (s. o., S. 11), gibt es auch für „Hallo" pragmatische Erfüllungsbedingungen, die dem, was er „Aufrichtigkeitsbedingung"[xxxi] nennt (1969/1983 a: 99), entsprechen. „Hallo" ist ein „lauter antreibender zuruf. eine imperativische bildung", der „die eigentliche bedeutung erschallen lassen, rufen, dann herbeirufen inne wohnt", hervorgegangen aus holen (Grimm/Grimm 1877/1984: Sp. 235 f.). Wenn man nun jemanden herbeiruft, so gehört zu den pragmatischen Erfüllungsbedingungen, dass man von dieser Person auch etwas möchte. – Ein Gedankenexperiment zeigt dies sofort, wenn man sich vorstellt, man rufe jemandem „Hallo" zu, ohne dann auf seine Antwort hin zu reagieren, sei es mit Anblicken, Zunicken, Erklären, was man will, o. ä. Dies würde zu Verunsicherungen führen, die der Angerufene nur durch die Erklärung, „Ich war wohl nicht gemeint", überwinden könnte. Ähnlich würde es den „Herbeirufenden" irritieren, wenn der durch „Hallo" „Herbeigerufene" nicht antworten würde.[38]

---

38 **WEITERE FORSCHUNGSMÖGLICHKEITEN:** Vertiefen Sie die Analyse der Begrüßung durch Willkommen-Heißen, die Ronny Markus Jahn und Michael Tiedtke vorgelegt haben (2014) im Hinblick auf Reziprozität.

2.2.2 Fazit

An der Handlung des Grüßens haben wir eine Grundgestalt der Reziprozität rekonstruieren können. Fassen wir zusammen: In der sich ergebenden Situation einer durch sie selbst wahrnehmbaren Ko-Präsenz von zwei Angehörigen der Gattung Mensch sind beide objektiv aufeinander bezogen und haben – zunächst – beide zwei Optionen: zu grüßen oder nicht zu grüßen. Diese beiden Optionen sind objektiv mit Konsequenzen verbunden, was wir weiter unten aufgreifen werden. Zunächst gehen wir von der Gegebenheit aus, dass alle Kulturen Regeln des Grüßens ausgebildet haben, die, so unterschiedlich sie auch sein mögen, alle das Moment der Würdigung der Person des Begrüßten implizieren. Zudem gehen wir davon aus, dass die Kategorie des neutralen Fremden, der nicht gegrüßt wird, historisch spät auftaucht und auch in fortgeschrittenen Gesellschaften eine Instabilität aufweist. Dies wird schön veranschaulicht in einer Szene in Alfred Hitchcocks Film „North by Northwest" (1959). Roger Thornhill, die Hauptfigur wartet an der Bushaltestelle auf einer einsamen Landstraße, zu der er mit dem Bus gefahren war, auf eine Person, die ihr diesen Ort als Treffpunkt angegeben hat. Plötzlich taucht auf einem Feldweg ein Auto auf, ein Mann steigt aus, das Auto verschwindet wieder. Der Mann wartet auf der gegenüberliegenden Straßenseite ebenfalls. Er beachtet Thornton nicht, aber dieser geht schließlich hinüber zum ihm und spricht in an. – Die gleichen Personen hätten an einer Bushaltestelle in der Stadt nebeneinander warten können, ohne miteinander ins Gespräch zu kommen; auf der einsamen Landstraße empfindet man, auch als Zuschauer, das als belastend. – Eine weitere interessante Beobachtung zu diesem Phänomen, die dem einen oder anderen auch vertraut sein wird, hat Christine Brückner beim Wandern im Gebirge gemacht: „Je höher wir kommen, desto kameradschaftlicher geht es zu. Die Begegnungen werden rar. Die Grußgrenze liegt bei 800 Meter ü. N., nahe der Baumgrenze, alltags. Sonntags liegt sie 300 Meter höher." (Brückner 1971/1986: 200) Sie weist damit auch auf eine Abhängigkeit des Auftretens des – als Kategorie bereits verfügbaren – neutralen Fremden von der Begegnungsdichte hin, wobei Dichte hier mit Louis Wirth zu verstehen ist als „enger physischer Kontakt und distante soziale Beziehung"[xxxii] (Wirth 1938: 1)[39] Auch Leopold von Wiese hielt bereits fest: „die räumliche Dichtheit (oder Zerstreuung) der Menschen ist von ausschlaggebender Bedeutung" (1931/1959: 523)[40][xxxiii]

---

39 Vgl. hierzu o., S. VII, Fn. 1.
40 WEITERE FORSCHUNGSMÖGLICHKEITEN: Den meisten wird eine Szene, die der folgenden vergleichbar ist, nicht fremd sein: Sie gehen eine Straße entlang, müßig, und sehen jemanden in ein Auto steigen; als er sich anschnallt, treffen sich Ihre Blicke; unwillkürlich nicken Sie sich zu. Warum? ERHEBEN SIE PROTOKOLLE von solchen Situationen (es werden meist Erinnerungsprotokolle sein, die möglichst zeitnah erstellt werden sollten) und ANALYSIE-

Im Grüßen nun erkennt, wie wir gesehen haben, der Grüßende den Gegrüßten als ganze Person an; zugleich erweist er sich damit, dass er eine entsprechende Verpflichtung dieser Person gegenüber eingeht, selbst als Person. Im Gegengruß wird diese nun ihrerseits anerkannt. Positiv vollziehen und bestätigen damit beide, was objektiv diese Situation vorgängig bestimmt: sie sind Angehörige der Gattung Mensch und erkennen sich eine bestimmte Position in dieser Angehörigkeit zu.

Das Komplement zur Begrüßung ist die Verabschiedung; ihr wollen wir uns nun zuwenden.

2.3 Sich Verabschieden

2.3.1 Analyse

Wir werden im folgenden die Analyse des Sich Verabschiedens verkürzt darstellen; nach der expliziten Analyse des Begrüßens sollte die Entfaltung dieser Verkürzung eigenständig möglich sein.

(II)   A: Auf Wiedersehen!

Mit dieser Äußerung wählen wir eine nicht nur im Deutschen typische Form der Verabschiedung;[41] dass wir es als eine solche bezeichnen, ist wiederum zunächst eine Deskription. Wir kürzen hier, wie gesagt, die Analyse ab und gehen gleich

---

REN SIE sie. – Claude Lévi-Strauss erwähnt im Zusammenhang mit der oben (S. 15) zitierten Begebenheit andere Gelegenheiten, in denen man für eine gewisse Zeit genötigt ist, mit Fremden zusammenzuleben: „beim Teilen einer Kabine auf einem Überseedampfer oder des Schlafwagens" (Lévi-Strauss 1949/1984: 116; kÜ). Dies böte die Gelegenheit, die Bedeutung des Grußes und weiterer Aspekte der Reziprozität genauer zu untersuchen – ebenso wie Begegnungen im Kino, Theater, in öffentlichen Verkehrsmitteln etc. ÜBERLEGEN SIE, welche weiteren Situationen Aufschluss geben könnten; ERHEBEN SIE PROTOKOLLE von diesen Situationen und ANALYSIEREN SIE sie. – ANALYSIEREN SIE weitere Begrüßungsformeln aus anderen Sprachen und Kulturkreisen. Zudem wäre es sehr aufschlussreich, Begrüßungsszenen zu erheben und zu analysieren, die sich im Bemühen um die Vermeidung enger physischer Kontakte während der Pandemie mit dem Coronavirus SARS-CoV-2 herausgebildet haben (vgl. vorhergehende Fn. 39; s. auch u., S. 191).

41 WEITERE FORSCHUNGSMÖGLICHKEITEN: Die Entsprechungen der deutschen Abschiedsformel in anderen Sprachen bedürften, dort, wo sie nicht ganz wörtlich sind, der eigenen Analyse. Zudem finden sich in vielen Sprachen Bezugnahmen auf Gott, was ebenfalls genauer zu analysieren wäre; z. B.: ‚bei/mit Gott' – etwa französisch: adieu, lettisch: ardievs; oder: ‚Gott sei mit dir' – etwa englisch: good-bye: „from godbwye (1570s), a contraction of *God be with ye* (late 14c.)" (s.: https://www.etymonline.com/word/good-bye, kursiv i. Orig.; abgerufen am 22. Febr. 2019).

davon aus, dass wir es mit einer Ellipse zu tun haben. Diese ist eine Kontraktion von „einer umfassenderen wendung" (Grimm/Grimm 1960/1984.29: Sp. 1198), sei es „adieu, bisz auf wieder sehen" (ebd.) oder „gott befohlen bis aufs wiedersehen" (ebd.) oder „gehabt euch wohl, bis auf wiedersehn" (ebd.). Dabei ist mit „*Wiedersehen*" ein bestimmtes[42] angesprochen und zwar, wie wir – erneut abkürzend – vom Kontext her sagen können, das Wiedersehen des Sprechers mit dem Angesprochenen. Was bedeutet nun die Äußerung? Harald Weinrich bestimmt die Präposition ‚auf' mit dem Merkmal der Zugänglichkeit (1993: 625–630) und zwar auch „im zeitlichen Kontext", wo „es sich um eine zeitliche Zugänglichkeit handelt", wobei er dann auch ‚auf Wiedersehen' aufführt (a.a.O.: 628) Der Sprecher wünscht also dem Hörer, dass es ihm – ggf. mit Hilfe Gottes – wohl ergehen möge, bis beide einander wieder zugänglich sind, einander wieder begegnen. Mit diesem Wunsch geht der Sprecher nun zwar auch indirekt die mit jedem Wunsch verbundene Verpflichtung ein, zu dessen Erfüllung beizutragen;[43] da der Wunsch aber hier explizit die Zeit betrifft, in der Sprecher und Hörer getrennt sind, drückt er damit mehr noch seine Sorge um die Person des Hörers aus, seine Anteilnahme an dessen Person.

Wir brauchen nun nicht die obige Analyse zu wiederholen – etwa, indem wir uns fragen, ob hier ein einfaches „Danke!" eine angemessene Antwort sein könnte –, sondern können uns gleich der erwartbaren – und uns ja auch wohlbekannten – Antwort zuwenden:

(II)   A: Auf Wiedersehen!
       B: Auf Wiedersehen!

Wie schon bei der Begrüßung, so ist es, wie wir ohne Umschweife schließen können, auch hier offensichtlich die *Anerkennung der Person qua Person,* die hin und ‚auf demselben Wege zurückgeht'. Wir finden also auch beim sich Verabschieden Reziprozität in Reinform vollzogen.

2.3.2 Fazit

Die Verabschiedung ist also, wie wir gesehen haben, in ihrer Struktur der Begrüßung analog, aber sie geht in einer Hinsicht in der wechselseitigen Anerkennung der Beteiligten als Personen noch über die Begrüßung hinaus, da diese Anerken-

---

42   „der der präpos. *auf* angehängte bestimmte artikel begegnet nur mehr vereinzelt" (ebd.; kursiv i. Orig. invers)
43   S.o. S. 12 f. zu den pragmatischen Erfüllungsbedingungen des Wünschens.

nung sich zugleich von der konkreten Bindung an die Beteiligten löst: Selbst wenn beide sich nicht mehr in der Situation einer durch sie selbst wahrnehmbaren Ko-Präsenz, in der sie objektiv aufeinander bezogen sind, befinden, bleibt – so wird mit der Verabschiedung angezeigt – die Anerkennung bestehen: schließlich bringen sie zum Ausdruck, dass sie wünschen, sich als diese konkreten Personen wiederzusehen. Im Raum der Personen, dessen Wirklichkeit strukturell durch ihr Objektiv-aufeinander-bezogen-Sein gestiftet[44] und durch ihre wechselseitige Anerkennung positiv praktisch realisiert ist, behalten damit beide Beteiligten ihre Position über die konkrete Situation hinaus. Entsprechend hält Robert Spaemann fest: „Personsein ist das Einnehmen eines Platzes, den es gar nicht gibt ohne einen Raum, in dem andere Personen ihre Plätze haben." (1996/2006: 193) Dieser Raum, der soziologisch als Sozialität (s. dazu näher u., S. 47) zu bestimmen ist, wird damit von der Ko-Präsenz an einer physikalischen Raumzeitstelle abgelöst und zu einer überräumlichen und überzeitlichen sozialen Realität. – Anlässlich einer ähnlichen[45] Bestimmung von Ulrich Oevermann zur Begrüßung soll dies noch etwas deutlicher gemacht werden. Oevermann schreibt:

> Es gilt, „daß auch in den ‚natürlichen' face-to-face-Interaktionen es nicht die physikalisch-äußeren Bedingungen der Anwesenheit an einer gemeinsamen Raum-Zeit-Stelle sind, die einen sozialen Handlungsraum schon konstituieren, sondern daß dieser – auch hier – erst durch eine explizite Eröffnungs-Austauschhandlung hergestellt, also die gemeinsame raum-zeitliche Verortung durch Begrüßung in einen gemeinsamen sozialen Handlungsraum transformiert werden muß." (Oevermann 1983: 242; kursiv i. Orig.)

Damit macht er einerseits deutlich, dass es der soziale Handlungsraum nicht durch die bloße physische Ko-Präsenz konstituiert wird. Dies ist auch für unsere Argumentation wichtig; so haben wir oben (S. 22) gezeigt, dass bei der Gattung Mensch die Ko-Präsenz von zwei ihr Angehörigen begrifflich als Situation der Begegnung zu bestimmen ist, die, weil es in der Gattung Mensch keine Präfiguration gibt, zum inhaltlichen Vollzug der Reziprozität nötigt. Andererseits aber geht Oevermann davon aus, dass ein sozialer Handlungsraum „erst durch eine explizite Eröffnungs-Austauschhandlung hergestellt" wird. Das objektive Aufeinander-bezogen-Sein ist jedoch – auch wenn es nicht durch die physische Anwesenheit konstituiert ist, der „explizite[n] Eröffnungs-Austauschhandlung" vorgängig.

---

44 Wie bereits im vorhergehenden Fazit können wir diesen hier zum Teil sicher noch unverständlichen Vorgriff nicht vermeiden.
45 In der Studienbrief-Fassung dieses Buches (Loer 2020) wurde hier versehentlich Oevermanns Konzeptualisierung an dieser Stelle der unseren gleichgesetzt.

Dass „die gemeinsame raum-zeitliche Verortung durch Begrüßung in einen gemeinsamen sozialen Handlungsraum transformiert werden muß", stimmt also nur dann, wenn „gemeinsame raum-zeitliche Verortung" bereits als strukturelle Reziprozität, als Objektiv-aufeinander-bezogen-Sein, und ‚gemeinsamer sozialer Handlungsraum' als eine Form der positiven Gestaltung dieses vorgängigen Objektiv-aufeinander-bezogen-Seins begriffen wird. – Dies wird in der Folge noch deutlicher werden (s. dazu letztlich die Ausführungen zu Abbildung 4, S. 158).

Vor diesem Hintergrund erscheint das Sich-Verabschieden, auch wenn ihm ein Grüßen unabdingbar vorausgehen muss, für die Realisierung von Sozialität noch grundlegender als dieses. Im Grüßen wurde eine durch die wechselseitig wahrnehmbare Ko-Präsenz (von Angehörigen der Gattung Mensch) gestiftete Wirklichkeit der Sozialität realisiert; im Sich-Verabschieden wird, als reale Möglichkeit, die realisierte Sozialität auf Dauer gestellt. – Dies wird weiter zu explizieren sein; bevor wir nun zur Handlung des Dankens fortschreiten, ist ein Exkurs über die Begriffe ‚Wirklichkeit' und ‚Realität' erforderlich.

Exkurs zu den Begriffen ‚Wirklichkeit' und ‚Realität'

Wir haben soeben die Formulierung verwendet, die durch Ko-Präsenz gestiftete Wirklichkeit der Sozialität werde im Grüßen realisiert. Damit wird implizit ein Unterschied zwischen Wirklichkeit und Realität gemacht. „Zwischen ‹Realität› und ‹Wirklichkeit› [...] differenzieren zu können, bildet eine Eigentümlichkeit des Deutschen, die weder im Englischen noch in den romanischen Sprachen ein vergleichbares Gegenstück hat und daher regelmäßig zu Konfusionen in der Übersetzung führt." (Trappe 2004: Sp. 829) Gleichwohl kann mit dieser terminologischen Unterscheidung ein begrifflicher Unterschied gefasst werden. Auf die komplexe philosophische Diskussion zu den Begriffen ‚Wirklichkeit' und ‚Realität' können wir hier nicht eingehen (vgl. a.a.O. u. Courtine 1992, Grünepütt 1992). ‚Wirklichkeit' ist eine „abstraktbildung von wirklich" (Grimm/Grimm 1960/1984·30: Sp. 582; Kursivierung getilgt) und ‚wirklich' ein „verbaladjektiv zu wirken" (a.a.O.: Sp. 575; Kursivierung getilgt). Damit ist angenommen, dass die *Wirklichkeit* der Ko-Präsenz gewissermaßen be*wirkt*, dass die in ihr ko-präsenten Subjekte sich als sich begegnend und damit *unvermeidlich* objektiv aufeinander bezogen erfahren, und es damit zugleich *unvermeidbar* für sie macht, eine Antwort auf diese Situation zu entwickeln. Diese Antwort realisiert[46] nun auf eine spezifische Weise die Wirklichkeit des Aufeinander-bezogen-Seins. Eine Formulierung Julia Spinolas verwendend kann man sagen, die Sozialität ist lebendig erst als realisierte. Cum grano salis kann man dies mit der

---

[46] Zum Begriff des Realisierens s. Büttemeyer 1992 und bes. Hühn 1992.

Wirklichkeit einer in der Partitur objektivierten Komposition und deren Realisierung in jeder einzelnen Aufführung vergleichen[47] – nur dass die Realisierung der Wirklichkeit einer Komposition für Musiker nicht unvermeidbar ist: sie können es auch unterlassen, sie aufzuführen.

An dieser Stelle sei auf einen weiteren Aspekt der Unterscheidung zumindest noch hingewiesen; sie setzt gewissermaßen mit der sprachlichen Struktur des menschlichen Weltzugangs ein. Ulrich Oevermann formuliert dies wie folgt: „durch Sprache als algorithmisches Regelsystem" wird ein „Dualismus von repräsentierter, unmittelbar im Hier und Jetzt gegebener Wirklichkeit und einer mittels Bedeutung tragender Zeichen repräsentierten Realität" konstituiert, „die zugleich bezogen auf das unmittelbar gegebene Hier und Jetzt eine hypothetisch konstruierte Welt der Prädikate ist." (Oevermann 2000 c: 411 f.) Die im Hier und Jetzt der Ko-Präsenz konstituierte Wirklichkeit der Begegnung wird „mittels Bedeutung tragender Zeichen" (etwa durch den Gruß) als eine bestimmte (etwa als die von einander als Person anerkennenden Subjekten) realisiert.

Schließlich ist in diesem Zusammenhang noch festzuhalten, dass wir in der Annahme einer im Handeln sich realisierenden Wirklichkeit „einem methodologischen Realismus" folgen, demgemäß man „als empirisch alles das ansieht, was sich durch Methoden der Geltungsüberprüfung in der Gegenständlichkeit erfahrbarer Welt nachweisen lässt" (Oevermann 2002: 3). Die methodische Rekonstruktion von im Handeln wirkenden Strukturen führt so zu empirischen Begriffen, deren Geltung jederzeit durch einen methodisch überprüfbaren Konkurrenten infrage gestellt werden kann, sofern dieser die Phänomene sparsamer erklärt (hier ist also das Sparsamkeitsprinzip (s. u., S. 42, Fn. 57) zugrunde gelegt: „daß bei allen Erklärungsprozessen diejenigen Ansätze zu bevorzugen sind, die mit einem Minimum von Faktoren, Hypothesen und Entitäten auskommen." (Cloeren 1995: Sp. 1300).

2.4 Danken[48]

2.4.1 Analyse

Anders als bisher benötigen wir bezüglich der Handlungen des Dankens zunächst keine weitere Analyse von Fällen; vielmehr können wir die oben (s. o. S. 24) analysierten gedankenexperimentellen Beispiele heranziehen. Dort (S. 26) hatten wir

---

47 Entsprechend heißt es bei Spinola: „Nun ist Musik erst lebendig als interpretierte." (2005: 7)
48 Sascha Liebermann (Alfter) danke ich für die Lektüre einer früheren Fassung dieses Abschnitts und für Diskussionen, die auch darüber hinaus zu Klärungen führten.

herausgearbeitet, dass das *bloße Danken* als *Platzhalter für eine inhaltlich symmetrische Reziprozität* auftritt, wo diese nicht, zumindest noch nicht möglich ist.[49] Eine ähnliche Beobachtung findet sich bei Georg Simmel – allerdings auf den rechtlich regulierten Tausch bezogen:

> „Nun bestehen aber unzählige Beziehungen, für die die Rechtsform nicht eintritt, wo das Aequivalent für die Hingabe nicht erzwungen werden kann. Hier wird die Dankbarkeit zur Stellvertreterin des Rechts und spinnt, *wenn andere Mächte versagen*, ein Band der Wechselwirkung, der Balancierung von Nehmen und Geben zwischen den Menschen." (1907/1993: 308; kursiv von mir, TL)

Nach unseren obigen Überlegungen können wir sagen, dass Simmel, der festhält, es sei „eine *Ergänzung* der rechtlichen Ordnung, die die Dankbarkeit vollbringt" (ebd.; kursiv von mir, TL), zu kurz greift: Wenn Danken der Ausdruck von Dankbarkeit ist, so findet sich Dankbarkeit zum einen auch dort, wo rechtlich „das Aequivalent für die Hingabe" durchaus „erzwungen werden kann" – etwa wenn der Schaffner im Zug dem Fahrgast die Fahrkarte mit Worten des Danks zurückgibt –; zum anderen danken wir insbesondere dann, wenn wir eine Gabe erhalten, die in „der rechtlichen Ordnung" gar nicht reguliert wird (s.o., S. 24, die Fälle a α i–iv). Auf diese weist Simmel durchaus auch hin: „Nun bestehen aber unzählige Beziehungen, für die die Rechtsform nicht eintritt, wo das Aequivalent für die Hingabe nicht erzwungen werden kann." (Simmel 1907/1993: 308) Simmel selbst gibt einen Hinweis auf die Differenz, auf die es hier ankommt:

> „Der Tausch ist die *Sachwerdung* der Wechselwirksamkeit zwischen Menschen." (ebd.; kursiv von mir, TL)

Wenn es eine solche „Sachwerdung" gibt, so muss die „Wechselwirksamkeit" zunächst eine persönliche sein. Dies haben wir herausgearbeitet: bei der Reziprozität geht es gerade um die *persönliche* „Wechselwirksamkeit", die zudem, wie wir noch sehen werden, zugleich die Menschen als Personen überhaupt erst konstituiert. Treffend formuliert dies Robert Spaemann:

> Das „freundliche Lächeln der Kassiererin gegenüber einem Menschen, der ihr wirklich gegenübersteht", hat „seinen Wert, und zwar auch dann, wenn die Firma von der

---

49 Eine Analyse der Phänomene des Dankgebets, des Opfers etc. müsste hier anschließen. Nicht zufällig hat Marcel Mauss, dessen Reziprozitätsauffassung wir unten (S. 89 ff.) diskutieren werden, sich ausführlich mit dem Phänomen des Opfers beschäftigt (s.: Hubert/ Mauss 1899/1968).

Freundlichkeit ihres Personals profitiert. Ihr Lächeln bleibt gleichwohl das ihre, und die Dankbarkeit des Kunden gilt dem Fräulein und nicht der Firma." (1996/2006: 207 f.)

Spaemann übersieht hier nicht, dass die ökonomische Tauschbeziehung („wenn die Firma von der Freundlichkeit des Personals profitiert")[50] in ihrer Rechtsförmigkeit, die Simmel betont – etwa wenn er von „allen wirtschaftlichen Tauschen, die in Rechtsform geschehen" (1907/1993: 308) spricht –, mit der persönlichen Beziehung durchaus einhergeht und keineswegs als alternativ bzw. einander ablösend zu denken ist. So aber stellt es sich bei Simmel dar, der zudem einerseits der „Rechtsverfassung" eine quasi konstitutive Rolle zuschreibt: sie „*sorgt für* diese Wechselwirkung" (1907/1993: 308; kursiv von mir, TL), und andererseits die ökonomische Beziehung so darstellt, als löse sie die persönliche ab:

„diese Versachlichung der Beziehung, das Hineinwachsen ihrer in die Dinge, welche hin und her wandern, wird so vollkommen, daß in der ausgebildeten Wirtschaft überhaupt *jede persönliche Wechselwirkung ganz und gar zurücktritt* und die Waren ein Eigenleben gewonnen haben, daß die Beziehungen und die Wertausgleichungen zwischen ihnen gleichsam automatisch, bloß rechnerisch stattfinden, und die Menschen nur noch die *Exekutoren* der in den Waren selbst gelegenen Tendenzen zur Verschiebung und Ausgleichung auftreten." (a. a. O.: 309; kursiv von mir, TL)

Die Schwierigkeit, die Simmel noch nicht lösen kann, besteht darin, auf der einen Seite begrifflich zu fassen, dass ökonomischer Tausch und Reziprozität etwas völlig Unterschiedliches sind, und auf der anderen Seite angemessen zu konzeptualisieren, dass Reziprozität dem Tausch dennoch zugleich zugrunde liegt.[51] Marcel Mauss, auf den wir später noch eingehen werden (s. u., den Abschn. Die erste systematisierende Deutung (Gabe), S. 89 ff.), hat insofern mit Recht den Tausch überhaupt zu den „»totalen« sozialen Phänomenen" gezählt, in denen „religiöse, rechtliche und moralische [...]; ökonomische" Aspekte „gleichzeitig und mit einem Schlag zum Ausdruck" kommen[xxxiv] (Mauss 1923-24/1975: 12). Bei Simmel bleiben die verschiedene Aspekte unverbunden. Bezüglich der genannten Differenz werden zunächst rechtlich kodifizierter Tausch und die Beziehung der Dankbarkeit unterschieden, letztere gewissermaßen als Ersatz und Ergänzung verstanden. Dabei erscheint Dankbarkeit auch durchaus als ein eigenständiges „Motiv,

---

50 Notorisch ist der Schnellrestaurant-Betreiber McDonalds für seine verordnete Freundlichkeit – s. etwa: „Nicht nur die pampigen [sic!] Brötchen, auch die penetrante Fröhlichkeit von McDonald's stammt aus den USA." (Poldervaart 2001)
51 Dazu, dass es nicht möglich ist, „daß in der ausgebildeten Wirtschaft überhaupt jede persönliche Wechselwirkung ganz und gar zurücktritt", s. auch u., S. 142.

das die Erwiderung einer Wohltat von innen heraus bewirkt, wo von äußerer Notwendigkeit nicht die Rede ist." (1907/1993: 310) Die Frage aber, woher denn dieses „Motiv" stammt, bleibt unbeantwortet, ja Simmel stellt sie gar nicht. Zugleich entbehrt seine Darstellung des Verhältnisses von ökonomischer Tauschbeziehung und Beziehung der Dankbarkeit nicht einer gewissen kulturkritischen Neigung, wenn er letztere lediglich als „das subjektive Residuum des Aktes des Empfangens oder auch des Hingebens" begreift (a. a. O.: 309). Wenn er dann über dieses „Residuum" sagt, dass es als „das moralische Gedächtnis der Menschheit" die „Weiterwirkung der Beziehungen" bewirkt (ebd.), so scheint auf, dass in der Beziehung der Dankbarkeit etwas wirksam bleibt, das aller Beziehung zugrunde liegt. Allerdings zeigt sich hier, dass Simmel nicht zwischen einem konstitutionslogischen Grundierungsverhältnis und einer genealogischen Abfolge unterscheidet.[52] In der Dankbarkeit, so müssen wir ihn verstehen, bleibt etwas bewahrt, was daran erinnert, dass einst alle Bereiche menschlicher Beziehungen persönlich und nicht lediglich sachlich bestimmt waren. Nunmehr aber, so stellt es sich Simmel dar, finden wir dies bloß noch als residuales Moment in denjenigen Bereichen, die von der „Versachlichung der Beziehung" verschont bleiben.[53]

Andererseits jedoch schreibt Simmel diesen Bereichen zugleich ein großes Gewicht zu – etwa wenn es heißt: „Allein der Mensch ist doch […] nicht der Kaufmann seiner selbst." (a. a. O.: 312) Die Bedeutung all der nicht-tauschförmigen, nicht-formalisierten Beziehungen, von denen die der Dankbarkeit eine ist, hebt Simmel deutlich hervor – dass dies funktionalistisch gedeutet werden kann (so tendenziell durchaus auch bei Mauss) aber nicht muss, werden wir noch sehen:

> „Daß die Menschen sich gegenseitig anblicken, und daß sie aufeinander eifersüchtig sind; daß sie sich Briefe schreiben oder miteinander zu Mittag essen; daß sie sich, ganz jenseits aller greifbaren Interessen, sympathisch oder antipathisch berühren; daß die Dankbarkeit der altruistischen Leistung eine unzerreißbar bindende Weiterwirkung bietet; daß einer den andern nach dem Wege fragt und daß sie sich füreinander anziehn und schmücken – all die tausend, von Person zu Person spielenden, momentanen oder dauernden, bewußten oder unbewußten, vorüberfliegenden oder folgenreichen Beziehungen, aus denen diese Beispiele ganz zufällig gewählt sind, knüpfen uns unaufhörlich zusammen." (Simmel 1908/1992: 33)

---

52 Ohne das hier ausführen zu können, lässt sich sagen, dass erst die Entwicklung der Kompetenztheorien durch Jean Piaget (1957, 1957/1979), John Austin (1962), Noam Chomsky (1965, 1965/1972) und John R. Searle (1969/1983 u. a. b) die Lösung dieser Schwierigkeit in der Theoriearchitektonik ermöglichte. Dies setzte seinerseits die strukturalistische Sprachtheorie von Fernand de Saussure (1916/1971) voraus.
53 Ähnlich argumentiert Marcel Hénaff (s. u., S. 129).

Simmel sieht, „daß der Mensch, auch wenn er nur ein Einzelnes gibt, nur eine Seite seiner Persönlichkeit darbietet, in dieser einen Sache doch vollkommen enthalten sein kann, seine Persönlichkeit in der Form dieser einzelnen Energie dennoch *ganz* geben kann." (ebd.; kursiv i. Orig.) Die Frage, die sich uns aufgrund unserer obigen Analyse stellt, ist aber: Ist nicht der Mensch als ganze Person *grundsätzlich* in jeder noch so spezifischen Transaktion enthalten, da er ihr als Entscheidungsinstanz zugrunde liegt?[54] Jedenfalls müssen wir aus unserer Analyse des Dankens schließen, dass noch in einer vollständig in der „Rechtsform" aufgehenden Transaktion wie dem Kauf und der Herausgabe des Wechselgeldes (s. o., S. 24) offenbar eine Anerkennung der Person als Person erfolgt, die doch hier im Prinzip in ihrer Rolle des Verkäufers als eines „Exekutoren" der Gesetze der Tauschökonomie aufgehen könnte. Demgegenüber verschafft sich auch hier eine allem spezifischen Handeln vorausgehende, konstitutive Reziprozität, mit Simmel könnte man sagen: „ein in der inneren Beschaffenheit der Seele vorbestimmtes Verhältnis" des Dankenden zum Dank Empfangenden (a. a. O.: 313), Ausdruck.

Eine der Simmelschen vergleichbare Ambivalenz findet sich bei Karl Marx, wenn er einerseits sagt: „Um diese Dinge als Waren aufeinander zu beziehn, müssen die Warenhüter sich zueinander als Personen verhalten" (Marx 1890/1974: 99), dann aber andererseits resümiert: „Die Personen existieren hier nur füreinander als Repräsentanten von Ware und daher als Warenbesitzer." (a. a. O.: 99 f.) Im „nur" zeigt sich, dass Marx die konstitutive Bedeutung der Beziehung der ganzen Personen nicht sieht; diese haben bei ihm nur eine technische Funktion: „Die Waren können nicht selbst zum Markte gehn und sich nicht selbst austauschen. Wir müssen uns also nach ihren Hütern umsehn, den Warenbesitzern." (a. a. O.: 99) Die Warenbesitzer sind von vornherein lediglich als funktionale notwendiges Mittel im Austauschprozess konzipiert. – S. auch u., S. 130.

Auch bei Simmels genannter Behauptung, es gebe ein „in der inneren Beschaffenheit der Seele vorbestimmtes Verhältnis", ist aber wiederum nicht klar, ob er hierunter ein konstitutives Verhältnis versteht oder ein genealogisches, also eine historisch begründete Beziehung zwischen den beiden Handelnden. Da wir uns auch bei einem Verkäufer bedanken, den wir nie zuvor kennenlernten, könnte die Beziehung nur insofern historisch begründet sein, als es sich um eine Generalisierung der Erfahrung mit *einem besonderen* Verkäufer handelte. Auf welcher Grundlage sollte aber eine solche Generalisierung vorgenommen werden? Ziehen wir die anderen Beispiele des Dankens – und die Kontrastbeispiele, in denen Danken unangemessen ist (s. Beispiele a β i–iv, S. 24) – heran, so zeigt sich, dass hier

---

54 Vgl. hierzu in der Perspektive auf das Verhältnis von Handlungsinstanz und Ausdrucksgestalt die Ausführungen in Loer 2015 a: 77–81.

offenbar nicht die Generalisierung einer spezifischen Erfahrung zugrunde liegt, sondern dass vielmehr die „Wechselwirksamkeit zwischen Menschen" *überhaupt* realisiert wird. Die große Bedeutsamkeit der „Wechselwirksamkeit" sieht Simmel ja durchaus (s. o., S. 38), aber eben nicht ihre konstitutive Bedeutsamkeit für *alle* Bereiche des Handelns. Die Frage, woher diese „Wechselwirksamkeit" kommt, müssen wir im Sinn behalten.

Exkurs zu Gemeinschaft und Gesellschaft

An dieser Stelle sind einige Klärungen zu Begriff und Sache von *Gemeinschaft und Gesellschaft* angebracht.[55] Das Verhältnis von Gemeinschaft und Gesellschaft ist nämlich hier implizit thematisch. Zunächst einmal müssen wir klarstellen, dass der Terminus ‚Gesellschaft' mehrdeutig ist.

Der Terminus ‚Gesellschaft' wird einerseits verwendet, um den Begriff einer *Gesellschaft überhaupt*, also etwa in dem Ausdruck ‚die französische Gesellschaft zur Zeit der Revolution', zu bezeichnen.

> „Wenn wir von der amerikanischen Gesellschaft oder britischen Gesellschaft oder arabischen oder afrikanischen Gesellschaften sprechen [...] denken wir an etwas ‚Tieferes', Dauernderes, mehr in den konstitutiven Eigenschaften des menschlichen Seins Wurzelndes [...]. Die spezifischsten Umstände [sc.: um etwas als Gesellschaft zu verstehen] sind Selbstgenügsamkeit – Selbstregierung oder Selbstregulierung, Selbstreproduktion, kulturelle Selbsterzeugung."[xxxv] (Shils 1968/1982: 53; vgl. auch Therborn 2003).

Zur französischen Gesellschaft zur Zeit der Revolution gehörten aber auch Gemeinschaften – etwa die Familien der damaligen Zeit.

Andererseits – explizit in Ferdinand Tönnies notorischem Buchtitel (1887/1988, 1887/2008) – dient der Terminus ‚Gesellschaft' dazu, jene Momente von Gesellschaft im ersten Sinne zu bezeichnen, die – im Gegensatz zu Gemeinschaft – durch Vergesellschaftung, wie sich mit Max Weber (1922/1985: 21 ff.), durch spezifische Sozialbeziehungen, wie sich mit Talcott Parsons sagen lässt (Parsons/Shils 1951/1962: 77), gekennzeichnet sind.

Was ist nun Gesellschaft im umfassenderen Sinne, Gesellschaft also, die Gesellschaft und Gemeinschaft umschließt? Hier können nicht die Herausbildung des Begriffs, die verschiedenen Auffassungen und Verwendungen des Terminus durch die Sprach- und Wissenschaftsgeschichte hindurch dargestellt werden (vgl. Bülow

---

55 Im Wesentlichen beziehen wir uns hier auf die entsprechend von Ulrich Oevermann vorgetragene Argumentation (s. 2000 b und 2008/2016: 106–110), gehen aber darüber hinaus.

1969 a u. b, Riedel 1992, Büschges 2002); stattdessen sei ein Aspekt herausgestellt, der in den unterschiedlichen Auffassungen zum sachhaltigen, konstitutiven Kern des Gesellschaftsbegriffs gehört. *Gesellschaft* ist in dieser Hinsicht zunächst einmal als dasjenige zu begreifen, das *strukturierend das Verhalten einer bestimmbaren Anzahl von Individuen bzw. Exemplaren*[56] *einer Spezies zueinander fügt und sich durch dieses Verhalten reproduziert.*

Dies muss nicht funktionalistisch begriffen werden, wie es etwa in der zusammenfassenden Bestimmung des Instituts für Sozialforschung der Fall ist:

„Mit Gesellschaft im prägnanten Sinn meint man eine Art Gefüge zwischen Menschen, in dem alles und alle von allen abhängen; in dem das Ganze sich erhält nur durch die Einheit der von sämtlichen Mitgliedern erfüllten Funktionen, und in dem jedem Einzelnen grundsätzlich eine solche Funktion zufällt, während zugleich jeder Einzelne durch seine Zugehörigkeit zu dem totalen Gefüge in weitem Maße bestimmt wird." (Institut für Sozialforschung 1956: 23)

An dieser Bestimmung wird das Problem einer jeden funktionalistischen Erklärung deutlich: Ex post lässt sich eine bestehende Sozialgestalt als funktional für eine oder mehrere ihrer Folgen begreifen, was eine Begründung für ihre Perseveranz sein könnte – aber *wie* und vor allem *warum* diese Sozialgestalt emergierte und *wie* sie sich erhält, ist damit nicht zu erklären. Dennoch geht aber das von uns vorgeschlagene Verständnis gegenüber dem ‚prominenten' „Einwand [...], bei der Gesellschaft handele es sich ausschließlich um einen nominalen Typus, nicht jedoch um eine reale Einheit" (Kneer/Nassehi/Schroer 2001: 7) davon aus, dass der Anspruch, „Gesellschaft als umfassende soziale Realität auszuweisen und auf den Begriff zu bringen" (ebd.) mit Gründen erhoben und überprüft werden kann.

Der Begriff der Gesellschaft in dem hier angedeuteten Sinne hat gleichwohl selbstverständlich einen hypothetischen Status und unterliegt wie alle wissenschaftlichen Begriffe einem Falsifikationsvorbehalt; er ist also nicht essentialistisch zu verstehen. Folgt man jedoch „einem methodologischen Realismus, indem" man „als empirisch alles das ansieht, was sich durch Methoden der Geltungsüberprüfung in der Gegenständlichkeit erfahrbarer Welt nachweisen lässt" (Oevermann 2002: 3), so handelt es sich um einen *empirischen Begriff,* dessen Geltung jeder-

---

[56] Bei den nicht-humanen Gattungen sprechen wir von *Exemplaren,* da dort die individuierende Geschichte des einzelnen Tiers für dessen Verhalten allenfalls eine marginale Rolle spielt; in der Gattung Mensch hingegen ist, wie wir noch sehen werden, die individuierende Geschichte für das Handeln des einzelnen Menschen konstitutiv, weshalb hier – und nur hier – von *Individuen* zu reden ist.

zeit durch einen methodisch überprüfbaren Konkurrenten infrage gestellt werden kann, sofern dieser die Phänomene sparsamer erklären kann.[57][xxxvi]
Des weiteren ist festzuhalten, dass die verschiedenen Gesellschaften Lösungen für Probleme darstellen und bei allen Unterschieden ihre Gemeinsamkeit in diesen Problemen haben. Es geht also darum, die Einheit der Menschheit durch die Vielfalt der Weisen hindurch zu rekonstruieren, mit der die verschiedenen Kulturen die Handlungsprobleme lösen, die konstitutiv für die Menschheit als Gattung sind.[58] Bewegen wir uns innerhalb der humanen Gesellschaften, so schützt dieser Ausgang von *je besonderer Gesellschaft als je besonderer Lösung eines gattungskonstitutiven Handlungsproblems* vor der Falle der „Nostrifizierung" fremder Gesellschaften, auf die Joachim Matthes (1992: 86 ff.) zu Recht hinweist.[59]

Begreift man nun also Gesellschaft so allgemein wie soeben formuliert: als dasjenige, das strukturierend das Verhalten einer bestimmbaren Anzahl von Individuen bzw. Exemplaren einer Spezies zueinander fügt und sich so reproduziert, so zeigt sich, dass der Begriff ‚Gesellschaft' nicht auf die Gattung Mensch zu beschränken ist. Entsprechend ist die Rede von Tiergesellschaften, die von der Tiersoziologie (vgl. Peters 1956, Rahmann 1989 u. 2002) erforscht werden, nicht metaphorisch. Anders als es die englische Bezeichnung „sociobiology" nahelegt, geht es in der Tiersoziologie nicht um Soziobiologie als der „Wissenschaft von der biologischen Angepasstheit des tierlichen und menschlichen Sozialverhaltens." (Voland 1993/2013: 2) Eine so verstandene „Sociobiology", als deren Hauptvertreter Edward O. Wilson zu nennen ist, verkennt die fundamentale Differenz zwischen tierischen und menschlichen Gesellschaften, auf die wir noch zu sprechen kommen werden, und argumentiert letztlich reduktionistisch (s. Wilson 1975, 1986; Hölldobler/Wilson 2009). Gesellschaft im Verständnis der Tiersoziologie ist ein biologisch bestimmbares Phänomen in den nicht-humanen Gattungen: das Verhalten der Exemplare einer Gesellschaft wird durch biogrammatisch fundierte Gesetzlichkeiten generiert und zueinander gefügt, miteinander koordiniert. Marcel Hénaff spricht hier treffend von

---

57 Hier ist das Sparsamkeitsprinzip zugrunde gelegt, welches besagt, „daß bei allen Erklärungsprozessen diejenigen Ansätze zu bevorzugen sind, die mit einem Minimum von Faktoren, Hypothesen und Entitäten auskommen." (Cloeren 1995: Sp. 1300) – Dies geht bekanntermaßen zurück auf das „Wilhelm von Ockham zugeschriebene Ökonomie- oder Sparsamkeitsprinzip" (Cloeren 1984: 1094): „Eine Mehrheit darf nicht ohne Notwendigkeit zugrunde gelegt werden" (Guillelmus de Ockham zit. n.: ebd.). Ockhams Rasiermesser, wie dieses Prinzip genannt wird, hatte seinerseits viele Vorläufer (s. a. a. O.); Charles Sanders Peirce gab ihm die treffende Formulierung, „daß mehr unabhängige Elemente als notwendig nicht angenommen werden sollen." (1891/1976: 278)
58 Ich lehne mich hier an eine Formulierung von Philippe Descola an (2001/2013: 6), mit der dieser sich auf Alexander von Humboldts Schrift „Kosmos" (1845–62/2008-1, -2) bezog.
59 Matthes verwendet hier eine Formulierung Justin Stagls (1981: 284); allerdings hilft die Auflösung von Wissenschaft in kulturelle Praxis, die Matthes vorschlägt, aus der Falle nicht heraus.

„rein sozialen Regulierungen (die in jeder Tiergesellschaft festzustellen sind)"[xxxvii] (2012/2014: 72). Hierbei kann es sich um einfache Reflexe handeln, wie etwa beim Stichling-Männchen, das auf den Reiz, den ein roter Fleck – sei es die Kehlfärbung eines Artgenossen, sei es die Schablone, die ein Forscher ihm vorhält – darstellt, mit Angriff reagiert, oder um ein komplexeres Zusammenspiel verschiedener Reize – etwa wenn bestimmte Pheromone, die eine Ameise ausstößt, bei einer Artgenossin je nach Entfernung zum Nest in Kombination mit diesem Maß Flucht oder Angriff auslösen (vgl. hierzu Hölldobler/Wilson 1994/1995: 47–86) – oder schließlich eine komplexe Situation wie die Situierung von Futter in Relation zu Reviergrenzen, die bei Raben je nach dieser Situierung stilles Fressen oder die Rekrutierung von Artgenossen zur Folge hat (vgl. hierzu Heinrich 1989 a u. b). Es kann aber auch erlerntes Verhalten sein, etwa, um bei den Raben als Tieren, die zu erstaunlichen kognitiven Leistungen fähig sind (vgl. etwa Klärner 2010), zu bleiben, wenn bestimmtes „Neugier"-Verhalten[60] beibehalten oder aufgegeben wird, je nachdem ob dadurch Futter gefunden und gesichert werden kann oder nicht.

Wir können also festhalten:

„In der Natur gibt es ebenfalls Gesellschaft; auch dort braucht man für die sexuelle und materielle Reproduktion eine inhaltliche [sic!][61] Verständigung. Kommunikation findet überall in der Welt der Lebewesen statt. Die Frage ist nicht, ab wann kommuniziert wird, sondern, ab wann *kulturell,* das heißt *sprachlich konstituiert* kommuniziert wird." (Oevermann 2010 a: 403; kursiv i. Orig.)[62]

Die spezifische Differenz der humanen gegenüber allen nicht humanen Gesellschaften besteht also darin, dass humane Gesellschaften das Verhalten von ihnen angehörenden Individuen mittels kultureller Regeln zueinander fügen und sich durch dieses regelgeleitete Verhalten, also durch Handeln (s. o., S. 2 u. u., S. 143) reproduzieren.

Wie ist nun *Gesellschaft im engeren Sinne,* die der *Gemeinschaft*[63] gegenübersteht, zu fassen? Ferdinand Tönnies entwickelt dort, wo seine Beschäftigung mit dem Begriffspaar ihren Ausgang nimmt, den Gegensatz vom Wünschen her, genauer: von der „Form, in welcher der Wunsch geäußert wird" (1880–81/2000: 59). Er stellt die *Bitte* dem *Bieten* gegenüber. Die *Bitte* besagt: „ich wünsche, daß das

---

60 Vgl. hierzu Heinrich 2000: 68 ff.; allerdings kann hier, was Heinrich nicht markiert, lediglich *metaphorisch* von „Neugier" gesprochen werden (s. u., S. 147).
61 Vermutlich handelt es sich hier um einen Verschriftungsfehler und muss heißen „innerartliche" – s. etwa Oevermann 2008/2016: 107 f.
62 Vgl. aber den nachfolgenden Exkurs zum Terminus ‚Kommunikation' (S. 50).
63 Wir werden gleich sehen, dass wir hier gleichsam auch von der Gemeinschaft sagen müssten: im engeren Sinne.

und das geschehe (oder nicht); es hängt ab von *deiner* Willkür – *wenn* du sie meinem Wunsche gemäß anwendest, so wirst du mir Lustgefühl erregen" (ebd.; kursiv i. Orig.), und zu ihr gehört die „Forderung persönlicher Rücksicht" (ebd.); das *Bieten* erfüllt sich „mit der Verheißung einer gewünschten entsprechenden Leistung […] ganz und gar" (ebd.). Wir haben hier also den Gegensatz von Person und Sache („Leistung"), den auch Simmel (s.o., S. 37) machte; für Tönnies geht nun, wo „aus dem *Bitten* ein *Bieten*" wird, der Begriff „der *Gemeinschaft* gänzlich verloren, und das Gebiet der *Gesellschaft* nimmt seinen Anfang." (ebd.; kursiv i. Orig.) Ulrich Oevermann präzisiert diese Unterscheidung:

> „Gemeinschaft ist die Kollektivität integraler Personen oder Gruppen in ihrer Totalität […]. Im Gegensatz dazu ist Gesellschaft eine Kollektivität von Personen in ihrer Funktion als Rollenträger oder Vertragspartner, zum Beispiel als Produzenten oder Konsumenten in einem Markt."[xxxviii] (Oevermann 2000 b: 39 f.)[64]

Oevermann trifft nun innerhalb seines Begriffs von Gemeinschaft nochmals eine Unterscheidung:

> „Auf der einen Seite haben wir die archaische, um nicht zu sagen primitive und einfache Form von Gemeinschaft, welche im Familienleben und in der Nachbarschaft verkörpert ist. Dieser Typ von Gemeinschaft ist wesentlich auf wechselseitiger persönlicher Bekanntschaft gegründet. Und auf der anderen Seite haben wir die Gemeinschaft in der komplexeren Form der Kollektivität, die eine politische Einheit gemeinsamer Praxis konstituiert und die dem modernen Verfassungsstaat mit einem geschriebenen Recht zugrunde liegt. In diesem Typ von Gemeinschaft ist die Kraft der Bindung an soziale Normen nicht durch wechselseitige persönliche Bekanntschaft gesichert sondern durch das gültige Recht und seine Institutionen."[xxxix] (Oevermann 2000 b: 40)

Aus dem dem Zitat vorrangehenden Satz geht hervor, was Oevermann hier nicht explizit sagt: dass „das gültige Recht und seine Institutionen" die „Bindung an soziale Normen" nur sichern können, weil sie in der „Kollektivität, die eine politische Einheit gemeinsamer Praxis konstituiert", fundiert sind.

Hegels Konzept der Sittlichkeit, auf das Oevermann sich hier stützt, wäre allerdings zu dem der Gemeinschaft noch genauer ins Verhältnis zu setzen. Oevermann bezieht sich hier auf die Unterscheidung von Familie: die „unmittelbare sittliche Substantialität" (Hegel 1819–20/1983: 128), und Staat: „Der Staat hat zu seinem

---

64 An anderer Stelle heißt es, etwas weniger prägnant: „Gemeinschaften sind, allgemein gesprochen, Kollektive zwischen ganzen Menschen, wohingegen Gesellschaften Kollektive von Rollenträgern, Vertragspartnern, und Marktteilnehmern sind." (2008/2016: 106)

Zweck überhaupt das Sittliche. Er ist die Wirklichkeit der sittlichen Idee, die zugleich zur vollkommenen Ausbildung ihrer Form gekommen ist." (a. a. O.: 208)
Für beide Typen von Gemeinschaft gilt, dass man ihnen als ganze Person und nicht lediglich in seiner Rolle oder Funktion angehört.

Nun haben wir aber oben gesehen, dass auch bei rollenförmigen Beziehungen wie dem Kauf eines Produkts die Personen, welche die Rollen des Verkäufers und des Käufers tragen, miteinander *auch als Personen* und *nicht nur als Verkäufer und Käufer* gegenübertreten (s. unser Beispiel des Dankens bei der Entgegennahme von Wechselgeld, S. 24). Das bedeutet, dass Gemeinschaft und Gesellschaft in engerem Sinne als einander gegenüberstehende verschiedene Formen von Kollektiven nicht nur in den Begriff der Gesellschaft im weiteren Sinne (s. o., S. 41) fallen, sondern dass in beiden Formen eine konstitutive Reziprozitätsrelation realisiert wird, die sich zunächst mit dem Begriff der *Gemeinschaft in einem weiten Sinne* bestimmen lässt, da eben in beiden Formen *ganze Personen im Handeln aufeinander bezogen* sind – und zwar notwendigerweise. Oevermann macht das wie folgt deutlich:

„Selbst Marx unterstellt in seinem reduzierten Modell des Äquivalententauschs stillschweigend eine viel weitergehende und allgemeinere Logik von Sozialität. Um einen ökonomischen Austausch von Gegenständen mit differenten Gebrauchswerten zu realisieren, muss eine Person A, die einen Überschuss an X-Gegenständen und einen Mangel an Y-Gegenständen hat, die Rolle oder Perspektive des Anderen übernehmen, also sozial antezipieren, dass diese andere Person B komplementär zu ihr (A) selbst einen Mangel an X-Gegenständen und einen Überfluss an Y-Gegenständen hat, so dass beide sich gegenseitig ergänzen und miteinander ökonomisch in Form eines sinnvollen Austauschs in Beziehung treten können. In Ergänzung dazu müssen beide wechselseitig antezipieren, dass der andere ihre eigene Situation und die Antezipation auf ihrer Seite antezipiert [...]. Dann müssen sie nur über den Tauschwert der verschiedenen Objekte verhandeln. Um in der Lage zu sein, diese Kalkulation durchzuführen, müssen sie sich zueinander in der Sozialität der Reziprozität aufeinander beziehen können – das heißt, einander in Form bedingungsloser Anerkennung ihrer Andersartigkeit zu begegnen, einer Anerkennung, die selbst, in ihrer bedingungslosen Wechselseitigkeit, eine vorgängige Vereinigung und Solidar-Bindung von Subjekten in ihrer Gleichartigkeit reproduziert. Diese Logik der Kooperation muss vollzogen werden bevor der ökonomische Austausch stattfinden kann. Es ist diese Logik der vorgängigen Sozialität (*Sittlichkeit* in Begriffen der Hegelschen Rechtsphilosophie), die weder Marx noch sein Kontrahent, die utilitaristische Tradition der Theorien von Rational-Choice und ökonomischer Aktivität, auszudrücken in der Lage waren."[xxi]
(Oevermann 2000b: 38; kursiv i. Orig.)

Wir können nun das Verhältnis der beiden Termini als ein Verhältnis von vier Begriffen wie folgt darstellen:

Abbildung 1   Verhältnis von Gemeinschaft und Gesellschaft (eigene Darstellung)

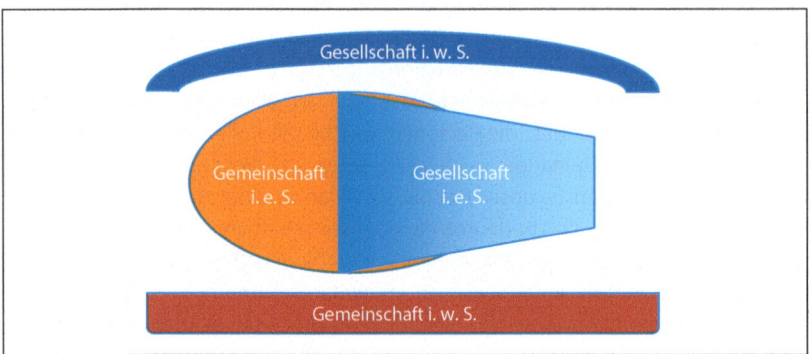

Gesellschaft i. w. S.: dasjenige, das strukturierend das Verhalten von ihr angehörenden Individuen zueinander fügt und sich durch dieses Verhalten reproduziert
Gesellschaft i. e. S.: Kollektive von Rollenträgern, die in spezifischer Sozialbeziehung zueinander stehen (Marktteilnehmer, Vertragspartner)
Gemeinschaft i. e. S.: Kollektive von ganzen Personen, die in diffusen Sozialbeziehungen zueinander stehen (Familien, Nationen)
Gemeinschaft i. w. S.: universelle Kultur als konstitutive Reziprozität

Das Verhältnis von Gesellschaft und Gemeinschaft jeweils im engeren Sinne ist dabei als veränderlich zu denken, so dass im Zuge der gesellschaftlichen Entwicklung, die auf den „Bahnen der R a t i o n a l i s i e r u n g" (Weber 1920/1986: 12; gesperrt i. Orig.) verläuft, erstere auf Kosten letzterer zunimmt, also die Raute das Oval zunehmend überformt. Was aber bleibt, ist, dass zum einen das ganze Sozialgebilde stets eine Gesellschaft im weiteren Sinne darstellt und sich nur das Verhältnis der Weisen, wie sie strukturierend das Verhalten der Angehörigen der Gesellschaft zueinander fügt und sich so reproduziert, verändert; zum anderen aber – und diese Hypothese wird uns im Verlauf des Studienbriefs weiter beschäftigen – wird das ganze Sozialgebilde, da es sich hier um eine humane Gesellschaft handelt, stets auf Gemeinschaft im weiteren Sinne als universeller Kultur aufruhen.

Nun haben wir aber in Oevermanns Ausführungen gesehen, dass innerhalb der Gemeinschaft (i. e. S.) nochmals zwei Typen zu unterscheiden sind: die auf konkreter persönlicher Beziehung beruhende (etwa die Familie) einerseits und die durch von persönlichen Beziehung abstrahierten Institutionen gesicherte (etwa die im Verfassungsstaat gefasste politische Gemeinschaft) andererseits. Da den *gesellschaftlichen* Aktivitäten – wie etwa den ökonomischen Austauschprozessen – die *gemeinschaftliche* Konstitution der Handlungsfähigkeit und die institutionelle Absicherung zugrunde liegen, äußert Oevermann „einen radikalen Zweifel an der Allgemeingültigkeit von ‚Gesellschaft' als Gesamtkonzept für den Gegenstand der

Soziologie, wie er zum Beispiel in der sogenannten ‚Kritischen Theorie' der Frankfurter Schule emphatisch betont wird."[xli] (Oevermann 2000 b: 40, Fn. 6) Oevermann bezieht sich hier auf Bestimmungen wie die folgenden: „Gesellschaft – das eigentliche Forschungsgebiet der Soziologie" (Institut für Sozialforschung 1956: 22; s. auch o., S. 41), und: „Denn während Gesellschaft weder aus Einzeltatsachen sich ausabstrahieren noch ihrerseits wie ein Faktum dingfest machen läßt, gibt es kein soziales Faktum, das nicht durch Gesellschaft determiniert wäre." (Adorno 1965/1979: 10 u. 1966/1979: Sp. 837) Was ist die Alternative? Oevermann:

> „Ich schlage das Konzept der ‚Sozialität' vor als einen Terminus, der die Dichotomie von Gemeinschaft und Gesellschaft umfasst."[xlii] (ebd.)

Mit ‚Sozialität' kann nun nicht der Begriff der Gesellschaft im weiteren Sinne als dasjenige, das *strukturierend das Verhalten einer bestimmbaren Anzahl von Individuen bzw. Exemplaren einer Spezies zueinander fügt und sich durch dieses Verhalten reproduziert* (S. 41), gemeint sein, da darunter, wie wir gesehen haben, auch Tiergesellschaften fallen. Auch wenn der Ausdruck „umfasst",[xliii] den Oevermann verwendet, das Fundierungsverhältnis, in dem Gemeinschaft im weiteren Sinne (universelle Kultur als konstitutive strukturelle Reziprozität) zu Gemeinschaft und Gesellschaft im engeren Sinne steht, auszublenden scheint, halten wir ‚Sozialität' für einen zur Bezeichnung genau dieses Begriffs brauchbaren Terminus, den wir oben (S. 33) ja bereits verwendet haben; mit dem Terminus der Sozialität lässt sich das spezifisch humane Reziprozitätsverhältnis, das als Regelgeleitetheit des Handelns in jede menschliche Gesellschaft konstitutiv eingeht, sehr gut auf den Begriff bringen: das Gemeinschaftliche als fundamentale Eigenschaft (s. o., S. 3) der spezifisch menschlichen Gesellschaft; wir werden darauf zurückkommen (s. u., S. 153). – Damit können wir auf den missverständlichen Terminus ‚Gemeinschaft i.w.S.' verzichten – und brauchen folglich auch nicht mehr von Gemeinschaft i.e.S. zu sprechen.

Dann ist Gesellschaft im weiteren Sinne auch für humane Gesellschaften ein sinnvoller Begriff, sofern in ihm das Verhältnis von Gesellschaft im engeren Sinne und von beiden Typen von Gemeinschaft sowie deren Wechselwirkung gefasst und die Fundierung in Reziprozität überhaupt mit aufgenommen wird. Ein umfassender Begriff von Gesellschaft geht aber in die Irre, solange diese Fundierung und dieses differenzierte Binnenverhältnis im Begriff der Gesellschaft im weiteren Sinne nicht als konstitutiv erkannt wird – dafür steht etwa Edward Shils, der in seiner Definition von (moderner) Gesellschaft zwar „die Existenz von Familien, nachbarschaftlichen Wohnvierteln und Städten, Kirchen und Sekten, Bundesstaaten und Provinzen, Schulen und Universitäten, Firmen, Farmen, Industriebetrieben und Genossenschaften, die sich alle wechselseitig durchdringen"[xliv] (Shils 1968/1982: 54) berücksichtigt – aber dies nur im Sinne des Umfangs der Gesellschaft, nicht im Sinne einer

Strukturbestimmung versteht. Erst recht führt ein solcher Begriff in die Irre, wenn die genannte Fundierung und das Binnenverhältnis nicht einmal gesehen werden. So lassen sich die begrifflichen Unschärfen gut an den Beiträgen in Heitmeyer 1997 beobachten, denen es nicht gelingt, die Strukturebenen stabil zu halten, auf denen ihre jeweiligen Gesellschaftsbegriffe angesiedelt sind. Selbst bei Jürgen Habermas, bei dem mit den Begriffen „System" und „Lebenswelt" (s. insbes. 1981: 171–293), deren Verhältnis innerhalb einer Gesellschaft (i. w. S.) er untersucht, eine ähnliche Unterscheidung wie Gesellschaft i. e. S. und Gemeinschaft visiert zu sein scheint, wird die von uns hier dargelegte Komplexität der Sache verfehlt – etwa wenn es heißt:

> „Während primitive Gesellschaften über ein *normatives Grundeinverständnis* integriert sind, vollzieht sich die Integration in entwickelten Gesellschaften über den *systemischen Zusammenhang funktional spezifizierter Handlungsbereiche*." (a. a. O.: 175; kursiv i. Orig.)

Hier wird die für humane Gesellschaften grundlegende und unabdingbare Konstitution in einem gemeinschaftlichen Integrationsmodus verkannt und – ganz im Sinne der Tönniesschen Kulturkritik – als ablös-, ja zerstörbar begriffen:

> „Am Ende verdrängen systemische Mechanismen Formen der sozialen Integration auch in jenen Bereichen, wo die konsensabhängige Handlungskoordinierung nicht substituiert werden kann: also dort, wo die symbolische Reproduktion der Lebenswelt auf dem Spiel steht. Dann nimmt die *Mediatisierung* der Lebenswelt die Gestalt der *Kolonialisierung* an." (a. a. O.: 293; kursiv i. Orig.)

Dabei ist, was hier nicht ausgeführt werden kann, „konsensabhängige Handlungskoordinierung" nicht das entscheidende Bestimmungsmerkmal der „Lebenswelt", sofern wir diese als durch Gemeinschaft bestimmt begreifen, und die Fundierung auch der ‚Systemintegration' (ebd.), also der Gesellschaft i. e. S., in Sozialität wird nicht gesehen. (Vgl. hierzu auch Loer 2006 c)

Inwiefern eine „Konkurrenz zwischen Formen der System- und der Sozialintegration" (ebd.) besteht, ist eine empirische Frage, die in der Analyse von Gesellschaften (i. w. S.) zu beantworten ist. Wenn aber angenommen wird, Sozialintegration, in der auch Systemintegration gründet, könnte durch diese vollständig ‚kolonisiert' werden, wird der Gegenstand der Gesellschaft begrifflich verfehlt. Angemessener ist diese Problematik in den Begriffen von Technokratisierung und Resistenz der Lebenspraxis zu fassen (s. Zehentreiter 1990).

Mit der Erweiterung der schematischen Darstellung um die behandelte Differenzierung sei der Exkurs beschlossen:[65]

---

65 Wiederum ist ein Vorgriff auf den elaborierten Begriff der Reziprozität unvermeidlich.

Abbildung 2 Verhältnis von Gemeinschaft und Gesellschaft (erweiterte Fassung, eigene Darstellung)

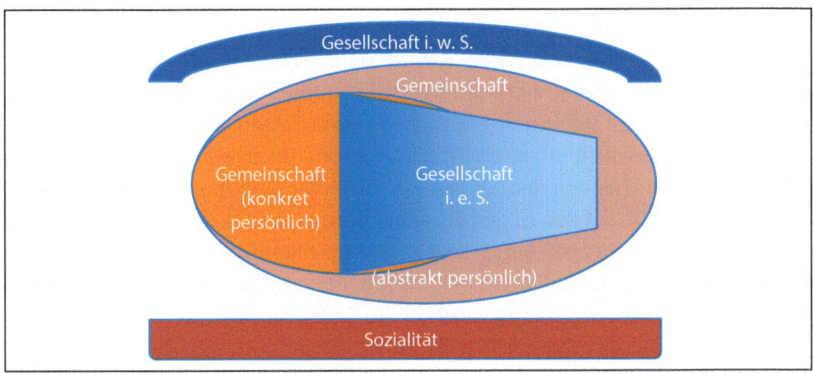

Gesellschaft i. w. S.: dasjenige, das strukturierend das Verhalten von Individuen zueinander fügt und sich durch dieses Verhalten reproduziert (z. B.: die französische Gesellschaft zur Zeit der Französischen Revolution als Agrargesellschaft)[66]
Gesellschaft i. e. S.: Kollektive von Rollenträgern, die in spezifischer Sozialbeziehung zueinander stehen (Marktteilnehmer, Vertragspartner) (z. B.: die agrarische Produktions- und Distributionsgesellschaft im Frankreich des ausgehenden 18. Jahrhunderts)[67]
Gemeinschaft (konkret persönlich): Kollektive von ganzen Personen, die in auf persönlichem Kontakt beruhenden diffusen Sozialbeziehungen zueinander stehen (z. B.: Familien im Frankreich des ausgehenden 18. Jahrhunderts)[68]
Gemeinschaft (abstrakt persönlich): Kollektive von ganzen Personen, die in diffusen Sozialbeziehungen zueinander stehen, die durch geltende Rechtsnormen und Institutionen gesichert sind (z. B.: Frankreichs politische Nation zur Zeit der Französischen Revolution)[69]
Sozialität: universelle Kultur als konstitutive strukturelle Reziprozität (universelle Kultur als Konstitutivum der menschlichen Gattung überhaupt)

---

66 „Agrargesellschaften sind umfassende Sozialsysteme, deren Organisation wesentlich von der Agrarverfassung geformt wird" (Planck 1985: Sp. 65; s. auch: Schrader 2001). Hier stellt sich die Frage, ob und ggf. inwiefern die „Agrarverfassung" die Gesellschaft als ganze bestimmt und wieweit die Differenzierung von Gesellschaft i. e. S. und Gemeinschaft überhaupt schon vorangeschritten ist. – Ob der Begriff des Sozial*systems* als angemessen gelten kann, kann hier nicht diskutiert werden.
67 Hier wäre gemäß unseren Ausführungen genauer zu bestimmen, wie etwa die „Agrarverfassung" im Frankreich des ausgehenden 18. Jahrhunderts diejenigen Bereiche Frankreichs strukturierte, die als gesellschaftliche Bereiche i. e. S. gelten müssen (Marktbeziehungen, Lehnsverhältnisse, …).
68 S. etwa Fabre 1986/1999, Perrot/Martin-Fugier 1987/1999.
69 S. etwa Furet/Richet 1965–66/1981: 154 ff.; die Autoren zeigen in ihrem Werk, wie vielfältig die Veränderungen der politischen Gemeinschaft allein schon im Zuge der Ereignisse des Jahrzehnts von 1789 bis 1799 waren. – Alfred Vierkandts „Typus der abstrakten Gruppengemeinschaft" (1928: 229; Sperrung getilgt, TL) scheint unserem Typus der abstrakt persönlichen Gemeinschaft weitgehend zu entsprechen; auch er führt als Beispiel die „moderne Nation" (ebd.) an. Dass er den Gegentypus als „volle Gruppengemeinschaft" bezeichnet

Exkurs zum Terminus ‚Kommunikation'

Die gesellschaftliche Koordination von Verhalten in allgemeinem Sinne wurde oben als Kommunikation bezeichnet. Diese – allgemein gebräuchliche – Verwendung des Terminus ‚Kommunikation' ist auch dann nicht ganz plausibel, wenn man wie Oevermann (s. o.) sprachlich konstituierte Kommunikation als spezifische Form ausgrenzt. Es handelt sich nämlich etwa beim Hinterlassen einer chemischen Spur durch eine Ameise nicht um eine Mitteilung,[70] sondern schlicht um eine Reaktion auf einen entsprechenden Reiz, die für ein Exemplar derselben Kolonie ihrerseits einen Reiz darstellt, auf den es gemäß seiner biogrammatischen Programmierung reagiert – wie es etwa auch auf andere Umweltreize entsprechend reagieren würde. Demgemäß ist bei Hölldobler und Wilson, obwohl auch sie von Kommunikation sprechen, treffender von Information die Rede: „die Kolonie operiert als informationsverarbeitendes System"[xlv] (Hölldobler/Wilson 2009: 58). Systematisch ist dies nicht zu unterscheiden von der Koordination durch Stigmergie,[71] wie Pierre-Paul Grassé die Koordination von Verhalten genannt hat, bei dem durch bestimmte Verhaltensergebnisse eines Exemplars (oder mehrerer Exemplare) ein spezifisches Verhalten anderer Exemplare (u. U. unter Einschluss ersterer) ausgelöst wird, wodurch Aufgaben scheinbar kooperativ erledigt werden:

> „Die Stimulation der Arbeiter durch die gleichen Arbeiten, die sie vollrichten, eine bedeutsame Stimulation, die präzise und angepasste Antworten in Gang setzt, hat den Namen *Stigmergie* erhalten; die Stigmergie reicht aus, um die Korrelationen zwischen den ausgeführten Aufgaben zu erklären, und erlaubt es, ohne jeden Begriff eines Plans oder einer Steuerung auszukommen"[xlvi] (Grassé 1959: 78; kursiv i. Orig.) – und damit auch ohne den Begriff der Kommunikation: „der soziale Gefährte dient als ein Ensemble von bedeutsamen Reizen"[xlvii] (ebd.).

Wenn man die als solches Wechselspiel von Reiz und Reaktion bestimmbare Verhaltenskoordination zwischen Exemplaren schon Kommunikation nennen wollte, müsste man den Terminus auf die Beziehung letztlich zwischen allen Ereignissen,

---

(a. a. O.: 225; Sperrung getilgt, TL), als würde die Person der abstrakt persönlichen Gemeinschaft nur unvollständig angehören, macht allerdings deutlich, dass er noch nicht zu einer Strukturbestimmung durchgedrungen ist. (Auch stellt er dem „Typus der abstrakten Gruppengemeinschaft" missverständlicherweise den „Typus der persönlichen Gruppengemeinschaft" gegenüber – a. a. O.: 230.)

70 S. Duden 2001a, Lemma ‚Kommunikation'; eine ausführliche Darstellung unterschiedlicher Verwendungen des Terminus findet sich bei Agnes Schoch (1979: 12–49); für einen Überblick s. Reimann 1989 oder, sehr knapp, Endruweit 2002.

71 Aus dem Griechischen στίγμα = ‚Merkmal' und ἔργον = ‚Arbeit', ‚Werk'.

die Reaktionen auslösende Reize darstellen, und dem reagierenden Organismus anwenden. Der Regen etwa kommunizierte dann mit den ihren Bau abdichtenden Ameisen. Damit würde mittels des Terminus nichts Spezifisches mehr auf den Begriff gebracht.

Dies zeigt sich etwa an der Auflistung von „vier Ebenen der K[ommunikation]" bei Reimann, der „eine subanimalische, eine animalische, eine Human- und eine technische Ebene" unterscheidet (1989: 343) – eine Klassifikation, die in der Sache nichts aufschließt. – Anders verhält es sich beim Terminus ‚Konversation', den Mead etwa im Begriff der Gestenkonversation (s. o., S. 17) verwendet; dieser meint seiner Ursprungsbedeutung nach ein Sich-Hinwenden (s. Georges 1913–18/2002, Lemma ‚conversio'), das zu einem Umgang miteinander (s. Menge 1963/1978, Lemma ‚conversatio') führt, was auch bei Tieren zu beobachten ist.

Der Terminus ‚Kommunikation' ist also auf die durch Reziprozität konstituierte Gattung Mensch zu beschränken. Ob, und, falls ja, inwiefern man „die Gesellschaft, in ihrer Gesamtheit, nach einer Kommunikationstheorie interpretieren" kann[xlviii] (Lévi-Strauss 1956/1978: 97; kÜ), wäre noch zu untersuchen – jedenfalls deutet sich hier ein Verständnis von Kommunikation an, das die Verwandtschaft des Terminus mit dem der Gemeinschaft aufnimmt – insbesondere im Symbolismus (vgl. Hénaff 1999, 1999/2008, 1999/2009; s. u., S. 132).[72]

Zurück zum Hauptthema dieses Abschnitts, dem Danken. – Simmel thematisiert nicht nur die persönliche Dankbarkeitsbeziehung, sondern macht uns auch darauf aufmerksam, dass es eine Dankbarkeit gibt, die über die persönliche Beziehung hinausgeht: Wofür wir danken „ist nicht nur ein dingliches Geben von Person zu Person, sondern wir danken dem Künstler und dem Dichter, der uns nicht kennt" (1907/1993: 310). Dies geht bis dahin, so Simmel, dass „wir oft auf die bloße Existenz von Persönlichkeiten reagieren: wir sind ihnen dankbar, bloß weil sie da sind, weil wir sie erleben." (ebd.) Hier ist u. E. eine kleine, aber bedeutsame Korrektur angebracht: Wir sind nicht „*ihnen* dankbar, bloß weil sie da sind" (kursiv von mir, TL), vielmehr sind wir *schlicht* „dankbar, bloß weil sie da sind, weil wir sie erleben". Simmels Formulierung trifft nur zu, wenn es um die Person als konkrete Person geht, die anwesend ist – etwa im Falle eines tiefen Unwohlseins, in dem die bloße Anwesenheit einer Person uns gut tut; dort sind wir *ihr* „dankbar,

---

72 Die Abgrenzung von dem Kommunikationsbegriff der Systemtheorie, die Gemeinschaft im Unterschied zu Gesellschaft nicht konzipieren kann, da beides dem Systembegriff subsumiert wird (s. Luhmann 1984/1985: 298 f., 1981: 244–252) kann hier ebensowenig diskutiert werden wie die Engführung des Begriffs des kommunikativen Handelns auf den Bereich „der »vorbehaltlosen« Verfolgung illokutionärer Ziele" durch Jürgen Habermas (1986: 363).

bloß weil sie da" ist. Aber für Künstler etwa, die wir ja, wenn wir sie *als* Künstler erleben, in ihrem Werk erleben – da kann es durchaus sein, dass die Künstler als Menschen schon lange nicht mehr da sind –, sind wir nicht *ihnen* dankbar,[73] wir sind *schlicht* dankbar, dass es sie (in ihrem Werk) gibt. Und auch für exemplarische Persönlichkeiten,[74] die uns – wie möglicherweise der Pädagoge Janusz Korczak oder der Arzt Albert Schweitzer – durch ihr beispielhaftes Leben bewegen und beeinflussen, sind wir nicht ihnen persönlich dankbar, sondern schlicht dankbar dafür, dass *es* sie *gibt*. Was bedeutet dies? Wem sind wir dankbar? Wenn wir im Danken für etwas – eben auch für etwas, das uns rechtlich zusteht und das uns zu geben die Person, die es uns gibt, gar nicht umhin kann – der Person danken, die es uns gibt, und damit durch die antwortende Bezugnahme auf sie diese Person als Person anerkennen: auf wen nehmen wir dann bezug, wenn wir dankbar sind dafür, dass *es* etwas *gibt*?

Hier liegt eine Generalisierung vor, die in der deutschen Sprache in der von uns hier mehrfach verwendeten Phrase „es gibt"[75] sehr schön zum Ausdruck kommt. Voraussetzung für diese Dankbarkeit ist offenbar, dass wir uns als zu dem, was *es gibt*, ins Verhältnis gesetzt wahrnehmen. – Diese Beziehung kann, wie jede Beziehung, auch negativ sein. Entscheidend aber ist, dass wir das, was es gibt und was wir auf uns persönlich beziehen, als eine Form der Gabe, als *uns gegeben* begreifen. Offensichtlich erzeugt die Generalisierung – bei aller inhaltlichen Spezifizierung – den Eindruck einer persönlichen Beziehung. In der Generalisierung

---

73 An einer sprachlichen Floskel, deren ein Moderator der Rundfunksendung „Mosaik" auf WDR 3, Daniel Finkernagel, bei der sogenannten Abmoderation von Musikstücken sich häufig befleißigt, wird dies anschaulich erfahrbar. Bei der Nennung des ausführenden Künstlers verwendet er oftmals eine der folgenden ähnliche Wendung: „Es spielte für uns auf der Viola da gamba Robert Smith." Diese Formulierung („für uns") empfindet der Zuhörer unmittelbar als unangemessen, handelt es sich doch um das Abspielen einer allgemein verfügbaren Aufnahme – und Mitnichten um eine persönliche Zuwendung des Musikers. – Und insofern sind wir nicht *ihm* dankbar und auch nicht Georg Philipp Telemann für die Fantaisies, aber wir können Dankbarkeit empfinden dafür, dass *es* diese Musik und diese Aufführung *gibt*.
74 Vgl.: „Der exemplarische Prophet zeigt einen Heilsweg durch persönliches Beispiel." (Weber 1922/1985: 276)
75 Es wäre einmal interessant, die Entsprechungen dieser Phrase in den verschiedenen Sprachen zu untersuchen; meines Wissens gibt es diese Wendung allein in der deutschen Sprache. – Zur Etymologie s.: Grimm/Grimm 1878/1984: Sp. 1702–1705. Vgl. auch Hénaff 2012: 185–192, 2012/2014: 154–160. Martin Heidegger beschäftigt sich ebenfalls mit dieser Besonderheit der deutschen Sprache; allerdings ist seine „Seinsfrömmigkeit" (Adorno 1966/1982: 106) wenig geeignet, die Bedeutungsstruktur dieses Ausdrucks zu erhellen: „Wir versuchen, das Es und sein Geben in die Sicht zu bringen und schreiben das «Es» gross." (Heidegger 1962/o. J.: [8], s. auch 1962/1976: 5)

deuten wir: Jemand[76] von dem wir nicht sagen können, wer es ist, hat, indem er uns etwas gegeben hat, uns als Person anerkannt, was wir durch Dankbarkeit[77][xlix] oder aber auch – im negativen Fall – durch Anklage[78] oder Fluch vergelten. Da dem Menschen als weltoffenem Wesen (s. dazu näher u., S. 149) permanent etwas begegnet, das er auf sich zu beziehen nicht umhin kann, das er als ihm gegeben erfährt, ohne dass er den Geber in der Erfahrung, also empirisch bestimmen könnte, verwundert es nicht, dass das „es" in „es gibt" als Platzhalter für eine transzendente Instanz gedeutet wird, die ihm als „ein bestimmteres subj. zuletzt zu grunde liegt".

In dem „es gibt" haben wir offenbar eine Quelle religiöser Deutungen der Welt aufgedeckt; das auszuführen ist hier nicht möglich. Festgehalten sei aber zumindest folgendes: *Inhaltlich* religiös sind solche Deutungen, wenn in ihnen, wie hier zunächst angenommen, von einer transzendenten, also der Erfahrung nicht zugänglichen Instanz ausgegangen wird. Wir werden aber sehen, dass es sich auch um ein Moment *struktureller* Religiosität handelt, da wir der von Leibniz zuerst formulierten Frage „warum gibt es eher Etwas als Nichts"[l] (Leibniz 1714/2013: 62; n. 7) nicht ausweichen können – ob wir sie nun inhaltlich religiös beantworten oder säkular. Auch ein zeitgenössischer Physiker, der String-Theoretiker Brian Greene, bezeichnet als „Schlüsselfrage": „Warum ist überhaupt etwas und nicht nichts?" (Greene/Grolle 2004: 193); für eine säkulare Beantwortung reicht allerdings „die pure logische Konsistenz: der Nachweis, dass die Welt gar nicht anders sein kann, als sie ist" (ebd.) nicht aus, wie Greene ebenfalls deutlich macht: „um unsere nach wie vor bestehende Unwissenheit in Hinblick auf den eigentlichen Ursprung zum Ausdruck zu bringen: dass wir, wenn die Inflationsmodelle [sc.: theoretische Modelle der Erklärung der Expansion des Universums unmittelbar nach dem Urknall] stimmen, immer noch nicht wissen, warum es ein Inflations-Feld gibt, warum die Potenzialschüssel die richtige Form für die Entstehung der Inflation hatte, warum es den Raum und die Zeit gibt, in dem sich die gesamte Erörterung abspielt, und warum es [...] etwas gibt anstelle von nichts." (Greene 2004: 326). – Auch Manuel Franzmann beschäftigt sich bei der Rekonstruktion säkularer Religiosität mit diesen Fragen (2017, etwa 157–171, und dazu Loer 2018 b.) Ulrich Oevermann hat folgende Aspekte eines Strukturmodells von Religiosität

---

76 Auch wenn es *etwas* wäre, wäre es hier als handelnd und damit als *jemand* gedacht. – Es liegt „wie jedem solchem es ein bestimmteres subj. zuletzt zu grunde" (Grimm/Grimm 1960/1984.29: Sp. 1703; Hervorhebung i. Orig.).

77 Olga Tokarczuk nennt in einem Roman „Votivbildchen, die in den Nischen [einer Kirche] hingen, die bildgewordene Dankbarkeit der Menschen" (Tokarczuk 1989/2001: 60)

78 Paradigmatisch hierfür ist bekanntermaßen das Buch Hiob – vgl. etwa: „Warum stellst du mich vor dich als Zielscheibe? / Bin ich dir denn zur Last geworden?" (Bibel 1985: 727; Ijob 7,20).

herausgearbeitet: das „*Bewährungsproblem* der offenen Zukunft und einer darauf bezogenen nicht stillstellbaren Unsicherheit, also die Permanenz der potentiellen Krise" (1995: 63), den „*Bewährungsmythos*, der grundsätzlich über Herkunft und Zukunft sowie die aktuelle Identität der eigenen Lebenspraxis verbindlich so Auskunft geben kann, daß darin die Unverwechselbarkeit der eigenen Lebenspraxis verbürgt ist" (a. a. O.: 64) und die „Evidenz [dieses Mythos] durch ein kollektives Verbürgt-Sein, durch eine *vergemeinschaftende Gefolgschaft*" (a. a. O.: 65). Diese zentralen Aspekte müssen, so nun unsere vom „es gibt" ausgehende These, ergänzt werden um das Strukturmoment konstitutiver Reziprozität (näher kann dies hier leider nicht ausgeführt werden; s. dazu demnächst Loer 2021 a).

Kommen wir noch einmal auf die Frage des Künstlers und seines Publikums zurück. Der Violinist Arnold Steinhardt wirft einen interessanten Blick auf das Phänomen des Applauses – etwa am Ende eines Konzerts – und die Frage der Zugabe: „Arthur Schnabel hat einmal gesagt, dass Applaus eine Empfangsbestätigung für geleistete Dienste sei, nicht eine Rechnung für geschuldete Dienste. Schön, aber wenn du nach einer guten Aufführung in Applaus gebadet wirst, ist es schwierig, diese Unterscheidung zu machen. Wir spielen gern Zugaben."[li] (Steinhardt 1998/2000: 12) Hier ist – auch wenn die einzelnen Zuhörer und die Künstler sich nicht persönlich kennen – der Dank an die Person des anwesenden Künstlers gerichtet und das anwesende Publikum dankt persönlich.[79] Ein weiterer Aspekt der Reziprozitätsbeziehung kommt hier aber auch zum Ausdruck: ihre Unabschließbarkeit. Es könnte ja die Spirale des wechselseitigen Danks immer weiter gehen: Konzert – Applaus – Zugabe – Applaus – Zugabe zur Zugabe – Applaus – Zugabe zur Zugabe der Zugabe – …[80] Schließlich ist das Phänomen des Applauses auch noch für sich interessant: Warum wird applaudiert, obwohl man – um die hier passenden Worte Arthur Schnabels zu verwenden – mit dem Bezahlen der Eintrittskarte schon „eine Rechnung für geschuldete Dienste" beglichen hat? Offenbar reicht auch im Applaus der Dank über die rein ökonomische Transaktion des Tausches hinaus.

Nun stellt sich aber – analog zur soeben bei der Zugabe aufgeworfenen – generell noch die Frage, wie derjenige, bei dem jemand sich bedankt hat, auf diesen Dank reagiert. Hier müssen wir die obige Analyse des Dankens (S. 24) um die der Antwort erweitern. Wenn, wie wir festhielten (S. 26), das Danken als Platzhalter für eine inhaltlich symmetrische Reziprozität gelten muss, wo diese nicht mög-

---

79 Dies wird deutlich, wenn kurioserweise bei einer Videoübertragung eines Konzerts oder anderer öffentlicher Veranstaltungen applaudiert wird. WEITERE FORSCHUNGSMÖGLICHKEIT: Erheben Sie ein entsprechendes Protokoll und analysieren sie es.
80 Auch hier liegen WEITERE FORSCHUNGSMÖGLICHKEITEN: Erheben Sie ein Video-Protokoll des Abschlusses einer öffentlichen Darbietung mit mindestens einer Zugabe und analysieren sie vor allem die Weisen des Abschließens dieser Dank-Spirale.

lich ist, wenn also im Dank der Geber als den Empfänger persönlich Würdigender seinerseits gewürdigt wird, was wäre als Antwort auf den Dank zu erwarten? Im Prinzip hat, wenn auch mittels eines inhaltlosen Platzhalters, die Reziprozitätsbewegung zu einem gewissen Gleichgewicht geführt, so dass die Handlungssequenz hier abgeschlossen werden könnte. – Spielen wir die Möglichkeiten einmal durch. Eine übliche Form ist es, wie folgt auf einen Dank zu reagieren:

(III) (a) B: Danke!
        A: Bitte sehr!

Wie ist das nun zu verstehen? Der Form nach kann „*bitte*" entweder Imperativ oder erste Person Singular Präsens sein; in diesem letzteren Fall hätten wir es wieder mit einer Ellipse zu tun, da das Pronomen ausgelassen ist. Das ist auch bei „*danke*" der Fall, worauf wir noch nicht eingegangen sind. Dies soll hier nun nachgeholt werden.

Der Abkürzung halber greifen wir dabei auf ein Beispiel zurück, in dem „die Form *danke* […] – ihrer Herkunft entsprechend – […] als Verbform gebraucht" wird: „oh, *ich danke* vielmals" (Weinrich 1993: 827; Hervorheb. des Orig. angepasst, TL). Damit ist klar, dass wir es bei „*danke*" mit einer Ellipse zu tun haben, bei der entgegen den grammatischen Regeln das Pronomen ‚ich' entfällt. Allerdings gehen wir anders als Weinrich davon aus, dass diese Ellipse auch eine Verbform darstellt – aber eben eine, die entgegen den grammatischen Regeln ohne Subjekt steht; nur wenn man sie als solche begreift, lässt sich ihre Bedeutung analysieren. Eine pragmatische Regel der Verwendung der ersten Person Singular des Verbs ‚danken' als ‚Höflichkeitsformel' (a.a.O.: 826) suspendiert also die grammatische Regel der notwendigen Verwendung des Pronomens im Deutschen. Was kommt darin zum Ausdruck? Offenbar wird die Bedeutung des Sprechers bagatellisiert, die durch die Kopfstellung sonst besonderes hervorgekehrt würde. – Wenn wir uns etwa eine Situation vorstellen, in der A für B die Tür aufhält und B reagiert mit: „Ich danke!", liegt dies sofort auf der Hand, denn die Äußerung erscheint wie die Geste der Königin von England, die ihrem Volk für die Huldigungen dankt.[81] Damit würde die persönliche Würdigung des Gebers bzw. der Leistung des Gebers als seiner persönlichen konterkariert, sie würde zur dem Empfänger geschuldeten Leistung.

In gleicher Form nun wird auch „*bitte*" nicht regelgerecht als Verbform mit Subjekt gebraucht, sondern als ‚Höflichkeitsformel'. Worum bittet der Bedankte? Wir haben oben (S. 43) die Bestimmung der Bitte durch Ferdinand Tönnies zitiert;

---

81 S. etwa (zuletzt angesehen am 27. März 2019): http://www.oh-so-famous.de/sites/default/files/kopfbedeckung_queen_17_imago_newscast.jpg.

demgemäß handelt es sich um einen Wunsch, dessen Erfüllung aber in den Händen desjenigen liegt, der gebeten wird. Was könnte sich der Bedankte vom Dankenden wünschen? Wir hatten gesagt, dass die Handlungssequenz mit dem Dank eigentlich als abgeschlossen gelten könnte, da die Reziprozitätsbewegung zu einem gewissen Gleichgewicht geführt hat. Eine Bitte ist aber im Prinzip die Eröffnung einer neuen Handlungssequenz. Wir bekommen hier eine Ahnung davon, wie schwierig es offensichtlich ist, die Reziprozitätsbewegung anzuhalten, denn jeder Zug, der den vorherigen ausgleicht, eröffnet offensichtlich seinerseits die Notwendigkeit, ausgeglichen zu werden.[82] Wenn das „*bitte*" in „*bitte sehr*", wie wir der Abkürzung halber einmal aus unseren Erfahrungsregeln schließen, in der Regel nicht dazu führt, dass ein weiterer Wortwechsel folgt, so muss sich die Bitte auf etwas Vorhergehendes beziehen – etwa so wie in dem Beispiel:

(3)   A: Muss ich zum Abendessen eine Krawatte anziehen?
      B: Ich bitte dich!

Damit bittet B A darum, die seiner Auffassung offenbar zugrundeliegende völlig verfehlte Annahme aufzugeben, dass es sich bei dem angesprochenen Abendessen um einen offiziellen Termin handelt. Wenn wir der nach dem Dank erfolgenden Äußerung „Bitte sehr!" diese Logik unterstellen, so bittet der Bedankte den Dankenden darum, die verfehlte Annahme aufzugeben, die Leistung, für die er den Dank erhielt, sei etwas über das allgemein selbstverständlich Erwartbare Hinausgehendes. Entsprechend können wir andere der gängigen Antwortmöglichkeiten verstehen:

(III) (b) B: Danke!
      A: Gern geschehen!

(III) (c) B: Danke!
      A: Keine Ursache!

(III) (d) B: Danke!
      A: Nicht dafür!

(III) (e) B: Danke!
      A: Nicht der Rede wert!

---

82 Ein interessantes Phänomen zur weiteren Aufklärung dieser Struktur ist die Verabschiedung am Telefon (WEITERE FORSCHUNGSMÖGLICHKEIT).

All diese Äußerungen bagatellisieren – wenn auch auf unterschiedliche Weise[83] – die Leistung, für die gedankt wird, und entheben damit nachträglich den Dankenden seiner Dankverpflichtung, die er offensichtlich empfand. Wir haben es hier also mit einem ständigen Wechsel von Vorlage und Entgelten zu tun: (1.) A gibt B etwas oder tut für B etwas (nicht Erforderliches, nicht Selbstverständliches) und begibt sich damit als Person in die Beziehung zu B, den er damit zugleich ebenfalls als Person anerkennt; (2.) B dankt ihm (wenn er das Erhaltene nicht inhaltlich vergelten kann) und anerkennt damit das, was A tat, als eine besondere Leistung seiner Person, womit die wechselseitige Anerkennung als Person mit umgekehrten Vorzeichen – d. h. jetzt geht B in die Vorlage – reproduziert wird; (3.) A bittet B, von der Annahme Abstand zu nehmen, A habe eine Sonderleistung für B vollbracht und sich damit B persönlich (in gesteigerter Weise) zugewandt,[84] bzw. A habe B etwas zugewandt, was B womöglich nicht verdient habe – mit dieser Bitte hebt er B in den Rang einer Person, der diese Leistung per se zusteht, steigert also die Anerkennung der Person B. – Betrachten wir noch einige weitere Varianten:

(III) (f) B: Danke!
     A: —

Wenn der Bedankte den Dank unbeantwortet lässt, würde – das wird insbesondere im Kontrast zu den anderen Varianten (a–e) deutlich – A damit den Abschluss der Handlungssequenz sanktionieren. Damit würde A es als angemessen ausweisen, dass B ihm dankt und dass B damit die Leistung, für die B ihm dankt, durch den Dank als eine besondere Leistung seiner Person würdigt. Damit aber würde A zugleich dem Dank das Moment der besonderen Anerkennung, das in dem Moment seiner Freiwilligkeit besteht, nehmen. Dies wird gesteigert deutlich, wenn Erwachsene etwa Kindern gegenüber, die sich – u. U. mit Verzögerung – für eine Zuwendung bedanken, dies in falsch verstandener erzieherischer Absicht mit „das wollte ich aber auch gemeint haben" o. ä. Bemerkungen kommentieren und damit den Dank als zwingend erforderlichen ausweisen. – Zunehmend häufig findet sich unserer Beobachtung nach auch folgende Variante:

(III) (g) B: Danke!
      A: Kein Problem!

---

83 Hier besteht eine **weitere Forschungsmöglichkeit** in genaueren Analysen dieser konkreten Antwortvarianten.
84 Das kann man sich auch an der Dank abwehrenden Redewendung „das hätte doch jeder getan" verdeutlichen.

Was unterscheidet die Variante g etwa von Variante c? *„Keine Ursache!"* bezieht sich offenbar auf den Dank, weist, mit den oben analysierten Implikationen, darauf hin, dass der Dank nicht hätte erfolgen müssen. *„Kein Problem!"* hingegen kann sich nicht auf den Dank beziehen, sondern charakterisiert die Leistung von A, für die B sich bedankte. Damit wird unterstellt, B bedanke sich, weil A für ihn ein Problem gelöst habe, unterstellt also, dass der Dank nicht durch ein Feingewicht der Reziprozität so wertvoll ist, sondern dass er vielmehr ein gewichtiger Klumpen einer Gegengabe ist; dieser wäre nur gerechtfertigt, wenn A ein echtes Problem gelöst hätte. Damit wird aber die Anerkennung, die der Dank gerade der Person des Gebenden zollt, zur Anerkennung der Leistung, die als *Problem*lösung und somit als sachlich gewichtig ausgewiesenen wird. Somit hätten wir eine „Versachlichung der Beziehung" (Simmel 1907/1993: 309) zwischen A und B vorliegen – und zwar nicht „in der ausgebildeten Wirtschaft" (ebd.), sondern in den feinen Poren der persönlichen Beziehungen selbst.

Zeitdiagnostisch betrachtet müssen wir hier eine zu der oben erwähnten Oberflächlichkeit und Unverbindlichkeit im Gruß (S. 7, Fn. 7) komplementäre Entwertung des personalen Moments von Sozialbeziehungen konstatieren. Die Ursache dieser Entwicklung zu rekonstruieren ist eine kaum ins Auge gefasste Forschungsaufgabe gegenwärtiger Soziologie; mit schlichter Kulturkritik, die in den „Menschen nur noch die Exekutoren der in den Waren selbst gelegenen Tendenzen zur Verschiebung und Ausgleichung" (ebd.) erkennen will, ist diese Aufgabe nicht zu bewältigen.

Zum Abschluss sei noch ein letzter Typus von Antworten auf einen Dank in einigen durchaus häufig anzutreffenden Varianten betrachtet:

(III) (h) B: Danke!
A: Danke ebenso!

(III) (i) B: Danke!
A: <u>Ich</u> habe zu danken!

(III) (j) B: Danke!
A: Ich danke <u>Ihnen</u>!

Wir haben es hier mit *Erwiderung* des Danks zu tun, wobei i und j dies noch mit der zuvor bereits analysierten Bagatellisierung des Danks kombinieren; die Betonung von *„Ich"* (i) bzw. *„Ihnen"* (j) markiert dies. Erinnern wir uns an den semantischen Kern von Reziprozität (s. o., S. 3): Hier ist es die mit dem Dank verbundene Anerkennung, die von Person B zu Person A geht und dann ‚auf demselben Wege': dem des Dankes, zurückgeht. Was macht, so können wir hier wie oben

(S. 26) bzgl. des Wunsches fragen, den Unterschied zwischen dem primären Dank und dem darauf antwortenden Dank aus? Berücksichtigen wird, dass die Varianten h–j nur möglich sind, wenn sie einen Austausch von Gaben oder Leistungen begleiten, so vollzieht A hier komplementär die Anerkennung des Moments der Person in der Leistung von B und damit von B als Person, wie B zuvor dieses Moment in der Leistung von A und damit A als Person anerkannt hat. Die Variante h bringt nun die Reziprozitätsbewegung gewissermaßen zum Abschluss, die Varianten i und j hingegen könnten ein Weiterdrehen der Reziprozitätsspirale anstoßen, etwa indem B nun eine der Äußerungen, die A in den obigen Varianten b–g machte, anschlösse.

2.4.2 Fazit

Anders als im Grüßen und im Verabschieden setzt, wie wir gesehen haben, das Danken eine Gabe voraus. Auch wo scheinbar lediglich ein unpersönlicher Tausch stattfindet, liegt dem Vollzug dieses Tausches durch die beteiligten Personen aber eine Reziprozitätsbeziehung zugrunde, die mehr umfasst, als die getauschten Sachen. Bei (ökonomischem) Tausch einerseits und Gabe andererseits handelt es sich also nicht um eine strikte Alternative. Wenn Marcel Hénaff etwa sagt: „In den Gabe-Beziehungen ist es man selbst, den man durch ein Gut gibt, das ein Symbol ist. Im Handelstausch ist es das Gut, das gemäß objektiven Maßen zählt"[liii] (Lévi-Strauss/Hénaff 2004: 96 [MH]), so blendet er dabei aus, dass auch im Handelstausch in das Geben noch die Personen der Tauschenden eingehen – was sich u. a. eben im Danken auch dort zeigt (zu Hénaff s. u., Abschn. Versuch philosophischer Systematisierung). Die auch im ökonomischen Tausch konstitutive Reziprozitätsbeziehung wird (u. a.) im Danken realisiert. In einer zweiteiligen Aussage des Freiherrn von Knigge werden zwei zentrale Momente des Dankens deutlich:

„Die Dankbarkeit ist eine der heiligsten Tugenden; wer Dir Gutes getan hat, den ehre!" (1788/2004: 9769).

Zum einen kommt in der Behauptung der Heiligkeit[85][liiii] zum Ausdruck, dass, wie wir gesehen haben, im Danken Reziprozität in besonderer Weise und in besonderem Maße vollzogen wird und zwar von Person zu Person („ehre"); zum anderen zeigt die Tatsache, dass von Knigge zur Dankbarkeit auffordert, dass dem Danken das Moment der Freiwilligkeit innewohnt. Freiwilligkeit aber ist Vorausset-

---

85 Im russischen „Danke!": «спасибо!» (ßpaßibo), ist die Heiligkeit noch deutlicher enthalten, heißt es doch in Langform „Rette Sie Gott!" (Dronov/Matchabelli/Gallais 2008: 13)

zung dafür, dass im Danken die Person des Gebers, dem gedankt wird, anerkannt wird.[86] Die Betrachtung der möglichen Antworten auf den Dank haben uns zudem zweierlei gezeigt: zum einen, dass das Moment der Anerkennung der Person des anderen und dadurch seiner selbst nur reziprok möglich ist, was eben bestätigt, was wir oben (S. 33) bereits mit Robert Spaemann festhielten: „Personsein ist das Einnehmen eines Platzes, den es gar nicht gibt ohne einen Raum, in dem andere Personen ihre Plätze haben." (1996/2006: 193); zum anderen, dass in noch so versachlichter humaner Sozialbeziehung das personale Moment niemals grundsätzlich getilgt werden kann.

2.5 Schenken

2.5.1 Analyse

Ein Student meines Seminares über Marcel Mauss an der Universität Witten/Herdecke berichtete im Nachgang zu dem Seminar folgendes:[87]

> „Es ist der 23.12.2018. Etwas mehr als drei Monate sind es her, als wir von Münster in unsere neue Nachbarschaft nach Hamm gezogen sind. Wir, das sind meine Eltern, meine beiden Brüder, meine Ehefrau und unsere kleine Tochter. Vor mehr als zwölf Jahren kamen wir aus dem Kaukasus nach Deutschland und seitdem bescheren wir jedes Jahr unsere Nachbarn zu Weihnachten. Der Kaukasus an sich ist mehr muslimisch als christlich geprägt und wir sind traditionell erzogen, nicht religiös. Schenken macht uns Freude und verbindet uns. Freude möchten wir auch unseren neuen Nachbarn machen und bereiten für zehn Familien eine Weihnachtstüte vor mit je einer schönen Kerze, Pralinen, gebrannten Mandeln und handgeschriebenem Weihnachtsgruß.
>
> Meiner Mutter und meiner Ehefrau ist bei der Vorbereitung die Freude ins Gesicht geschrieben und sie freuen sich beide schon darauf die Geschenke am Folgetag zu übergeben. [...]
> Wie haben die Nachbarn reagiert?
> Alle Familienmitglieder, die Geschenke übergeben haben, machen ähnliche Beobachtungen. Sie erzählen mir, dass fast alle Nachbarn so guckten, als ob man sie bei etwas ertappt hätte. Sehr überrascht und leicht überfordert mit der Situation fragten sie, wie sie sich das Geschenk verdient hätten und bedankten sich.

---

86 Dies wurde auch an dem instruktiven Kontrastbeispiel der Antwort „*Kein Problem!*" (S. 57 f.) deutlich.
87 Herrn stud. PPÖ Kantemir Apaschev (Witten/Hamm) sei herzlich für seine Offenheit und für die Bereitschaft, das Material zur Verfügung zu stellen, gedankt.

Und die Bilanz?

‚Widergaben' an uns in der Weihnachtszeit:

- Blumen im Kübel
- Weinflasche
- Kerzen und Süßes
- Schöne Karte mit langem handgeschriebenem Text

Ein Nachbar hat uns im Januar ein Schlafsofa im sehr guten Zustand geschenkt. Ein anderes Ehepaar hat uns im Februar eine schöne Karte mit langem Text, sowie Blumen im Kübel vorbeigebracht. Hinzu kommt, dass der Mann seit Weihnachten unsere Mülltonnen nach der Abfuhr wieder bis vor die Garage stellt.

Ach ja, bei drei Nachbarn haben wir das Gefühl, dass sie uns seit der Weihnachtsbescherung ignorieren. [...] Alle anderen sind super lieb und freundlich zu uns." (Apaschev 2019)

Diese Beschreibung einer – durch Kulturüberschreitung mit geprägten – Erfahrung veranschaulicht sehr schön diverse Elemente der Handlung des Schenkens. Die aus dem Kaukasus[88] stammende Familie wendet sich in einem Akt des Schenkens ihrer Nachbarschaft zu, darin Gemeinschaft vollziehend, und zwar einen „Typ von Gemeinschaft", der „wesentlich auf wechselseitiger persönlicher Bekanntschaft gegründet"[liv] ist (Oevermann 2000 b: 40; s.o. S. 44). Damit wird offenbar – freiwillig und vorauseilend – ein Reziprozitätsprozess in Gang gesetzt, denn die Nachbarn antworten mit „Widergaben" – und das, obwohl dieser kaukasische Brauch, wenn wir ihn generalisierend einmal so nennen dürfen, ihnen unbekannt war und sie zunächst irritierte. Gleichwohl erkennen sie das Geschenk offenbar als eine Anerkennung ihrer Person an, die sie dazu bewegt, den Gebern ihrerseits mit einer ‚Widergabe' ihre Anerkennung als Person auszudrücken.

Die Frage danach, „wie sie sich das Geschenk verdient hätten", verweist allerdings darauf, dass sie die Handlung zunächst als Tauschhandlung betrachten. Tausch ist „j e d e auf formal freiwilliger Vereinbarung ruhende Darbietung von aktuellen, kontinuierlichen, gegenwärtigen, künftigen Nutzleistungen von welcher Art immer gegen gleichviel welcher Art von Gegenleistungen" (Weber 1922/1985: 37; gesperrt i. Orig.). Die Nachbarn betrachten also das Geschenk zunächst als eine Gegenleistung für eine Leistung von der sie aber nicht wissen, welche das sein könnte. Dass es ein Geschenk, der reine Vollzug von Reziprozität, sein könnte, also eine Gabe, die nicht über „Nutzleistungen" bestimmt ist, weisen sie zunächst

---

88 Leo Tolstois letztes Werk „Hadschi Murat" (1912/o.J.) gibt interessante Einblicke in andauernde Momente der kaukasischen Kultur.

zurück. Warum? Erkennbar wird Nachbarschaft, die im Kaukasus offensichtlich eine „auf wechselseitiger persönlicher Bekanntschaft gegründet[e]" *Gemeinschaft* darstellt, in dem Wohnort in Hamm in Westfalen, über den Herr Apaschev berichtet, als eine *gesellschaftliche,* rollenförmige Beziehung gelebt. Zugleich aber zeigt sich an den weiteren Reaktionen, dass sie den Charakter des Geschenks als Geschenk durchaus erkennen und die zunächst geäußerte Frage („wie sie sich das Geschenk verdient hätten") eine rhetorische Frage darstellt: Auch wenn es sie angesichts ihrer eigenen Deutung von Nachbarschaft verwundert, wissen sie, dass das Geschenk ihnen als Person und nicht in der Rolle eines Leistenden gegeben wird. Deshalb erfolgen dann ja auch „Widergaben". – Das hängt natürlich auch mit der konkreten Gestalt des Geschenks selbst zusammen; die Bedeutung von „Kerze, Pralinen, gebrannten Mandeln und handgeschriebenem Weihnachtsgruß" erschließt sich aus unseren nun folgenden Ausführungen zu den „Widergaben".

Betrachten wir einmal näher welche dies sind. (a) „Blumen im Kübel": „Blumen [...] sind stets passende Geschenke", hatten wir oben (S. 25) Ralph Waldo Emerson zitiert[lv] (1844/1907: 187), der dies auch einsichtig begründete: „Man sagt uns gewöhnlich, dass wir Schmeicheleien mögen [...], weil es zeigt, dass wir wichtig genug sind, umworben zu werden. So etwas wie dieses Vergnügen geben Blumen uns: Wer bin ich, dem diese süßen Hinweise zuteil werden?"[lvi] (ebd.) Es ist also die Anerkennung der Person des Beschenkten, die ein Geschenk selbst sowieso schon darstellt, in gesteigerter Form.[89] Dass die Blumen im Kübel überreicht werden, ist zum einen sicherlich der Jahreszeit zuzuschreiben, in der Schnittblumen nicht ohne Weiteres zur Verfügung stehen, andererseits bleiben sie so länger, wenn nicht dauerhaft präsent und verleihen damit dem Geber eine Präsenz (s.u., S. 64) im persönlichen Raum des Beschenkten,[90][lvii] womit sie der Kerze im Geschenk der Apaschevs äquivalent sind, für die das auch gilt. – (b) „Weinflasche": Dass Wein ebenfalls ein passendes Geschenk ist, lässt sich leicht an den Bemerkungen von Ernst Tugendhat ersehen, die wir oben (S. 14) zitierten; dort hieß es: „Dabei kommt hier [sc. bei der Frage nach der Güte u. a. von Wein] ein subjektives Moment herein" (1979: 274) – und zwar beim Wein das Moment der persönlichen Erfahrung damit; zudem ist Wein ein „lebensmittel das weniger zur ernährung als vielmehr zum genusz dient" (Grimm/Grimm 1897/1984: Sp. 3524), bei dem das Genießen, also „ein verzehren mit lust im vordergrunde steht" (a.a.O.: 3455). Genießen aber ist ein Vorrecht der Person, da darin eben lebensgeschichtliche Erfah-

---

89 Zur Bedeutung von Blumen s. auch Loer 2018 c: 198 f.
90 Vgl. Marcel Hénaffs Bemerkung zur zeremoniellen Gabe: „Die kostbare Sache [...] erlaubt es ihm [sc.: dem Geber], in den Raum des Partners einzugreifen." (2002/2009: 197)

rungen eingehen. Deshalb eignen sich Genussmittel[91] in ähnlicher Weise wie Blumen offensichtlich als Geschenk. – Zu den als Geschenk geeigneten Gegenständen hat Claude Lévi-Strauss folgendes beobachtet:

„Wir wissen, daß es bestimmte Arten von Gegenständen gibt, die meist aufgrund ihres nicht unmittelbar nützlichen Charakters besonders geeignet sind, als Geschenke zu dienen. In einigen iberischen Ländern sind solche Gegenstände [...] nur in Geschäften zu finden, die genau für diesen Zweck eingerichtet wurden: in den »casas de regalias« oder den »casas de presentes«, denen die »gift-shops« der angelsächsischen Welt entsprechen."[lviii] (Lévi-Strauss 1949/1984: 111 f.; kÜ)

Es fragt sich allerdings, ob mit dieser Ausgliederung der Geschenke, ob mit der „peinlichen Erfindung der Geschenkartikel" (Adorno 1951/1984: 21, s. u., S. 72) und der damit einhergehenden Standardisierung einer authentischen Praxis gedient oder ob sie nicht von ökonomischen Interessen in den Dienst genommen wird (vgl. zum Muttertag Fn. 102).

Diese Überlegungen werfen auch ein erhellendes Licht auf die von Lévi-Strauss wiedergegebene Episode aus einem südfranzösischen Lokal (s. o., S. 15); es reichen sich die Gäste gegenseitig eben nicht etwa den Teller mit dem einfachen Essen, also ein Lebensmittel, sondern den Wein, also ein Genussmittel. Entsprechend weisen auch Hengartner und Merki auf die Bedeutungsverwandtschaft von ‚Genuss' und ‚Genossen' hin und heben hervor: „Immer wieder wurden und werden sie [sc.: die Genussmittel] zum Ausdruck gemeinschaftsbildender Prozesse, bekräftigt ihr gemeinsamer Konsum die (temporäre) Kohärenz einer sozialen Gruppe, die verschiedenste Formen annehmen kann" (1999/2001 b: 15).[92][lix] – (c) „Kerzen und Süßes" – Die Kerze ist heute, in Zeiten des elektrischen Lichts, eben – wie

---

91 Zur Begrifflichkeit s. Hengartner/Merki 1999/2001 b: 11–16. Der einführende Aufsatz vertritt allerdings explizit die „These von dem soziokulturell konstruierten Genuß" (a. a. O.: 10), wobei er jedoch immer wieder durchscheinen lassen muss, dass die Genussmittel selbst bestimmte Voraussetzungen mitbringen, die sie überhaupt für den angeblich lediglich „soziokulturell konstruierten Genuß" geeignet machen – Voraussetzungen wie etwa die, dass sie, „rein physiologisch gesehen, weitgehend entbehrlich" sind (a. a. O.: 12), oder die, dass „der Genußwert über den Nähr- und den Heilwert" dominiert und „viele Genußmittel [...] überhaupt keinen Nährwert" besitzen (a. a. O.: 15).
92 Für einen Überblick zum Wein s. Spode 1999/2001, der für das 19. und 20. Jahrhundert festhält: „Die Qualitätssteigerung hatte allerdings ihren Preis: Wein wurde außerhalb der nun räumlich konzentrierten Anbaugebiete ein reines Luxusgetränk" (a. a. O.: 54). Auch wenn es dort heißt: „Allein in den Weingebieten bzw. Weinländern war und blieb er Alltagsgetränk" (a. a. O.: 55), so bleibt Wein doch auch als „Alltagsgetränk" ein „lebensmittel, das weniger zur ernährung als vielmehr zum genusz dient" (Grimm/Grimm 1897/1984: Sp. 3524) – vgl. die oben zitierte Bemerkung von Lévi-Strauss, dass in bestimmten Weingebieten „der Wein [...] mit einer Art mystischer Ehrfurcht umgeben wird", und dass er, anders als etwa Fleisch

Wein und wie auch „Süßes" – ein Genussmittel – zumindest in übertragenem Sinne: Sie dient nicht der funktionalen, sachlichen Erhellung eines Raumes, sondern der Schaffung einer Atmosphäre – und zwar einer Atmosphäre der beschaulichen Ruhe, in der unaufgeregt müßigen Tätigkeiten wie Lesen, Handarbeiten, gemeinsam Essen etc. nachgegangen wird. Als eine Atmosphäre lässt sich soziologisch *die Totalität aller Handlungsmöglichkeiten, die durch Objekte oder durch einen Raum eröffnet, angeboten und zu imaginieren auf sinnliche, leiblich spürbare Weise*[93] *nahegelegt werden*, bezeichnen; dabei gehören zu den imaginierten insbesondere jene Handlungsoptionen, die zu dem und in den Raum passen und in ihm verspürt werden. Damit ist auch die – etwa durch eine Kerze geschaffene – Atmosphäre an ein verspürendes Subjekt, eine Person gebunden, bedeutet verspüren doch „‚mit den sinnen wahrnehmen': aus gewissen spuren erkennen ... wo es besonders von der erkenntnisz durch die sinne gebraucht wird [...]. diese wahrnehmungen werden entweder am eignen körper oder doch mittels des eignen körpers gemacht." (Grimm/Grimm 1956/1991: Sp. 1509) Zudem ist bei der Kerze als Geschenk, wie soeben festgehalten, durch die Brenndauer der Geber längere Zeit präsent. – (d) „Schöne Karte mit langem handgeschriebenem Text": Hier springt der persönliche Aspekt der Zuwendung sofort ins Auge: Dass die Karte als ‚schön' bezeichnet wird, bringt, ebenso wie die Tatsache, dass der Text ‚lang' und ‚handgeschrieben' ist, zum Ausdruck, dass der Verfasser der Karte sich über die funktionale Handlung hinaus, die etwa eine Informationsübermittlung erfordert hätte, für den Empfänger – wenn nicht gar *um* den Empfänger – bemüht hat, ihn also mit seiner ‚Widergabe' persönlich bedacht hat.

Nehmen wir nun noch einmal das Moment der Präsenz auf, das wir eben anlässlich von „Kerze" und „Blumen im Topf" thematisierten (S. 62). Anlässlich der Auslegung des Titels eines Buches mit Aufsätzen von George Herbert Mead, „The Philosophy of the Present" (1932/1980), das auf deutsch unter dem Titel „Philosophie der Sozialität" (1932/1969) erschien, macht Ulrich Oevermann folgende Ausführungen:

> „Im Deutschen [...] zerfällt das, was im Englischen mit ‚present' umfaßt wird, in drei ganz verschiedene Aspekte [...]. Zum einen den zeitlichen Aspekt der Gegenwart, im Deutschen das ‚Präsens', zum anderen den räumlichen Aspekt der Anwesenheit, im Deutschen die ‚Präsenz' und schließlich drittens den abstrakt sozialen [...] Aspekt der

---

und Gemüse, nicht „in erster Linie der Ernährung" dient, sondern „der Ehrung" (1949/1984: 115; kÜ).

93 Anders als in einer Bestimmung von Gernot Böhme (2012) ist hier die Leiblichkeit des Verspürenden thematisch. Für Weiteres zum Konzept der Atmosphäre s. Loer 2013: 73 ff.

Anwesenheit der Totalität der ganzen Person, symbolisiert oder repräsentiert im passenden Geschenk, im Deutschen das ‚Präsent'." (Oevermann 2008/2016: 79 f.)

Anhand der brennenden Kerze, die dem Beschenkten eine Atmosphäre der persönlichen Muße schafft, in der der Geber des Präsents in einem andauernden Präsens präsent ist, lässt sich dies anschaulich verdeutlichen. Damit ist auch deutlich, dass das Geschenk als Reinform der Reziprozitätsbeziehung gelten muss.

Offenbar hat nun also in unserem Beispiel das Moment der persönlichen Zuwendung, wie wir oben bereits sagten, einen Reziprozitätsprozess in Gang gesetzt, der die Nachbarschaft zu einem *gemeinschaftlichen* „Raum, in dem [...] Personen ihre Plätze haben" (Spaemann 1996/2006: 193) konstituierte und damit über den gesellschaftlichen Raum von Rollenträgern hinaus erweiterte.

Allerdings hielt Herr Apaschev ja auch fest: *„Ach ja, bei drei Nachbarn haben wir das Gefühl, dass sie uns seit der Weihnachtsbescherung ignorieren."* Was hat es damit auf sich? Ist damit nicht die Annahme, das Geschenk habe einen Reziprozitätsprozess in Gang gesetzt, und vor allem die Annahme, ein solcher Reziprozitätsprozess sei unabdingbar, da er in einer konstitutiven Reziprozität fundiert sei, falsifiziert? Betrachten wir die Formulierung genauer. Dass die Nachbarn die Familie Apaschev *„seit der Weihnachtsbescherung"* zu ignorieren scheinen, zeigt, dass sie bis dahin vollzogene Akte der Reziprozität – etwa das Grüßen bei einer Begegnung – nunmehr vermeiden, was erst recht auf eine Falsifikation zu verweisen scheint. Aber was ist das Ignorieren? Wir hatten oben (S. 22) bereits darauf verwiesen, dass selbst das Ignorieren des Anderen ein auf ihn Bezugnehmen darstellt. In dem Versuch der drei betreffenden Nachbarn, die Beziehung zu den Apaschevs auszublenden, geben sie ihr eine bestimmte Form: die des Ignorierens – was insbesondere an der *Veränderung* der Beziehung nach dem Empfang des Geschenks deutlich wird. Das zeigt auf der einen Seite, dass sie gar nicht umhin können, bezugzunehmen, auf der anderen Seite, dass sie sehr wohl die Anerkennung ihrer selbst als Person durch das Geschenk wahrnehmen, diese aber genau durch übersteigerte Vermeidung einer Erwiderung zu annullieren versuchen.[94]

Diese Vermeidungshaltung findet sich auch in einem Phänomen, dass in Lettland zu beobachten ist und das ich vor einem guten Jahrzehnt mittels eines Garfinkelschen „Krisenexperiments",[95] bei dem man durch unerwartetes Verhalten

---

94 Über die fallspezifische Motivierung dieses Versuchs lässt sich aufgrund der Datenlage natürlich hier nichts aussagen.
95 Harold Garfinkel (vgl. 1964/1984: S. 35–75) hat mit seinen „Krisenexperimenten" („breaching experiments"), in welchen er die Experimentatoren (meist Studenten) dazu anhielt, auf ungewöhnliche Weise zu handeln, einen Weg aufgewiesen, verborgene, das Handeln bestimmende Regeln aufzudecken. Allerdings ist dieser Weg der Forschung ethisch nicht unproblematisch, werden doch die Personen, mit denen experimentiert wird – etwa wie hier, wo ich

,Unruhe stiftet',[96][lx] überprüfen konnte: In Geschäften wie in Schnellrestaurants in Lettland (zumindest in Riga und in Sigulda konnte ich dies beobachten) wird vom Kassierer das Wechselgeld stets auf einen bereitstehenden Teller oder auf die Theke gelegt. Selbst wenn der Kunde sie dem Kassierer hinstreckt, wird das Wechselgeld niemals in seine Hand gelegt. Diese Option ist offensichtlich für den Kassierer nicht zu realisieren. Indem der Kassierer so handelt, reduziert er seine Beziehung zu dem Kunden auf die Funktion, d. h. auf den rollenförmigen Aspekt der Sozialbeziehung. Selbst das minimale Moment der Anerkennung der Person, das in der Übergabe des Wechselgelds in die Hand gesehen werden könnte, wird hier ausgeschlossen (vgl. Loer 2006 e: 177 f.). In diesem Fall konnten wir die Habitusformation rekonstruieren, die dieses Handeln generiert. Es handelt sich um eine für die lettische Kultur kennzeichnende dominante Präferenz vertikaler Vergemeinschaftung, was bedeutet, dass die eigene Familie samt ihrer Vergangenheit den primären Raum für vergemeinschaftende Beziehungen bildet, in denen die „Personen ihre Plätze haben"; schon die Vergemeinschaftung mit Nachbarn als dem kleinsten Raum einer horizontalen Vergemeinschaftung ist dort tendenziell tabuiert (für Näheres hierzu s. Loer 2006 e: 187–191). Gleichwohl entzieht sich auch dieses Handeln nicht dem Bezugnehmen; es ist *strukturell* ein Bezugnehmen, das *inhaltlich* sagt: ,Mit dir (persönlich) habe ich nichts zu schaffen.'

Was wir hier an dem Dokument einer außergewöhnlichen Geschichte vom Schenkens herausarbeiten konnten, lässt sich nun an den gängigen und uns allen bekannten Formen des Austauschs von Geschenken überprüfen und, so unsere starke Vermutung, bestätigen.[97]

Es bleibt aber – gerade vor dem Hintergrund des Beispiels aus Lettland und vor dem Hintergrund der rhetorischen Frage der beschenkten Nachbarn in dem Beispiel von Herrn Apaschev – noch zu prüfen, was denn nun die Gemeinsamkeit und die Differenz von dem Austausch von Geschenken und dem Tausch im Sinne der von Max Weber gegebenen Definition (s. o., S. 61) sind. Dies führt uns dann auch zu dem dritten Kapitel: der Analyse der Gabe durch Marcel Mauss, Claude Lévi-Strauss und Marcel Hénaff.

---

mich gegenüber einem Kassierer zum Zwecke der Forschung ungewöhnlich verhielt –, in ihrer Würde verletzt, da ja die experimentelle Praxis nur fingiert ist, was aber nicht kommuniziert werden darf, wenn die Forschung gelingen soll. Es sollte also immer ernsthaft erwogen werden, ob an die Stelle der realen Experimente zur Aufdeckung der die Praxis strukturierenden Regeln nicht genaue Analysen nicht fingierten Handelns, in die Gedankenexperimente eingehen, treten können.

96 „Verfahrenstechnisch beginne ich bevorzugt mit vertrauten Szenen und frage mich, was man tun kann, um Unruhe zu stiften." (a. a. O.: 37)
97 Auch hier besteht eine **WEITERE FORSCHUNGSMÖGLICHKEIT**: genauere Analysen dieser notorischen Formen des Schenkens bei Anlässen wie Geburtstagen, Weihnachten etc. könnten durchgeführt werden.

Sehr frühe Überlegungen zu diesem Verhältnis finden sich in der sogenannten Nikomachischen Ethik des Aristoteles (1985); er unterscheidet in diesem Zusammenhang „legale Freundschaft" und „ethische Freundschaft":

> „Die legale Freundschaft ist die auf ausdrückliche Bedingungen hin eingegangene, [...] so, daß Leistung und Gegenleistung vertraglich bestimmt werden." (a. a. O.: 204; 1162b) – „Die ethische Freundschaft dagegen wird nicht unter ausdrückliche Bedingungen gestellt, vielmehr gibt sich in ihr jede Leistung, sei es eine Schenkung oder sonst was, als eine Bekundung der Freundschaft" (a. a. O.: 205; 1162b).

Hier kann eine angemessene Analyse der entsprechenden Konzeptualisierungen von Aristoteles im Rahmen seiner Ethik nicht vorgenommen werden.[98] Gleichwohl ist aufschlussreich, dass die Unterscheidung, die uns etwa oben begegnete, als wir uns mit Simmels Konzeptualisierung der Dankbarkeit beschäftigten (S. 36), auch hier bereits zu finden ist – und zwar wie auch bei Simmel eher im Sinne der alternativen Entgegensetzung von sachlicher und persönlicher Sozialbeziehung. Und wie bei Simmel findet sich auch schon bei Aristoteles die Feststellung einer Tendenz zur „Versachlichung der Beziehung" (Simmel 1907/1993: 309) – allerdings hier nicht als Konsequenz einer gesellschaftlichen Entwicklung, sondern als ethisch zu bewertende Eigenschaft des Menschen –; so fährt Aristoteles an der zitierten Stelle fort:

> „man rechnet aber darauf, gleich viel oder noch mehr zu empfangen, weil man tatsächlich nicht geschenkt, sondern nur geliehen hat [...] und zwar deshalb, weil alle oder doch die meisten Menschen zwar das sittlich Schöne wollen, aber das Nützliche vorziehen. Sittlich schön aber ist es, Gutes zu tun, nicht um Gutes dafür zu empfangen, nützlich aber, sich Gutes antun zu lassen." (Aristoteles 1985: 205; 1162b f.)

Selbst in dieser Formulierung zur Bestimmung der moralischen Korrumpierbarkeit der ‚ethischen Freundschaft' findet sich begrifflich und der Sache nach nochmals die Unterscheidung zwischen schenken und leihen (im Sinne eines ökonomischen Tauschs). Wir haben aber – etwa anhand des Dankens – gesehen, dass auch im ökonomischen Tausch ein Moment von Reziprozität wirkt und diese auf jenen nicht sich reduzieren lässt. In einem Gespräch, dass Marcel Hénaff mit Claude Lévi-Strauss führte, ist diese Problematik Thema; Hénaff wirft seinem Gesprächspartner vor, er sei denjenigen seiner Kritiker, die behaupten, sein Er-

---

98 Dass unser Anliegen nicht eine philosophische Diskussion ist, dass vielmehr die philosophischen Sätze als Ausdrucksgestalten einer – wenn auch hochelaborierten – Praxis zu nehmen sind, dürfte im Rahmen einer soziologischen Analyse auf der Hand liegen.

klärungsmodell sei vom Handelstausch des Marktes dominiert, nicht genügend entgegengetreten (vgl.: Lévi-Strauss/Hénaff 2004: 91 [MH]). Darauf antwortet Lévi-Strauss:

„Sagen wir, ich überlasse Ihnen die Sorge darüber, da Sie dem ja ein meisterliches Werk gewidmet haben, zu zeigen, dass der Gabentausch, wie er in den schriftlosen Gesellschaften praktiziert wurde (und in Form von Überbleibseln noch in unserer), nicht von derselben Wesensart ist wie der Handelstausch! Darüber sind Sie und ich einig und Mauss wusste es vor uns. Aber das besagt nicht, dass, wenn man sich auf ein höheres Niveau der Abstraktion begibt, man nicht den Gabentausch und den Handelstausch in einer selben Problematik situieren könnte."[lxi] (a.a.O.: 92 [CLS])

Dies ist nun nicht gerade klar formuliert. Ziehen wir den unmittelbaren Kontext des Gesprächs heran; in der Frage Hénaffs heißt es: „Sie sprechen von Gabe und Reziprozität, aber indem Sie – wie Mauss – den Ausdruck *Tausch* verwenden."[lxii] (a.a.O.: 91 [MH]; Hervorheb. i. Orig.), so zeigt sich, dass Lévi-Strauss hier in Antwort auf Hénaffs Vorwurf dessen Konzept, das von einer ausschließenden Alternative von Gabe/Reziprozität einerseits und Tausch andererseits ausgeht (s.o., S. 59), zurückweist und seine eigene Verwendung des Ausdrucks ‚Austausch' verteidigt. Seine Antwort lässt offen, ob er selbst möglicherweise die Fundierung des Austauschs in der Reziprozität sieht – die Rede von „einer selben Problematik" könnte dies anzeigen.

Mit Peter Blau, einem Theoretiker des sozialen Austauschs,[99] deutet sich ein Verständnis an, das neben der Gabe und dem ökonomischen Tausch noch eine weitere Form – bei Blau nur als Form des Gebens verstanden – sieht. Betrachten wir zunächst seine Unterscheidung von ökonomischem und sozialem Austausch:

„Der grundlegendste Unterschied ist, dass die bei sozialen Transaktionen anfallenden Verpflichtungen im Vorfeld nicht klar spezifiziert sind. Bei wirtschaftlichen Transaktionen werden die exakten Verpflichtungen beider Parteien gleichzeitig vereinbart: ein gegebenes Produkt wird für einen bestimmten Preis verkauft. Beide Güter können zum Zeitpunkt, zu dem die Übereinkunft erreicht wird, den Besitzer wechseln, oder es wird ein Vertrag geschlossen, der präzise die Verpflichtungen festlegt, welche jede Vertragsseite in der Zukunft erfüllen muss. Im Gegensatz dazu verschafft beim sozialen Austausch zunächst nur eine Seite der anderen Nutzen und, obwohl dort eine generelle Erwartungshaltung bezüglich einer Erwiderung besteht, bleibt die Beschaffenheit der Antwort unspezifiziert. […] Einen Gefallen zu erweisen hat eine vollständig andere soziale Bedeutsamkeit als ein Geschäft abzuschließen."[lxiii] (Blau 1968/2005: 127 f.; kÜ)

---

99 Vgl. zur Darstellung der ‚zwei Traditionen der Theorie des sozialen Austauschs' Ekeh 1974.

Beide Formen des Austauschs, die Blau hier beschreibt, scheinen die des Geschenks – wie wir aus unserem Beispiel ersehen könne – nicht zu treffen. Für den wirtschaftlichen Austausch liegt das auf der Hand. Wie verhält es sich mit dem „sozialen Austausch"? Blau definiert ihn wie folgt:

> „Das Konzept des sozialen Austauschs bezieht sich auf freiwillige soziale Handlungen, die von belohnenden Reaktionen anderer abhängig sind und die enden, wenn diese erwarteten Reaktionen nicht eintreffen."[lxiv] (Blau 1968/2005: 129; kÜ)

Demgemäß müsste etwa Herr Apaschev seine Weihnachtsbescherung künftig – zumindest bei den drei ignorierenden Nachbarn – unterlassen. Interessanterweise hält Herr Apaschev aber genau im Gegenteil fest, dass er, im Seminar über Marcel Mauss mit dessen Beobachtung der „Verpflichtung, Geschenke zu erwidern"[lxv] (Mauss 1923–24/1975: 11) konfrontiert, seine Freude am Beschenken der Nachbarn verloren hatte; an der von uns oben ausgelassenen Stelle heißt es: „Meine Freude hält sich jedoch in Grenzen. Seit den Diskussionen im Seminar zur Reziprozität bei Herrn Dr. Loer löst die Weihnachtsbescherung ein Unbehagen in mir aus. Ich fange an mich in die Nachbarn hineinzuversetzen und meine sie durch die Bescherung zu verpflichten uns ein gleichwertiges oder besseres Geschenk machen zu müssen. Wir wollten doch nur die neuen Nachbarn begrüßen und mit dem Präsent beglücken und nun ertappe ich mich dabei eine Erwartung auf eine Widergabe zu erkennen. Ist es die Erwartung einen netten Eindruck zu hinterlassen, die Nachbarn uns gegenüber positiv zu stimmen, oder erwarten wir etwas Materielles? Ich möchte nicht, dass meine Mutter und meine Ehefrau auch noch ins Grübeln kommen und unterdrücke meine Gedanken. Am Folgetag verzichte ich auf die Überreichung der Geschenke und überlasse dies den anderen." (Apaschev 2019)

Nun findet sich bei Blau aber eine Einschränkung des „sozialen Austauschs", die hier weiterhelfen könnte. Neben der „Gabe" eines Überfallenen an einen Straßenräuber schließt Blau auch folgende beide Fälle aus seinem Konzept des sozialen Austauschs aus:

> „Zweitens könnte ein Mann das Geld für wohltätige Zwecke spenden, weil sein Gewissen verlangt, dass er den Armen helfe, ohne irgendeine Form der Dankbarkeit von ihnen zu erwarten. Während dies als Austausch seines Geldes gegen die interne Anerkennung seines Über-Ichs gesehen werden könnte, scheint es auch hier vorzuziehen zu sein, die Übereinstimmung mit verinnerlichten Normen von dem auszuschließen, was mit dem Ausdruck »Austausch« gemeint ist. Drittens könnte ein unkontrollierbarer Impuls einen Mann nötigen, sein Geld zu verschwenden; ein solches von irrationalen Antrieben motiviertes Verhalten führt ebenfalls nicht zu Austausch."[lxvi] (Blau 1968/2005: 128 f.; kÜ)

Abgesehen davon, dass Blau unter Austausch von vornherein nur den Austausch von Gütern versteht, also den „sozialen Austausch" als spezifisch qualifizierten ökonomischen Austausch konzipiert, stellt sich bei beiden Fällen ja die Frage, woher die Motivierung kommt: was konstituiert das Über-Ich und was den unkontrollierbaren Impuls? Blau geht hier offensichtlich von – zumindest soziologisch – nicht weiter erklärbaren Gegebenheiten aus. Unsere bisher entwickelte und natürlich noch weiter zu explizierende und zu überprüfende Antwort aber wäre: die Regel fundamentaler Reziprozität erlaubt es Angehörigen der Gattung Mensch strukturell nicht, sich der Bezugnahme aufeinander zu entziehen; ich nenne deshalb dieses vorgängige Aufeinander-bezogen-Sein *strukturelle Reziprozität*. Aufgrund ihrer Unabdingbarkeit bilden Kulturen Normen aus, die dieses Aufeinander-bezogen-Sein als Bezugnahme gestalten. Diese Normen sind je nach Kultur unterschiedlich – dabei können Kulturen verschiedene Reichweiten haben. Diese beiden Momente der Reziprozität gehen in die ‚irrationalen Antriebe' ein, die eine Bezugnahme ohne Erwartung einer Antwort hervorbringen (Blaus zweiter und dritter Fall). Aber auch bei Fällen von sozialem Austausch in Blaus Sinne bleibt ein Erklärungsbedarf, den die Reziprozitätsannahme befriedigen kann. Dies sei mit einem kurzen Beispiel veranschaulicht. Blau zieht Beobachtungen von William Foote Whyte heran, der italienische Straßengangs in Boston im Hinblick auf die sozialen Beziehungen – u.a. eben auch Austauschbeziehungen – untersuchte. Whyte stellt folgendes fest:

> „Die stabile Zusammensetzung der Gruppe und der Mangel an sozialer Sicherheit seitens ihrer Mitglieder trug dazu bei, dass es in der Gruppe eine hohe Rate sozialer Interaktion gab. Die Gruppenstruktur ist ein Produkt dieser Interaktionen.
> Aus solcher Interaktion geht ein System gegenseitiger Verpflichtungen hervor, das grundlegend für den Zusammenhalt der Gruppe ist. Wenn Menschen ihre Aktivitäten als eine Einheit ausüben müssen, gibt es viele Gelegenheiten, bei denen sie einem anderen einen Gefallen tun müssen. Der Kodex des Eckenjungen verlangt von ihm, seinen Freunden zu helfen, wo er kann, und sich zu enthalten, irgendetwas zu tun, das ihnen schaden könnte. Wenn das Gruppenleben glatt läuft, werden die Verpflichtungen, die die Gruppenmitglieder aneinander binden, nicht explizit gewürdigt. Doc bat mich einmal, etwas für ihn zu tun, und ich sagte, dass er so viel für mich getan hätte, dass ich die Gelegenheit es zu vergelten sehr begrüßen würde. Er wandte ein: ‚Ich möchte es nicht auf diese Weise. Ich möchte, dass du das für mich tust, weil du mein Freund bist. Das ist alles'."[lxvii] (Whyte 1943/1965: 256 f.)

Bereits die „Interaktionen" aus denen die Gruppenstruktur nach Whyte hervorgeht, setzen, wie Oevermann bezüglich Marx herausgestellt hat (s.o., S. 45), Subjekte voraus, die sich wechselseitig als Personen erkennen und anerkennen. Erst recht aber die Frage, woraus die gegenseitigen Verpflichtungen *als* Verpflichtungen, d. h. mit einem bindenden Charakter, hervorgehen, bedarf der Annahme eines vorgängigen Aufeinander-bezogen-Seins, eben einer vorgängigen Reziprozität. Nur mit dieser Annahme lässt sich das Zugleich von bindender Verpflichtung und konstitutiver Freiwilligkeit,[100] auf die wir im nächsten Kapitel näher eingehen werden (s. u., S. 110), erklären.

2.5.2 Fazit

Der unter dem Pseudonym Joachim Ringelnatz bekannte Schriftsteller Bötticher hat in seinem notorischen Gedicht „Schenken" (1928/2007: 341) in Form einer Empfehlung für den Schenkenden die wesentlichen Aspekte dieser Handlung festgehalten; hier kommen sowohl die Momente des freiwilligen Charakters: „Schenke herzlich und frei." und des persönlichen Charakters des Schenkens zum Ausdruck: „Schenke dabei / Was in dir wohnt", „Sei eingedenk, / Daß dein Geschenk / Du selber bist." – als auch, dass das Schenken eine reziproke Handlung ist, und zwar bedingungslos, also unabhängig von der (möglichen) Gegengabe: „Schenke dabei / Was in dir wohnt / [...] / So daß die eigene Freude zuvor / Dich reichlich belohnt."

Angesichts der Geschenkindustrie, die durch die heutigen Möglichkeiten der digitalen Medien ein Ausmaß[101] angenommen hat, im Verhältnis wozu die Blumenindustrie mit ihrer Kommerzialisierung des Muttertags ein Waisenknabe ist,[102] erscheint das Gedicht Ringelnatz' und erscheint unsere Analyse naiv und jeglicher ideologiekritischen Einsicht zu ermangeln. Die oben (S. 66, Fn. 97) vorgeschlagene Untersuchung von Geschenkpraktiken würde aber aller Voraussicht nach zutage fördern, dass, wenn das industriell präfomierte Schenken auf eine konkrete persönliche Beziehung gänzlich verzichtete und anlasslos operierte, es in sich zusammenbrechen würde. Die im Schenken zum Ausdruck kommende Rezi-

---

100 Die Bemerkung des als „Doc" bezeichneten Bandenchefs erinnert ja nicht von ungefähr an die Überlegungen Kantemir Apaschevs (s. o., S. 69).
101 Man gebe nur einmal das Suchwort ‚Geschenkideen' in eine beliebige Internet-Suchmaschine ein...
102 „In Dtl. wurde er [sc.: der Muttertag] 1923 erstmals gefeiert. Neben dem ›Verband Dt. Blumengeschäftsinhaber‹ setzten sich in den 20er-Jahren v. a. volkserzieherisch und bevölkerungspolitisch engagierte Verbände für den M. ein." (Brockhaus 1998·15: 294) – Bekanntlich hat die Initiatorin des Muttertags, die Methodistin Anna Jarvis, angesichts der Kommerzialisierung ihre Initiative bedauert (s. Encycl. Brit. 2014, Lemma ‚Mother's day'). – Vgl. auch: „Menschen werden angehalten und gestoßen, das zu tun, was angeblich natürlich ist – einer soll seiner Frau Blumen schenken, nicht weil es ihr und ihm Freude macht, sondern weil sie sich ärgert, wenn er es vergißt." (Adorno 1962/1979: 167)

prozität ist zugleich unabdingbar für die Handlung des Schenkens. Die vollendete Standardisierung schon von Geschenken, a fortiori die von Schenkanlässen würde das Schenken selbst aufheben. Theodor W. Adorno spricht von der „peinlichen Erfindung der Geschenkartikel, die bereits darauf angelegt sind, daß man nicht weiß, was man schenken soll, weil man es eigentlich gar nicht will. Diese Waren sind beziehungslos wie ihre Käufer." (1951/1984: 21) Aber auch Adorno, dem ein unkritischer Blick auf die kulturindustriellen Verwerfungen nicht nachgesagt werden kann und der einen „Verfall des Schenkens" schon vor siebzig Jahren konstatierte (ebd.), hielt gegen diesen Verfall fest: „Selbst wenn es [sc.: das Schenken] im Überfluß überflüssig wäre […], so blieben des Schenkens jene bedürftig, die nicht mehr schenken." (a.a.O.: 46f.) Warum ist das so? Warum ‚verkümmern ihnen unersetzliche Fähigkeiten' (ebd.)? Wir dürfen im Rückgriff auf das bisher Erarbeitete sagen, dass gerade im Vollzug der Reziprozität nicht nur die Sozialität in der „die wunderbare Unzerreißbarkeit der Gesellschaft" (Simmel 1908/1992: 34) besteht, sondern eben zugleich das Subjekt als Person konstituiert wird.

2.6 Zum Begriff der Reziprozität im Ausgang von alltäglichen Phänomenen

Was wir bis hierher unter dem Stichwort der alltäglichen Reziprozität untersucht haben, erlaubt eine erste begriffliche Explikation von Reziprozität überhaupt. Wir müssen zum einen davon ausgehen, dass durch die bloße durch sie selbst wahrnehmbare Ko-Präsenz von zwei oder mehr Angehörigen der Gattung Mensch eine *strukturelle Reziprozität* gestiftet wird: Was auch immer einer von ihnen tut, stellt objektiv ein Bezugnehmen auf den oder die anderen dar und weist ihm bzw. ihnen und damit zugleich sich selbst einen Ort im geteilten Universum der Gattung zu. Dadurch, dass dies alltäglich allenthalben geschieht, wird die soeben erwähnte „wunderbare Unzerreißbarkeit der Gesellschaft" (Simmel 1908/1992: 34) konstituiert: Wir können nicht umhin einander einen Ort im geteilten Universum der Gattung zuzuweisen und indem wir dies auf eine in unserer jeweiligen Kultur spezifisch geregelte Weise tun, erweisen wir diese Kultur als unsere und reproduzieren sie und mit ihr uns selbst als ihre Träger. Dies vollzieht sich „in Beziehungen der Freundschaft, Liebe, Solidarität – sowie in […] Formen traditioneller Festlichkeiten (der religiösen Feiertage, Hochzeiten, Geburtstagen, Einladungen, Überreichen von Belohnungen)"[lxviii] (Hénaff 2002/2009: 238; kÜ), aber eben auch „im Bereich der Umgangsformen […] – Formeln und Gesten der Höflichkeit"[lxix] (ebd.), der – anders als Hénaff das zu sehen scheint (s.u., S. 134) – nicht von allen anderen Bereichen des gemeinschaftlichen und gesellschaftlichen Lebens abgesondert ist, sondern ihnen zugrunde liegt. Dabei haben wir gesehen, dass dieser Vollzug der alltäglichen Reziprozität eine unvermeidbare Antwort auf die unvermeidliche strukturelle Reziprozität darstellt. Unvermeidbar ist diese Antwort, da angesichts der strukturellen Reziprozität auch die Vermeidung einer bestimmten – möglicherweise durch Höflichkeitsnormen vorgeschriebenen – Antwort strukturell noch eine Antwort darstellt.

Im Hinblick auf die Konstitutionstheorie vermeidet dieser strukturalistische Blick Verkürzungen wie sie etwa in Ansätzen wie der Akteur-Netzwerk-Theorie zu finden sind (s. o., S. 20, Fn. 23). Wenn nämlich in Untersuchungen hierzu „die Probanden den technischen Assistenzsystemen Handlungsträgerschaft zuschreiben und das Verhältnis Mensch-Technik als ein symmetrisches wahrnehmen" (Weyer 2011: 91) und dabei eine „Zuschreibung von Handlungsträgerschaft offenbar symmetrisch" erfolgt und evident zu sein scheint (a. a. O.: 106), so liegt hier ein Erklärungsproblem vor. Lediglich die Ergebnisse zu konstatieren oder konstruktivistisch anzunehmen, dass Dingen durch die Zuschreibung Akteurstatus zukommt, oder gar ihnen metaphysisch tatsächlich den Status von Akteuren zuzuerkennen, löst dies nicht. Vielmehr wäre zu fragen, warum Subjekte ihre Beziehung zu Objekten gestalten *als ob*[103] es eine reziproke wäre, obwohl keine strukturelle Reziprozität zwischen Subjekten und Objekten besteht. Es findet hier offensichtlich eine Übertragung der humanen Reziprozitätsbeziehung auf nicht-humane Objekte statt, die mithilfe des Begriffs der strukturellen Reziprozität und dessen Generalisierung zu erklären wäre – vergleichbar mit der oben (S. 52) im Zusammenhang mit dem „es gibt" thematisierten, vergleichbar auch mit der Vermenschlichung von Hunden (s. Loer 2016 c: 225) und vergleichbar schließlich mit der Auffassung vom Aufeinander-bezogen-Sein von Wald und Mensch bei den Maori (s. u., S. 108).

Im Hinblick auf die Sozialisationstheorie wäre – was hier nicht mehr als angedeutet werden kann – die Konstitution der Subjektivität in Reziprozitätsprozessen zu analysieren. Ulrich Oevermanns Vorschlag einer soziologischen Sozialisationstheorie (s. Oevermann et al. 1976, Oevermann 1976, 1979, s. auch Oevermann 1995/96, 2004, 2014) wäre von hierher auszuarbeiten. Dass in Reziprozitätsprozessen konstituierte Subjekte nicht-humanen Objekten „Handlungsträgerschaft" zuschreiben, dass sie nach einem Gegenüber und seiner Anerkennung suchen – und sei es „Nur so ein zweibeiniges Echo, zu dem man sagen kann: ‚Sieh nur, die Rosen sind nun auch schon soweit' oder: ‚Riechst du das? Das kann doch kein Thymian sein –?'" (Brückner 1960/1997: 160) – all dies wäre von einem solchen Begriff der Reziprozität her analysierbar.

Und religionssoziologisch würde die Erklärung der nur für die Gattung Mensch nachweisbaren Bestattung von Verstorbenen einen zusätzlichen Aspekt gewin-

---

103 Zu dem Begriff des *Als Ob* s. Loer 2016 a u. c.

nen – über die Erklärung hinaus, dass „das Bewußtsein von der Endlichkeit bewirkt, daß die Toten bestattet werden müssen", was „ein Kriterium für den Übergang von Natur zur Kultur" (Oevermann 2008/2016: 92) darstellt:

> „Die Ehre, die dem Toten, *jedem* Toten erwiesen wird, gilt ihm in seiner numerischen Identität, ihm als Person. Die Fähigkeit zu dieser Abstraktion ist das, wodurch der noch einmal Davongekommene sich selbst als Person zu erkennen gibt." (Spaemann 1996/2006: 205; kursiv i. Orig.)[104]

Nicht nur um die Beantwortung der abstrakten Frage nach dem Jenseits geht es – einer Frage, die in der Fähigkeit, mittels Sprache hypothetische Welten entwerfen zu können, und in der Spannung von „Zukunftsoffenheit und Endlichkeit" (vgl. Oevermann 2003 a: 341 f.) gründet. Angesichts von Verstorbenen, die immer aus einem unvollendeten Reziprozitätszyklus heraus von uns gehen – sei es, dass wir ihnen einen Dank noch nicht ausgesprochen, einen Gruß noch nicht erwidert haben, sei es, dass wir auf eine Antwort von ihnen nun vergeblich warten müssen –, behalten wir unseren Ort im gemeinsamen Universum unserer Kultur und unserer Gattung nur, wenn wir die reziproke Beziehung zu ihnen gegen die endgültige Unmöglichkeit des realen Vollzugs aufrechterhalten, eben ihnen Ehre erweisen.[105][lxx]

---

104 Mit Ernst Tugendhat kann man festhalten, dass ‚numerische Identität' des Individuums „letztlich durch raumzeitliche Bestimmungen festgelegt ist" (1979: 289); allerdings muss dabei die „raumzeitliche" Position als Position im sozial konstituierten Raum der Personen verstanden werden – und zwar „unter dem Gesichtspunkt seiner [...] Unverwechselbarkeit und nicht unter dem Gesichtspunkt seiner spezifischen Fähigkeit" (Lee 2005: 68).

105 In diesem Sinne heißt es bei Olga Tokarczuk: „Wenn du deinen Ort gefunden hast, bist du unsterblich." (Tokarczuk 1989/2001: 192)

Begriff der Reziprozität im Ausgang von der Untersuchung vorkolonialer[1] Kulturen

3.1 Vorbemerkung

Die Überschrift dieses Kapitels markiert, dass es hier nicht darum geht, erschöpfend die vorkolonialen oder schriftlosen Kulturen zu behandeln; dies wäre allein vom Umfang her nicht möglich – es ist aber auch nicht nötig, da es uns auf die Schlüsse ankommt, die zwei der prononciertesten Theoretiker der Reziprozität: Marcel Mauss und Claude Lévi-Strauss, aus Beobachtungen gezogen haben, die sie teils selbst (v. a. letzterer) machen konnten, teils einem sorgfältigen Studium der einschlägigen Literatur (v. a. ersterer) entnommen haben. Außerdem soll der soziologische Gehalt einer – überwiegend philosophischen – Auseinandersetzung mit diesen beiden Theoretikern durch Marcel Hénaff gehoben werden.

Die ethnologische Bezugsliteratur der zu behandelnden Autoren kann hier zwar nicht vorausgesetzt, die in ihr dargestellten und den theoretischen Schlüssen zugrundeliegenden Phänomene können aber auch nicht in extenso dargelegt werden. In möglichst knapper Form sei vorbereitend gleichwohl ein Überblick gegeben, der es erlaubt die Bezugnahmen zu verstehen und gegebenenfalls die entsprechende Literatur heranzuziehen. Dabei geht es vor allem um das Phänomen des Ringtauschs, das von Bronisław Malinowski im westlichen Pazifik, und um das Phänomen des Potlatsch, das von Franz Boas und weiteren Forschern bei nordamerikanischen Indianerstämmen beobachtet und untersucht wurde.

---

1   Bei dieser Bezeichnung orientiere ich mich an dem Sprachgebrauch von Müller et al. 1999.

3.2 Einige Phänomene (Ringtausch, Potlatsch)

3.2.1 Das Phänomen des Ringtauschs

Auch wenn Raymond Firth, ein Schüler von Bronisław Malinowski,[2] sagt, dieser habe den „Begriff der Gegenseitigkeit [d. i.: der Reziprozität][3] [...] als einer der ersten formuliert[..]" (1981/1986: 253), so werden wir hier nicht Malinowskis Beitrag zu einer Theorie der Reziprozität in den Vordergrund stellen, sondern seine Beschreibung des Ringtauschs; schließlich geht, gemäß Claude Lévi-Strauss, „die ganze Abhandlung *Die Gabe*" von Marcel Mauss „auf eine höchst direkte Weise aus den *Argonauts of the Western Pacific* [sc. aus der Beschreibung des Ringtauschs, die sich eben dort findet] hervor"[lxxi] (1950/1974: 26; kursiv i. Orig.). Malinowski selbst betont durchaus die besondere Bedeutung der Reziprozität; sein eigenes Verständnis davon verbleibt aber im Rahmen seines funktionalistischen Ansatzes, was besonders dort deutlich wird, wo er sich von Richard Thurnwald abgrenzt. Malinowski schätzt Thurnwald sehr und sagt von ihm: „Ich habe nur einen Autor gefunden, der die Bedeutung der Gegenseitigkeit in der primitiven sozialen Organisation vollauf anerkennt."[lxxii] (1926/1983: 136; kÜ) Er zeige, so Malinowski, „wie die Symmetrie der sozialen Struktur und der Handlungen das Leben der Eingeborenen durchdringt", aber er scheine „sich eher ihrer psychologischen Grundlage ›im menschlichen Fühlen‹ bewußt" zu sein „als ihrer sozialen Funktion für die Sicherung der Kontinuität und Adäquanz gegenseitiger Dienste."[lxxiii] (a. a. O.: 136; kÜ) Auf diese soziale Funktion hebt Malinowski ab, wenn er die Rolle des dualen Prinzips herausstellt, also desjenigen Prinzips, das besagt, dass Stammesgesellschaften sich immer in zwei Teile gliedern („Phratrien" oder „Hälften"), zwischen denen reziproke Beziehungen bestehen. Dieses Prinzip ist in seinen Augen Folge und Voraussetzung von Reziprozität.

„Das duale Prinzip [...] ist das integrale Ergebnis der inneren Symmetrie aller sozialen Transaktionen, der Gegenseitigkeit der Dienste, ohne die keine primitive Gemeinschaft bestehen könnte. [...] ich wage vorherzusagen, daß, wo immer eine sorgfältige Untersuchung gemacht wird, die Symmetrie der Struktur in jeder wilden Gesellschaft gefunden wird, als die unentbehrliche Grundlage gegenseitiger Verpflichtung."[lxxiv] (a. a. O.: 136 f.; kÜ)

---

2   Zur Person und für einen Überblick s. Dahrendorf/Crouch 1980, Firth 1981, 1981/1986 u. Métraux 1968.
3   Leider konnte ich das Original (1981) dieses Textes nicht einsehen; es ist aber aufgrund der Bezugstexte, aus denen Firth zitiert, davon auszugehen, dass für ‚Gegenseitigkeit' dort ‚reciprocity' steht.

Einige Phänomene (Ringtausch, Potlatsch)

Es muss also stets zwei symmetrische Einheiten geben, meint Malinowski, damit ein Austausch ermöglicht wird, indem diese Einheiten zu einem Austausch und damit zu Reziprozität gezwungen sind. Diese funktionalistische Bestimmung der Reziprozität als für die Überwachung (a. a. O.: 137) und Aufrechterhaltung von Gesellschaften unabdingbar kann nun aber, worauf oben (S. 41) bereits hingewiesen wurde, nicht erklären, *wie* und vor allem *warum* die symmetrischen Einheiten emergierten und damit eben auch nicht *wie* und vor allem *warum* Reziprozität emergierte und *wie* sie sich erhält. Wenn Malinowski formuliert: „Jede Gemeinschaft hat [...] eine Waffe zur Erzwingung ihrer Rechte: die Gegenseitigkeit."[lxxv] (a. a. O.: 136), so stellt sich die Frage: Was macht diese Waffe scharf? Was macht sie zu einer zwingenden?

Thurnwald, von dem Malinowski sich – bei aller Bewunderung für ihn (s. o., S. 76) – abgrenzt, verlegt den Ursprung der Reziprozität ins ‚menschliche Empfinden':

> „Die Symmetrie von Handlungen aber nennen wir das Prinzip der Vergeltung. Dieses liegt tief verwurzelt im menschlichen Empfinden – als adäquate Reaktion – und ihm kam von jeher die größte Bedeutung im sozialen Leben zu." (Thurnwald 1921: 16)

Aber hier stellt sich die Frage: woher kommt diese ‚tiefe Verwurzlung im menschlichen Empfinden'? Ist es Aufgabe der Psychologie, diese Frage zu beantworten? Als Soziologen können wir uns mit solch einer disziplinären Verschiebung der Forschungsaufgabe nicht zufrieden geben; mit Adorno müssen wir „die Unmöglichkeit, überhaupt psychologisch das zu erklären, was gar nicht dem Seelenleben einzelner Menschen entspringt" (1955/1979: 50 f.), konstatieren. – Allerdings ist festzuhalten, dass Adorno in seiner Bestimmung des Verhältnisses von Soziologie und Psychologie stets nur die Ebene der Gesellschaft im Blick hat und dass er die Ebene der Sozialität (s. o., S. 47), in der konstituiert wird, was Thurnwald als „tief verwurzelt im menschlichen Empfinden" bezeichnet, hier nicht sieht.

Was aber sind nun die Phänomene, auf die Malinowski sich mit seiner funktionalistischen Deutung bezieht und aus deren Deutung Mauss seinen Begriff der Gabe gewinnt? Wie gesagt, geht es um Kula:

> „Das Kula ist eine Form des Austauschs von ausgedehntem, inter-tribalem Charakter; es wird von Gemeinschaften betrieben, die einen weiten Inselring bewohnen, der einen geschlossenen Kreislauf bildet. [...] Auf diesem Weg reisen beständig zwei Arten von Gegenständen und nur diese in entgegengesetzten Richtungen. Im Uhrzeigersinn wandert unablässig die eine – lange Halsketten aus roten Muscheln, *soulava* genannt [...]. In entgegengesetzter Richtung wandert die andere Art – Armreifen aus weißen Muscheln, *mwali* genannt [...]. Jeder dieser Gegenstände begegnet, während er in dem

geschlossenen Kreislauf in seiner Richtung reist, auf seinem Weg Gegenständen der anderen Klasse und wird ständig gegen diese getauscht. Jede Bewegung der Kula-Gegenstände, jede Einzelheit der Transaktionen ist durch eine Reihe traditioneller Regeln und Konventionen festgelegt, und einige der Handlungen des Kula werden von einem ausführlichen Ritual und von öffentlichen Zeremonien begleitet."[lxxvi] (Malinowski 1922/1979: 115; kursiv i. Orig.; kÜ)

Wir sehen hier einen Austausch von Gegenständen, die wir als Schmuckgegenstände identifizieren können. Zwar sind Schmuckgegenstände anders als etwa Lebensmittel oder Werkzeuge nicht für die alltägliche Lebensbewältigung erforderlich, aber sie unterscheiden sich doch von Genussmitteln (s. o., S. 63, Fn. 91). Franz Kiener etwa hat herausgearbeitet, dass Schmuck zunächst magische Funktionen wie etwa die des Schutzes hatte (1956: 49 f.). Insofern kann es sich beim Kula um einen Äquivalententausch handeln, der „auf der Voraussetzung der Gebrauchswertdifferenz der Tauschobjekte zentral beruht" (Oevermann 2014: 32), aber dadurch dass ein allfälliger Gebrauch von Schmuckobjekten nicht der Bewältigung alltäglicher Not dient, scheint hier schon etwas Besonderes vorzuliegen.

„Auf jeder Insel und in jedem Dorf nimmt eine mehr oder weniger begrenzte Zahl von Männern am Kula teil, das heißt: nimmt die Güter an, behält sie kurze Zeit und gibt sie dann weiter. Daher erhält jeder, der sich im Kula befindet, von Zeit zu Zeit, wenn auch nicht regelmäßig, eine oder mehrere *mwali* (Muschelarmreifen) oder eine *soulava* (Halskette aus roten Muschelscheiben) und muß sie dann einem seiner Partner übergeben, von dem er im Austausch die entgegengesetzte Ware bekommt. Somit hält keiner irgendeinen der Gegenstände längere Zeit in seinem Besitz. Eine Transaktion beendet die Kula-Verbindung nicht, denn die Regel lautet, »einmal im Kula, immer im Kula«, und die Partnerschaft zweier Männer besteht auf Dauer, ein Leben lang. Auch geht jede vorhandene *mwali* oder *soulava* immer wieder von Hand zu Hand und wandert, und es kommt gar nicht in Frage, daß sie jemals an einem Ort bleiben könnten, so daß der Grundsatz, »einmal im Kula, immer im Kula«, sich auch auf die Wertgegenstände selbst beziehen läßt.
Der zeremonielle Tausch der beiden Gegenstände bildet den wesentlichen und fundamentalen Aspekt des Kula."[lxxvii] (Malinowski 1922/1979: 115; kursiv i. Orig.; kÜ)

Mit dieser weiteren Beschreibung des Kula wird deutlich, dass es nicht der unterschiedliche *Gebrauch* der Gegenstände ist, der dem Tausch zugrunde liegt – etwa in dem Sinne, dass ein Besitzer eines Armreifs für eine magische Handlung oder zum bloßen Schmuck eine Halskette benötigte und umgekehrt. Vielmehr scheint der Tausch im Tauschakt selbst seine Bestimmung zu haben:

Einige Phänomene (Ringtausch, Potlatsch) 79

„Man besitzt diese Gegenstände nicht, um sie zu benutzen; das Vorrecht, sich mit ihnen zu schmücken, ist nicht der wahre Zweck des Besitzes."[lxxviii] (a. a. O.: 121)

„Sie zirkulieren also von Gruppe zu Gruppe, von Generation zu Generation [...] ohne jemals endgültig jemandem zu gehören."[lxxix] (Lenoir 1924: 261)

Der Äquivalententausch von im Gebrauchswert differenten Gegenständen spielt natürlich auch bei den Trobriandern im westlichen Pazifik eine Rolle und geht oftmals mit dem Kula einher:

„Seite an Seite mit dem rituellen Austausch von Armreifen und Halsketten treiben die Eingeborenen auch gewöhnlichen Handel und tauschen von einer Insel zur anderen eine große Zahl nützlicher Waren, die in dem Gebiet, in das sie importiert werden, oft nicht zu haben, aber doch unentbehrlich sind."[lxxx] (Malinowski 1922/1979: 116)

Aber auch wenn dieser Tauschhandel mit ihm einhergeht und insofern „das Kula mit dem Austausch von Reichtümern und Gebrauchsgegenständen zu tun hat und deshalb eine ökonomische Institution ist"[lxxxi] (a. a. O.: 117; kÜ), bleibt eben festzuhalten:

„Das Kula [...] wurzelt [...] im Mythos, wird durch traditionelle Gesetze abgesichert und von magischen Riten umgeben. Seine wesentlichen Transaktionen sind öffentlich und zeremoniell und folgen festen Regeln. Das Kula wird [...] regelmäßig, zu im voraus bestimmten Zeitpunkten und entlang festgelegter Handelswege betrieben, die zu bestimmten Treffpunkten führen. Obwohl es zwischen Stämmen unterschiedlicher Sprache, Kultur und wahrscheinlich sogar unterschiedlicher Rasse betrieben wird, gründet es soziologisch gesehen auf einem feststehenden und dauerhaften Status, auf einer Partnerschaft, die einige tausend Einzelwesen zu Paaren verbindet. Diese Partnerschaft, eine lebenslang währende Verbindung, umfaßt verschiedene gegenseitige Verpflichtungen und Anrechte und konstituiert einen Typus der Beziehung zwischen Stämmen von enormem Ausmaß."[lxxxii] (a. a. O.: 118; kÜ)

„Und endlich vollzieht sich das Kula nicht unter dem Zwang irgendeiner Not, denn sein Hauptzweck ist der Tausch von Gegenständen, die nicht zum praktischen Gebrauch bestimmt sind. [...] Diese einfache Handlung jedoch, das Übergeben zweier bedeutungsloser und ziemlich nutzloser Gegenstände von Hand zu Hand, ist irgendwie zum Fundament einer großen intertribalen Institution geworden, indem sie mit zahlreichen anderen Aktivitäten verbunden wird."[lxxxiii] (a. a. O.: 119; kÜ)

Was aber ist dann der Sinn des Kula? Malinowski stellt fest:

„Das Kula [...] verschweißt eine beträchtliche Anzahl von Stämmen"[lxxxiv] (a. a. O.: 116)

Und mit einem funktionalistischen Blick erscheint dies dann auch als ein Aspekt der Erklärung des Kula – wir haben aber bereits gesehen, dass es dem Funktionalismus erheblich an Erklärungskraft mangelt (s. o., S. 41). Malinowski hebt hervor, dass die Handelnden im Kula-Ring selbst diese Funktion des Kula nicht sehen:

„Sie [sc.: die Kula betreibenden „Wilden"] kennen ihre eigenen Motive, wissen um den Zweck individueller Handlungen und um die dafür geltenden Regeln; wie sich aber aus diesen die ganze kollektive Institution zusammensetzt, liegt außerhalb ihres geistigen Horizonts. [...] das zusammenhängende Bild existiert nicht in seinem [sc.: des ‚intelligentesten Eingeborenen'] Bewußtsein, er lebt in ihm und kann das Ganze nicht von außen wahrnehmen."[lxxxv] (ebd.)

Aber nicht die Beobachtung, dass die Handelnden selbst die Bedeutung ihres Handelns nicht umfassend sehen,[4] ist ja der Einwand gegen die funktionalistische Deutung; vielmehr ist es die Tatsache, dass diese keine Antwort bereithält auf die von Malinowski selbst gestellte Frage:

„Warum werden diese Gegenstände denn wertgeschätzt, welchem Zweck dienen sie?"[lxxxvi] (a. a. O.: 121; kÜ)

Aber auch die Bestimmung der im Kula getauschten Gegenstände als „zeremonielle Gegenstände" hilft hier nicht weiter: „Die *vaygu'a*, die Wertgegenstände des Kula, sind in einer Hinsicht überwucherte Gebrauchsgegenstände. Sie sind aber auch im engen und richtigen Sinn des Wortes zeremonielle Gegenstände."[lxxxvii] (a. a. O.: 123; kursiv i. Orig.; kÜ) Halten wir mit Malinowksi nochmals fest, worauf Marcel Mauss sich in seiner Deutung dann beziehen wird:

„Die Grundregel des eigentlichen Tauschs besteht darin, daß das Kula aus dem Überreichen einer zeremoniellen Gabe besteht, die nach einer Zeitspanne mit einer äquivalenten Gegengabe zu vergelten ist – seien es einige Stunden oder sogar Minuten; manchmal allerdings kann zwischen Abgeltungen ein Jahr oder mehr verstreichen. Niemals aber kann so von Hand zu Hand getauscht werden, dass die Äquivalenz der beiden Gegenstände diskutiert, um sie gefeilscht und kalkuliert würde."[lxxxviii] (a. a. O.: 128; kÜ)

---

4   Dies gilt ja bekanntermaßen für alles Handeln; zur Unterscheidung der den Handelnden manifesten von ihnen latenten Bedeutungen von Handlungen s. Loer 2016 b: 371–378 und die dort genannten Schriften von Ulrich Oevermann.

„Das zweite, sehr wichtige Prinzip besagt, daß die Gleichwertigkeit der Gegengabe vom Gebenden abhängt und in keiner Weise erzwungen werden kann."[lxxxix] (ebd.)

Dieses zweite Prinzip wirft noch eine weitere Frage auf:

„Worin bestehen [...] die wirkenden Kräfte, die die Partner an die Bedingungen der Abmachung binden?"[xc] (a. a. O.: 129; kÜ)

Mit einer die Notwendigkeit weiterer Deutung markierenden Aussage Malinowskis soll seine Beschreibung des Kula hier beschlossen werden:

„Das Kula [...] ist eine große, komplizierte Institution, so unbedeutend ihr Kern auch erscheinen mag."[xci] (a. a. O.: 138; kÜ)

3.2.2 Das Phänomen des Potlatsch

Die Literatur, auf die Marcel Mauss sich bzgl. des Phänomens des Potlatsch bezieht, ist schwer zugänglich und was Homer Garner Barnett 1938 feststellte, gilt wohl immer noch:

„Es wurde so viel über den Potlatsch der Stämme der Nordwestküste geschrieben, dass nahezu jeder einige Vorstellungen davon hat. Im allgemeinen jedoch sind diese Vorstellungen nicht klar oder konsistent."[xcii] (Barnett 1938: 349)

Eine Möglichkeit wäre es, hier zunächst eine Lexikonbestimmung anzuführen:

Unter dem Lemma ‚Potlatch' bzw. ‚Potlatsch' heißt es etwa im Brockhaus: „Geschenkverteilungsfest der Nordwestküstenindianer Nordamerikas mit Ähnlichkeiten zu Verdienstfesten Polynesiens und Melanesiens. Die stark formalisierten P. fanden an der NW-Küste im Zusammenhang mit der Übertragung von Rechten und Titeln bei Namengebung, Heirat, Amtseinführung u. a. statt. Der Festgeber bekräftigte durch Verteilung von Geschenken seinen Rangtitel. Zugleich war der P. Teil eines Systems des wechselseitigen Austauschs, durch das Abstammungsgruppen Allianzen festigten." (1998·17: 414) Und im entsprechenden Eintrag in der Encyclopædia Britannica liest man ausführlicher: „zeremonielle Verteilung von Eigentum und Geschenken um den sozialen Status zu bestätigen oder wieder zu bestätigen, wie es besonders von den amerikanischen Indianern der nordwestlichen Pazifikküste institutionalisiert wurde. Der Potlatsch erreichte seine ausgereifteste Form zwischen 1849 und 1925 bei den südlichen Kwakiutl. Obwohl jede Gruppe ihre eigene Version hat, kommen dem Potlatsch bestimmte allgemeine Eigenschaften zu. Zeremonielle Formalitäten wurden im Hinblick auf das Einladen von Gästen, das Redenhalten und die Verteilung von Gütern durch den Geber abgestimmt mit dem sozialen Rang der Empfänger. Die Größe der Zusammenkünfte spiegelte den Rang des Gebers. Große Feierlichkeiten und großzügige Gastlichkeit begleiteten den Potlatsch und die Anstrengungen der Verwandtschaftsgruppe des Gastgebers richteten sich darauf, die Großzügigkeit zu maximieren. Die Vorgehensweise gab dem sozialen Status des Gebers und der Empfänger weithin Publizität, da es viele Zeugen gab.

Ein Potlatsch wurde durch einen Erben oder Nachfolger gegeben, um seine neu angenommene soziale Position zu bestätigen und zu sichern. Bedeutsame Ereignisse wie Heiraten, Geburten, Sterbefälle und Aufnahmen in geheime Gesellschaften waren ebenfalls Anlass für einen Potlatsch; aber triviale Ereignisse wurden genauso oft genutzt, denn der Hauptzweck eines Potlatsch war nicht der Anlass selbst sondern die Bestätigung des Anspruchs auf den sozialen Rang. Der Potlatsch wurde auch von Einzelnen, die öffentlich in Verlegenheit geraten waren, als Mittel zur Gesichtswahrung benutzt und als ein Mittel des Wettbewerbs zwischen Rivalen um den sozialen Rang."[xciii] (Encycl. Brit. 2014, Lemma ‚potlatch')

Aber wie man sieht, gehen wie oftmals in Lexikonbestimmungen bereits Deutungen in die Beschreibung des Phänomens ein und die Beschreibungen selbst sind wenig konkret. Eine weitgehend deskriptive Schilderung findet sich in einem Aufsatz Raymond Lenoirs von 1924, der auf verschiedene Beschreibungen anderer Autoren wie Leonhard Adam (1918, 1922), John R. Swanton (1908: 434–443) und Franz Boas (s. u.) zurückgreift:

„Während mehrerer Tage werden Feste zelebriert, während derer alle Funktionen des sozialen Lebens gleichzeitig ablaufen. Die sich gegenüberstehenden Klans, vereinigt im Tanzhaus gemäß einem festgelegten Protokoll, vereinigt in Festgelagen, schließen Allianzen, Ehen, tauschen Güter aus und rivalisieren in Kriegsspielen in der mythischen Atmosphäre, die geschaffen wird durch die Annahme der Namen, das Tragen von Masken, die Gesänge, die Tänze, die dramatischen Aufführungen, im Laufe derer die Gruppen sich gegenseitig belauschen, bereit, rituelle Fehler aufgrund der Abwesenheit eines Geistes anzuzeigen und empfänglich dafür, die Tötung des Tänzers, die Aufgabe des Gesangs zu veranlassen. Das Ganze wird begleitet, seitens der Gruppen, die die gegebenen Dienste empfangen, von Prahlerei, Ausgaben oder Verschwendung, Verteilung von Reichtümern oder Zerstörung von Reichtümern. Decken aus Fellen von Luchs, Murmeltier, Meerotter, Nerz werden aufgeteilt oder zerrissen oder verbrannt; Waffen werden verschenkt, Sklaven getötet oder hergegeben, die Vorräte an Öl und Fett werden verbrannt, Kanus zerstört, Kupferplatten zerbrochen, ins Meer geworfen oder vergraben, sei es unter den Säulen der Häuser, sei es unter den Totemsäulen.

Diese Riten sind verknüpft mit Glaubensvorstellungen das Jenseits und übernatürliche Wesen betreffend [...]. Sie sind analog zu Opfern. Sie richten sich gleichzeitig an die Toten und an die Lebenden, an die unsichtbaren Mächte und an die sichtbaren Mächte. Die Zerstörungen der Reichtümer werden [...] den Geistern geweiht; die Verteilungen der Reichtümer [...] heben die Autorität und die Macht der Eingeladenen der gegnerischen Gruppen auf, denen man Namen von Toten, die in Beziehung zu ihnen standen, gibt. [...] Dies zieht für die eingeladene Gruppe die doppelte Verpflichtung zur Annahme nach sich, neben der Vergeltung für die erteilten Dienste, für die als Geschenk angebotenen Personen oder Güter, ihrerseits einen Potlatsch anzubieten, im Verlaufe dessen die äquivalenten Güter restituiert und von Geschenken begleitet werden, die geeignet sind, ihre Autorität und Macht zu belegen. Denn die Geschenke, Teile der Person des Chefs, bewahren etwas von seinem Mana. In dieser Eigenschaft binden sie denjenigen, der sie empfängt nachdem er Nahrung zu sich genommen hat, und halten ihn in einem Zustand der Abhängigkeit, aus dem er sich nicht zu befreien weiß, außer indem er Mana Mana gegenüberstellt. Das Nicht-Akzeptieren von Geschenken wäre Grund für einen Bruch und für Krieg."[xciv] (Lenoir 1924: 252 f.)

Für aktuellere Beschreibungen sei hier auf die Seite der U'mista Cultural Society verwiesen, einer Gesellschaft in British Columbia, die die Aufgabe hat, das Überleben aller Aspekte des kulturellen Erbes der Kwakiutl (Kwakwaka'wakw) zu sichern. Diese Gruppe indianischer Stämme hat auch Franz Boas (1888, 1898, 1905, 1925, Boas/Hunt 1897) untersucht, auf den Marcel Mauss sich dann bezieht. Von der U'mista Cultural Society wird Wort und Phänomen des Potlatsch wie folgt vorgestellt:

„Die [...] Übersetzung von Potlatsch bedeutet ‚geben'"[xcv] (https://umistapotlatch.ca/potlatch-eng.php; zuletzt angesehen am 14. Mai 2019)

Diese Bedeutung wurde auch bei Leonhard Adam bereits angegeben: „Das ursprüngliche Wort ist nach Swanton ‚patshatl' = ‚geben' oder ‚Gabe'" (1922: 19; kursiv i. Orig.). Marcel Mauss, der stets „zu den Quellen" ging (Evans-Pritchard 1984: 11), weist auf eine weiter gefasste Bedeutung hin: „»potlatch« bedeutet im Wesentlichen »ernähren«, »verbrauchen«."[xcvi] (1923–24/1975: 17) „Dennoch scheint uns die vorgeschlagene Bedeutung nicht die ursprüngliche zu sein. Franz Boas nämlich gibt dem Wort Potlatsch [...] die Bedeutung »feeder«, Ernährer, und wörtlich »place of getting satiated«, Ort, wo man gesättigt wird [...]. Doch die beiden Bedeutungen von Potlatsch, »Gabe« und »Nahrungsmittel«, schließen einander nicht aus, da hier die wesentliche Form der Leistung, zumindest theoretisch, die des Nahrungsmittels ist."[xcvii] (a. a. O.: 17, Fn. 12) – Sehen wir uns nun die Bestimmung der U'mista Cultural Society an:

„Viele Menschen glauben, dass eine reiche und mächtige Person jemand ist, der viel hat. Die Leute, die Kwak'wala sprechen, die Kwakiutl (Kwakwaka'wakw), glauben, dass eine reiche und mächtige Person jemand ist, der am meisten [od.: das Meiste] weggibt. Seit einer Zeit jenseits der Erinnerung haben die Kwakiutl (Kwakwaka'wakw) Potlatsch veranstaltet und das Ausführen von Potlatsch spielt weiterhin eine zentrale und Einheit stiftende Rolle im heutigen Gemeinschaftsleben.

Das Wort ‚Potlatsch' bedeutet ‚geben' und stammt aus der Händlersprache, Chinook, die früher entlang der Pazifikküste Canadas benutzt wurde. Gästen, die dem Ereignis beiwohnen, werden Geschenke gegeben. Je mehr Geschenke gegeben werden, desto höher ist der Status, den der Veranstalter des Potlatsch erreicht. Die Potlatschzeremonie markiert wichtige Anlässe im Leben der Kwakiutl (Kwakwaka'wakw): die Namensvergabe an Kinder, Heirat, Übertragung von Rechten und Privilegien und Trauer um die Toten.

Es ist eine Zeit für Stolz – eine Zeit, um die Masken und Tänze zu zeigen, die dem Häuptling oder dem Gastgeber gehören, der den Potlatsch gibt. Es ist eine Zeit der Freude. ‚Wessen Herz froh ist, der teilt Geschenke aus. Unser Schöpfer gab es uns, dass wir auf diese Weise Dinge tun, dass wir auf diese Weise Jubeln, wir, die sind [Kwakwaka'wakw]. Jedem auf der Erde wurde etwas gegeben. Der Potlatsch wurde uns gegeben als unsere Weise Freude auszudrücken.' – Stammesältester Agnes Axu Alfred"[xcviii] (https://umistapotlatch.ca/potlatch-eng.php; zuletzt angesehen am 14. Mai 2019)

Auf der angegebenen Internetseite findet sich auch eine Liste der in den verschiedenen Jahrhunderten bei Gelegenheit eines Potlatsch verteilten Geschenke. Ähnlich wie bei den Gegenständen, die im Kula getauscht werden, handelt es sich bei den Geschenken im Potlatsch fast niemals um Gebrauchsgegenstände:

„Die verteilten Güter bestehen fast vollständig aus Kostbarkeiten. Sie haben einen willkürlichen Wert, der größtenteils keine Beziehung zu physischen Bedürfnissen hat. Ihre Nützlichkeit für den Verbrauch war, insbesondere in jüngerer Zeit, vernachlässigbar; sie bestehen aus Stoff, Decken und anderem Überschussvermögen, welches nur auf der Ebene des Prestiges gehandhabt wird."[xcix] (Barnett 1938: 351)

Der Umgang mit den darunter befindlichen Kupferplatten spielt eine besondere Rolle, weshalb die Ausführungen dazu ebenfalls noch angeführt seien:

„Für die Kwakiutl (Kwakwaka'wakw) waren Kupferplatten vielleicht das größte Symbol von Reichtum und Macht. Kupferplatten, oder t'łakwa (gesprochen: GLACK-wa) waren geschlagene Platten aus Kupfer in Form von Schilden. Jede Kupferplatte hat ihren eigenen Namen, ihre eigene Geschichte und ihren eigenen Wert. Kupferplatten mit Tiernamen beziehen sich auf das Wappen des ursprünglichen Besitzers. Andere, wie etwa ‚Alle-Anderen-Kupferplatten-Schämen-Sich-es-Anzuschauen', waren nach dem ökonomischen Vorgang benannt, der diese besondere Kupferplatte beinhaltete. Sie konnten bis zu drei Fuß [ca. 90 cm] lang sein und waren bemalt oder manchmal graviert mit dem Wappenmuster des Besitzers.

Nur Häuptlinge können Kupferplatten besitzen und der Besitz einer Kupferplatte wird verlangt, um bestimmte Typen von Potlatsch-Vorgängen auszuführen. Kupferplatten dokumentieren die wichtigsten Ereignisse und Transaktionen, an denen ihr Besitzer während seines Lebens beteiligt ist und vielleicht ebenso auch die seiner Nachkommen.

Je häufiger eine Kupferplatte benutzt wurde oder je häufiger sie öffentlich zur Schau gestellt wurde, umso wertvoller wurde sie. Der Wert einer Kupferplatte wurde daran bemessen, wie viele Decken sie wert war. Eine besondere Kupferplatte war bekannt dafür, dass sie neuntausend Decken wert war. […]

In früheren Zeiten war das ‚Zerbrechen' einer Kupferplatte die anspruchsvollste Herausforderung, die ein Besitzer einem Rivalen gegenüber machen konnte, der dann eine Kupferplatte von gleichem oder höherem Wert zerbrechen musste. Ein Rivale, der nicht antworten konnte, war vor der Gemeinschaft gedemütigt."[ci] (https://umistapotlatch.ca/potlatch-eng.php; zuletzt angesehen am 14. Mai 2019)

Auch wenn wir keine bloße Beschreibung finden, wird doch deutlich, dass es sich beim Potlatsch um eine Veranstaltung handelt, die nicht dem ökonomischen Tausch dient, vielmehr geht es zunächst um das großzügige, ja verschwenderische bis zerstörerische Austeilen von Geschenken. Reziprozität liegt hier scheinbar zunächst nicht vor, aber die Deutungen, die in den zitierten Texten zu finden sind, stellen heraus, dass es um die Erlangung oder Aufrechterhaltung von sozialem Ansehen mittels Gewinnen eines Wettkampfs geht.

Auch wenn auf der zitierten Internetseite vom „ökonomischen Vorgang" die Rede ist, so hält Barnett vor dem Hintergrund der Beschreibungen (s. Endn. xcix) doch zu Recht fest:

„es scheint sicher, dass die Übertragung von Eigentum beim Potlatsch lediglich eine entfernte Ähnlichkeit mit denjenigen Austauschvorgängen hat, die wir gewöhnlich als ökonomisch klassifizieren."[ci] (Barnett 1938: 352)

Und auch in Raymond Lenoirs Beschreibung heißt es:

„Die Gaben von Gütern, Nahrungsmitteln, Decken, hergestellten Gegenständen, Äxten, Lanzen, Wurfspeeren, Kanus, Lachsreusen, Harpunen stellen keine Geschäfte dar. […] Die Nahrungsmittel wie die angefertigten Objekte hängen sowohl mit den Toten wie mit den Lebenden zusammen, Mitgliedern der Gruppe der sie entstammen, sie tragen

Namen, sie haben eine Verantwortlichkeit^{cii} [sc.: sie werden für ihren Besitzer verantwortlich gemacht; vgl. Fauconnet 1928: 65 f.]" (Lenoir 1924: 261).

Und Marcel Mauss schlägt vor, Potlatsch von seiner sprachlichen Bindung zu lösen und als Terminus für den Begriff „totale Leistungen agonistischen Typs"^{ciii} (1923–24/1975: 18) zu verwenden.

Dieser Wettkampf in der Form von aufeinanderfolgenden Potlatsch ergibt aber nur Sinn, wenn diese einen wechselseitigen Bezug aufweisen: Ob an einem Potlatsch B „eine Kupferplatte von gleichem oder höherem Wert" beteiligt ist, bemisst sich an dem Wert der Kupferplatten, die in einem vorausgehenden Potlatsch A eine Rolle spielten. Diese wechselseitige Bezugnahme ist eben Ausdruck von Reziprozität: Nur weil die beteiligten Rivalen – und die soziale Umgebung, in der sich dieser Wettstreit vollzieht – sich reziprok aufeinander beziehen, kann der Potlatsch überhaupt eine Herausforderung darstellen. Dabei ist zudem – wie beim Kula – wichtig, dass die Gegengabe freiwillig gegeben wird, so dass die Gegengabe auch nicht der Gabe entsprechen muss: „Weniger zu erhalten ist für sein Ansehen nicht von Nachteil und auf einer Äquivalenz zu beharren widerspricht dem Kodex der Freiwilligkeit."^{civ} (Barnett 1938: 353)

Dass der Potlatsch zugleich ‚wichtige Anlässe im Leben der Kwakiutl, wie etwa Namensvergabe an Kinder, Heirat, Übertragung von Rechten und Privilegien und Trauer um die Toten markiert', zeigt, dass gerade dort, wo die soziale Position noch nicht oder nicht mehr bestimmt ist, man sich im Potlatsch gegenseitig der (neuen) Position versichert; hierauf werden wir zurückkommen müssen (s. u., S. 113).

Wie bereits erwähnt, ist Franz Boas[5] einer der wichtigen Bezugsautoren von Marcel Mauss, den dieser zum Begriff des Potlatsch ausführlich zitiert:

„Das wirtschaftliche System der Indianer von Britisch-Kolumbien basiert weitgehend auf dem Kredit, ebensosehr wie das der zivilisierten Völker. Bei all seinen Unternehmungen verläßt sich der Indianer auf die Hilfe seiner Freunde. Er verspricht, sie für diese Hilfe zu einem späteren Zeitpunkt zu bezahlen. Besteht die geleistete Hilfe in Wertsachen, die von den Indianern in Decken gemessen werden, so wie wir sie in Geld messen, dann verspricht er, den Wert dieses Darlehens mit Zinsen zurückzuerstatten. Der Indianer hat kein Buchhaltungssystem; folglich wird die Transaktion öffentlich vollzogen, um ihr Sicherheit zu geben. Schulden machen und Schulden begleichen – das ist der Potlatsch. Dieses Wirtschaftssystem, hat sich in einem solchen Ausmaß entwickelt, daß das Kapital aller Individuen des Stammes zusammen bei weitem die wirklich verfügbaren Werte übersteigt; anders gesagt, die Verhältnisse sind denen, die in

---

5 Für einen Überblick s. Cahnmann 1980; für einen sehr interessanten – wie stets bei ihm eigenwilligen – Einblick zur Person Boas' s. Girtler 2003.

unseren eigenen Gesellschaften vorherrschen, vollkommen analog: wenn wir alle unsere Außenstände einziehen wollten, würden wir feststellen, daß in keinerlei Hinsicht genügend Geld vorhanden wäre... Ein Versuch sämtlicher Gläubiger, sich ihre Darlehen zurückzahlen zu lassen, würde eine verheerende Panik auslösen, von der die Gemeinschaft sich nur langsam erholte.

Man muß sich deutlich klarmachen, daß ein Indianer, der alle seine Freunde und Nachbarn zu einem großen Potlatsch einlädt und dem Anschein nach alle in jahrelanger Arbeit angehäuften Güter verschleudert, zwei Dinge im Auge hat, die wir nur für weise und lobenswert erachten können. Sein erstes Ziel ist, seine Schulden zu bezahlen. Dies geschieht öffentlich und mit viel Zeremoniell, in der Art eines notariellen Aktes. Sein zweites Ziel besteht darin, die Früchte seiner Arbeit so anzulegen, daß er sowohl für sich wie für seine Kinder den größtmöglichen Nutzen daraus zieht. Diejenigen, die bei einem solchen Fest Geschenke erhalten, nehmen sie als Darlehen, welches sie bei ihren laufenden Unternehmungen verwenden; doch nach einigen Jahren müssen sie es dem Geber oder seinen Erben mit Zinsen zurückgeben. So wird der Potlatsch von den Indianern schließlich als ein Mittel angesehen, das Wohl ihrer Kinder zu sichern, falls diese in jugendlichem Alter Waisen werden sollten..."[cv] (Boas 1898: 54f.; zit. n.: Mauss 1923–24/1975: 63f., Fn. 122)

Wir sehen, dass Boas hier den Potlatsch vollständig als einen Bestandteil ökonomischer Transaktionen betrachtet und versucht, ihn aus einer ökonomischen Zielsetzung heraus zu verstehen. Raymond Lenoir weist darauf hin, dass dies bei Boas nur eine von vielen Deutungen war:

„Im allgemeinen verkannt, ist diese Institution von Boas in mehreren Wiederaufnahmen und auf verschiedene Weise in der generellen Zusammenfassung der ethnographischen Untersuchungen über Britisch-Kolumbien beschrieben worden. Ökonomische Institution im 12. Bericht [Boas 1898], Mittel um einen Namen und einen sozialen Rang zu erlangen im 5., Schaffung von Verpflichtungen, die alle wichtigen Ereignisse des sozialen Lebens begleitet: Frauenkauf, Amtseinführung des Nachfolgers des Chefs, Erringung eines Namens oder eines Tanzes im 6., Zeremonie religiösen Charakters im 7., sie nahm nacheinander eine sehr verschiedene Wichtigkeit und Bedeutung an, ohne eine präzise Definition zu rechtfertigen."[cvi] (Lenoir 1924: 237)

Weder die ökonomische noch die anderen angeführten Deutungen sollten hier aber im Vordergrund stehen – interessant an den Deutungen ist vielmehr ihre (heterogene) Gesamtheit; wichtig war es für uns zunächst, eine Vorstellung von dem Phänomen des Potlatsch zu erhalten. Der Potlatsch ist also eine zeremonielle Zusammenkunft von Menschen, die meist individuell oder als Angehörige einer Familie oder Gruppe von einem Gastgeber eingeladen werden (vgl. Barnett

1938: 349); bei dieser Zusammenkunft werden vom Gastgeber Geschenke verteilt, es werden Reden, Gesänge und Tänze vorgetragen (a. a. O.: 351) und von den Gästen manchmal Leistungen – wie auch etwa Hilfe beim Hausbau – vollbracht, die aber nicht entgolten werden bzw. wenn doch, dann auf eine Weise, die in keinem Zusammenhang mit der Leistung steht: „In Wahrheit haben ihre Dienste nominalen Charakter und ihre Bezahlung stellt eine Ehrung dar."[cvii] (a.a.O.: 352f.) Oftmals kommt es zudem zur verschwenderischen Veräußerung, ja Zerstörung von Kostbarkeiten. Darin, in der Überreichung von Geschenken und in der Verausgabung, versuchen sich Gastgeber von mit zeitlichem Abstand erfolgenden, aber eben aufeinander bezogenen Potlatsch zu übertreffen.

Der Potlatsch „lässt eine Beziehung zwischen zwei Personen oder besser zwischen zwei Gruppen[6] entstehen, bindet vis-à-vis eine an die andere und modifiziert für einige Zeit das Gleichgewicht ihres *Status*. Er erlaubt folglich, im Herzen der etablierten Ordnung neue, temporäre und partikulare Beziehungen zu knüpfen."[cviii] (Davy 1922: 23; kursiv i. Orig.) Wie aber gelingt dies? Was ist die Kraft dahinter? Einen Hinweis gibt Raymond Lenoir: „Die Zeit des Potlatsch [...] impliziert [...] die Begegnung von Gruppen verschiedener Dialekte und verschiedener Lebensweisen, die aber, wie etwa die Haida und die Tsimshian, ihre mythische Verwandtschaft an-/wiedererkennen."[cix] (1924: 251) – Für uns als Erfahrungswissenschaftler bleibt jedoch die Frage, was es ist, das im Selbstverständnis der Indianer als „mythische Verwandtschaft" erscheint. So klar ist, dass diese Selbstdeutung nicht wörtlich genommen werden kann, so klar ist doch auch, dass sie ernst genommen werden muss: als eine aus einer besonderen Praxis erwachsene Antwort auf ein allgemeines Deutungsproblem. – Im Rahmen unserer bisherigen Überlegungen lässt sich dieses allgemeine Deutungsproblem, das mit der Deutung ‚mythisch verwandt' eine besondere Lösung erfährt, wie folgt formulieren: *Wie stehen wir, die wir objektiv aufeinander bezogen sind, zueinander?*

---

6   Aus seiner rechtswissenschaftlichen Perspektive hält Leonhard Adam fest: „Der Potlatch ist demnach ein völlig eigenartiges Rechtsinstitut, dessen besondere Natur darin liegt, daß es sich, in der Hauptform, nicht zwischen zwei einzelnen Individuen abspielt, sondern, wohl als Überbleibsel aus der Urzeit des Potlatch, eine Angelegenheit des ganzen Clans bzw. Stammes ist. Es ist sozusagen gemischt privat- und öffentlich-rechtlichen Charakters." (1922: 45)

3.3 Die erste systematisierende Deutung (Gabe)

3.3.1 Einleitung

Marcel Mauss' „›Essai sur le don‹ ist [...] die erste systematische und vergleichende Studie über das weit verbreitete System des Geschenkaustauschs und die erste Deutung seiner Funktion im Bezugsrahmen der gesellschaftlichen Ordnung." (Evans-Pritchard 1984: 11) Dies rechtfertigt die prominente Behandlung dieser Schrift, auch wenn Mauss das Wort Reziprozität dort nicht verwendet – Marcel Hénaff, ein hervorragender Kenner von Mauss, schrieb dazu: „Es war eine Überraschung für mich zu entdecken, dass Mauss das Wort Reziprozität im *Essai sur le don* nicht verwendet hat; und dass es der Ausdruck Austausch ist, der das dauernde Äquivalent dafür ist."[cx] (M. Hénaff an den Autor, 26. Febr. 2011; kursiv i. Orig.) Mauss entwickelt seine Studie, wie oben bereits erwähnt, vor allem an Material zu den Phänomenen des Kula-Ringtauschs und des Potlatsch. Allerdings macht er auch deutlich, dass diese Phänomene Muster aufweisen, die durch alle Kulturen hindurch und zwar bis in unsere Gegenwart zu finden sind:

> „In der skandinavischen und in vielen anderen Kulturen finden Austausch und Verträge in Form von Geschenken statt, die theoretisch freiwillig sind, in Wirklichkeit jedoch verpflichtend gegeben und erwidert werden. [...] In diesen »totalen« sozialen Phänomenen, wie wir vorschlagen sie zu nennen, kommen gleichzeitig und mit einem Schlag alle Arten von Institutionen zum Ausdruck: religiöse, rechtliche und moralische – und diese sind zugleich Politik und Familie; ökonomische – und diese setzen besondere Formen der Produktion und der Konsumtion oder vielmehr der Leistung und der Verteilung voraus; ungerechnet die ästhetischen Phänomene, in welche diese Tatsachen münden, und die morphologischen Phänomene, welche diese Institutionen erkennen lassen."[cxi] (Mauss 1923-24/1975: 12; kÜ)

Wie wir oben bereits gesehen haben, gilt dieses Ineinander der verschiedenen Momente auch bei den Phänomenen alltäglicher Reziprozität, wobei wir allerdings herausarbeiten konnten, dass ein Moment konstitutiven Charakter hat; möglicherweise ist es dasjenige, das Mauss hier als moralisches bezeichnet. – Was Mauss an diesen Phänomenen nun in seiner Studie genauer untersuchen möchte, bestimmt er wie folgt:

> „Von allen diesen sehr komplexen Themen und der Vielfalt der in Bewegung befindlichen gesellschaftlichen Dinge wollen wir hier nur einen tiefgreifenden, doch isolierten Zug betrachten: den sozusagen freiwilligen, anscheinend selbstlosen und spontanen, und dennoch zwanghaften und eigennützigen Charakter dieser Leistungen. Fast

immer nehmen sie die Form des Präsents an, der großzügig dargebotenen Festgabe, selbst dann, wenn in der Geste, die die Übergabe begleitet, nichts als Fiktion, Formalismus und soziale Lüge ist und wenn es im Grunde um Zwang und wirtschaftliche Interessen geht. Wenngleich wir all die verschiedenen Prinzipien präzise aufzeigen werden, die einer notwendigen Form des Austauschs [...] diesen Aspekt verliehen haben, so untersuchen wir von all diesen Prinzipien im Grunde doch nur ein einziges. *Welches ist die Regel des Rechts und des Interesses, die, in den Gesellschaften des rückständigen oder archaischen Typs, bewirkt, dass das empfangene Geschenk obligatorisch erwidert wird? Welche Kraft liegt in der gegebenen Sache, die bewirkt, dass der Empfänger sie erwidert?*"[cxii] (Mauss 1923–24/1975: 13; kursiv i. Orig.; kÜ)

Wenn wir oben (S. 15) die Frage stellten, warum wir uns überhaupt begrüßen, so zielten wir offenbar auf eine Erklärungsbedürftigkeit, die der ähnelt, die Mauss hier im Auge hat: Was macht die Antwort auf ein Geschenk verpflichtend und warum begleitet diese Form der Beziehung auch bloße rechtliche oder ökonomische Transaktionen? In seiner zweiten Frage, die er hier formuliert, scheint allerdings eine Antwort präformiert zu sein, auf die wir noch zurückkommen müssen: Es liegt, so unterstellt Mauss in der Frage, in den Dingen selbst, in der Sache, die gegeben wird, eine Kraft, die die Verpflichtung bewirkt. Wie ist das zu verstehen?

Versuchen wir zunächst das Erklärungsproblem, wie es sich Marcel Mauss darstellt, genauer zu fassen. Bei den Stämmen der Tlinkit und Haïda findet sich das Phänomen des Potlatsch (s.o., Abschn. 3.2.2), bei dem sich ja die Frage auftut, warum einerseits diese enorme Verausgabung von Gütern bis hin zu ihrer Zerstörung überhaupt stattfindet und woher andererseits die Verpflichtung der bei einem Potlatsch Beschenkten stammt, nun ihrerseits ein solches Fest zu veranstalten, und warum sie ihr nachkommen. Mauss verweist darauf, dass auch wir heute „mit Geschenken miteinander wetteifern: so rivalisieren wir mit unseren Neujahrsgeschenken, unseren Festessen, unseren Hochzeitsfeiern, mit unseren schlichten Einladungen, und wir fühlen uns noch verpflichtet, uns zu revanchieren, wie die Deutschen sagen."[cxiii] (1923–24/1975: 18; kÜ) Und er zitiert eine Redewendung der Indianer für das Erwidern solcher Leistungen, in diesem Fall durch die jeweiligen Stammeshälften: „Die Tlinkit und die Haïda [...] bringen das Wesen dieser Praktiken deutlich zum Ausdruck, indem sie sagen, daß »die beiden Phratrien einander Respekt erweisen«."[cxiv] (a.a.O.: 16; kÜ) Dazu erläutert Jon R. Swanton:

„Der Ausdruck ‚Respekt bezeugen' wird oft und in den folgenden Verbindungen benutzt: Ein Mann bezeugte Respekt und wahre Höflichkeit gegenüber seiner Schwiegermutter oder eine Frau gegenüber ihrem Schwiegersohn, indem sie oder er nicht direkt angesprochen wurde. Ein Mann bezeugte Respekt gegenüber seinem Schwiegervater, indem er für ihn arbeitete als Austausch dafür, dass er seine Tochter als Frau empfangen hat, und der Schwiegervater bezeugte Respekt gegenüber seiner Tochter und gegenüber seinem Schwiegersohn, indem er ihnen eine große Mitgift gab. Ein Mann bezeugte Respekt gegenüber seinem Schwager, indem er jedes Geschenk, das letzterer ihm zu machen beliebte, mit erheblichen Zinsen zurückerstattete; er hatte auch nicht die Freiheit, ein teures Geschenk dieser Art zurückzuweisen."[cxv] (Swanton 1908: 242)

Worauf aber gründet nun dieser Respekt? Um denjenigen unter den „geistigen Mechanismen [...], der dazu zwingt, das empfangene Geschenk zu erwidern" (Mauss 1923–24/1975: 18 f.), genauer zu untersuchen, wendet Mauss sich den „moralischen und religiösen Ursachen für diese Verpflichtung [...] in Polynesien" zu, da sie „nirgends [...] deutlicher in Erscheinung"[cxvi] (a. a. O.: 19) treten.

Damit untersucht Mauss zunächst die Verpflichtung der Erwiderung von Gaben, denn gerade der Kula-Ringtausch in Polynesien, aber auch der Tausch von weiblichen gegen männliche Güter auf Samoa ist immer schon im Gange; es gibt sozusagen keinen ersten Tauschakt, der erwidert wird; vielmehr ist jeder Tauschakt immer schon Glied in einer Kette von Erwiderungen und Gegenerwiderungen. Wir haben es also mit einem *vorgängigen Aufeinander-bezogen-Sein* zu tun, das allerdings von dem oben (S. 71) mit Bezug auf den Begriff der Sozialität erwähnten unterschieden werden muss. Hier nämlich geht es nicht um die Konstitution des Aufeinander-bezogen-Seins, sondern um seine historische Genese und Fortschreibung, in der eben jede Gabe bereits eine Gegengabe darstellt.

Was macht nun den Zwang zur Erwiderung aus? Mauss entwickelt seine Erklärung anhand der Schilderung eines Angehörigen des im zentralen Hochland der Nordinsel Neuseelands siedelnden Stammes der Ngāti Raukawa, die Elsdon Best ausführlich zitiert. Dominique Casajus hebt nun hervor, „dass die Erklärung von Tamati Ranaïpiri [sc.: eben des Informanten von Elsdon Best] und der kurze Kommentar, den Mauss dazu macht, die wahre Eröffnung des *Versuchs* sind." (1984: 71 f.; kursiv i. Orig.) Und weiter: „Alle Themen über die der *Versuch* Varianten bietet, sind in Mauss' kurzem Kommentar zu der Erklärung von Tamati Ranaïpiri entwickelt"[cxvii] (1984: 76; kursiv i. Orig.). Wir haben es also hier mit einer Schlüsselstelle für Mauss' Erklärung der Verpflichtung zur Gegengabe zu tun und müssen zu deren Verständnis ins Detail und wie Mauss selbst „zu den Quellen" (Evans-Pritchard 1968/1984: 11) gehen.

3.3.2 Bericht über das *hau* – eine Analyse

Die Schilderung des Informanten Tamati Ranaïpiri, auf die Mauss sich bezieht, findet sich, wie gesagt in einem Bericht des neuseeländischen Ethnografen

Elsdon Best, der offenbar mittels mehrerer Informanten das überlieferte Wissen der Maori über den Wald erhoben hat. Die Zuverlässigkeit der Quelle können wir nur indirekt beurteilen. So spricht dafür, dass die Professorin für „indigenous education" an der University of Waikato, Linda Tuhiwai Smith,[7] die die Erforschung indigener Völker aufgrund von der Verquickung dieser Forschung mit der Kolonialisierung sehr kritisch sieht, festhält: „Elsdon Best war anerkannt als ein in Neuseeland geborener Ethnologe, der in der Wissenschaftsgemeinde wegen seiner jahrelangen genauen Untersuchung der Maori Kultur hoch angesehen war."[cxviii] (Smith 1999/2012: 86f.) – Da es auf das Detail ankommt, müssen wir uns auch mit der komplizierten Übersetzungslage befassen. Best gibt eine englische Übersetzung der Schilderung, druckt aber dankenswerterweise auch die Originalaufzeichnung in Maori ab.[8] Der amerikanische Anthropologe Marshall Sahlins gibt die Neuübersetzung von Bruce Biggs, einem „herausragenden Gelehrten des Maori" (Sahlins 1972/2004: 151) zusammen mit dem Maori-Original wieder. Diese Übersetzung ist aber, wie Stichproben zeigen, ihrerseits nicht unproblematisch.[9] Wir gehen hier also von Bests Übersetzung aus, ziehen Biggs' mit heran und korrigieren sie, soweit das mithilfe von Wörterbüchern (Tregear 1891,[10] Williams 1844/1852, Williams 1921/1957, Moorfield 2011) möglich ist, anhand des Originals, wie es bei Best abgedruckt ist.[11] Dabei geben wir die Maori-Wörter, die Mauss in seine französische Übersetzung von Bests englischer Fassung einfügt (s. 1923–24/1960: 159), wieder und machen sie durch Akkoladen kenntlich. Generell

---

[7] Ich danke Rebecca Burke (Essen) für den Hinweis auf Smith und deren Vater Hirini Moko Mead (s. u., S. 93, Fn. 14).
[8] Es handelt sich wohl um die Transkription von Bests eigenhändig angefertigten Notizen (auf einem Photo sieht man, wie er solche von einem Gespräch mit Paratene Ngata und John Nukunuku vom Stamm der Ngāti Porou anfertigte: https://teara.govt.nz/en/photograph/2423/paratene-ngata-right-elsdon-best-centre-and-john-nukunuku-left-o; zuletzt angesehen am 18. Juni 2019).
[9] So setzt Biggs etwa an einer Stelle, wo im Original das Wort „taonga", also „(Wert-)Gegenstand", wiederholt wird, einfach das unpersönliche Pronomen oder verzichtet ganz auf die Wiederholung; zudem lässt er gar Wörter des Maori-Originals aus. Maurice Godelier zieht ebenfalls die Übersetzung von Biggs heran (1996: 69–78; 1996/1999: 72–81); außer, dass er eine Ergänzung vornimmt, die Best machte, die aber im Maori-Original nicht steht, vertraut er ihr allerdings, ohne sie mit diesem zu vergleichen. Auf Godelier können wir hier nicht weiter eingehen (s. Loer 2022 a).
[10] Dieses Wörterbuch verwendete auch Mauss (s. 1923–24/1960: 160, Fn. 2 von vorhergehender Seite; 1923–24/1975: 26, Fn. 32)
[11] Sahlins gibt das Maori-Originial in einer veränderten Schreibweise wieder, die es erschwert, die Wörter in den hier verwendeten Wörterbüchern wiederzufinden – wo es bei Best etwa schlicht heißt „to", was in der korrekten Schreibweise wohl „tō" heißen muss, steht bei Sahlins „too"…

haben wir alle im Spiele befindlichen Übersetzungen erforderlichenfalls anhand des jeweiligen originalsprachlichen Textes korrigiert.

„Nun, über des *hau* des Waldes.[12] Jenes *hau* ist nicht das *hau* das bläst (Wind).[13 cxix] Nein. Ich werde es dir sorgfältig erklären. Nun, du hast einen (Wert-)Gegenstand[14 cxx] *{taonga}*, den du mir gibst. Wir schließen über deinen (Wert-)Gegenstand keine Preisvereinbarung. Nun, wird [er][15 cxxi] gegeben also von mir einer anderen Person, nachdem eine lange Zeit vergangen ist, erwägt diese Person, sie hat diesen (Wert-)Gegen-

---

12 Bei Best heißt es fälschlicherweise: „Ich werde nun über das *hau* und die Zeremonie des *whangai hau* sprechen." Im Original des Maori-Textes ist vom *„whangai hau"* nicht die Rede, wohl aber vom Wald (ngaherehere, s. Endnote cxxvii).
13 Mauss erklärt hierzu: „Das Wort *hau* bedeutet, wie das lateinische *spiritus*, zugleich Wind und Seele oder genauer, zumindest in einigen Fällen, die Seele und die Macht der unbelebten und der pflanzlichen Dinge." (1923–24/1975: 24, Fn. 26; kursiv i. Orig.) S. aber auch die vielfältigen Bedeutungen des Wortes in Williams 1844/1852, Tregear 1891, Williams 1921/1957 u. Moorfield 2011. Sahlins benutzt das Wörterbuch des erstgenannten Williams, um Mauss' Deutung zu widerlegen bzw. zu erschüttern (s. Sahlins 1972/2004: 155, Fn. 3, s. auch 165–171); darauf können wir hier nur hinweisen (s. u., S. 97).
14 Wir verwenden diese Übersetzung, da sie von den verfügbaren Wörterbüchern her am ehesten gerechtfertigt erscheint; zudem entspricht dies der Übersetzung, die Hirini Moko Mead, ein neuseeländischer Anthropologe, Historiker und prominenter Māori Führer, gibt: „hochgeschätzter Gegenstand" (2003/2016: 193); ein Gegenstand, der „in die Kategorie ‚taonga' passt, […] muss hochgeschätzt und vorzugsweise ein Erbstück sein" (a. a. O.: 194).
15 Biggs übersetzt hier „es" (Sahlins 1972/2004: 152), Best „diesen Artikel" (1909: 439); soweit ich mithilfe der genannten Wörterbücher (s. o., Fn. 13) prüfen konnte, gibt es keinen wörtlichen Repräsentanten des „(Wert-)Gegenstands"; der Satz muss sich aber gemäß der Rezenzregel darauf beziehen. – Die *Rezenzregel* besagt, dass eine Anapher sich auf dasjenige (passende) Antezedens bezieht, das am kürzesten (rezent) zurückliegt. Leider konnte ich für diese selbstverständlich geltende Regel keinen Nachweis über ihre linguistische Rekonstruktion finden – nur den folgenden Hinweis auf der Internetseite des New Yorker Computerwissenschaftlers Ernie Davis: „Rezensregel (für Anaphern). – In etwa 85 % der Fälle ist der Referent das am kürzestliegend erwähnte Objekt von passendem Genus und Numerus." (https://cs.nyu.edu/faculty/davise/ai/ambiguity.html; zuletzt angesehen am 9. Juli 2019; auf Nachfrage konnte mir Ernie Davis leider keine Quelle nennen; er ist dem Terminus nur in mündlicher Form begegnet – E. Davis an den Autor, E-Mail v. 9. Juli 2019) Man kann sie sich am einfachsten an einem Beispiel ihrer Verletzung klarmachen: In einem Schlager von Bata Ilić heißt es: „Ich hab noch Sand in den Schuhen aus Hawaii" (s.: https://www.youtube.com/watch?v=LGzjEYIlT9A; zuletzt angesehen am 9. Juli 2019). Fragt man sich – nach kurzer sprachlicher Sensibilisierung –, was denn hier aus Hawaii kommt, so sind es fraglos die Schuhe, also „das am kürzesten zurückliegend erwähnte Objekt" das zu „aus Hawaii" passt. (Dass der Schlager anderes *meint* und dabei auf das Wirken von Clichés bei den Hörern baut, enthüllt eine Verfahrensweise des Schlagers.) Das Attribut („aus Hawaii") bezieht sich zunächst auf die direkt vorhergehende (links stehende) Nominalphrase („den Schuhen") (Dank an Götz Hindelang [Witzenhausen], der an der Westfälischen Wilhelms-Universität Münster Linguistik lehrte, für einen klärenden Schriftwechsel.)

stand, sie sollte mir etwas zurückgeben *{utu}*[16][cxxii] und sie gibt mir. Nun, dieser (Wert-) Gegenstand *{taonga}*, den sie mir gibt, ist das *hau* des (Wert-)Gegenstands *{taonga}* den ich zuvor von dir erhalten und ihr gegeben habe. Diesen (Wert-)Gegenstand muss ich dir übergeben. Es wäre keinesfalls richtig *{tika}* für mich, ihn[17] für mich selbst zu behalten, ob der (Wert-)Gegenstand nun sehr erwünscht *{rawe}* ist oder gegenteilig *{kino}*.[18][cxxiii] Ich muss ihn dir übergeben, weil er ein *hau* des (Wert-)Gegenstands *{taonga}* ist, den du mir gabst. Würde ich diesen (Wert-)Gegenstand *{taonga}* für mich behalten, dann wäre ich krank/tot/ausgelöscht.[19][cxxiv] So ist das *hau*, das *hau* des (Wert-) Gegenstands,[20][cxxv] das Wald-*hau*. Genug über dieses Thema *{Kati ena}*.

Ich werde etwas über das Wald-*hau* erklären. Der *mauri* wurde durch den *tohunga* in den Wald gegeben (im Wald plaziert). Es ist der *mauri*, der Vögel veranlasst, im Überfluss im Wald zu sein, so dass sie vom Menschen erlegt und genommen werden können. Diese Vögel sind der (Wert-)Gegenstand von dem *mauri* und dem *tohunga* und dem Wald: das heißt, sie sind eine Erwiderung für den (Wert-)Gegenstand des Waldes, das heißt [den][21] des *mauri*. Deswegen wird gesagt, dass dem *hau* des Waldes geopfert werden sollte.[22] Die *tohunga* (Priester, Fachkundige) essen die Opfergaben wegen des *mauri*.[23][cxxvi] Deshalb werden einige der Vögel, die auf dem heiligen Feuer gekocht wurden, beiseite getan, um nur von den Priestern gegessen zu werden, damit das *hau* der (Wert-)Gegenstände des Waldes, und des *mauri*, wieder in den Wald zurückkehren möge – das ist es, was den *mauri* betrifft. Genug über dieses Thema."[cxxvii] (Best 1909: 439; kursiv i. Orig.; s. Sahlins 1972/2004: 132; in Akkoladen die Originalwörter, wie Mauss sie in seiner Übersetzung der Passage eingefügt hat – 1923–24/1960: 159)

---

16 Mauss übersetzt hier „etwas als Zahlung dafür zu geben" (1923–24/1975: 24), „utu" hat aber eine umfassendere Bedeutung und meint neben zurückzahlend und zahlend auch antwortend, rächend und erwidernd (Moorfield 2011: Lemma ‚utu').
17 Best übersetzt hier: „jene Güter" und Mauss fügt ein: „*taonga*".
18 Mauss hat hier „ahakoa taonga pai rawa, taonga kino ranei" (Best 1909: 341) übersetzt als „ob sie [sc.: die taonga] nun begehrenswert *(rawe* [sic!]) oder unangenehm *(kino)* sind" (Mauss 1923–24/1975: 24; kursiv i. Orig.). Wörtlich muss es wohl heißen: „ob (Wert-)Gegenstand sehr gemocht, oder (Wert-)Gegenstand nicht gemocht".
19 Biggs gibt „mate", von dem wir hier die Bedeutungen ‚krank', ‚tot' und ‚ausgelöscht' (s. Tregear 1891: 228, Moorfield 2011: Lemma ‚mate') angegeben haben, unübersetzt wieder; Best hingegen sagt: „dann würde mir irgendein ernstes Übel widerfahren, sogar der Tod" (Best 1909: 439); diese Übersetzung übernimmt Mauss nahezu wörtlich.
20 Best übersetzt hier „*hau* des persönlichen Eigentums"; Mauss fügt (korrigierend) ein: „das hau der *taonga*" (1923–24/1975: 24; kursiv i. Orig.).
21 Eingefügt um die sprachlichen Bezüge klar zu machen.
22 Wir werden unten (S. 107) sehen, dass die Analyse uns zwingt, die Übersetzung hier entscheidend zu korrigieren.
23 Hier fügt Best eine Erläuterung ein; er übersetzt: „weil der *mauri* ihnen gehört: sie waren es, die ihn im Wald plaziert haben, die verursacht haben, dass er ist" (1909: 439; kursiv i. Orig.).

Bevor wir uns dem zuwenden, was Mauss nun aus dieser Schilderung schließt, wollen wir selbst eine Analyse des Textes vornehmen; das kann hier nur abgekürzt geschehen.

Leider gibt Best keine Hinweise auf die Situation des Gesprächs, so dass wir bezüglich der Pragmatischen Rahmung des Protokolls auf Vermutungen angewiesen sind. Offenbar ließ er sich von Informanten, die aber durchaus schon mit westlicher Lebensweise vertraut waren, ja sie angenommen hatten (s. das Photo, auf das wir oben, S. 92, Fn. 8, hinwiesen), bestimmte Phänomene ihrer Kultur schildern. Das bedeutet, dass die Sprecher sich um besondere Explizitheit bemühen, was aber der Tatsache, dass ihr Selbstverständnis in den Schilderungen zum Ausdruck kommt, keinen Abbruch tut; es muss gegebenenfalls berücksichtigt werden, dass sie etwa Formulierungen wählen, die aus ihrer Sicht für den Angehörigen westlicher Kultur verständlicher sind.

Linda Tuhiwai Smith gibt einige Hinweise, die hier relevant sind, aber genauer zu prüfen wären:

> „Bests Forschung unter den Tuhoe ist wahrscheinlich die bedeutendste frühe Arbeit über die Maori, weil sie von Best klar als Forschung konzipiert war und vielen der Konventionen, die nun mit den Sozialwissenschaften verknüpft sind, folgte. Dies beinhaltet systematisches Anfertigen von Notizen, die Prüfung und Nachprüfung von Quellen, Interviews mit Informanten und, schließlich, die Publikation von Ergebnissen. Zu der Zeit stand er allerdings nicht lediglich als Forscher mit den Tuhoe in Beziehung. Er war zunächst als Zahlmeister und Warenhalter für die Straßenarbeiten angestellt und es wurde erwartet, dass er die Kommunikation zwischen den Straßenarbeitern, die Briten waren, und den Oberhäuptern der Tuhoe entspannte, die nicht wirklich wünschten, dass eine Straße durch ihre Ländereien gebaut würde. Er spielte diese vermittelnde Rolle zwischen den Maori und den Kolonialbehörden für den Rest seines Lebens."[cxxviii] (1999/2012: 87)

Dies lässt vermuten, dass die Maori ein Interesse an der Arbeit von Best und daran, dass er ihre Weltsicht angemessen verstand, hatten; wie gesagt, bedürfte dies genauerer Untersuchung. Dass Smith festhält: „es scheint, dass er mit Respekt behandelt wurde; seine Fehler wurden vergeben und seine intensiven Befragungen mit Geduld beantwortet"[cxxix] (a.a.O.: 88), legt nahe, auch wenn sie leider (außer einem Hinweis auf die Biographie Bests – Craig 1964/1980 –, die ich bisher nicht einsehen konnte) keine Belege anführt, dass wir es hier mit einer authentischen Schilderung zu tun haben.

Marshall Sahlins macht darauf aufmerksam, dass die Erläuterungen zum *hau* eingebettet sind in eine größere Erläuterung, nämlich diejenige der Zeremonie des *whangai hau*, in welcher einem Vorfahren Nahrung geopfert wird (s. Moorfield 2011: Lemma ‚whangai hau'): „Der strittige Text sollte unbedingt wieder in seine Position als erläuternde Glosse zu der Beschreibung eines Opferritus' eingesetzt werden."[cxxx] (Sahlins 1972/2004: 157) Gemäß der Objektiven Hermeneutik verfahren wir aber in unserer Analyse kontextfrei (s. Wernet 2000/2009: 21 ff.), da eine Bedeutung durch den Kontext lediglich modifiziert, aber nicht gestiftet werden kann. Wichtig hingegen ist es, die Pragmatische Rahmung zu berücksichtigen.

Na, mo te hau o te ngaherehere. $\approx$[24] Nun, über das *hau* des Waldes. \...

Nach der Markierung eines Neubeginns, die zugleich anzeigt, dass hier ein vorausgehend Gesagtes erläutert werden soll, wird, gewissermaßen wie in einer Überschrift, das Thema benannt: „über das *hau* des Waldes." „Hau" hat, wie wir bereits wissen, verschiedene Bedeutungen: (a1) „Vitalessenz, Lebenskraft – einer Person, eines Platzes oder Objekts", (a2) „zeremonielles Nahrungsopfer für einen *atua* (Vorfahren)", (b) „Ruhm, Reputation, Name, Prestige, Hoheit, Ansehen, Achtung, Prominenz, Zeugnis", (c1) „Wind, Hauch, Atem", (c2) „Luft, Gas", (d1) „Überschuss – über jedes Maß hinaus", (d2) „Außenwinkel, Ecke, stumpfer Winkel", (e) „Gegengeschenk für ein empfangenes Geschenk" (Moorfield 2011: Lemma ‚hau').[cxxxi] Da es um das „hau" gehen soll, können wir davon ausgehen, dass es im folgenden erläutert wird. In der Genitivverbindung mit Wald müssen wir allerdings vorerst von der Bedeutung a1 oder d1 ausgehen, da alle anderen entweder (α) eine personale Instanz voraussetzen oder nur durch Zusatzannahmen wie die, dass es im Wald (β) einen speziellen Wind, (γ) ein spezielles Gas gibt (bei Bedeutung c) oder dass es (δ) sich um einen geometrisch angelegten Wald handelt (bei Bedeutung d2), zutreffen könnten.

.../ Taua mea te hau, ehara i te mea ko te hau e pupuhi nei. $\approx$ Jenes *hau* ist nicht das *hau* das bläst (Wind). \...

Vom Sprecher wird nun die Bedeutung c1 und damit die Zusatzannahme β explizit ausgeschlossen; daraus, dass der Sprecher dies für erforderlich hält, können wir entnehmen, dass diese Bedeutung für ihn bzw. in seiner, des Sprechers, Annahme für den Hörer nahegelegen haben muss.

.../ Kaore. $\approx$ Nein.\...

---

24   Wir geben zur Kontrolle hier den Originaltext wieder, gehen aber in der Analyse zunächst und v. a. von der oben wiedergegebenen Übersetzung aus, die hier jeweils auf das Rundungszeichen folgt.

Die erste systematisierende Deutung (Gabe)

Die zurückgewiesene Annahme wird durch die Betonung der Verneinung zugleich als besonders naheliegend und besonders irrig herausgestellt; damit wird der der westlichen Kultur zugehörende Hörer als besonders von diesem Missverständnis bedroht angesprochen.

.../ Maku e ata whakamarama ki a koe. ≈ Ich werde es dir sorgfältig erklären. \...

Damit ist nochmals klargemacht, dass der Sprecher davon ausgeht, dass vor allem der Hörer der irrigen Annahme, ‚hau' bezeichne den Wind, erliegen könnte. Die westliche Kultur, der der Hörer zugehört, wird vom Sprecher offenbar als eine der naturwissenschaftlich-rationalen Auffassung begriffen, so dass wir erwarten können, dass die Bedeutungen a1 oder d1, die bisher anzunehmen sind, nicht lediglich in einem solch naturwissenschaftlichen Verständnis gemeint sind (a1: biologisch bestimmbare Lebenskraft; d1: biologisch definierbares übermäßiges Wachstum oder Überfluss an Früchten). Interessant ist, dass Marshall Sahlins in seinem Versuch, die Reziprozität ökonomisch zu begreifen, genau diesem Missverständnis unterliegt: „Das fragliche *hau* meint richtiggehend etwas wie ungefähr ‚Rendite von' oder ‚Produkt von', und das im Text über *taonga* ausgedrückte Prinzip ist, dass jeder Gewinn auf eine solche Gabe dem ursprünglichen Geber überreicht werden muss."[cxxxii] (Sahlins 1972/2004: 157; kursiv i. Orig.)

Zudem erscheint dem Sprecher der Hörer (und damit womöglich seine Kultur) als besonders unverständig, so dass es einer besonders sorgfältigen Erklärung bedarf.[25][cxxxiii] Nimmt man den Hinweis auf die Vermittlerfunktion von Best und seine Rolle beim Straßenbau hinzu (s. o., S. 95), so ist es besonders plausibel, dass der Sprecher hier Sorgfalt walten lässt: um ein Verständnis für die Sichtweise der Maori zu erreichen.

.../ Na, he taonga tou ka homai e koe moku. ≈ Nun, du hast einen (Wert-)Gegenstand, den du mir gibst. \...

Die Erklärung erfolgt im Modus der Erläuterung mittels Beispiels. Dass dabei nicht mehr vom Wald die Rede ist, lässt vermuten, dass eine Analogie verwendet werden soll, wobei es so erscheint, als ginge es nun um die Bedeutung e (Gegengeschenk); insbesondere, dass von „(Wert-)Gegenstand" die Rede ist, lässt dies vermuten. Dabei ist im Beispiel die Voraussetzung α (personale Instanz) erfüllt, es bleibt aber offen, wie diese bzgl. des „*hau* des Waldes" erfüllt sein soll.

---

25 Das hier verwendete Adverb „ata" „steht vor Verben um Sorgfalt, Bedächtigkeit oder Gründlichkeit beim Ausführen der Aktivität anzuzeigen" (Moorfield 2011: Lemma ‚ata').

.../ Kaore a taua whakaritenga utu mo to taonga. ≈ Wir schließen über deinen (Wert-)Gegenstand keine Preisvereinbarung. \...

Nun wird nochmals betont, dass es sich um ein Geschenk handeln muss, das ohne Kompensationsvereinbarung überreicht wird. Auch hier zeigt sich eine Annahme des Sprechers über die Kultur des Hörers; wie oben die naturwissenschaftliche Rationalität wird hier bei ihm eine ökonomisch-rationale Auffassung vermutet, der gegenüber der nicht-ökonomische Charakter des Gebens betont wird.

.../ Na, ka hoatu hoki e ahau mo tetehi atu tangata, ≈ Nun, wird [er] gegeben also von mir einer anderen Person, \...

Die Abtönungspartikel zu Beginn markiert, dass es nach dieser Klarstellung mit dem Beispiel weitergeht. Der geschenkte Gegenstand wird weitergegeben. Das widerspricht dem in unserer Kultur geltenden Grundsatz „Geschenktes verschenkt man nicht",[26] der ja gilt, weil, wie wir gesehen haben (s. o., S. 71) im Schenken die wechselseitige Anerkennung der Personen des Beschenkten wie des Schenkenden entscheidend sind; deshalb heißt es zur Begründung: „das wäre eine Unhöflichkeit gegen den Geber." (Berger 1895/2004: 3714) Demgegenüber steht hier offenbar der Gegenstand selbst im Fokus; entweder gibt der Sprecher ihn weiter, weil er ihm selbst lästig ist, oder weil er der „anderen Person" – aus welchen Gründen auch immer – seinerseits mit diesem Gegenstand ein Geschenk machen will. Damit würde auch die Anerkennung als Person gewissermaßen weitergereicht, vermittels des Gegenstandes über die individuelle Person hinaus ausgedehnt. Auch wenn also kein Preis vereinbart wurde, so stellt sich das Geben und Weitergeben hier eher als eine versachlichte Beziehung dar (vgl. oben zu Simmel, S. 37).

.../ a ka roa pea te wa, ≈ nachdem eine lange Zeit vergangen ist, \...

Eine lange Zeit lässt möglicherweise – zumal in einer schriftlosen Kultur – die Erinnerung an ein Ereignis verblassen. Dass der Hörer als imaginierte Person, nennen wir ihn Person A, dem Sprecher als imaginierter Person, nennen wir ihn Person B etwas gegeben hat und dieser es einer „anderen Person", nennen wir sie

---

26 Vgl.: „Gegenstände, die man als Geschenk erhalten hat, dürfen nicht wieder verschenkt werden" (Berger 1895/2004: 3714), und: „Anderseits ist es auch unpassend, etwas, was man selbst geschenkt bekam, weiter zu verschenken." (Kallmann 1891/2004: 9075) Sowie: „Ein Geschenk wieder zu verschenken ist eine Unhöflichkeit gegen jenen, der es uns gegeben hat." (Lisbeth 1908/2004: 11165)

Person C, weitergegeben hat, ist in weite Ferne gerückt. Dass der Sprecher das hier erwähnt, lässt vermuten, dass er damit die Bühne für ein Ereignis bereitet, dass zu der aus der Erwähnung des Vergehens der Zeit gespeisten Erwartung in Spannung steht.

…/ a ka mahara taua tangata ≈ erwägt diese Person, \…

Aufgrund der Relevanzregel, also der Regel, dass eine Äußerung für den Zusammenhang, in dem sie fällt, relevant ist, müssen wir annehmen, dass das Erwägen mit dem Geben und Weitergeben des Gegenstands zu tun hat; es muss sich also – entgegen der genannten Erwartung – darauf beziehen.

…/ kei a ia ra taua taonga ≈ sie hat diesen (Wert-)Gegenstand, \…

Die andere Person erinnert sich also an den Gegenstand; ihre Erwägung bezieht sich auf ihn.

…/ kia homai he utu ki a au, ≈ sie sollte mir etwas zurückgeben \…

Nicht nur, dass die andere Person etwas bezüglich des erhaltenen Gegenstands erwägt, sondern, dass sie erwägt, etwas zurückzugeben, also ein Gegengeschenk zu machen, ist überraschend für die geweckte Erwartung – zumindest nimmt der die Erzählung dramaturgisch gestaltende Sprecher dies für den Hörer an. Zudem kommt es offenbar nicht darauf an, was zurückgegeben wird – also ob es seinerseits ein (Wert-)Gegenstand *(taonga)* ist. Damit ist offensichtlich, dass hier, anders als oben versuchsweise angenommen, klar nicht die Sache im Vordergrund steht, sondern eben die Beziehung der Handlungen des Gebens und Widergebens. Diese Beziehung tritt dadurch, dass der Sprecher zunächst den Eindruck der Versachlichung erweckte, umso deutlicher hervor.

Dabei wird diese Betonung des nicht (allein) sachlichen Charakters der Beziehung durch die Pragmatische Rahmung mit motiviert sein: Tamati Ranaïpiri macht angesichts des landverbrauchenden Straßenbaus deutlich, dass Land keine Handelsware ist, die gegen einen Kaufpreis für alle Zeiten erworben werden kann. Entsprechend erläutert Linda Tuhiwai Smith: „Der Terminus ‚Handel' nimmt zumindest eine wechselseitige Transaktion an zwischen denen, die verkauften, und denen, die kauften. Er nimmt weiterhin an, dass menschliche Wesen und andere kulturelle Gegenstände Handelswaren oder Güter und tatsächlich ‚käuflich' erhältlich wären. Für indigene Völker treffen diese Annahmen nicht zu. […] einhundert Decken und fünfzig Perlen kaufen nicht hundert Millionen Hektar Land für den Rest der Ewigkeit"[cxxxiv] (1999/2012: 92).

…/ a ka homai e ia. ≈ und sie gibt mir. \…

Damit nun konnte der Hörer – in der Annahme des Sprechers – nicht rechnen: es gab keine Vereinbarung und es war eine lange Zeit vergangen – und dennoch erwidert die andere Person das Geschenk und erfüllt damit die „Logik der Gabe".[27] Allerdings stellt sich angesichts der Konstellation der drei beteiligten Personen nun die Frage, was zwischen den anderen beiden, dem Initiator (Person A) und dem ersten Empfänger (Person B), geschieht.

…/ Na, ko taua taonga i homai nei ki a au, ≈ Nun, dieser (Wert-)Gegenstand, den sie mir gibt, \…

Es folgt eine weitere Erläuterung, nunmehr bezüglich des Gegenstands, den die andere Person (Person C) der Person B gibt oder auch – vermittelt dadurch – bezüglich der Relevanz dieser Erzählung für die angekündigte Erläuterung des „*hau* des Waldes".

…/ ko te hau ≈ ist das *hau* \…

Nun verkehrt sich die Erläuterung des Beispiels in ein Rätsel, da bisher nur vom „*hau* des Waldes" die Rede war, der Wald aber im Beispiel bisher keine Rolle spielte. Welche Bedeutung von ‚*hau*' könnte nun zutreffen? Die Bedeutungen a1 („Lebenskraft"), b („Ruhm"), d1 („Überschuss") wären nur metaphorisch stimmig; die Bedeutung e („Gegengeschenk") hingegen könnte passen, der von der anderen Person gegebene Gegenstand könnte ein Gegengeschenk sein – und zwar ein Gegengeschenk für den vor langer Zeit an sie gegebenen Gegenstand. Damit würde der Sprecher verdeutlichen, dass es hier um die „Logik der Gabe" und nicht um die Logik des wirtschaftlichen Tauschs geht. Offen bleibt allerdings noch die Verbindung zum Wald.

…/ tena o te taonga i homai ra ki a au i mua. ≈ des (Wert-)Gegenstands den ich zuvor von dir erhalten und ihr gegeben habe. \…

Damit ist die obige Deutung bestätigt; interessant ist noch, dass die Identität des Gegenstandes, den die Person B erhielt und den sie weitergab, hier betont wird.

---

27 Hier liegt eine weitere Motivierung für die Betonung der vergangenen Zeit; so machen auch Kai-Olaf Maiwald und Inken Sürig deutlich, dass u. U. „eine direkte Gegenleistung die Logik der Gabe verletzt" (2018: 74); sie arbeiten allerdings nicht die Konstitutionsprinzipien dieser Logik heraus.

Dass es offenbar um die Beziehung der Handlungen des Gebens und Erwiderns geht, lässt vermuten, dass nunmehr auch die Beziehung der Person B zur Person A wieder aufgegriffen werden wird.

.../ Ko taua taonga ≈ Diesen (Wert-)Gegenstand \...

Nunmehr wird der zuvor unspezifische, in unserer Übersetzung durch das Indefinitpronomen ‚etwas' bezeichnete Gegenstand doch „(Wert-)Gegenstand" genannt. Es rückt also durch die Tatsache, dass er (von Person C) als Gegengabe an Person B gegeben wurde, dieser Bedeutungsaspekt an ihm in den Vordergrund. Die Handlung des Erwiderns hebt diesen Bedeutungsaspekt an ihm hervor.[28][cxxxv]

.../ me hoatu e ahau ki a koe. ≈ muss ich dir übergeben. \...

Woher stammt das Gebot, dass hier mit der Partikel ‚me', die es als semantisches Merkmal trägt (s. Moorfield 2011: Lemma ‚me'), zum Ausdruck kommt? Unsere vorherigen Analysen in Anschlag bringend, können wir sagen, dass durch die Gegengabe (nennen wir sie Y) die Bedeutung des ersten Gegenstands (nennen wir ihn X) als Gabe aufgedeckt wurde, wodurch deutlich ist, dass nicht die sachlichen Eigenschaften der Gegenstände im Vordergrund stehen. Damit zeigt sich aber, dass das Geben von X eine Anerkennung der Person des Empfängers bedeutete. Daraus folgt nun, dass der Empfänger diese Anerkennung seiner selbst als Person nur durch die reziproke Anerkennung der Person des Gebers würdigen kann. In dem Moment also, wo die Bedeutung von X als Gabe aufgedeckt wurde, muss die Person B als Empfänger von X ihrerseits eine Gegengabe leisten. – Warum aber muss es genau der von ihr selbst als Gegengabe von der Person C empfangene Gegenstand Y sein?

.../ E kore rawa e tika kia kaiponutia e ahau moku; ≈ Es wäre keinesfalls richtig für mich, es für mich selbst zu behalten, \...

Offenbar gibt es einen gewichtigen Grund dafür, dass die Person B den Gegenstand Y nicht behält – sei es, dass es sehr unklug wäre, sei es, dass er einer strengen Norm unterliegt.

---

28 Auch Dominique Casajus hält fest: „Es ist die Zirkulation einer Sache, die sie zu dem macht, was sie ist." (1984: 71) – Allerdings versteht er es in dem Sinne, dass die Handlung die Bedeutung des Gegenstandes per se stiftet, als sei dieser für jene lediglich eine eigenschaftslose Projektionsfläche.

.../ ahakoa taonga pai rawa, taonga kino ranei, me tae rawa taua taonga i a au ki a koe. ≈ ob der (Wert-)Gegenstand nun sehr erwünscht ist oder gegenteilig. \...

Nun macht der Sprecher nochmals deutlich, dass es weder an den Eigenschaften des Gegenstandes Y und noch an der Wertschätzung des Gegenstandes Y durch den Empfänger liegt, dass es nicht korrekt wäre, ihn zu behalten. Woran kann es aber dann liegen? Wir haben ja bereits darauf hingewiesen, dass es die Beziehung zwischen den Personen ist, die hier offenbar im Vordergrund steht. – Wenn wir uns hier einmal fragen, inwiefern die Beziehung der Personen des Beispiels etwas über das „*hau* des Waldes" erklären könnte, so müssen wir vermuten, dass der Wald selbst analog zu einer Person gedacht wird.

.../ Notemoa he hau no te taonga tena taonga na. ≈ Ich muss ihn dir übergeben, weil er ein *hau* des Gegenstands ist, den du mir gabst. \...

Hier wiederholt der Sprecher und macht nochmals deutlich, was wir schon herausgearbeitet haben: Da Y die Gegengabe zu X ist, da es also auf die persönliche Beziehung und nicht auf die Eigenschaften der Sache ankommt, muss der Empfänger von X dem Geber von X die Gegengabe Y weiterreichen – in unseren Worten: um die Reziprozität vollständig zum Vollzug kommen zu lassen.

.../ Ki te mea ka kaiponutia e ahau taua taonga moku, ≈ Würde ich diesen (Wert-) Gegenstand für mich behalten, \...

Da es dem Sprecher in der beispielhaften Beschreibung ja darum geht, das „*hau* des Waldes" zu erläutern, so expliziert er nun zum besseren Verständnis auch die Folgen der Nicht-Befolgung der strengen Norm. Was könnten diese Folgen nun sein?

Gehen wir von unserer Reziprozitäts-Deutung aus, so würde die Person B, wenn sie den Gegenstand Y behielte, die persönliche Beziehung zur Person A, welche durch Y qua Gegengabe als Reziprozitätsbeziehung aufgedeckt wurde, negieren – was zugleich eine Negation der implizierten wechselseitigen Anerkennung als Personen darstellte; diese Anerkennung aber realisiert praktisch, wie wir oben (S. 33) gesehen haben, für die Beteiligten ihre Position in dem strukturell durch ihr Objektiv-aufeinander-bezogen-Sein gestifteten Raum. Mit der Negierung der wechselseitigen Anerkennung als Personen würde diese Position zugleich negiert.

Es könnten natürlich auch Sanktionen sein, die mit der Abweichung von der strengen Norm verbunden sind, die der Sprecher hier anführt. Wir müssten uns dann der Norm zuwenden und nach ihren Geltungsgründen fragen.

.../ ka mate ahau. ≈ dann wäre ich krank/tot/ausgelöscht. \...

Die Folge, die der Sprecher hier nun benennt, erscheint uns eher wie die Wirkung einer natürlichen Ursache, denn als Folge eines sinnhaften Grundes. Allerdings ist mit der Wortbedeutung „ausgelöscht" ja durchaus die Negierung der Person als eine soziale Position einnehmend angesprochen, mit der Bedeutung „tot" u. U. ebenfalls – und darüber hinausgehend mit dem leiblichen Erlöschen. Besonders an der Bedeutung „krank" wird die erwähnte Ursache/Wirkungs-Beziehung deutlich. Was könnte aber die Ursache einer solchen Wirkung sein? Eine – vom Sprecher unverstandene – psychosomatische Folge von sozialer Ächtung oder eigenen Verzweifelns an der Verfehlung könnten wir von außen betrachtet vermuten; was aber wirkt hier aus Sicht des Sprechers?

…/ Koina taua mea te hau, ≈ So ist das *hau*, \…

Auch wenn im Maori-Original ein Rahmen-Adverb („so" in der Übersetzung) nicht wörtlich auftaucht, so findet doch ein zusammenfassender Rückverweis statt, so dass wir schließen müssen, dass im Selbstverständnis des Sprechers das *hau* die Ursache für die genannte Wirkung ist. Damit müssen wir die künstliche Trennung der verschiedenen Bedeutungen von ‚hau' (s. o., S. 96), von der wir die der Gegengabe als gültig benannten, überdenken. Auch wenn es echte Homonyme gibt, so sind die verschiedenen Bedeutungen, die mit ein und demselben Wort benannt werden, zunächst einmal auf ihren Zusammenhang hin zu prüfen. Offenbar bringt im in der Sprache niedergeschlagenen Weltverständnis der Maori-Kultur die Vitalessenz, die Lebenskraft eines Gegenstandes eine Gegengabe hervor. Wir werden sehen, dass dies die Deutung ist, die Mauss weitgehend übernimmt. Der von uns rekonstruierte Grund: die Reziprozitätsbeziehung, der man nur bei Strafe der Selbstnegation entgehen kann, wird vom Sprecher so nicht gesehen, sondern gleichsam als Ursache in den als Gegengabe gegebenen Gegenstand bzw., da er *Gegen*gabe nur ist aufgrund der vorausgegangenen Gabe, in den als Gabe gegebenen Gegenstand hineinverlagert; als dessen *hau* geht sie aus diesem hervor.

…/ hau taonga, ≈ das *hau* des (Wert-)Gegenstands,\…

Genau das markiert der Sprecher hier nochmals – für den möglicherweise unverständigen Hörer: dass es sich um das *hau* des Gegenstands X handelt.

…/ hau ngaherehere. ≈ das Wald-*hau*. \…

Offenbar ist nun für den Sprecher klar und müsste aus seiner Sicht auch für den Hörer klar sein, wie es sich mit dem „*hau* des Waldes" verhält. Aus seiner Sicht hat das Beispiel seine Erklärungsfunktion erfüllt. Obwohl der Wald nicht eine Person ist, kann es aus der Binnensicht des Sprechers als Erklärung gelten, da das Handeln ja in der Wirkung des Gegenstands selbst: seines *hau*, fundiert ist. Entsprechend muss man offenbar handeln, wenn der Wald ‚etwas gibt', wenn man also dem Wald Früchte oder anderes entnimmt.[29] Dass der Straßenbau von den Briten gewiss nicht in diesem Verständnis betrieben wurde, ist eine zusätzliche Motivierung für diese Erläuterung.

…/ Kati ena. ≈ Genug über dieses Thema. \…

Dass Tamati Ranaïpiri seine Erklärung so beendet, darf man sicher auch der Pragmatischen Rahmung zuschreiben: Es muss gesagt werden, aber die Schlüsse daraus muss der Zuhörer selbst ziehen, der Vermittler soll nicht bedrängt werden. – Dann setzt er allerdings noch einmal an, möglicherweise nachdem Best nachgefragt hat, da für ihn die Beispielerklärung nicht ausreiche:

…/ Whangainga o te hau ngaherehere. ≈ ø \…

Best lässt dies in seiner Übersetzung, die wir herangezogen haben, aus. Das Verb ‚whāngai' bedeutet ‚nähren', ‚aufziehen', ‚großziehen' (Tregear 1891: 210, Moorfield 2011: Lemma ‚whāngai'); da Tregear (ebd.) auch ‚anschwellen', ‚vergrößern' als Bedeutung angibt, macht Ranaïpiri möglicherweise deutlich, dass er seine Erklärung erweitert. Es könnte auch sein, dass er sich hier auf die Zeremonie des *whāngai hau* bezieht, die Best ohne Entsprechung im Maori-Original in dem ersten Satz seiner Übersetzung des vorhergehenden Abschnitts anführt. Jedenfalls scheint – wie gesagt möglicherweise auf Nachfrage von Best – eine weitergehende Erläuterung des „*hau* des Waldes" zu folgen.

…/ Ka whakamarama ahau ki a koe mo te hau ngaherehere. ≈ Ich werde etwas über das Wald-*hau* erklären.\…

Der Sprecher setzt neu ein, was nur heißen kann, dass die vorgängige Erklärung, die ihm selbst immanent als ausreichend erschien, dem Hörer nicht ausreicht.

…/ Ko te mauri, na te tohunga i hoatu (whakanoho) ki te ngaherehere. ≈ Der *mauri* wurde durch den *tohunga* in den Wald gegeben (im Wald plaziert). \…

---

29 Dies entspricht der Generalisierung, die wir oben angesprochen haben (s. S. 52).

Die erste systematisierende Deutung (Gabe) 105

Tregear (1891: 237) gibt für ‚mauri' die folgenden Bedeutungen an: (a) Herz, Sitz des Gefühls; (b) Pfähle aus einem bestimmten Holz, die in der *pure*-Zeremonie verwandt werden, einer Zeremonie mittels derer das von einem Vorfahren ausgehende Verbot eines Bereichs aufgehoben wird (Moorfield 2011: Lemma ‚pure'); (c) Stöckchen, das in einer Weissagungszeremonie benutzt wird; (d) heiliges Opfer; (e) Leben, Sitz des Lebens; (f) Seele; (g) Beschwörungsformel, die in der pure-Zeremonie benutzt wird; (h) 28. Tag des Mondalters. Davon passt hier zunächst nur die Bedeutung b: Es wurden offenbar Pfähle vom Priester (tohunga) im Wald plaziert. Wenn wir die vorherige Beispielerläuterung berücksichtigen, müssten nun diese Pfähle weitergereicht werden, sie entsprächen dem Gegenstand X.

…/ Na te mauri te manu i whakahua ki te ngaherehere, ≈ Es ist der *mauri* der Vögel veranlasst, im Überfluss im Wald zu sein, \…

Wir sehen, dass die Bedeutung b (Pfähle) nicht zutreffen kann; vielmehr bietet sich eher die Bedeutung e (Leben, Sitz des Lebens) an. So ist bei Hirini Mead als Bedeutung von ‚mauri' festgehalten: „Lebensfunke, die aktive Komponente die anzeigt, dass die Person lebt"[cxxxvi] (2003/2016: 395). – Elsdon Best führt zwar an anderer Stelle aus: „der Reichtum und die Fruchtbarkeit des Waldes, der Bäume, Vögel usw. ist durch das Lebensprinzip oder *mauri* eine solchen Waldes repräsentiert, welche eine immaterielle Qualität ist, aber ein materielles Symbol dieser Qualität wurde ebenfalls verwendet, und es war unter dem selben Namen bekannt. Dieses materielle *mauri* war gewöhnlich ein Stein, und er wurde sorgfältig im Wald verborgen."[cxxxvii] (1942/1977: 7; kursiv i. Orig.) Aber es bleibt doch entscheidend, dass mit dem dinglichen Plazieren des Steins als materiellen Symbols der „Lebensfunke" im Wald plaziert wird. Der Priester kann also wohl mittels seiner religiösen Funktion das Leben in den Wald geben, das seinerseits dann dort die Vögel im Überfluss hervorbringt.

…/ ka tikina atu e te tangata, ka patua, ke riro mai i te tangata. ≈ so dass sie vom Menschen erlegt und genommen werden können. \…

In übertragenem Sinne wird hier also ein Gegenstand X: das Leben, von dem Priester dem Wald und von diesem den Menschen gegeben. Wenn die Analogie des Beispiels tragen soll, müssten nun die Menschen, die das Leben entgegennehmen, indem sie die Vögel – möglicherweise als Nahrung – nutzen, dem Wald etwas zurückgeben, dass dieser dem Priester gäbe.

…/ Ko enei manu he taonga no te mauri ≈ Diese Vögel sind der (Wert-)Gegenstand von dem *mauri*, \…

Nun verlässt der Sprecher die Analogie, der *mauri*, soeben noch von dem Priester gegeben, also Gegenstand, ist nun selbst Geber – der Sache nach ist dies plausibel: das Leben als Lebenskraft verstanden, bringt die Vögel als Lebewesen hervor. So wird einmal *mauri* als Leben verstanden, das von dem Priester in den Wald gegeben wird und sich in den Vögeln realisiert, und einmal als Lebenskraft, die die Vögel hervorbringt. Dabei wird jeweils ein anderer Aspekt des *mauri* akzentuiert: einmal die Abhängigkeit vom Priester und einmal die eigenständige Kraft.

…/ raua ko te tohunga, ≈ und dem *tohunga* \…

Hier wird einerseits wieder die Rückbindung an den Priester markiert, andererseits zugleich aber die Eigenständigkeit, denn ‚raua' wird dann als ‚und' verwendet, wenn zwei zusammengehörige Personen mit Namen genannt werden oder zwei Sachen, die wie Personen verstanden werden (Moorfield 2011: Lemma ‚rāua').

…/ me te ngaherehere, ≈ und dem Wald, \…

Nun lässt sich die Analogie zu dem Beispiel aus der ersten Passage wieder herstellen, wenn sich hier die Verhältnisse auch etwas komplexer darstellen: Der Priester gibt etwas *(mauri)* in den Wald, das aber seinerseits eine immanente Kraft der Hervorbringung hat, so dass einerseits das Hervorgebrachte (Vögel) eine – aber verwandelte – Gabe des Priesters ist, andererseits durch diese Verwandlung auch als direkt von dem *mauri* hervorgebracht gedacht werden muss. Zugleich ist das Hervorgebrachte (Vögel) der (Wert-)Gegenstand des Waldes als des Mittlers, der es den Menschen weitergibt, so wie im Beispiel die Person B den von Person A empfangenen Gegenstand X an eine Person C weitergegeben hat.

…/ ara he utu mai no te taonga o te ngaherehere, ara o te mauri. ≈ das heißt, sie sind eine Erwiderung für den (Wert-)Gegenstand des Waldes, das heißt [den] des *mauri*. \…

Nun wird die Beziehung kompliziert, denn wenn die Vögel eine Erwiderung sind, so muss der Wald, der sie hervorgebracht hat, sie dem geben, der ihm etwas gegeben hat. Das kann entweder der Priester sein, der dem Wald den *mauri* gegeben hat, oder der *mauri* selbst, der für den Wald die Vögel hervorgebracht hat. Wie aber soll es eine Erwiderung sein für den Wald selbst? Dies ist nur denkbar, wenn der Wald selbst gedacht wird als hervorgebracht durch den *mauri*, verstanden als Lebenskraft. Der Wald taucht dann gewissermaßen gedoppelt auf: einmal als *Ort*, in den der *mauri* vom Priester plaziert wird, und einmal als *lebendiger Wald*, der durch den *mauri* hervorgebracht wird. Dieser lebendige Wald bringt als Gegengabe seinerseits nun die Vögel im Überfluss hervor, die auf diese Weise zugleich mittels des *mauri* hervorgebracht wurden. Der *mauri* wird also als ein umfassendes Lebensprinzip gedacht, das allerdings des Priesters als einer Art Initiators und ausführender Kraft bedarf.

.../ Koia i kiia ai kia whangaia te hau o te ngaherehere. ≈ Deswegen wird gesagt, dass dem *hau* des Waldes geopfert werden sollte. \...

Nunmehr scheint deutlich zu sein, dass der einleitende Satz (s. o., S. 104), den Best unübersetzt lässt, als eine Art Überschrift gelesen werden muss. Wenn die Analogie zu dem von Ranaïpiri zunächst angeführten Beispiel tragen soll, so müssen wir annehmen, dass die Vögel, die die Menschen dem Wald entnehmen, bereits das *hau*, also eine Gegengabe sind. Wofür? Für den *mauri*, den die *tohunga* in den Wald plazierten. Insofern muss die Übersetzung von Best hier korrigiert werden: Es geht nicht darum, dass man „dem *hau* des Waldes" etwas Nährendes zukommen lassen soll; vielmehr wird *das hau selbst* in einem Nähropfer dargebracht.[30] Es ist also, quasi spiralförmig gedacht, die Gabe der Vögel durch den Wald bereits eine Gegengabe des Waldes für den Empfang des *mauri*.

.../ Ma nga tohunga e kai, na ratou hoki te mauri. ≈ Die *tohunga* (Priester, Fachkundige) essen die Opfergaben wegen des *mauri*. \...

Das von uns soeben Dargelegte wird nun ausgesprochen: Die Priester empfangen die Opfergaben, also das *hau* des Waldes: die Vögel. Damit sind sie zugleich Geber des *mauri* als auch Empfänger der Gegengabe dazu: der Vögel, die die jagenden Menschen stellvertretend entgegennehmen.

.../ Koia i wehea ai etehi o nga manu i tunua ai ki te ahi tapu ma nga tohunga anake e kai, ≈ Deshalb werden einige der Vögel, die auf dem heiligen Feuer gekocht wurden, beiseite getan, um nur von den Priestern gegessen zu werden, \...

Somit sind die Vögel, die der Wald den Menschen gibt das *hau*, also die Gegengabe des Waldes für den *mauri*, die entsprechend von den Gebern des *mauri*: den *tohunga*, empfangen werden müssen. Es wird hier also, wie bereits gesagt, eine Reziprozitätsbeziehung zwischen Wald und Menschen gedacht, in der die Priester eine besondere Rolle einnehmen, indem sie, stellvertretend für alle Menschen,

---

30 Dem Maori-Original lässt sich die Funktion eines Dativobjekts auch nicht entnehmen; „te hau" könnte auch die Funktion eines Akkusativobjekts haben.

dem Wald etwas (zurück-)geben und von ihm eine (Gegen-)Gabe empfangen. In der Komplexität der Beschreibung wird deutlich, dass der Prozess der Reziprozität immer schon sich vollzieht.

.../ koia tera, kae hoki te hau o te taonga o te ngaherehere me te mauri ki te ngaherehere ano, ara ki te mauri. Kati ena. ≈ damit das *hau* der (Wert-)Gegenstände des Waldes, und des *mauri*, wieder in den Wald zurückkehren möge – das ist es, was den *mauri* betrifft. Genug über dieses Thema.

Die abschließende Äußerung von Tamati Ranaïpir fasst diesen Prozess noch einmal verdichtend zusammen, kann doch das *hau* des Waldes nur dann in diesen zurückkehren, wenn die es verzehrenden Priester als Gegengabe wieder den *mauri* in den Wald hinein plazieren. Darin wird das *vorgängige Aufeinander-bezogen-Sein* von Wald und Mensch gewürdigt und in einer wechselseitigen Anerkennung realisiert.

Im übrigen wird von hierher auch deutlich, dass Tamati Ranaïpiri in seinem Beispiel eine dritte Person einführen musste: So konnte er sicherstellen, dass der reziproke Prozess von Gabe und Gegengabe nicht als ökonomischer Tausch missverstanden würde. Wenn man die Pragmatische Rahmung berücksichtigt, wie wir es getan haben, handelt es sich bei dem „Eingreifen einer dritten Person" nicht um „einen dunklen Punkt"[cxxxviii] (Mauss 1923–24/1975: 24 f.). Es bedarf dann auch nicht der formalistischen Lösung des „Rätsels der dritten Person",[cxxxix] die Dominique Casajus anbietet (1984), indem er die Person B auf eine Vektorfunktion reduziert: „B selbst ist nur insofern da, als sich in ihm der Fluss [sc.: das Fließen des Gegenstands X von Person A nach Person C] vollzieht."[cxl] (a.a.O.: 69) So bleibt Casajus nämlich nur eine abstrakte Auffassung der sozialen Beziehung, obwohl er die Vorgängigkeit des Reziprozitätsprozesses zu ahnen scheint („Selbst wenn sie sich in der Form der Darbietung von Objekten vollziehen, haben die Flüsse [sc.: das Fließen des Gegenstands X von Person A nach Person C und das Fließen des Gegenstands Y von Person C nach Person A], von denen der Informant redet, als solche eine Beschaffenheit."[cxli] – a.a.O.: 70). Dabei übersieht er, was der „Existenz einer Austauschbewegung", die als „primäres Faktum erscheint"[cxlii] (a.a.O.: 74), noch zugrundeliegt: die strukturelle Reziprozität zwischen den beteiligten Personen. – Und auch Marshall Sahlins Behauptung, dass „der Maori ein religiöses Konzept durch ein ökonomisches Prinzip zu erklären versuchte"[cxliii] (1972/2004: 157), lässt sich nach unserer Analyse nicht halten, insbesondere eben nicht, wenn man die Pragmatische Rahmung berücksichtigt. Vielmehr sollte mit der Rede Ranaïpiris bei seinem Zuhörer Best offensichtlich ein Verständnis für *einen nicht auf eine ökonomische Beziehung reduzierbaren umfassenden Reziprozitätsprozess* erreicht werden.

Insofern können wir festhalten, dass die Unabschließbarkeit der Reziprozitätsbewegung paradoxerweise in der abschließenden Äußerung gelungen zum Ausdruck kommt.

3.3.3 Mauss' Deutung und Konzept der Gabe

Mauss überschreibt seinen Abschnitt über die Maori mit „Der Geist der gegebenen Sache"[cxliv] (1923–24/1975: 23); damit ist die Perspektive eingerichtet, unter der er den Prozess des Gabentauschs bei den Maori betrachtet. Dafür zieht Mauss eingangs ein Maori-Sprichwort heran, in dem „die *taonga* gebeten [werden], das Individuum, das sie annimmt, zu vernichten", wozu sie eine „Kraft in sich enthalten, für den Fall, daß das Recht und vor allem die Verpflichtung zur Gegenleistung nicht erfüllt wird."[cxlv] (ebd.; kursiv i. Orig.) Mauss' Deutung des ersten Absatzes der von Best wiedergegebenen Rede von Tamati Ranaïpiri lautet nun wie folgt:

> „Doch um den Maori-Juristen richtig zu verstehen, braucht man nur zu sagen: ,Die *taonga* und alles streng persönliche Eigentum hat ein *hau*, eine geistige Macht; Sie geben mir eins davon [sc.: von den *taonga*], ich gebe es einem Dritten; dieser gibt mir ein anderes zurück, weil er vom *hau* meines Geschenks dazu getrieben wird; und ich bin gezwungen, Ihnen diese Sache zu geben, weil ich Ihnen zurückgeben muß, was in Wirklichkeit das Produkt des *hau* Ihres *taonga* ist.'
>
> So interpretiert wird der Gedanke nicht nur klar, sondern er erscheint auch als einer der Leitgedanken des Maori-Rechts. Das, was in dem empfangenen oder ausgetauschten Geschenk verpflichtet, ist, daß die empfangene Sache nicht untätig ist. Selbst wenn sie vom Geber aufgegeben wurde, ist sie noch etwas von ihm. Durch sie hat er Macht über den Empfänger, so wie er durch sie, als ihr Eigentümer, Macht über den Dieb hat [hier bezieht Mauss sich auf eine Arbeit von Robert Hertz (1922)]. Denn das *taonga* ist beseelt vom *hau* seines Waldes, seines Ackerlandes, seines Heimatbodens, es ist wahrhaft ,eingeboren': das *hau* verfolgt jeden, der es innehat."[cxlvi] (1923–24/1975: 25; kursiv i. Orig.; kÜ)

Zunächst einmal erscheint diese Deutung wie der Versuch, das Selbstverständnis des Sprechers wiederzugeben. Warum fühlt der Empfänger einer Gabe sich zu einer Gegengabe verpflichtet? Weil er glaubt, dass die Dinge eine Macht besitzen, die ihn dazu zwingt. Dabei geht es allerdings nicht um den objektiven Aufforderungscharakter eines Dinges, wie ihn etwa Matthias Jung diskutiert (2019: 195–198), denn die konkrete Gestalt der Dinge spielt in Mauss' Deutung offenbar keine Rolle. Wenn wir unsere Analyse heranziehen, ist diese Deutung nicht weiter verwunderlich, denn im Selbstverständnis des Informanten zwingt das *hau* eines

Gegenstands den Empfänger desselben zur Gegengabe. Da, wie wir oben (S. 90) gesehen haben, Mauss von vornherein nach der „Kraft [...] in der gegebenen Sache [fragt], die bewirkt, dass der Empfänger sie erwidert" (S. cxii), scheint er aber das Selbstverständnis des Informanten als eine gültige Erklärung anzusehen. Dies wirft ihm Claude Lévi-Strauss auch vor:

> „Stehen wir hier nicht vor einem der (nicht so seltenen) Fälle, wo der Ethnologe sich vom Eingeborenen narren³¹ läßt? [...] Daß Weise der Maori sich als Erste bestimmte Probleme gestellt und sie auf eine ungemein interessante, aber kaum befriedigende Weise gelöst haben, ist nun aber kein Grund, sich vor ihrer Interpretation zu verbeugen. Das *hau* ist nicht der letzte Grund des Austausches:³² es ist die bewußte Form, in welcher die Menschen einer bestimmten Gesellschaft, in der das Problem eine besondere Bedeutung hatte, eine unbewußte Notwendigkeit erfaßt haben, deren Grund anderswo liegt." (Lévi-Strauss 1950/1974: 31; kursiv i. Orig.; kÜ)[cxlvii]

Wie kommt es nun, dass Marcel Mauss dieser Mystifizierung erliegt und nicht zwischen Selbstdeutung einer Praxis und wissenschaftlicher Rekonstruktion unterscheidet bzw. es für Letztere bei der explizierenden Paraphrase Ersterer belässt? Das Erklärungsproblem, dem Mauss sich zuwendete, ist der Doppelcharakter der Handlungen von Gabe und Gegengabe – genauer betrifft dies drei Handlungen, die sich einerseits als „drei Verpflichtungen: Geben, Nehmen, Erwidern" (1923–24/1975: 71)[cxlviii] darstellen: (a) „die Verpflichtung Geschenke zu machen" (b) „die Verpflichtung Geschenke anzunehmen" und (c) „die Verpflichtung [...], die empfangenen Geschenke zu erwidern" (1923–24/1975: 27);[cxlix] die andererseits aber, wie Mauss an verschiedenen Stellen festhält, freiwillig sind. Wie begreift er diesen Doppelcharakter, der doch in sich widersprüchlich zu sein scheint? Manchmal beschreibt Mauss ihn, ohne die Gegensätzlichkeit beider Aspekte zu benennen:

- das „gleichzeitig verpflichtender- und freiwilligerweise gegebene und verpflichtender- und freiwilligerweise empfangene Geschenk" (1923/1969: 44)[cl]
- „diese obligatorischen und freiwilligen Austausche" (1923–24/1975: 32; kÜ)[cli]
- „Feste, Märkte, die dem freiwillig-obligatorischen Austausch dienen" (1923–24/1975: 38)[clii]

---

31 Im Original heißt es „mystifier", was mit „narren" durchaus richtig übersetzt ist, worin im Französischen aber die Bedeutung ‚in eine Geheimlehre (le mystère) eingeführt werden' mitschwingt...

32 Darauf, dass Lévi-Strauss von „Austausch" („échange") spricht, und dass Hénaff dies kritisiert, haben wir oben hingewiesen (S. 68).

- „ein deutlich entwickeltes System des Austauschs in Form von freiwillig und³³ unter Zwang gegebenen, empfangenen und vergoltenen Gaben" (1923–24/1975: 116; kÜ)^cliii

Manchmal hingegen stellt er die Gegensätzlichkeit heraus:

So spricht er vom „sozusagen freiwilligen, anscheinend selbstlosen und spontanen, und doch zwanghaften und eigennützigen Charakter dieser Leistungen" (1923–24/1975: 13; kÜ);^cliv
dann heißt es: „Schließlich vollziehen sich diese Leistungen und Gegenleistungen in einer eher freiwilligen Form, durch Geschenke und Gaben, obwohl sie im Grunde streng obligatorisch sind, bei Strafe eines privaten oder öffentlichen Kriegs." (a. a. O.: 16; kÜ)^clv

Wie ist dieser Widerspruch zu denken? An einer oben bereits angeführten Stelle bietet Mauss in der Formulierung einen ersten Versuch, die Widersprüchlichkeit aufzulösen:

„In den skandinavischen und in vielen anderen Kulturen gestalten sich die Austausche und die Verträge in Form von Geschenken, die theoretisch freiwillig sind, in Wirklichkeit obligatorischerweise gegeben und erwidert werden."^clvi (1923–24/1975: 12; kÜ)

Wenn „theoretisch" im Gegensatz zu „in Wirklichkeit" verwendet wird, so ist damit zunächst einmal wohl gesagt, dass es nur gedanklich, von einem abstrakten, spekulativen Gesichtspunkt aus freiwillig ist, die Wirklichkeit dabei aber nicht genügend berücksichtigt wird (vgl. cnrtl: Lemma ‚théorie',^clvii sowie: Duden 2001: Lemma ‚theoretisch'). Aber es bleibt die Frage, warum es als freiwillig zumindest erscheint. Vergleichen wir es mit einem der anderen Phänomene von Reziprozität, die wir untersucht haben, etwa dem Grüßen. Wenn es nicht *tatsächlich* freiwillig wäre, könnte es die Selbstverpflichtung, die mit ihm einhergeht, gar nicht hervorbringen. Gleichwohl ist das Grüßen, wenn zwei Angehörige der Gattung Mensch sich begegnen – zumindest dort, wo es die praktische Kategorie des Fremden als neutralen Dritten nicht gibt – zur Vermeidung von Konflikten *obligatorisch*. Aber auch dort, wo die Kategorie des Fremden sich historisch herausgebildet hat, wird, wie wir sagten (s. o., S. 21) eine Verpflichtung übernommen; dem korrespondiert, dass es eines Aufwands bedarf, den Zustand der Neutralität herzustellen – eines Aufwands, den Philip-Lorca diCorcia und José Luis Brea interessanterweise als „Streetwork" bezeichnen und der auf den Photographien diCorcias in dem so betitelten Buch (1998) anschaulich zum Ausdruck kommt (vgl. Loer 2021 b u. d).

---

33 Absurder Weise heißt es in der deutschen Übersetzung hier „oder", womit das Problem kaschiert wird.

Selbst wenn die Kategorie des Fremden als neutralen Dritten nicht praktisch zur Verfügung steht, ist das Grüßen gleichwohl nicht nur theoretisch, sondern tatsächlich vermeidbar – wenn auch unter Inkaufnahme der allfälligen Sanktionen; damit ist es eine echte Option, eine regelkonstituierte objektive Möglichkeit. Was Mauss mit seiner Formulierung hier ausblendet, ist also die Realität der – eben nicht bloß ‚theoretischen' – Freiwilligkeit. Wir werden unten sehen, dass die Konstitution der Gattung Mensch: der Mensch als „das noch nicht festgestellte Tier" (Nietzsche 1886/1981: 69; vgl. 1887/1981: 308), die Freiwilligkeit qua Entscheidung, die zu treffen wir nicht umhin können, bedingt. Die konkreten, je besonderen Kulturen entwickeln jedoch je besondere Möglichkeiten der Gestaltung dieser Entscheidung.

Wir sehen hier also, dass Mauss nach dem fundamentalen Prinzip sucht, das die von ihm herausgestellten drei Verpflichtungen zu erklären in der Lage ist.

Auf die Verpflichtung zu geben stößt Mauss nun im Rahmen seiner Beschäftigung mit dem Potlatsch: „Die Verpflichtung des Gebens ist das Wesen des Potlatsch."[clviii] (1923–24/1975: 71; Fettdruck getilgt); dies entspricht, wie wir oben (S. 83) gesehen haben, einem Aspekt Wortbedeutung von ‚Potlatsch'. Was passiert nun, wenn man dieser Verpflichtung nicht nachkommt – denn da das Geben zugleich freiwillig ist, besteht diese objektive Möglichkeit? Mauss zitiert: „Von einem der großen mythischen Häuptlinge, der keinen Potlatsch gab, heißt es, er habe ein »verfaultes Gesicht«."[clix] (a. a. O.: 72)[34] Damit ist aufgerufen, was wir oben bezüglich des Grüßens ausgeführt haben: dass das Grüßen dem Grüßenden als Person überhaupt erst einen Ort gibt. Folgen wir dem von Mauss gegebenen Hinweis auf die Vorstellungen vom Gesicht und Gesichtsverlust in der chinesischen Kultur (ebd.), so wird dies noch deutlicher. Dort gilt: „Ein anderer Ausdruck für »*lien*-Verlust« [also Gesichtsverlust] ist *tiu-jên* – »den Menschen verlieren«. *Jên*, »Mensch«, steht hier wahrscheinlich für *jên-kê* – »Charakter«."[clx] (Hu 1944/1966: 244; kursiv i. Orig.; kÜ); und weiter: *Lien*, also Gesicht, ist die „grundsätzliche Voraussetzung der Persönlichkeit"[clxi] (a. a. O.: 260).

Nun haben wir es in den Situationen des Potlatsch allerdings nicht mit dem Aufeinandertreffen von einander unbekannten Angehörigen der Gattung Mensch zu tun. Angehörige der Gattung Mensch gehören immer auch einer spezifischen Kultur an und nur in empirisch kaum mehr anzutreffenden Ausnahmefällen sind diese Kulturen einander vollständig fremd.[35] Vielmehr kennen sich die Beteiligten meist aus alltäglichen Zusammenhängen, zumindest sind die beteiligten Gruppen einander bekannt. Warum steht also „wirklich die *persona* [...] auf dem Spiel"[clxii]

---

34 Vgl. die oben (S. 81) zitierte Bestimmung der Encyclopaedia Britannica.
35 Dass mit dem Verschwinden dieser Ausnahmefälle wir auch eine wichtige Möglichkeit der Erkenntnis unserer selbst verlieren, beklagt Claude Lévi-Strauss in den Erinnerungen an seine Feldforschung in Brasilien (1955/1978, 1955/1984).

(Mauss 1923–24/1975: 72; kursiv i. Orig.)? Vergegenwärtigen wir uns nochmals die Situationen, in denen ein Potlatsch veranstaltet wird; wir hatten oben (S. 86) darauf verwiesen, dass es Anlässe sind wie die Namensvergabe an Kinder, Heirat, Übertragung von Rechten und Privilegien und Trauer um die Toten. Was kennzeichnet diese Situationen? Es handelt sich offenbar um Situationen, in denen etwas Neues in die Welt tritt. Solche Situationen müssen wir in einem analytischen Sinne als Krisensituationen begreifen: Κρίσις heißt Scheidung, Auswahl und eben Entscheidung (Gemoll 1954/1979: 453; vgl. Oevermann 2008/2016: 64). Man könnte den Menschen überhaupt als ζῷον κρῖνον, also ‚entscheidendes Lebewesen', bezeichnen, da er nicht umhin kann Entscheidungen zu treffen.[36] Es sind Krisensituationen, da hier Entscheidungen getroffen werden müssen, in denen das Alte verlassen und das Neue gestaltet wird. In solchen Krisensituationen müssen sich die beteiligten Personen im sozialen Raum neu zueinander verorten, also in ihrem sozialen Ort neu bestimmen. Das Geben von Gaben, das ein Potlatsch darstellt, ist der initiale Akt dieser Neuverortung. Aufschlussreich wäre es, zu untersuchen, warum diese Form der Krisenbewältigung „von den amerikanischen Indianern der nordwestlichen Pazifikküste [herausgebildet und] institutionalisiert wurde"[clxiii] (Encycl. Brit. 2014, Lemma ‚potlatch'). Uns geht es hier allerdings nicht um die kulturspezifische Ausprägung, sondern um den allgemeinen Aspekt, der in dieser Handlung des Gebens zum Ausdruck kommt: Initiierung eines Reziprozitätsprozesses. Auf diesen zielt auch Marcel Mauss ab, wenn er über die „Pflicht des Gebens" sagt: „das Studium dieser Pflicht könnte Klarheit darüber schaffen, auf welche Weise die Menschen zu Austauschenden geworden sind."[clxiv] (1923–24/1975: 28) Mauss macht damit zugleich klar, dass dem möglicherweise zum materiellen Überleben wichtigen Austausch von in ihrem Gebrauchswert differenten Gegenständen noch eine, man könnte sagen: zum – in der Gattung Mensch nur als kulturellem möglichen – Leben unabdingbare, Reziprozitätsbeziehung zugrunde liegt.

Betrachten wir noch, wie Mauss an der genannten Stelle fortfährt: „Sich weigern, etwas zu geben, es versäumen, jemand einzuladen […], kommt einer Kriegserklärung gleich; es ist das Verweigern der Freundschaft und der Gemeinschaft."[clxv] (ebd.; kÜ) Daran wird deutlich – ohne aber dass Mauss dies herausarbeitete –, dass die Initiierung des Reziprozitätsprozesses seinerseits nicht aus dem Nichts erfolgt. Wenn wir unsere vorausgehenden Analysen berücksichtigen, können wir sagen: Nur wenn eine Situation des Objektiv-aufeinander-bezogen-Seins vorliegt, besteht die Unumgänglichkeit einer Entscheidung zwischen den Optionen der konkreten Realisierung dieses Aufeinander-bezogen-Seins durch

---

36 An anderer Stelle habe ich eine vergleichbare Bezeichnung vorgeschlagen: ‚animal decernens' (Loer 2007 b: 33).

Gabe oder Verweigerung (oder „zivile Unaufmerksamkeit"[clxvi] – Goffman 1963/66: 83–88). Die Gabe, die einen positiv gestaltenden Reziprozitätsprozess initiiert, ist also bereits Antwort auf ein Entscheidungsproblem, das seinerseits, so können wir sagen, durch strukturelle Reziprozität (s. o., S. 30) gestiftet wird.

Wenden wir uns nun der zweiten Verpflichtung zu, der „Pflicht des Nehmens", zu der, so Mauss, „Material [...] ohne Mühe in großer Fülle zu finden" sei[clxvii] (Mauss 1923–24/1975: 27). Auch diese Pflicht lässt sich beim Potlatsch beobachten, wo ihre Verletzung „bedeutet, daß jemandes Name »an Gewicht verliert«"[clxviii] (a. a. O.: 76). Wiederum geht es also um die Person, ihre Verortung im sozialen Raum, für die ja der Name steht.

Eine ausführliche Behandlung von Begriff und Sache des Namens würde hier zu weit führen. Dass der Name für die Person steht, liegt aber auf der Hand; dass er mit der Sache der Reziprozität zu tun hat, liegt ebenfalls nahe. Es sei als Anregung auf folgende Bemerkung Tilman Borsches verwiesen, der auf zwei sehr aufschlussreiche Verwendungsweisen des vom griechischen Wort für Name (ὄνομα) abgeleiteten Verbs bei Homer hinweist: „die stehende Wendung zur Einleitung einer wörtlichen Rede, in der ὀνομάζειν im Sinne von ‚jemanden ansprechen' gebraucht wird [Ilias 6, 253. 406. 485; Odyssee 8, 194, 291 u. ö.], und ὀνομάζειν im Sinne von ‚[Gaben] verheißen' [Ilias 9, 515; 18, 449]." (Borsche 1984: Sp. 365) – Auch Claude Lévi-Strauss macht auf die Bedeutung der Vergabe des Eigennamens aufmerksam: „wenn man einem Individuum einen Eigennamen gibt, reiht man ihn in eine objektiv oder subjektiv bestimmbare Klasse ein: man bezeichnet ihn also oder man bezeichnet sich selbst durch ihn."[clxix] (Lévi-Strauss/Hénaff 2004: 102 f. [CLS])

Wir können hier nun unsere Analyse des Grüßens heranziehen, denn mit der Gabe wird ja, wie mit dem initialen Grüßen, die wechselseitige Anerkennung der beteiligten Personen – auch wenn es sich um Personenkollektive[37] handelt – eröffnet; dies zu verweigern würde, wie im Nicht-zurück-Grüßen, deren Zurückweisung bedeuten, das Durchstreichen der wechselseitigen Anerkennung.

Schließlich: „Die Pflicht des Erwiderns ist der ganze Potlatsch, in dem Maße, in dem er nicht in reiner Zerstörung besteht."[clxx] (Mauss 1923–24/1975: 77; kÜ; Fettdruck getilgt) Mauss bemerkt hier auch, dass die Zerstörungen sehr „häufig den Charakter eines den Geistern dargebrachten Opfers haben"[clxxii] (a. a. O.: 78); dies wäre im Rahmen der Analyse des „es gibt" (s. o., S. 52) zu berücksichtigen. „Die Verpflichtung des würdigen Erwiderns ist zwingend. Man verliert für immer sein »Gesicht«, wenn man nicht erwidert"[172] (a. a. O.: 78; kÜ). – Hier wird die Folge beschrieben, die die Verletzung der Verpflichtung des Erwiderns mit sich

---

37 Insofern können wir die oben (S. 15) zitierte Bestimmung Robert Spaemanns erweitern: Es geht *generell* um *Lebenspraxen,* die „auf [...] unverwechselbare Weise das Allgemeine selbst sind." (Spaemann 1996/2006: 29; kursiv i. Orig.)

bringen würde, und es zeigt sich wieder (s. o., S. 112), dass es um das Bestehen der Person geht. Bei Mauss bleibt aber die Frage offen, was den Zwang bewirkt. Er thematisiert hier in der Folge die Sanktionen, die beim Potlatsch vorkommen können; würde man allerdings davon ausgehen, dass es um die Vermeidung der Folgen geht, so wäre damit noch nicht erklärt, wodurch diese Folgen legitimiert sind. Es handelt sich ja nicht um positives Recht – und selbst dieses wäre nur die Kodifizierung einer Norm, die ihrerseits einen Geltungsgrund für sich beanspruchen müsste (vgl. hierzu Loer 2008).

Und so verwundet es nicht, dass Mauss „diese Analyse noch weitertreiben"[clxxiii] will (Mauss 1923–24/1975: 80; kÜ), denn ein Prinzip, auf dem diese zugleich obligatorischen und freiwilligen Verpflichtungen gründen, konnte er bisher noch nicht bestimmen. Hierfür wendet er sich nun dem *hau* der Maori zu, dem er, wie wir oben (S. 109) gesehen haben, Erklärungskraft zuerkennt.

Wenn Mauss nun die „Kraft der Dinge"[clxxiv] (a. a. O.: 80) als Lösung für das Erklärungsproblem der drei Verpflichtungen erachtet, indem er das *hau* als wirkendes Prinzip annimmt, lässt er sich, wie Lévi-Strauss zu Recht bemerkte (s. o., S. 110), von der Selbstdeutung des Eingeborenen mystifizieren. Die Voraussetzung dafür, dass er der Mystifizierung erliegt, ist nun, dass Mauss das Erwidern als einzelnen Akt ins Zentrum seiner Erklärung setzt; und diese wiederum ist nur bei einer elementaristischen Betrachtung möglich. Dass Mauss eine solche vornimmt, ist aber umso verwunderlicher, als er selbst an anderer Stelle – worauf Lévi-Strauss im Zusammenhang mit seiner erwähnten Kritik ebenfalls hinweist – festhält: „Die Einheit des Ganzen ist jedoch viel realer als jedes der Teile. […] Unsere Analyse abstrahiert sie [sc.: ihre Elemente], doch sie sind eng und auf notwendige Weise miteinander verbunden."[clxxv] (Mauss/Huber 1902–03/1974: 120) So sind hier das Geben, das Nehmen und das Erwidern eben auch nicht als Elemente, sondern in der „Einheit des Ganzen", in ihrer vorgängigen Verbundenheit wirklich; und zwar sowohl historisch, nämlich als – wie wir oben sagten – Glied in einer Kette von Erwiderungen und Gegenerwiderungen (S. 91), als auch konstitutiv. Dies trifft auch zu, wenn hier die Elemente in der Realität – anders als die Elemente der magischen Zeremonien, auf die Mauss sich an der zitierten Stelle bezieht – sukzessive aufeinanderfolgen, denn keines von ihnen ist ohne das vorhergehende und das nachfolgende – und, so müssen wir hinzufügen, ohne das vorgängige Aufeinander-bezogen-Sein – bestimmbar.

Es geht also nach wie vor um die Bestimmung der Einheit des Reziprozitätsprozesses und um sein konstitutives Prinzip, das die Einheit des freiwilligen und obligatorischen Charakters der beteiligten Handlungen stiftet.

Claude Lévi-Strauss, der Mauss ja wegen der Mystifizierung kritiserte (s. o., S. 110), sagt: gewöhnlich „erweist sich das primitive Denken als glaubwürdiger als gewisse Soziologen."[clxxvi] (1949/1984; 605) Wenn es bei Mauss dementsprechend über die gegebene Sache heißt (s. o., S. 109): „Selbst wenn sie vom Geber aufgegeben wurde, ist sie noch etwas von ihm" (1923–24/1975: 25; kursiv i. Orig.), und er darin die „Macht über den Empfänger"[clxxvii] (ebd.) begründet sieht, so zeigt sich dass er „das primitive Denken" aufnimmt, aber diese Macht gleichwohl *nicht lediglich der Sache* selbst zuschreibt. Damit entmystifiziert er sie in gewisser Weise und deutet in die Richtung der Reziprozität als Aufeinander-bezogen-Sein der beteiligten *Personen*. Zu Recht gilt er als derjenige Forscher, der die Sache der Reziprozität zum Thema gemacht hat. Nur benötigt er begrifflich einen Platzhalter, da es ihm noch nicht gelingt, dieses Aufeinander-bezogen-Sein als vorgängig fundamentales aufzudecken und als in je kulturspezifischen Regeln realisiertes zu rekonstruieren. Dass er als Platzhalter einen Begriff aus dem Selbstverständnis der untersuchten Kultur wählt: den des *hau*, statt die Sache in einen eingeführten Begriff zu zwängen wie Prokrustes die Wanderer in sein Bett, weist ihn als gründlichen Forscher und behutsamen Theoretiker aus.

3.4 Theoretische Explikation (Inzestverbot und Exogamie)

„Anderswo, sehr weit von hier!"[clxxviii]

(Baudelaire 1861/1975: 245)

Claude Lévi-Strauss[38] hatte in seiner Kritik an Mauss (s. o., S. 110) gesagt, dass mit dem Selbstverständnis der Angehörigen einer Gesellschaft eine „unbewußte Notwendigkeit erfaßt" werde, „deren Grund anderswo liegt." (Lévi-Strauss 1950/1974: 31)[clxxix] Wo mag nun dieser andere Ort sein? Was ist Lévi-Strauss' Antwort auf diese Frage?

Wir hatten oben (S. 15 f.) ausgiebig die Passage zitiert, in der er den Tausch von Wein in südfranzösischen Restaurants beschreibt und analysiert. Im Zusammenhang mit ihr findet sich eine erster Hinweis auf die theoretische Ableitung der Gabe-Beziehung, wenn es heißt:

„man wird vielleicht vor dem nahegelegten Vorschlag zurückschrecken, daß die Abneigung eines Bauern aus Südfrankreich, sein eigenes Fläschchen Wein zu trinken, das Modell liefert, nach dem sich das Inzestverbot herausgebildet hat. […] Trotzdem glauben wir, daß beide Phänomene gleichen Typs darstellen, daß sie Elemente eines selben kulturellen Komplexes oder genauer des Grundkomplexes der Kultur sind."[clxxx] (Lévi-Strauss 1949/1984: 118 f.; kÜ)

---

38 Zu Person und Werk s. Loyer 2017; dazu Loer 2019.

Theoretische Explikation (Inzestverbot und Exogamie)

Was hat es mit dem Inzestverbot auf sich? Unter Inzest versteht man bekanntermaßen in engerem Sinne „heterosexuelle Beziehungen zwischen Angehörigen der Kernfamilie"[clxxxi] (Schneider 1964: 322). Allerdings hat die anthropologische Forschung gezeigt, dass in verschiedenen Kulturen auch die sexuelle Beziehung zu Angehörigen erweiterter Verwandtschaftskreise als Inzest gilt, dass also die Bestimmung „meist auch auf wenigstens einige Verwandte zweiten und dritten Grades" (Bischof 1973: 117) zutrifft. Da die Zugehörigkeit zur Verwandtschaft ihrerseits kulturell unterschiedlich festgelegt ist, kann nicht einmal die Kernfamilie rein biologisch bestimmt werden. Interessant ist, dass dies auch dann gilt, wenn die kulturelle Bestimmung in biologischen Kategorien (leibliche Eltern, leibliche Kinder, leibliche Geschwister) erfolgt. So weist Edvard Westermarck auf ein entsprechendes eindrückliches Phänomen hin: „Bei den Bohindu, einem Stamm in Belgisch Kongo, der zu den Basongo Meno gehört, wird gesagt, dass Kinder, die im gleichen Dorf am gleichen Tag geboren wurden, einander *ishoke* sind, und sie werden als Zwillinge angesehen und dürfen folglich einander nicht heiraten."[clxxxii] (1891/1921: 157; kursiv i. Orig.)

Obwohl also die Zugehörigkeit zur Verwandtschaft ihrerseits kulturell unterschiedlich festgelegt ist, ist das Inzestverbot ein universelles Phänomen. Damit gehört es zu einer interessanten Gruppe von Phänomenen: solchen die *universell* und *zugleich kulturell* sind. Das Inzesttabu ist das erste dieser Phänomene, das genau unter diesem Gesichtspunkt thematisiert wurde – und zwar von Claude Lévi-Strauss:

> „Wir sind [...] mit einer Tatsache oder besser mit einer Gesamtheit von Tatsachen konfrontiert, die [...] nahezu als ein Skandal erscheinen: wir meinen die komplexe Gesamtheit von Glaubensvorstellungen, Bräuchen, Vorschriften und Institutionen, die man zusammenfassend mit dem Namen »Inzestverbot« bezeichnet. Denn das Inzestverbot weist ohne allen Zweifel und unlösbar vereint die beiden Merkmale auf, die wir als die gegensätzlichen Attribute zweier einander ausschließenden Ordnungen erkannt haben: es bildet eine Regel, jedoch eine Regel, die als einzige unter allen gesellschaftlichen Regeln zugleich einen Charakter der Universalität besitzt."[clxxxiii] (1949/1984: 52 f.; kÜ)[39]

Und dann hält er die fundamentale Bedeutung, die das Inzestverbot hat, fest:

---

39 Auf die Behauptung, dass das Inzestverbot die einzige Regel sei, auf die dies zutrifft, werden wir noch zurückkommen müssen (s. u., S. 153); Lévi-Strauss selbst stellt die Universalität auch der Reziprozität heraus (s. die folgenden Absätze).

„Das Inzestverbot ist weder rein kulturellen noch rein natürlichen Ursprungs; es ist auch keine Mischung von zusammengewürfelten Elementen, die teils der Natur, teils der Kultur entlehnt sind. Es ist der grundlegende Schritt, dank dem, durch den und vor allem in dem sich der Übergang von der Natur zur Kultur vollzieht."[clxxxiv] (1949/1984: 73; kÜ)

Liegt hier also der andere Ort, an dem die ‚unbewusste Notwendigkeit' der Verpflichtungen des Gebens, des Nehmens und des Erwiderns gründet?

Zunächst macht Lévi-Strauss mit bezug auf Marcel Mauss deutlich, dass es sich bei dem Gabentausch – speziell hat er hier den Potlatsch im Blick – „um ein universales Kulturmodell [handelt], auch wenn es nicht überall in gleichem Maße entwickelt ist."[clxxxv] (Lévi-Strauss 1949/1984: 108) Dies zeigt er auch an dem oben (S. 15 f.) zitierten Beispiel aus Südfrankreich und hebt dann hervor, dass „jeder soziale Kontakt einen Appell beinhaltet und dieser Appell eine Hoffnung auf Antwort ist."[clxxxvi] (a. a. O.: 117; kÜ) Insofern hält Lévi-Strauss so an dem universellen konstitutiven Charakter des „Prinzips der Reziprozität", das er als in je kulturspezifischen Regeln realisiertes rekonstruiert, fest; woher aber stammt der „Appell"? Implizit ist hier ein vorgängiges fundamentales Aufeinander-bezogen-Sein der Angehörigen der Gattung Mensch aufgerufen. Aber es gelingt Lévi-Strauss nicht, dies begrifflich zu fassen.

Ziehen wir einen weiteren Text von ihm heran, indem er eine Situation beschreibt, die homolog zu der für die südfranzösischen Restaurants beschriebenen ist. Es geht dort um das Aufeinandertreffen von zwei Gruppen der Nambikwara,[40][clxxxvii] „die voneinander wissen, dass sie in der Nachbarschaft sind":

„Sie fürchten die Kontaktaufnahme und zugleich wünschen sie sie. Eigentlich können sie sich nicht zufällig begegnen, denn seit mehreren Wochen lugen sie auf den senkrechten Rauch ihrer Lagerfeuer, der sich, perfekt aus mehreren Dekaden von Kilometern wahrnehmbar, in der Mitte des klaren Himmels der kalten Jahreszeit erhebt; und das ist eines der beeindruckendsten Schauspiele der Territorien der Nambikwara, dass diese Rauchsäulen, plötzlich, gegen Abend, einen Horizont bevölkern, den man für wüst gehalten hat. Ist die Gruppe, die sich nähert freundlich oder feindlich? Man ignoriert sie und man diskutiert lange darüber, wie man sich benehmen soll. Über

---

40 „Sammel-Bez. für die indian. Völker der Anũsú (780 Menschen), Nakayandé (150) und Kolomisí (20) in den brasilian. Bundesstaaten Mato Grosso und Rondônia. Umsiedlungen, Straßenbau und staatl. Siedlungsprojekte brachten die zu Beginn des [20.] Jahrhunderts noch recht zahlreichen Stämme an den Rand der Ausrottung." (Brockhaus 1998·15: 355) „Einst auf mehr als 20 000 geschätzt, wurde die Bevölkerung durch eingeführte Krankheiten zugrunde gerichtet; sie ist bei Beginn des 21. Jahrhunderts auf mehr als 1 000 Individuen angewachsen." (Encycl. Brit. 2014, Lemma ‚Nambicuara')

Tage oder Wochen bemüht man sich, eine zumutbare Distanz zwischen den Feuern einzuhalten, dann eines Tages, wenn der Kontakt so unvermeidlich wie wünschenswert erscheint oder notwendig, verteilen sich die Frauen und die Kinder im Busch und die Männer brechen auf um dem Unbekannten die Stirn zu bieten."[clxxxviii] (Lévi-Strauss 1948: 91)

Es soll diese Situation hier nicht im Detail analysiert werden (s. o., weitere Forschungsmöglichkeit, S. 27, Fn. 33). Auch wenn die beiden Gruppen sich ,ignorieren', so ist dies, wie wir oben (S. 22) gesehen haben, ein Aufeinander-Bezugnehmen. Dass irgendwann „der Kontakt so unvermeidlich wie wünschenswert [...] oder notwendig erscheint", macht deutlich, dass sie nicht umhin können, das fundamentale Aufeinander-bezogen-Sein, die strukturelle Reziprozität zu gestalten – sei es durch die Erklärung der Feindschaft, sei es durch das Anerbieten der Brüderschaft, wozwischen offenbar bei der ersten Begegnung changiert wird (vgl. a. a. O.: 92). Vergleichen wir diese Situation einmal mit einer Situation räumlicher Nähe von einer Gruppe der Nambikwara und einer Schar Halsband-Wehrvögel, die in demselben Territorium leben: Ein Nichtbeachten dieser Vögel, auch wenn ihre lauten Schreie (wenn auch nicht, wie die Rauchsäulen von Lagerfeuern „aus mehreren Dekaden von Kilometern", so doch) über mehr als drei Kilometer weit wahrnehmbar sind, ist ohne Weiteres denkbar; ebenso wäre ein rein instrumenteller Umgang der Nambikwara mit den Vögeln möglich. Es liegt auf der Hand, dass in Bezug auf die Vögel kein vorgängiges fundamentales Aufeinander-bezogen-Sein vorliegt, was aber in dem Beispiel der beiden Nambikwara-Gruppen als Angehöriger der Gattung Mensch aufgerufen ist.

Wie lösen die Nambikwara nun das Problem der Bestimmung der jeweils anderen Gruppe? Zunächst bedrohen sich die Gruppen gegenseitig, was sich steigert und zu einem Kampf zu werden droht (a. a. O.: 92 f.). Wenn dieser vermieden wird, so hat „das Treffen der beiden Gruppen [...] eine Serie von reziproken Geschenken zur Folge; der stets mögliche Konflikt macht einem Markt Platz."[clxxxix] (a. a. O.: 93) Lévi-Strauss beschreibt einen „mysteriösen Kreislauf von Waren, der ohne Eile während des Verlaufs eines halben oder eines ganzen Tages stattfindet"[cxc] (ebd.). Indem die Nambikwara-Gruppen also zunächst Feindseligkeiten und dann Güter austauschen, geben sie sich gegenseitig in ihrem gemeinsamen Universum einen Ort: als Feinde oder als Freunde, die sich verstehen (vgl. a. a. O.: 92).

Aus dem Kontext der Beschreibung des Aufeinandertreffens der beiden Nambikwara-Gruppen geht hervor, dass die Rede von ,Markt' hier metaphorisch ist: „Und wenn man sie [sc.: die gegenseitigen Leistungen] als Austausch betrachtet, so erfolgen sie ohne jedes Feilschen"[cxci] (ebd.). „Es handelt sich also sehr wohl um gegenseitige Gaben und nicht um Handelsgeschäfte."[cxcii] (1949/1984: 127). Und wenn Lévi-Strauss stets von „Austausch" („échange") spricht, was Hénaff ihm als missverständlich vorwirft (s. o., S. 68; vgl. auch seine Überraschung über die konstante Verwendung des Terminus durch Marcel Mauss, s. o., S. 89), so ist dies nicht als ein Zugeständnis an ökonomische Deutungen der Reziprozität, wie Marshall Sahlins sie vertritt, zu sehen; vielmehr benutzt Lévi-Strauss diesen Ausdruck, um den Charakter der damit benannten Beziehung als „fait social total" (a. a. O.: 107), also als totale soziale Tatsache, zu markieren und ein reduziertes Verständnis gerade zu vermeiden: „Der Austausch, ein totales Phänomen, ist zunächst ein totaler Austausch"[cxciii] (a. a. O.: 118; kÜ). Dass eine Reduktion aufs Ökonomische nicht trägt, macht Lévi-Strauss mehrfach explizit deutlich, etwa wenn er hervorhebt, dass für „alle rituellen oder profanen Unternehmungen, in deren Verlauf Gegenstände oder Produkte gegeben oder empfangen werden" gilt, „daß diese Geschenke nicht hauptsächlich oder jedenfalls nicht ihrem Wesen nach zu dem Zweck angeboten werden, einen Nutzen oder Vorteile ökonomischer Natur daraus zu ziehen."[cxciv] (a. a. O.: 109; kÜ) Was er dann weiter ausführt, könnte allerdings vermuten lassen, dass er einer rationalistischen Reduktion das Wort redet, die den Gabentausch auf vorkoloniale Kulturen beschränkt und in modernen Gesellschaften allenfalls als ein Überbleibsel begreift. So heißt es: „Denn für das primitive Denken liegt in dem, was wir ein »Gebrauchsgut« nennen, etwas ganz anderes als das, was es für seinen Besitzer oder seinen Händler vorteilhaft macht."[cxcv] (ebd.)[41] Undialektisch könnte hier nun angenommen werden, dass in der modernen rationalen Gesellschaft der Gabentausch lediglich noch als Randphänomen auftaucht. Lévi-Strauss führt allerdings über mehrere Seiten (a. a. O.: 111–118; vgl. o., S. 15 u. S. 63) Praktiken auf, die in der modernen Gesellschaft überall verbreitet sind und schließen lassen: „auch hier befinden wir uns […] mitten im Gebiet der Reziprozität."[cxcvi] (a. a. O.: 112; kÜ)

Was aber hat dies nun mit dem Inzestverbot zu tun? Lévi-Strauss stellt fest: „Wie die Exogamie ist auch das Inzestverbot eine Reziprozitätsregel: ich verzichte auf meine Tochter oder meine Schwester nur unter der Bedingung, daß mein Nachbar dasselbe tut."[cxcvii] (a. a. O.: 120; kÜ) Beides zusammen führt in der Begegnung von Gruppen oder Stämmen eines Volkes, die dem bei den Nambikwara beschriebenen Aufeinandertreffen zunächst vergleichbar sein mag, dazu, dass aus zunächst Feindseligkeiten, dann Gaben austauschenden Gruppen solche werden, die durch Austausch von Frauen[42] in eine zunehmend dauerhafte Verwandtschaftsbeziehung treten. Denn wenn der Inzest verboten und damit die

---

41 Lévi-Strauss bildet hier ein Wortspiel mit den Ausdrücken ‚commodité', was hier als Fachterminus genommen und als ‚Gebrauchsgut' übersetzt ist, und ‚commode', was eigentlich ‚bequem' heißt, hier aber wohl zum besseren Verständnis als ‚vorteilhaft' übersetzt wurde.

42 Max Weber hat diesen Zusammenhang offenbar auch bereits gesehen (vgl. 1922/1985: 219, wo er ihn mit dem Terminus „Frauentauschkartelle" benennt).

Endogamie ausgeschlossen ist, bedarf es einer anderen Gruppe mit der Heiratsbeziehungen eingegangen werden. Damit geben sie sich – um unsere obige Formulierung aufzugreifen – gegenseitig in ihrem gemeinsamen Universum einen dauerhaften Ort: als wechselseitig aufeinander bezogene „Heiratsklassen"[cxcviii] (a. a. O.: 37 u. pass.) und damit als Gruppen, zwischen denen bestimmte verwandtschaftliche Beziehungen bestehen, womit auch der jeweils eigene Ort im gemeinsamen Universum bestimmt ist. Dabei ist festzuhalten, dass bei dem konkreten Akt der Heirat die Beziehung zwischen den Beteiligten durch weitere Gaben aller Art bestätigt und befestigt werden. „Doch die Beziehung, die zwischen der Heirat und den Festgaben besteht, ist nicht willkürlich: die Heirat ist selbst ein inhärenter Bestandteil der sie begleitenden Leistungen; sie bildet lediglich deren zentrales Motiv."[cxcix] (a. a. O.: 122; kÜ) Heirat als dieses zentrale Motiv des Austauschs ist zentral für den Vollzug der Reziprozität zwischen den beteiligten Gruppen; und es ist der Austausch von Frauen, der aus dem vorgängigen Aufeinander-bezogen-Sein eine *dauerhafte* reziproke Beziehung eröffnet: Jede „neue Heirat lässt alle Heiraten wieder aufleben, die sich zu anderen Zeiten und an anderen Punkten der Sozialstruktur vollzogen haben, so daß sich jede Verbindung auf alle anderen stützt und ihnen in dem Augenblick, da sie sich etabliert, einen Wiedergewinn des Wirkens verschafft."[cc] (a. a. O.: 124; kÜ)

Darauf, dass zudem der Zusammenhalt der Inzest vermeidenden Gruppe selbst davon abhängt, kann hier nicht eingegangen werden; es sei nur mit Georges Devereux darauf verwiesen: „Ein inzestuöses Paar trennt sich genauso wie eine geizige Familie automatisch vom Muster des Gebens und Nehmens der Stammesexistenz ab; es ist ein Fremdkörper – oder zumindest ein inaktiver – im sozialen Körper. […] Inzestuöse Paare scheitern daran, an dem erotischen (im Freudschen Sinne) Gemisch teilzunehmen, das den Stamm zusammenbindet. Würde Inzest toleriert, würde der Stamm in kleine Gruppen auseinanderfallen und dadurch seine Existenz aufs Spiel setzen. Wäre Inzest erlaubt, würde der soziale Zusammenhalt, die bloße Formation sozialer Gliederungen unmöglich."[cci] (1939: 529)

In seiner umfangreichen Untersuchung der Heiratsklassen in den verschiedensten Kulturen und der „Heiratstypen"[ccii] (a. a. O.: 38 u. pass.) arbeitet Lévi-Strauss nun v. a. zwei unterschiedliche Haupttypen heraus: die Heirat der Parallelkusinen, also eines Mannes Heirat mit einer Tochter von Vaterbruder oder Mutterschwester, und die Heirat der Kreuzkusinen, also eines Mannes Heirat mit einer Tochter von Vaterschwester oder Mutterbruder. Bei letzterem Typus ist es wiederum der letztgenannte Untertypus, also der matrilaterale, der gemäß den Analysen von Lévi-Strauss die maximale Form des Austauschs ermöglicht. Wir können hier auf diese Analysen nicht eingehen und müssen dazu auf das Studium von Lévi-Strauss' Schrift selbst verweisen. Es sei nur festgehalten, dass bei dem Haupttypus der Heirat von Parallelkusinen ein direkter Tausch stattfindet:

Nehmen wir an y♂, also ein männlicher Angehöriger der Y-Gruppe, heiratet z♀, eine Parallelkusine der Z-Gruppe, dann kann im Gegenzug z♂, ein männlicher Angehöriger der Z-Gruppe, der der Bruder von z♀ wäre, die Schwester von y♂, also y♀ heiraten. Bei der Heirat von Kreuzkusinen hingegen – nehmen wir hier den matrilateralen Untertypus – kann, wenn a♂, also ein männlicher Angehöriger der A-Gruppe, eine Kreuzkusine der B-Gruppe und zwar die Tochter des Mutterbruders, also b♀, heiratet, im Gegenzug nicht der Bruder von b♀, also b♂, eine Tochter der Vaterschwester, also a♀ heiraten. Vielmehr muss b♂ seinerseits eine Tochter seines Onkels mütterlicherseits heiraten, wobei dieser Onkel und diese Kreuzkusine etwa der C-Gruppe angehören, sie also c♀ ist. Erst der Bruder von c♀ kann dann wieder ein Mitglied der A-Gruppe heiraten, nämlich dann, wenn der Onkel mütterlicherseits der Geschwister c♀ und c♂ der Vater von a♀ (und a♂) wäre.[43] Damit handelt es sich nicht um einen direkten Austausch zwischen der A-Gruppe und der B-Gruppe (wie er aber bei der Y- und der Z-Gruppe vorliegt), sondern um einen verallgemeinerten oder generalisierten Austausch, wie Lévi-Strauss das nennt (a.a.O.: pass.), in den mindestens noch eine C-Gruppe, möglicherweise aber noch viele weitere Gruppen eingebunden sind. Diesen Heiratstypus nennt Lévi-Strauss die „subtilste aber auch zerbrechlichste Form der Reziprozität"[cciii] (a.a.O.: 610) und zugleich „vom logischen wie vom psychologischen Gesichtspunkt aus die einfachste und auf derbe Weise konkreteste Anwendung des Prinzips der Reziprozität"[cciv] (a.a.O.: 603; kÜ). Auf diese Weise treten diese Gruppen – vergleichbar den drei beteiligten Personen in dem Beispiel von Tamati Ranaïpiri (s.o., Abschn. 3.3.2, S. 91 ff.), aber auch dem Kula-Ring-Tausch (s.o., S. 77) – zueinander in eine umfassende Reziprozitätsbeziehung, die ihrer aller Ort in dem gemeinsamen Universum bestimmt.

Entsprechend heißt es bei Lévi-Strauss: „es genügt, dass eine menschliche Gruppe das Gesetz der Heirat mit der Tochter des Mutterbruders verkündet, damit sich zwischen allen Generationen und Lineages ein umfassender Zyklus der Reziprozität organisiert, der ebenso harmonisch und unumgänglich ist wie die physikalischen oder biologischen Gesetze"[ccv] (a.a.O.: 606; kÜ). – Und Irving Goldman stellt in seiner Untersuchung über das religiöse Denken der Kwakiutl heraus: „die Verpflichtung wechselseitig zu geben" ist eine „Antwort […] auf eine kosmologische Konzeption, die eine ewige Zirkulation von Lebensformen postuliert. Die Verpflichtungen zu geben und die Verpflichtungen zu vergelten sind Verpflichtungen an dieser vitalen Zirkulation teilzunehmen."[ccvi] (1975: 124) – Dass es schließlich auch in anderen Zusammenhängen des symbolischen Denkens darauf ankommt, dass alles sich in ein „kohärentes System fügt, auf dem die indigene

---

43 STELLEN SIE dies zum besseren Verständnis als Diagramm (Stammbaum) DAR.

Konzeption des Universums beruht"[ccvii] (Lévi-Strauss 1949/1978 b: 216 f.; kÜ), zeigt Lévi-Strauss an der Heilung einer Kranken durch einen Schamanen: Dieser muss „der Kranken eine Lösung bieten [...], das heißt eine Situation, in der alle Protagonisten an ihren Platz zurückgekehrt und wieder Teil einer Ordnung sind, über der keine Drohung mehr schwebt."[ccviii] (a. a. O.: 216; kÜ)

Wie kommt es nun zu solchen Formen des Heiratstauschs? Eine Kehrseite der Heiratsregeln ist das Verbot des Inzests: „der Inzest ist, um die Sprache der Mathematiker zu sprechen, der »Limes« der Reziprozität, d. h. der Punkt, an dem sie sich aufhebt"[ccix] (Lévi-Strauss 1949/1984: 610; kÜ). Allein ein Eremit[44] könnte die Vermeidung von Reziprozität noch weiter treiben als eine auf Inzest gegründete Gemeinschaft. Diese würde jegliche Reziprozität zu vermeiden trachten – und sich immer wieder, auch wenn eine Annäherung wie die der beiden Nambikwara-Gruppen (s. o., S. 118) sie unabdingbar hineinziehen würde, aus den Positivierung von Reziprozität herauszuhalten versuchen. Allerdings sehen wir an unserer Formulierung ‚zu vermeiden trachten', dass dieser Versuch in sich ja schon eine Antwort auf die unvermeidliche strukturelle Reziprozität wäre. Insofern ist Lévi-Strauss Bestimmung des Inzests als „Limes" zutreffend, da die soziale Realität sich ihm zwar beliebig annähern, ihn aber nicht erreichen kann[45] – deshalb müsste er richtigerweise im Konjunktiv von dem ‚Punkt, an dem sich die Reziprozität aufheben würde' sprechen. Die Vermeidung des Inzests bedeutet also den gestaltenden Vollzug von Reziprozität. Reicht dies als Erklärung? Lévi-Strauss, der mit der Begründung des Strukturalismus den Funktionalismus gerade überwunden zu haben beansprucht, gibt gleichwohl eine funktionalistisch klingende Erklärung: „Was hier wie anderswo die Heirat bestimmt, ist nicht die Verwandtschaftsbeziehung an sich, sondern die Tatsache, daß diese Verwandtschaftsbeziehung, indem sie sich zu einer Allianz umformt, es erlaubt, eine Struktur der

---

44 Dass auch der Eremit in einer reziproken Beziehung zu einer Gemeinschaft steht, wird anschaulich gemacht in einer Szene in dem Film „Life of Brian" (https://www.youtube.com/watch?v=_NNU7nNyuyk; zuletzt angesehen am 28. Aug. 2019) in der Brian dem Eremiten Simon versehentlich auf den Fuß tritt und dieser deshalb versehentlich sein bis dahin 18 Jahre währendes Schweigen bricht. Der Schweigende hatte aber für sein Schweigen selbst zuvor ein Gegenüber: die ihn als Schweigenden anerkennende umgebende Gemeinschaft (vgl. Python 1979/1992: 77 f.). Skulpturale Darstellungen des Heiligen Hieronymus als Eremit in Syrien (etwa die Bronze von Andrea Riccio im Berliner Bode-Museum) lassen dies ebenfalls deutlich werden, wenn sie den Blick des Dargestellten auf einem Kruzifix, also der christlich-religiösen Repräsentanz der Gemeinschaft der Gläubigen ruhen lassen.

45 Es sind hier natürlich nicht die empirisch vorkommenden Fälle von Inzest, auch nicht diejenigen, bei denen von einem systematischen Vorkommen gesprochen werden muss, gemeint (etwa der dynastische Inzest bei den Ägyptern und anderswo oder der magische Inzest – vgl. Bischoff 1985: 28–35); diese können klar als Ausnahmen und damit als Bestätigung der Regel bestimmt werden.

Reziprozität zu schaffen."ccx (a. a. O.: 600; kÜ) Dies klingt, als hätten das Inzesttabus und sein Komplement: die Heiratsregeln, die *Funktion*, „eine Struktur der Reziprozität zu schaffen", und als sei mit der Bestimmung dieser Funktion zugleich eine Erklärung gegeben. Nun haben nicht erst wir (s. o., S. 41) darauf verwiesen, dass sich eine bestehende Sozialgestalt nur ex post als funktional für eine oder mehrere ihrer Folgen begreifen lässt, dass aber damit nicht zu erklären ist, *wie* und vor allem *warum* diese Sozialgestalt emergierte – mit den saloppen Worten von Lévi-Strauss: „Denn zu sagen, eine Gesellschaft funktioniere, ist eine Banalität, aber zu sagen, alles in einer Gesellschaft funktioniere, ist eine Absurdität."ccxi (1949/1978 a: 25)

Welche Erklärung bringt nun Lévi-Strauss' „strukturale Analyse"ccxii (1949/1984: 622) hervor? Ausgehend von der funktionalen Bestimmung stellt er fest:

> „Der Gang unserer Analyse ähnelt also dem des Phonologen. Mehr noch: wenn das Inzestverbot und die Exogamie eine wesentlich positive Funktion haben, wenn ihre Daseinsberechtigung darin besteht, zwischen den Menschen ein Band zu knüpfen, ohne das sie sich nicht über die biologische Organisation erheben könnten, um zu einer sozialen Organisation[46] zu kommen, dann müssen wir einräumen, daß Linguisten und Soziologen nicht nur dieselben Methoden anwenden, sondern auch mit der Untersuchung desselben Gegenstands befassen. Tatsächlich haben in dieser Hinsicht »Exogamie und Sprache dieselbe fundamentale Funktion – Kommunikation und Integration mit anderen« [Thomas 1937: 182]."ccxiii (a. a. O.: 658 f.; kÜ)[47]

Was ist mit dieser Wendung gewonnen? An einem Beispiel soll die Lévi-Strauss'sche Analyse verdeutlicht werden; er zieht hier einen Bericht des Ethnologen Henri-Alexandre Junod heran, in dem dieser von einer spezifischen Beziehung bei den Tsonga[48] ccxiv berichtet:

---

46 Hier müsste es heißen: zu einer kulturellen Organisation zu kommen – denn der Gegenbegriff zu Natur ist nicht Gesellschaft, sondern Kultur (vgl. Oevermann 2008/2016: 107 f.; 2010 a: 403; s. u., S. 146 ff.)

47 Lévi-Strauss schreibt diese Behauptung fälschlich William Thomas selbst zu, den er dafür kritisiert, an einer späteren Stelle (Thomas 1937: 197) davon abzuweichen; Thomas referiert hier aber nur eine Behauptung von Edward B. Tylor (1915). Außerdem übersetzt Lévi-Strauss fälschlich „die Kommunikation mit anderen und die Integration der Gruppe".

48 „Gruppe eng verwandter Bantuvölker [...] in Moçambique südlich der Save, [...] insgesamt etwa 4,8 Mio. [...] Früher leben die T. v. a. von Hackbau und Kleintierhaltung" (Brockhaus 1999·22: 397) – „Die Tsonga waren früher als unabhängige Völker organisiert, jedes besetzte sein eigenes Territorium, und sie waren bekannt für eine starke, dominante Patrilinearität. [...] Wirtschaft der Tsonga basiert auf gemischter Landwirtschaft und Naturweidewirtschaft. [...] Das Siedlungsmuster ist durch verstreute Dörfer aus Lehm- und Flechtwerkhütten gekennzeichnet, jedes Dorf wird von den Angehörigen einer Patrilineage bewohnt; Abstam-

Theoretische Explikation (Inzestverbot und Exogamie)

„wenn ich eines Tages eine Frau aus dem Land der Mapoutjou fragen würde, ob ihr Ehemann die Frau seines Schwagers heiraten könnte, erschiene sie extrem schockiert durch diese Idee und würde rufen: ‚Woran denkst du? Seine Mutter heiraten!' Für sie wäre es ein Inzest, genau so als ob dieser Mann sexuelle Beziehungen zu seiner eigenen Mutter hätte."^{cccxv} (Junod 1936: 228)

Was, so fragt sich Junod, führt dazu, dass die Ehefrau des Bruders der Ehefrau von Ego als inzestuös gilt? Dies fragen sich auch bereits Charles Gabriel und Brenda Zara Seligman:

„die Ehefrau des Bruders der Ehefrau [von Ego] wird als *ora* [Mitglied des Herkunftsclans der Ehefrau] angesprochen und scheint gleich angesehen zu werden wie eine Schwiegermutter [und damit respektvoll und sexuell unantastbar]. Es ist klar, dass sie in einer Beziehung [zu Ego] steht, die ganz verschieden ist von der zu einer Schwester der Ehefrau oder zur Ehefrau eines Bruders. Aber es wurden keine Gründe dafür entdeckt, dass sie als Schwiegermutter behandelt wird."^{cccxvi} (Seligman/Seligman 1932: 60; kursiv i. Orig.)

Für Lévi-Strauss ergibt sich die Antwort auf diese Frage in folgender Bemerkung von Junod:

„Mboza hat mir gesagt: ‚Wenn mein Haushalt durch Streit gestört wäre, wenn meine Nsaboula, meine Frau, mich verlassen würde, um zu ihren Verwandten zu flüchten, oder vielleicht sogar ohne Kinder sterben würde, würde ich meine Rinder zurückfordern... Nun dienten aber die Rinder dazu, meinem Schwager eine Frau zu kaufen (Maphounga für Mahangalé). Wenn Gogwé [„von den Gogwés hat Mbouza seine Frau besorgt" – a. a. O.: 234] keine anderen Mittel zu seiner Verfügung hat, muss er das Paar Maphounga-Mahangalé trennen, die Ehe annullieren, Maphounga zu sich zurückschicken und das Geld von ihren Eltern zurückverlangen. Beziehungsweise könnte ich selbst Maphounge zur Frau nehmen, und in diesen beiden Fällen würde die Ehe Maphounga-Mahangalé annulliert.' Es könnte also geschehen, das Mboza seine große moukoñwana heiratet, obwohl eine solche Vereinigung gemäß der tiefen Moral des Stammes wirklich inzestuös wäre. Das ist wirklich schrecklich!"^{cccxvii} (a. a. O.: 228 f.)

Was ist daran so schrecklich? Eben dass in einer bestimmten Situation jemand, der grundsätzlich als inzestuös gilt, geheiratet werden kann: die Ehefrau des Bruders der Ehefrau. Aus den Bedingungen der Aufhebung des inzenstuösen Status

---

mung, Nachfolge und Erbfolge sind ebenfalls patrilineal. Polygynie ist üblich und es wird ein Brautpreis bezahlt." (Encyc. Brit. 2014: Lemma ‚Tsonga')

entnimmt Lévi-Strauss nun den Grund für denselben. Nicht etwa, wie Junod zunächst annimmt, weil die Ehefrau des Bruders der Ehefrau die Schwiegermutter werden könnte – denn Ego könnte deren Töchter heiraten –;[49 ccxviii] vielmehr geht es um einen Prozess, der nicht mehr bestünde, wenn die Ehe von Ego aus irgendeinem Grunde aufgehoben würde. Lévi-Strauss erklärt dies folgendermaßen:

„Unserer Meinung nach brauchen wir nicht weiter nach den Gründen für die besondere Haltung des Ehemannes gegenüber seiner »großen *mukoñwana*« [sc.: die Ehefrau des Bruders der Ehefrau] zu suchen. Jede Berührung, jede Vertraulichkeit zwischen ihnen hätte in sozialer Hinsicht eine fürchterliche Bedeutung. Der Kreislauf des *lobola*[50 ccxix] wäre vorzeitig und unwiderruflich geschlossen, die Entwicklung der theoretisch unbestimmten Reihe der Leistungen und Gegenleistungen wäre abgebrochen, und das gesamte System der Verknüpfungen hätte sein Scheitern bewiesen. Diese schwierige Beziehung zwischen dem Ehemann und seiner Schwägerin hat auch eine doppelte Konsequenz: einerseits sind sexuelle Beziehungen zwischen ihnen verboten und kommen dem Inzest gleich; und andererseits hat der Ehemann, was offensichtlich paradox ist, die Möglichkeit, sie als Gattin zu fordern, wenn eine Trennung stattgefunden hat, an der anerkanntermaßen seine Frau Schuld trägt. […] Wie man sieht, verkörpert die Frau des Bruders der Frau eine doppelte Persönlichkeit, und es überrascht nicht, wenn man feststellt, daß sie jenen Charakter eines heiligen Gegenstandes annimmt, an dessen Natur sie aufgrund ihrer Ambiguität teilhat. Dieser doppelte Charakter tritt deutlich zutage, wenn man den Versuch unternimmt, den Buchstaben des Systems, seinen sozusagen abstrakten Charakter, seine Arithmetik von den konkreteren Realitäten zu isolieren, die ihm zugrunde liegen. Theoretisch wird die Frau durch die Rinder erworben, und die Rinder dienen dazu, die Schwägerin zu kaufen, diese ist das Symbol, das Unterpfand der Rinder. Sie kann also gefordert werden, wenn sich der nehmende Teil durch die Schuld der Frau als unfähig erweist, den Part des Vertrags zu erfüllen, der ihm obliegt. Dies ist der formale Aspekt des Systems des *lobola*, sein mechanischer und unmenschlicher Ausdruck. In diesem Zusammenhang ist es nicht überflüssig zu erwähnen, daß der *lobola* in wachsendem Maße die Tendenz hatte, die Form eines wahren kommerziellen Geschäfts anzunehmen.[51 ccxx] Doch die tiefere Wirk-

---

49 „Vergessen wir nicht, dass dieser Mann der mutmaßliche Ehemann der Tochter der ersten [sc.: der Ehefrau des Bruders der Ehefrau] ist, genau wie er der tatsächliche Ehemann der Tochter der zweiten [sc. der Schwiegermutter] ist." (Junod 1936: 228)
50 „*Uku lobola* ist der Terminus der von den Zulu und verwandten Stämmen für die Übereignung von Vieh im Austausch für eine Braut benutzt wird." (Hoernlé 1925: 482, Fn.; kursiv i. Orig.)
51 Agnes Winifred Hoernlé, auf die Lévi-Strauss hier verweist, sagt allerdings an der von ihm benannten Stelle klar: „Der Mann kauft die Frau nicht. Sie wird nicht sein Eigentum, denn er kann sie unter keinen Umständen verkaufen, er hat keine Macht über ihr Leben und

lichkeit sieht anders aus: Ich habe meine Frau erhalten, indem ich Rinder übertrug, und die Frau wurde mir nur deshalb überlassen, weil ihre Familie ihrerseits damit rechnete, dank der Rinder eine neue Gattin für ein Mitglied der Gruppe zu erhalten. Diese Gattin, die »große *mukoñwana*« [sc.: die Ehefrau des Bruders der Ehefrau], ist also gewissermaßen der Endzweck der ganzen Operation. Alles geht so vor sich, als befände sie sich nicht am Ende des Vorgangs, sondern an seinem Ursprung, oder als hätte ich die »große *mukoñwana*« gegen meine Gattin eingetauscht. Und tatsächlich habe ich sie eingetauscht: denn sie ist mein Vieh, also mein Fleisch und zumindest symbolisch von meinem Clan."[ccxxi] (Lévi-Strauss 1949/1984: 627 f.; kursiv i. Orig.; kÜ)

„Das Vieh, das einer Gruppe gehört, wird in solcher Weise als Teil von ihr betrachtet, dass jedes Unheil, das die Gruppe schädigt, auch das Vieh schädigt, während rituelle Unreinheit in Verbindung mit dem Vieh sich unmittelbar durch ein Unglück in der menschlichen Gruppe offenbaren wird."[ccxxii] (Hoernlé 1925: 481)

Diese Austauschprozesse stellen – wie das Inzestverbot und die Exogamie insbesondere in der Form der Kreuzkusinenheirat – sicher, dass „sich zwischen allen Generationen und Lineages ein umfassender Zyklus der Reziprozität organisiert" (s. o., S. 122). Nachdem Lévi-Strauss dies deutlich gemacht hat, werden diese Austauschprozesse von ihm mit den Termini „Buchstaben des Systems", „Symbol", „Arithmetik" beschrieben. Sie werden, wie das Inzestverbot und die Exogamie im Allgemeinen, die Kreuzkusinenheirat im besonderen als „Grundstrukturen des menschlichen Geistes"[ccxxiii] begriffen (a. a. O.: 136). –

„Worin bestehen die geistigen Strukturen, an die wir appelliert haben und deren Universalität wir glauben behaupten zu können? Es sind ihrer, scheint es, drei: das Erfordernis der Regel als Regel;[52] der Begriff der Reziprozität, betrachtet als die unmittelbarste Form, in die sich der Gegensatz zwischen Selbst und Anderem integrieren läßt; und schließlich der synthetische Charakter der Gabe, d. h. die Tatsache, daß die einvernehmliche Übertragung eines Wertgegenstands von einem Individuum auf ein anderes diese Individuen in Partner verwandelt und dem übertragenen Wertgegenstand eine neue Qualität hinzufügt."[ccxxiv] (a. a. O.: 148; kÜ)

Diese Grundstrukturen des Geistes nun sind aber, wie die Sprache („Buchstaben des Systems") und wie die Logik („Arithmetik"), „seit aller Ewigkeit" mit dem menschlichen Geist in der Welt: „Jedes Kind bringt bei seiner Geburt [wörtl.: ge-

---

Tod und wird immer von ihren Verwandten für ihren Tod verantwortlich gemacht werden." (1925: 490)
52 Darauf, was darunter zu verstehen ist, werden wir zurückkommen (s. u., S. 153).

boren werdend] in Form roh vorgezeichneter geistiger Strukturen die Gesamtheit der Mittel mit, über die die Menschheit seit jeher [wörtl.: seit aller Ewigkeit] verfügt, um ihre Beziehungen zur Welt und zu den Anderen zu definieren."[ccxxv] (a. a. O.: 160; kÜ) Diesen universellen Strukturen folgen wir offenbar in unseren Handlungen der Reziprozität, ohne Willen und Bewusstsein, wenn wir unsere so hervorgebrachten Handlungen auch je kulturspezifisch deuten und begründen. – Damit ist für Lévi-Strauss auch erklärt, dass der wissenschaftliche Geist – sofern er sich struktureller Analysen bedient – in der Lage ist, die „elementaren Strukturen der Verwandtschaft" und damit die universelle Reziprozität zu rekonstruieren, weil sie eben auch zu seinen Grundstrukturen gehören. – Es verwundert nicht, wenn dies eine Kritik wie die folgende hervorruft:

> „Er erhebt sie[53] in den Rang einer ,Elementarstruktur' aber nicht nur, weil sie kraft logischer Notwendigkeit sich rekonstruieren können lassen muß, sondern vor allem, weil ihre Struktur und Funktion allein und ausschließlich logischer Erklärung zugänglich seien und einer anderen nicht bedürften. Zwingend soll sie damit die glatt gelungene Passage von der Natur zur Kultur demonstrieren. Natur ist als Störfaktor eliminiert, und Denken hat zunächst nur mit sich selbst zu tun. Seine Struktur erklärt sich aus sich selbst." (Stentzler 1979: 103)

Friedrich Stentzler, der ein in seinen kritischen Überlegungen nach wie vor lesenswertes Buch vorgelegt hat, bietet allerdings eine Deutung, die ihrerseits nicht weiterführt: „nicht eine ,obligation de rendre – eine Verpflichtung zur Rückgabe' treibt die Sache in ihr Foyer, an ihren Eigner zurück, sondern *Angst* vor seiner gefährlichen Ursprungsmacht, die über sie erst wirksam werden könnte." (Stentzler 1979: 49; kursiv i. Orig.) Dies ersetzt lediglich ein erklärungsbedürftiges Problem (die „Verpflichtung zur Rückgabe") durch ein anderes („Ursprungsmacht"). Dennoch ist sein Einwand gegen Lévi-Strauss, dem es doch gerade um den Übergang von Natur zu Kultur geht und der am Ende seines hier im Vordergrund stehenden Werkes andeutet, dass ein Jenseits des Denkens, ein Jenseits der Kommunikation nicht vollständig getilgt werden kann, sehr interessant. Indem Lévi-Strauss nämlich die „geistigen Strukturen" einfach als in der Menschheit „seit aller Ewigkeit" gegeben setzt, stellt er das Erklärungsproblem still, das darin besteht, wie denn diese Strukturen – gerade als der und in dem Übergang von der Natur zu Kultur – emergieren konnten. Wir werden sehen, dass demgegenüber Reziprozität gerade zu konzipieren ist als das von der Natur gegebene, das *natürliche Faktum*

---

53 Im Kontext des Zitats ist von der „Heirat der cousins croisés samt ihrem Komplement", dem Verbot der Heirat der Parallelkusinen, die Rede, aber es lässt sich auf die geistigen Strukturen, „über die die Menschheit seit aller Ewigkeit verfügt", insgesamt beziehen.

der Kultur: als unvermeidliches Entscheidungsproblem (universelle strukturelle Reziprozität), und *als Lösung* dieses Problems (kulturspezifische Reziprozität als je besonderer Austausch von Feindseligkeiten oder von Gaben); eine Lösung zu entwickeln ist für die Angehörigen der Gattung Mensch *unvermeidbar*. Dies herauszuarbeiten heißt aber, mit Lévi-Strauss „den strukturellen Charakter der sozialen Phänomene [...] ernst zu nehmen und daraus unbeirrbar alle Konsequenzen zu ziehen"[ccxxvi] (Jean Pouillon, zit. n.: Lévi-Strauss 1957/1978: 9; kÜ) und d.h. eben auch, die Frage nach ihrer Genese zu stellen.

3.5 Versuch philosophischer Systematisierung

Wie wir schon gesehen haben (s. o., S. 68) legt Marcel Hénaff großen Wert darauf, eine Verwechslung der Gabenbeziehung mit der des ökonomischen Tauschs zu vermeiden. Er spricht hier in Anlehnung an Blaise Pascal[54] von unterschiedlichen Ordnungen, ja, unter Verwendung eines Ausdrucks von Alain Caillé vom „Paradigma der Gabe"[ccxxvii] (Hénaff 2012/2014: 62).[55] Dass die ökonomischen Beziehungen einer eigenen Ordnung angehören, markiert Hénaff mit einem Ausspruch von Lucius Annaeus Seneca, den er seinem Werk über den „Preis der Wahrheit" als ein Motto voranstellt (Hénaff 2002: 9 bzw. 2002/2009: 11): Seit „das Geld zu Ehren gekommen ist, der wahre Wert der Dinge verfallen ist, und wir abwechselnd Händler und Verkäufer geworden sind, fragen wir nicht wie etwas sei, sondern wie viel [es kostet]"[ccxxviii] (Seneca 62/1995: 731 [Brief 115, 10]; kÜ). Dies erinnert an die kulturkritische These der Versachlichung, die wir oben etwa bei Simmel feststellen konnten (S. 38), scheint es doch so, dass die ökonomischen Beziehungen die Gabenbeziehungen ablösen. Karl Marx hat bekanntlich die dafür verantwortliche Logik bestimmt:

> „Um diese Dinge als Waren aufeinander zu beziehen, müssen die Warenhüter sich zueinander als Personen verhalten, deren Willen in jenen Dingen haust, so daß der eine nur mit dem Willen des andren, also jeder nur vermittelst eines, beiden gemeinsamen Willensakts sich die fremde Ware aneignet, indem er die eigne veräußert. Sie müssen sich daher wechselseitig als Privateigentümer anerkennen. Dies Rechtsverhältnis, dessen Form der Vertrag ist, ob nun legal entwickelt oder nicht, ist ein Willensverhältnis, worin sich das ökonomische Verhältnis widerspiegelt. Der Inhalt dieses Rechts-

---

54 Vgl. Pascal 1897/1976: 54 [N° 20], 291 f. [N° 793]; s. auch Dierse 1984: Sp. 1284 f.
55 Caillé spricht bezüglich der Gabe vom „dritten Paradigma" (s. 2000/2007 u. 2000/2008), neben dem „homo oeconomicus" als dem „ersten Paradigma": (2000/2007: 15) und dem „holistischen Paradigma" als dem zweiten (a. a. O.: 17).

oder Willensverhältnisses ist durch das ökonomische Verhältnis selbst gegeben. Die Personen existieren hier nur füreinander als Repräsentanten von Ware und daher als Warenbesitzer." (Marx 1890/1974: 99 f.)

Das „ökonomische Verhältnis" bestimmt, so die Marx'sche Analyse, in der kapitalistischen Gesellschaft die Personen und ihre Beziehungen so, dass sie sich eben nicht mehr als Personen begegnen: „Die entfremdete Arbeit [...] entfremdet dem Menschen [...] sein *menschliches* Wesen. Eine unmittelbare Konsequenz davon [...] ist die *Entfremdung des Menschen* von dem *Menschen.*" (Marx 1844/2000: 669 [MEW Bd. 40: 517]; kursiv i. Orig.) Allerdings bezieht sich Seneca in seinen ‚Briefen über Ethik' natürlich nicht auf die kapitalistische Gesellschaft; ihm geht es um die moralische Verurteilung der ökonomischen Entwertung von Beziehungen;[56] demgegenüber sieht Marcel Hénaff in der zentralen zeremoniellen Gabenbeziehung auch eine andere Logik am Werke als in der moralischen – etwa altruistischen oder solidarischen – Gabe.[57 ccxxix]

Was aber ist die zeremonielle Gabenbeziehung für Hénaff? Er geht von Mauss aus, der ja, wie wir gesehen haben, herausstellt, dass in dem Austausch von Gaben die Beteiligten einander als Angehörige derselben Gattung anerkennen und durch diese wechselseitige Anerkennung miteinander eine Beziehung eingehen. Diese ist umso fester und dauerhafter – und verhindert umso wirksamer ein Abgleiten in kriegerische Auseinandersetzungen – je wertvoller die getauschten Gaben und je umfassender die Zeremonien des Austauschs sind; umfassender insofern, als sie bei allen relevanten Übergängen, die eine Neuverortung im kulturellen Universum erforderlich machen, zur Krisenbewältigung beitragen (s. o., S. 113):

„Mauss [...] hat gezeigt, daß die rituell kodifizierte großzügige Reziprozität die vorherrschende Tatsache der Beziehungen zwischen Gruppen in den traditionellen Gesellschaften war und den Kitt des sozialen Bandes bildete."[ccxxx] (Hénaff 2002/2009: 166; kÜ)

---

56 Inwiefern Seneca beabsichtigte, eigene rücksichtslose Praktiken zu kaschieren (vgl. Fuhrmann 1997: 231), sei hier dahingestellt.
57 Zu prüfen, inwiefern Hénaff sich diesbezüglich auch von den Autoren aus dem Umfeld der *Revue du M.A.U.S.S.* abgrenzen muss, würde hier zu weit führen. Die Einschätzung der Utrechter Psychologin Aafke Komter, dass „prominente Gelehrte der Gabe wie Alain Caillé und Jacques Godbout argumentieren, dass Kalkulation und Reziprozität nicht zentral für die Gabe" seien und dass „ihr Werk sich auf die altruistischen und sozial dienlichen Aspekte der Gabe fokussiert" (2010: 444), legt dies nahe. Alain Caillé stellt dem entgegen, dass „wir [sc. die Autoren von MAUSS] wie er [sc. Hénaff], aber auf anderen Wegen, eine politische Konzeption der Gabe (und eine Gabe-Konzeption des Politischen) verteidigen." (Caillé 2018: 23)

Dabei betont Hénaff die Beziehung der Personen zueinander, wenn er festhält, dass „die zeremonielle Gabe [...] darin [besteht], mittels einer Sache einem anderen *sich selbst zu geben*."[ccxxxi] (a. a. O.: 218, Fn. 71; kursiv i. Orig.) Auf den Aspekt der Vermittlung durch ein Objekt werden wir noch zurückkommen müssen.

Sodann hält Hénaff fest, was Lévi-Strauss deutlich gemacht hat, nämlich, dass insbesondere der Austausch von Frauen eine dauerhafte Beziehung der beteiligten Gruppen stiftet (s. o., S. 121):

> „Die Heiratsallianz instituiert und perpetuiert diese Anerkennung[, die „unablässig Wesen aneinander bindet,"] langfristig, indem sie sie an die Reproduktion des Lebens – deren zwangsläufige Vermittlerin die Frau ist – koppelt und mit der Wechselfolge der Generationen verkettet."[ccxxxii] (a. a. O.: 223; kÜ)

Dies ist nun tatsächlich von ganz anderer Ordnung als der ökonomische Tausch:

> „Unter diesem Gesichtspunkt ist vor allem auch zu betonen, daß der Frauentausch in diesen archaischen Verwandtschaftsorganisationen eben nicht die Strukturlogik des ökonomischen Tauschs im Sinne des Marx'schen Modells vom *Äquivalententausch* erfüllt, der ja auf der Voraussetzung der Gebrauchswertdifferenz der Tauschobjekte zentral beruht. Vom Gebrauchswert her sind die getauschten Frauen gerade nicht verschieden sondern identisch. Im Äquivalententausch werden gebrauchswertdifferente Gegenstände ausgetauscht, im *Reziprozitäts-* bzw. *Gabentausch* tauschen sich die Tauschenden selbst aus, indem sie im Austausch gebrauchswertindifferenter ‚Gaben' ihre wechselseitige Bindung reproduzieren." (Oevermann 2014: 32; kursiv i. Orig.)

Was aber geschieht nun in diesem nicht-ökonomischen Austausch und wie vollzieht sich, was in ihm geschieht? Um diese Frage zu beantworten, greift Hénaff wiederum auf Lévi-Strauss zurück. Dieser hat, wie sich in seiner Analogisierung von Austauschprozessen mit Sprache und Kommunikation bereits andeutete (S. 127) und, worauf wir oben (S. 122) auch bereits hinwiesen, in späteren Arbeiten eine Konzeption des Symbols entwickelt, mit der, so Hénaff, eben auch bereits die zeremonielle Gabe und damit auch der Frauentausch begrifflich zu fassen sind. Hier stimmt Hénaff mit Alain Caillé überein, der festhält,

> „dass das wahre soziologische und anthropologische Universal, das dieser [sc.: Lévi-Strauss] entdeckt hat, nicht dieses der Verpflichtung ist, etwas auszutauschen, sondern dieses der dreifachen Verpflichtung, Frauen, Güter und Wörter zu geben, zu empfangen und zu erwidern. Symbole zu geben und zu empfangen, weil in der Gabebeziehung, die die Bündnisse besiegelt, Frauen, Wörter und Güter zuerst von symbolischem Wert sind."[ccxxxiii] (Caillé 1996/2006: 206; Kursivierung getilgt; kÜ)

Hénaff zieht für das Verständnis des Symbolismus, wie er es gemäß der französischen Sprachtradition nennt, die Etymologie des Wortes ‚Symbol' und deren Entfaltung durch Edmond Ortigues (1962) heran (Hénaff 1999/2008: 259 f.): Symbol, gr. σύμβολον, setzt sich zusammen aus dem Präfix σύμ, das die Bedeutung ‚zusammen' hat, und dem Partizip des Verbs βάλλω, dessen mehrfältige Bedeutung sich um den Kern ‚werfen', ‚treffen', ‚bewegen' anordnet (Gemoll 1954/1979: 152). Das Symbol ist also etwas Zusammengefügtes und Hénaff bezieht sich auf „bestimmte[..] alte Formen der gegenseitigen Verpflichtung (in Griechenland, in Rom)", für die „man ein Tongefäß oder ein Metallstück entzwei[brach], von dem jeder Partner eine Hälfte als Beweis und Garantie der getroffenen Vereinbarung aufbewahrte; jeder an den anderen passende Teil konnte zu jeder Zeit, und häufig noch nach langer Zeit, diese Übereinkunft bezeugen."[ccxxxiv] (2002/2009: 205; kÜ) Ortigues nun entfaltet dieses Verständnis für die Frage der Austauschbeziehungen wie folgt:

> „Zwei Gedanken scheinen hier also wesentlich zu sein: 1. Das Prinzip des Symbolismus: eine wechselseitige Verbindung unterscheidender Elemente, deren Kombination bedeutsam ist, und 2. der Effekt des Symbolismus: eine wechselseitige Verbindung zwischen Subjekten, die einander anerkennen als gebunden an einen Pakt, eine Allianz (göttlich oder menschlich), eine Konvention, ein Gesetz der Treue."[ccxxxv] (Ortigues 1962: 61; zit. n.: Hénaff 1999/2008: 260; kÜ)

Damit wird der Blick auf die im Austausch gestiftete Beziehung gelenkt, die, wie wir schon in unseren Analysen alltäglicher Reziprozität gesehen haben, deren Kern ausmachen. Dies ist auch der Aspekt, den Hénaff an der zeremoniellen Gabe herausstellt: „Die erste Gabe schafft keine Schuld, sondern sie startet einen Appell; sie ruft beim Empfänger die Forderung nach einer Antwort hervor "[ccxxxvi] (Hénaff 2002/2009: 216; kÜ) – und zwar die Antwort, „seinerseits zu geben"[ccxxxvii] (a. a. O.: 215). Damit haben wir eine durch eine Geste (vgl. ebd.) gestiftete Beziehung, für die das gegebene Gut nicht entscheidend ist, ja es kann sich sogar, wie Caillé sagte (s. o., S. 131), um Wörter handeln – was uns etwa aus unserer Analyse des Grüßens (s. o., S. 6 ff.) vertraut ist.

Hénaff hebt manchmal (etwa 2002/2009: 204 bzw. 2002: 177 und 2012/2014: 65 bzw. 2012: 73) die Wichtigkeit der gegebenen Sache so hervor, als sei es diese Sache und nicht die Geste der Reziprozität, die entscheiden ist. Vermutlich ist dies auf die Bedeutung des *hau* bei Marcel Mauss (s. o., S. 109) zurückzuführen, von der Hénaffs Argumentation ja ihren Ausgang nimmt. Allerdings stellt er dann immer wieder fest, dass es um die gegebene Sache „als Unterpfand und Substitut des Selbst" (2012/2014: 65 bzw. 2012: 73) geht. Er bleibt in dieser Hinsicht – wie auch in anderen (s. u., S. 134) – ambivalent.

Lévi-Strauss hatte, wie wir gesehen haben, von dem Appellcharakter jedes sozialen Kontakts gesprochen (s. o., S. 118). Bei Hénaff nun ist es die „erste Gabe", die den Appell startet – und das auch nur bei der zeremoniellen Gabe. Die erläutert er mit Bezug auf Charles Sanders Peirce, der auf die Frage „Nun, was ist geben?" (1906/1958: 225) antwortet:

> „Es besteht nicht darin, dass A B von sich wegsetzt und dass C in der Folge B aufnimmt. Es ist nicht notwendig, dass irgendeine materielle Übertragung stattfindet. Es besteht darin, dass A gemäß dem *Gesetz* C zum Besitzer macht."[ccxxxviii] (a. a. O.: 225 f.; kursiv i. Orig.)

In bezug darauf führt Hénaff, die zeremonielle Gabe mit dem Spiel vergleichend, aus:

> „Den Ball zurückschlagen ist keine unverbindliche Entscheidung: es ist die minimal geforderte Bedingung um im Spiel zu bleiben. Solche ist das erlassene und anerkannte *Gesetz*. Die Verpflichtung zur Reziprozität in der rituellen Gabe errichtet einen Typus, der der Konvention vergleichbar ist."[ccxxxix] (Hénaff 2014: 68; kursiv i. Orig.)

Es gibt also gemäß Hénaff in der zeremoniellen oder rituellen Gabe etwas, das dem Geben wie dem Empfangen und dem Erwidern vorgängig ist – eben wie ein Gesetz. Wenn dies aber als Vereinbarung resp. Konvention verstanden wird, muss es erlassen worden sein, es muss ihm also eine Einigung vorausgegangen sein: Es „spielt sich alles nach genau festgelegten Protokollen ab, die als Vereinbarungen gelten"[ccxl] (Hénaff 2002/2009: 204; kÜ). Dies setzt also bereits eine fungierende Verbindung voraus, wobei Hénaff doch immer wieder betont, dass es die Gabe ist, die diese Allianz erst stiftet:

> Indem in der zeremoniellen Gabe „das Band des Gebers zum Beschenkten persönlich, exklusiv und intensiv ist", bildet sie „das Vordringen des Selbst ins Herz des anderen oder des anderen ins Herz des Selbst. Jeder befindet sich im Mittelpunkt eines aus diesen zahlreichen Bindungen geknüpften Gewebes. Auf diese Weise entsteht eine Art gegenseitiger Allgegenwart, die das Paradox des Ganzen und der Teile, des Einen und des Vielen, des Hier und des Dort, des Lokalen und des Globalen überwindet. Genau dies kann man das soziale Band nennen."[ccxli] (a. a. O.: 197 f.)

Wenn in traditionalen Gesellschaften „Gabenbeziehungen – in erster Linie durch den Ehe-Tausch – alliierte Gruppen *erzeugen*" (Hénaff 2016: 64; kursiv von mir, TL) und eben das soziale Band hervorbringen, wie ist das soziale Band dann in nicht-traditionalen Gesellschaften zu denken? Unterliegt Hénaff hier der Gefahr,

Sozialität in der Diachronie residual zu denken, als dasjenige, das traditionale Gesellschaften sozial integriert, das aber in modernen Gesellschaften durch die Systemintegration mittels ökonomischer Interessen und verrechtlichter Beziehungen abgelöst wurde? Er scheint hier ähnlich zu argumentieren wie Jürgen Habermas, wenn dieser darlegt, dass „sich die Integration in entwickelten Gesellschaften über den *systemischen Zusammenhang funktional spezifizierter Handlungsbereiche*" vollzieht (1981: 175; kursiv i. Orig.; s. o., S. 48).

Tatsächlich argumentiert Hénaff Simmel vergleichbar (s. o., S. 38): In modernen Gesellschaften, so heißt es bei ihm, „bleiben die Gabenbeziehungen im Bereich der Umgangsformen wesentlich – Formeln und Gesten der Höflichkeit oder in Beziehungen der Freundschaft, Liebe, Solidarität – sowie in allen Formen traditioneller Festlichkeiten (der religiösen Feiertage, Hochzeiten, Geburtstagen, Einladungen, Überreichen von Belohnungen)"[ccxlii] (2002/2009: 238; kÜ). Dass er also anscheinend auch in der Synchronie die Gabenbeziehung für residual hält, wird noch deutlicher, wenn Hénaff sogar behauptet: „Im äußersten Fall könnte die politische Gesellschaft [...] lediglich auf die vom Gesetz definierten staatsbürgerlichen Beziehungen oder auf die vom Handelsaustausch erzeugten Interessenbindungen bauen"[ccxliii] (ebd.; kÜ). Entsprechend heißt es:

„Kurz, die modernen Gesellschaften verlangen vom Gesetz, daß es die öffentliche Anerkennung jedes einzelnen gewährleistet, vom Markt, daß er den Lebensunterhalt organisiert, und von den privaten Gabenbeziehungen, daß sie das soziale Band hervorbringen."[ccxliv] (ebd.; kÜ)

Wir haben es hier also mit einer Departementalisierung der sozialen Beziehungen zu tun, bei denen sich die Frage stellt, wie denn Gesetz und Markt die gesellschaftliche Integration leisten sollen, wenn ihnen nicht eine gemeinschaftliche Integration zugrunde liegt (vgl. dazu oben, S. 40). Hénaff würde unserer Kritik entgegenhalten, dass er ja folgendes ausgeführt habe:

„Doch ohne dieses soziale Band, ohne diese begründende Beziehung, ohne diese wechselseitige und persönliche Anerkennung, bei der jeder im Raum des Anderen etwas von sich selbst riskiert, ist eine Gemeinschaft einfach nicht möglich."[ccxlv] (2002/2009: 238)

Die Schwierigkeit seiner Darlegung ist aber, dass er einerseits die Gabenbeziehungen, die ja „das soziale Band hervorbringen" sollen, auf den „Bereich der Umgangsformen" beschränkt, und, dass andererseits dieses eine „begründende Beziehung" sein soll. Hier bleiben die Darlegungen ambivalent.

Eine ähnliche Ambivalenz findet sich in anderer Hinsicht: Hénaff übersieht, was Johan Huizinga, auf den er sich beim Vergleich der Gabe mit dem Spiel implizit (s. o., S. 133) und auch explizit (etwa 2002/2009: 212 resp. 2002: 184) bezieht, – bezüglich des Potlatsch – so ausdrückt: „Einander gegenüber stehen stets […] zwei Gruppen, in einem Geist zwischen Feindschaft und Gemeinschaft in einander verbunden."[ccxlvi] (Huizinga 1938/1987: 71; kÜ) In dieser Formulierung versucht Huizinga zu fassen, dass was wir oben (S. 129) als unvermeidliches Entscheidungsproblem und zugleich als für die Angehörigen der Gattung Mensch unvermeidbarerweise zu entwickelnde Lösung dieses Problems bezeichnet haben; dabei bleibt Letztere in der Ambivalenz zwischen „Feindschaft und Gemeinschaft". Genau diese Ambivalenz aber blendet Hénaff aus und konfundiert deshalb die strukturelle Reziprozität mit der inhaltlich positiv gestalteten Reziprozität. Betrachten wir die Reziprozitätsbeziehungen, wie sie in folgender Graphik dargestellt sind:

Abbildung 3 Verhältnis von struktureller und inhaltlich gestalteter Reziprozität (1) (eigene Darstellung)

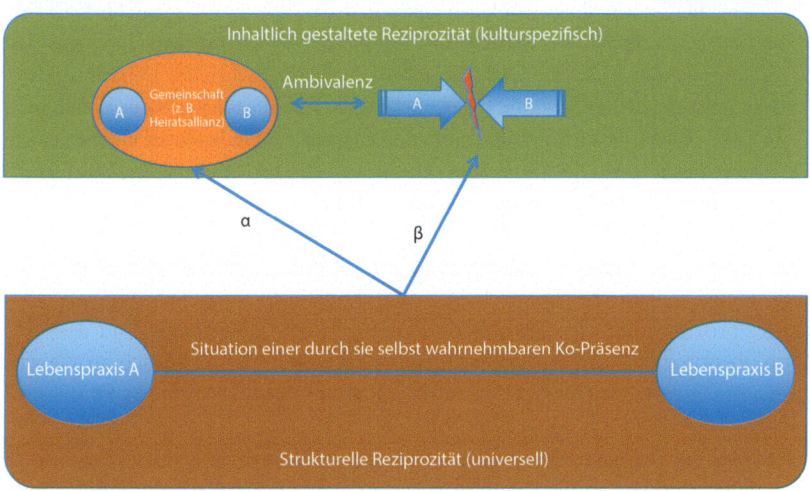

Hénaff konfundiert dann miteinander: 1) die Antwort α, die als die eigentliche Reziprozitätsbeziehung begreift und die u. a. die Funktion hat, die Antwort β zu vermeiden, vor allem aber die Funktion, die Allianz zwischen A und B zu stiften, und 2) die strukturelle Reziprozität, die eine Antwort erzwingt – aber eben nur *überhaupt eine* der möglichen Antworten.

In einer schriftlich geführten Diskussion habe ich vor einigen Jahren Marcel Hénaff meine Unterscheidung von struktureller Reziprozität einerseits, inhaltlich gestalteter Reziprozität andererseits folgendermaßen dargestellt: „So muss man zwei Ebenen der Reziprozität unterscheiden: 1. Die basale und konstitutive Reziprozität für die Gattung Mensch, weil die conditio humana durch die ‚Instinktreduktion'[58] gekennzeichnet ist, das heißt, dass jedes Individuum, das einem anderen menschlichen Wesen begegnet, es nicht vermeiden kann zu interagieren, denn vermeiden würde bedeuten mittels Vermeidung zu interagieren. / 2. Auf der zweiten Ebene bildet jede Kultur positive Regeln der Reziprozität, die konkrete Optionen als autorisiert oder gar vorgeschrieben von anderen, verbotenen Optionen unterscheiden. (Hier findet man all die durch Normen der Höflichkeit vorgeschriebenen Formen des Grüßens und der Grußvermeidung.)"[ccxlvii] (E-Mail des Autors an M. Hénaff, 11. Okt. 2010) Die Antwort hierauf ist aufschlussreich:

> „Ich konstatiere auf jeden Fall, dass Sie eine präzise philosophische Position haben was die 2 Ebenen betrifft, die Sie unterscheiden: 1. Basis-Reziprozität, die jedem lebenden Wesen eigen ist; und 2. kulturell ausgearbeitete Reziprozität. / Ich akzeptiere diese Unterscheidung. / Allerdings würde ich sagen, dass das, was im Fall menschlicher Lebewesen bemerkenswert ist, ist, dass die Basis-Reziprozität sich bereits durch das Angebot von etwas ausdrückt, das das Symbol des Bandes zwischen den Handelnden ist. / Man muss präzisieren, dass die zeremonielle Gabe von öffentlicher Natur ist und folglich zwischen Gruppen statt hat; sie reduziert sich nicht auf individuelle Initiativen. Ich glaube, dass man wie Lévi-Strauss von einem symbolischen Ursprung der Gesellschaft reden muss"[ccxlviii] (M. Hénaff an den Autor, 30. Nov. 2010).

Hier ist nun aufschlussreich, dass Hénaff die in meiner Unterscheidung der Gattung Mensch zugeschriebene „basale und konstitutive Reziprozität" als „Basis-Reziprozität, die *jedem lebenden Wesen* eigen ist", missversteht und dass die „Basis-Reziprozität" „im Fall menschlicher Lebewesen" dann sogleich als Gabenbeziehung gedeutet wird. Dies drückt sich auch in folgender Passage aus:

> „Es geht nämlich nicht darum, den Anderen anzuerkennen im rein natürlichen Sinn des ihn identifizieren, des ihn als Artgenossen wahrnehmen Könnens, es geht darum, ihn in dem Sinne anzuerkennen, daß man ihm Achtung erweist, ihm seinen Wert, seine Wichtigkeit, kurz, seine Existenz der meinen gleich, *anderswo, andersartig* einräumt."[ccxlix] (2002/2009: 215; kursiv i. Orig.; kÜ)

Bei der Gattung Mensch fällt die Anerkennung desjenigen, mit dem man in der Situation einer wahrnehmbaren Ko-Präsenz sich befindet, als Artgenossen, mit seiner Anerkennung als Gegenüber, dessen „Existenz der meinen gleich" und

---

58 S. hierzu unten, S. 150.

als besondere verschieden („anderswo, andersartig") ist, zusammen – aber eben nicht damit, ihm eine im moralischen gehaltvollen Sinne „Wichtigkeit" einzuräumen. Natur („im rein natürlichen Sinn") ist, das werden wir unten (S. 152 ff.) sehen, beim Menschen immer schon Kultur – nur nicht unbedingt Kultiviertheit. Hénaff scheint diese Unterscheidung tatsächlich nicht zu sehen – auch wenn er andererseits diesen Aspekt durchaus mit meint, wie sich an Stellen wie der folgenden zeigt: „Der Gabentausch löst die Spannung zwischen der Notwendigkeit der Begegnung – einer Forderung der Natur – und der Unentscheidbarkeit der Antworten – einer Forderung der Freiheit."^{ccl} (Hénaff 2002/2009: 216; kÜ) – Die Freiheit würde eben auch erlauben, Gabe und Gegengabe zu vermeiden und eine kriegerische Auseinandersetzung zu führen.[59]

Kommen wir weiter, wenn wir uns der Genese des Gabentauschs zuwenden? Marcel Hénaff stellt bezüglich des Inzesttabus und der Heiratsregeln eine Frage, die deren Genese – und damit der Genese des Austauschs generell – nachzuspüren scheint: „warum die menschliche Spezies, anders als andere tierische Arten, es für notwendig erachtet, die Partnerwahl vorzuschreiben" (1999/2008: 254). In seiner Antwort wird allerdings deutlich, dass er die Frage anders versteht: „Das Inzestverbot hat also eine und nur eine Bestimmung: abzusichern, dass die Gruppe der Konsanguinen exogam bleibt, und diese aus dem Bereich der Naturgesetze zu entfernen, um es der sozialen Gruppe zu ermöglichen, als solche zu bestehen" (a. a. O.: 256). Er benennt hier eine Funktion des Inzestverbots: die Erhöhung der Pluralität; Ulrich Oevermann fasst dies in anerkennungstheoretischer Perspektive: „Für Entwicklung und Sozialisation ist in der Evolution ein entscheidender Veränderungsschritt in dem Übergang von der klonalen zur sexuellen Reproduktion vollzogen, durch den mit der sexuellen Reproduktion ein in sich zentraler Mechanismus der Erzeugung des Neuen entstanden ist." (2014: 16) „Das Inzestverbot oder -tabu macht den sexuellen Dimorphismus als organische Voraussetzung der sexuellen Reproduktion entwicklungsbiologisch erst wirksam, indem es das Prinzip ‚der nächstbesten' Paarung wirksam verhindert." (a. a. O.: 23) Aber auch hier wird die Frage nach der Genese nicht beantwortet. Kaum hat wohl „die menschliche Spezies" tatsächlich darüber nachgedacht und „es für notwendig erachtet", Inzesttabu und Heiratsregeln einzuführen...

---

59 Auch Steffen Herrmann hebt heraus: „Während also das »dass« der Antwort unvermeidlich ist, ist das Subjekt für das »was« der Antwort verantwortlich." (2016: 126) – Seine Konzeption der „agonalen Vergemeinschaftung" (a. a. O.: 134–140) erscheint allerdings als Versuch, die so festgestellte Freiheit des Subjekts als letztlich normativ konstituiert einzuhegen. Zudem werden die drei Typen der Gabe, die er unterscheidet: riskante, rituelle und rivalisierende Gabe, funktionalistisch gedeutet; die erste „dient der Stiftung", die zweite „dient der Reproduktion" und die dritte „dient der Transformation des sozialen Bandes." (a. a. O.: 134 f.)

Schließlich soll die Unterscheidung von drei Kategorien der Gabe, die Hénaff vornimmt (vgl. auch 2014: 54 ff.), für eine Klärung herangezogen werden:

„1. Die Festlichkeiten und die Geschenke, die turnusmäßig den Häuptlingen des Clans (oder jeder anderen Art von Gruppe) einer traditionellen Gesellschaft angeboten werden; 2. Die Geschenke, die Eltern ihren Kindern zu ihrem Geburtstag machen oder die irgendjemand einem geliebten Wesen macht, um es zu erfreuen und ihm Zuneigung und Hochachtung auszudrücken; 3. Die Spenden an lebensnotwendigen Produkten, die Bevölkerungen nach einer Katastrophe gemacht werden."[cclii] (2012/2014: 59 f.; kÜ) – „Der erste Fall ist von der strengen Verpflichtung geprägt, erhaltene Geschenke zu erwidern [...]; es erhebt sich daher die Frage einer *fundamentalen Reziprozität*, die sich weder auf einen bloßen Austausch guter Manieren noch auf eine erwartete Rendite reduzieren lässt."[cclii] (a. a. O.: 60; kursiv i. Orig.; kÜ) – „Der zweite Fall verrät bei den Gebern eine spontane und freudige Großzügigkeit gegenüber geliebten Wesen; hier erkennt man zuerst eine psychologische und moralische Qualität. Sie entspricht im Griechischen dem semantischen Feld der *charis* (eine ihrer Hauptbedeutungen ist ‚Freude'), dem der einseitigen Gabe (es gibt keine anti-*charis*)."[ccliii] (ebd.; kursiv i. Orig.; kÜ) – „Der dritte Fall, der der solidarischen Gabe, ist von einer weit sozialeren Dimension der Großzügigkeit geprägt [...], entweder gegenüber Nahestehenden (Freunden oder Nachbarn; hier ist die Reziprozität wünschenswert, aber nicht zwingend) oder gegenüber Unbekannten, die von einer Katastrophe betroffen wurden (wo erwidern keinerlei Sinn hätte): dies entspräche dem Feld der *philia* oder der *philanthropia*"[ccliv] (a. a. O.: 61; kursiv i. Orig.; kÜ).

Tatsächlich führt uns diese Unterscheidung nicht weiter; vielmehr zeigt sie erneut die Ambivalenzen. Dass Hénaff hier lediglich im Gabentausch in traditionalen Gesellschaften ‚fundamentale Reziprozität' im Werke sieht, nicht aber in freundschaftlichen Geschenken oder in großzügigen Zuwendungen, zeigt, dass er den Begriff der Reziprozität letztlich doch auf ein dingliches Geben und eine explizite normative Verpflichtung zum dinglichen Erwidern beschränkt. Wenn wir unsere Analyse der Geschenke unter Nachbarn heranziehen, so erscheint der Ausschluss dieses Phänomens aus dem Begriff der Reziprozität widersinnig, haben wir doch dort deutlich ein Wirken der Reziprozität herausgearbeitet (s. o., S. 60 ff.).

Hénaff überbetont einerseits den verpflichtenden Charakter der zeremoniellen Gabe, dabei unterbelichtend, dass die zeremonielle Gabe ein soziales Band nur stiften kann, wenn sie selbst wie auch die Gegengabe zugleich *freiwillig* erfolgt. Der Gebende wie der Empfangende und die Gabe Erwidernde haben also die Möglichkeit, nicht zu geben, nicht anzunehmen und nicht zu erwidern. Andererseits überbetont Hénaff bei der freundschaftlichen und erst recht bei der wohltätigen Gabe, dass hier keine Gegengabe erwartet wird, dabei unterbelichtend, dass schon der Dank ein Vollzug der Reziprozität ist. Die doppelte Schieflage von Hénaffs Argumentation beruht auch darauf, dass er – trotz der starken Bezugnahme auf den Strukturalismus – sich von einem handlungstheoretischen Ansatz, der Handeln von der Absicht der Geber her deutet, nicht klar löst. So schrieb er in dem oben bereits zitierten Gedankenaustausch: „Für mich definiert sich Reziprozität als eine Antwort, die das Ziel einer Handlung eines anderen Handelnden ist."[cclv] (M. Hénaff an den Autor, 30. Nov. 2010) Dies wird u. a. auch dort deutlich, wo er die Abgrenzung der zeremoniellen Gabe vom ökonomischen Tausch, vom moralisch gebotenen Tun und vom Vertrag vornimmt (2012/2014: 56 ff.). Die Formulierung, die Hénaff bezüglich der ersten Abgrenzung verwendet, kann man funktionalistisch verstehen: „In diesen festlichen Momenten [der zeremoniellen Gabe] geht es nicht darum, Konsumgüter anzubieten und zu erhalten, sondern sich Unterpfänder und öffentliche Zeugnisse des Willens zu geben, ein gemeinsames Leben zu sichern."[cclvi] (a.a.O.: 57; kÜ) Dann aber tritt tendenziell eine intentionalistische Bezugnahme auf die Absicht der Handelnden hervor: „Das Ziel [des rituellen Austauschs] ist nicht, sich als gut, ja nicht einmal als solidarisch darzustellen. Es ist hier auch nicht die Rede von gegenseitiger Hilfe."[cclvii] (ebd.) „Im Gegensatz zu diesen kollektiven Praktiken ist der mildtätige Akt bewundernswert, sofern er diskret erfolgt; der Hypothese nach erwartet er keine Erwiderung, ebenso wenig wie das philantropische Handeln eine Belohnung erwartet."[cclviii] (a.a.O.: 58; kÜ) Bei der Abgrenzung der zeremoniellen Gabe vom Vertrag schließlich tritt ex negativo wieder deren objektiver Charakter in den Vordergrund: „Eine vertragliche Verpflichtung im eigentlichen Sinn ist zeitlich begrenzt: Sie definiert in Bezug auf die ausgetauschten Gegenstände eine quantitativ wie qualitativ berechenbare Forderung, und sie enthält unter Androhung von Sanktionen (Geldbußen, Gefängnis) zwingende juristische Verpflichtungen."[cclix] (ebd.)

Wir müssen also festhalten, dass Marcel Hénaff zwar die fundamentale Reziprozität als konstitutiv für das soziale Band, wie er es nennt, im Blick hat und herausarbeitet, dass er aber dabei nicht die strukturelle Reziprozität als dieses Konstitutive von einer inhaltlich positiv gestalteten Reziprozität, als die er insbesondere die zeremonielle Gabe hervorhebt, unterscheidet. Auch bezüglich nicht-traditionaler Gesellschaften bleibt es bei ihm bei der Unklarheit ob nun Reziprozität konstitutiv ist oder bereichsspezifisch (o., S. 134). Zudem bleibt problematisch, dass Hénaff trotz seines Ausgangs vom Strukturalismus immer wieder zu einer funktionalistischen und auch einer intentionalistischen Deutung tendiert. Gleichwohl muss man sagen, dass die Verve, mit der er den Begriff der Reziprozität in die Diskussion um die Konstitution von Gesellschaft zurückgebracht hat, ein wichtiges Antidot darstellt zu den in der deutschen Diskussion vorherrschenden normativen Positionen der Anerkennung gemäß Axel Honneth (1992/2003 u. 2018; s.o., S. 29) und der prominenten und allenthalben groß herausgebrachten Weltanschauung der Resonanz gemäß Hartmut Rosa (2016), von welcher der Kopenhagener Kultur- und Musikwissenschaftler Holger Schulze mit Recht sagt „eine differenzierte Arbeit am Begriff findet nicht statt" (2016: 79). Arbeit am Begriff leistet Hénaff auf eine Weise, die die Auseinandersetzung mit seinem Werk der Mühe verlohnt.

Schlussfolgerungen: Reziprozität und die Grundlegung der Kultursoziologie

4

> „Wir alle stehen auf den Schultern unserer Vorgänger; ist es da auffallend, dass wir eine weitere Aussicht haben als sie? Wenn wir auf den von unseren Vorgängern gebahnten Wegen, oder wenigstens auf den von ihnen betretenen Pfaden mühelos zu den Punkten gelangen, welche Jene, mit Ueberwindung zahlreicher Schwierigkeiten, als die äussersten erreicht haben: ist es da ein besonderes Verdienst, wenn wir noch die Kraft besitzen, weiter wie sie in das Gebiet des Unbekannten vorzudringen?"
> (Kekulé 1890/1929: 939)

> „Im praktischen Leben und zur Befriedigung seiner intellektuellen Bedürfnisse muss der Mensch überzeugt sein, dass er etwas von der Welt erkennen kann. Aber zugleich darf ihm nicht entgehen, dass jeder Fortschritt seines Wissens in viel größerer Proportion das Feld seines Nichtwissens vergrößert, und zwar so, dass er nicht einmal weiß, ob dieses Wissen eines ist."[cclx]
> (Lévi-Strauss/Hénaff 2004: 103 [CLS])

4.1 Vorbemerkung

Wenn wir hier mit dem Begriff der Reziprozität zur Grundlegung der Kultursoziologie beizutragen beanspruchen und dabei behaupten, dass die Gattung Mensch durch Kultur bestimmt ist, betreiben wir Anthropologie im Verständnis des Begriffs, wie es sich „zwischen dem 16. und 18. Jh. vor allem innerhalb der deutschen Schulphilosophie" entwickelt hat (Marquard 1971: Sp. 363).

Die Anthropologie gewinnt dort den Status des „Titel[s] einer philosophischen Disziplin. Ihre konventionell anmutende Definition – «A. ist Lehre von der menschlichen

Natur»[cclxi] [Casmann 1556] – verdeckt, was durch Ausbildung dieser Disziplin geschieht: unterm Titel ‹A.› emanzipiert sich die Schulphilosophie aus der theologisch orientierten metaphysischen Tradition und stellt sich der Frage: wie ist der Mensch zu bestimmen, wenn nicht (mehr) durch Metaphysik und (noch) nicht durch mathematisch-experimentelle Naturwissenschaft?" (ebd.)

Wir teilen in unserem Versuch der Grundlegung mit der philosophischen Disziplin der Anthropologie die Annahme der post-metaphysischen Verortung und halten ebenso die „mathematisch-experimentelle Naturwissenschaft" für nicht geeignet, sie zu leisten. Während die philosophische Anthropologie als „Philosophie des Menschen […] auf Naturbeschreibung und Lebenserfahrung ihre Menschenkenntnis stützt" (a. a. O.: 364), ist die Grundlegung als soziologische durch empirische Forschung, und zwar durch Rekonstruktion der menschlichen Praxis selbst zu gewinnen.

Wenn hier nicht die philosophische Anthropologie im Allgemeinen (s. dazu Marquard 1971), sondern insbesondere die deutsche philosophische Anthropologie (für einen Überblick s. Fuchs-Heinritz 1994, Fischer 2006, Rehberg 2010) herangezogen und das bisher Erarbeitete mit dort herausgearbeiteten Überlegungen verbunden wird, geht es nicht darum, den Diskussionszusammenhang zwischen den entsprechenden Autoren darzustellen, geschweige denn, ihn philologisch zu belegen (vgl. dazu Fischer 2008). Dass dies für unser Thema nicht unbedingt fruchtbar wäre, zeigt sich schon daran, dass etwa Arnold Gehlen dort, wo er sich mit Claude Lévi-Strauss beschäftigt, sagt:

„Die Reziprozität selbst bildet also den sozialen Zement, der Tausch in abstracto wird zum sozialen Wert, bis zu dem Grenzfall, daß dieselben Dinge hin- und hergereicht werden oder massenweise bloß zeremonielle Güter zirkulieren, für die nichts gekauft werden kann" (Gehlen 1955: 29).

Dem, was wir bisher herausgearbeitet haben, fügt Gehlen, der „in der Nachfolge Max Schelers" eine Anthropologie entwickelte und „in den geschichtlichen und soziologischen Dimensionen" ausbaute (Lipp 1980: 274), hier nichts hinzu, dreht aber die Bedeutung der Reziprozität, wie wir sie zuletzt in den Äußerungen Marcel Hénaffs herausgestellt haben, um: Ein „Grenzfall" ist die Reziprozität gerade nicht; umgekehrt könnten wir von einer rein ökonomischen Transaktion als Grenzfall reziproken Handelns sprechen, der im Prinzip aber nur dort anzutreffen wäre, wo Handeln suspendiert und an Algorithmen delegiert ist. Allerdings lässt sich zeigen, dass selbst dieser „Grenzfall" allenfalls einen *Limes* darstellt. So weist etwa anlässlich der Bankenkrise 2008 ein sogenannter Risk Manager wie folgt „auf die Möglichkeiten und Grenzen der Finanzmarktmathematik" hin: „Genau diesen

Unterschied zwischen Modell und Wirklichkeit habe jedoch im Vorfeld der Finanzkrise niemand mehr sehen wollen, berichtet er. Er beschreibt diesen Vorgang als eine »Verselbständigung« der Modelle. Bei näherem Hinsehen wird allerdings schnell deutlich, dass nicht eigentlich die Modelle sich verselbstädigt haben, sondern eher der Glaube an sie." (Dröge 2010: 50) Der Einsatz von Algorithmen ist eben auf ein Handeln der Finanzagenten zurückzuführen, das seinerseits einem bestimmten Deutungsmuster (Glaube an die Gültigkeit der Modelle) folgt.

Was also lässt sich aus der philosophischen Anthropologie und ihrem Hinüberragen in die Soziologie gewinnen?

4.2 Vorüberlegungen zur Kultursoziologie

Wie wir bezüglich der Frage der Reziprozität nicht von der einschlägigen Literatur, sondern von den Phänomenen ausgingen, so soll auch hier verfahren werden. Dabei werden wir auf die Überlegungen, die oben (S. 40 ff.) im Exkurs zu Gemeinschaft und Gesellschaft ausgeführt wurden, zurückgreifen. Es sei daran erinnert, dass der Terminus ‚Gesellschaft' äquivok ist, da er einerseits den Begriff einer Gesellschaft überhaupt und andererseits Gesellschaft im Gegensatz zu Gemeinschaft bezeichnet.

Wir hatten oben (S. 41) gesehen, dass Gesellschaft im ersten Sinne als dasjenige zu begreifen ist, das *strukturierend das Verhalten einer bestimmbaren Anzahl von Individuen bzw. Exemplaren einer Spezies zueinander fügt und sich durch dieses Verhalten reproduziert*. Bei der Gattung Mensch, so haben wir bereits gesehen und werden es unten (S. 153) weiter entfalten, wird Verhalten strukturierend durch Regeln hervorgebracht und zueinander gefügt. Damit können wir festhalten: Die Gesellschaft der Gattung Mensch ist *als solche* kulturell konstituiert. Das bedeutet, dass das Verhalten der Individuen als Angehöriger menschlicher Gesellschaften durch kulturelle Regeln zugleich hervorgebracht und koordiniert wird. Dieses Verhalten nennen wir Handeln (s. o., S. 2): Die Besonderheit von Handeln, d. h. von humanem gegenüber nicht-humanem Verhalten, besteht also darin, „daß Verhalten von Gesetzen und Handeln von Regeln geleitet wird." (Keller 1974: 12) Dies wiederum bedeutet, dass in der Hervorbringung von Handeln Optionen eröffnet werden, zwischen denen durch Entscheidung unvermeidbarerweise gewählt wird. Kultur als aus dieser hervorgegangener Gegensatz zur Natur ist sowohl auf der Seite der Eröffnung von Optionen, als auch auf der Seite der Entscheidung zwischen Optionen auf je spezifische Weise konstitutiv.

In der kultursoziologischen Diskussion findet sich durchaus eine Beschäftigung mit unserem Themenfeld, wenn auch das Thema der Reziprozität selbst dort nur einen geringen Stellenwert hat; diese Beschäftigung soll hier knapp gesichtet werden.

Zunächst sei dabei festgehalten, dass Kultursoziologie nicht als eine Unterdisziplin der Soziologie zu verstehen ist, die über einen bestimmten, eingeschränkten Gegenstandsbereich definiert ist – wie dies etwa bei der Jugendsoziologie, der Berufssoziologie oder der Arbeitssoziologie der Fall ist. Vielmehr ist Kultursoziologie für Soziologie überhaupt grundlegend. – Diese Behauptung, die nicht unumstritten ist (vgl. etwa Gerhards 2000, 2010, Otte 2012), ist in den verschiedenen Debatten um den Status der Kultursoziologie von ihren Proponenten immer wieder, teils explizit und begründet, teils explizit, aber lediglich fordernd, vorgebracht worden; teils wurde sie aber auch schlicht implizit, sozusagen durch Vollzug kultursoziologischer Forschung, erhoben und zugleich bestätigt.

Wenn nun der Gegenstandsbereich der Kultursoziologie nicht lediglich einen Teilbereich des gesamten Gegenstandsbereich der Soziologie überhaupt umfasst, so stellt sich natürlich die Frage, wie sich denn ihr Gegenstand, der umfangslogisch mit dem der Soziologie überhaupt identisch ist, bestimmt und wie denn die Einheit der Kultursoziologie, die in der Bezeichnung selbst behauptet wird, zu begreifen ist.

Die „Scheidung" zwischen „den Systemen der Kultur (Kunst, Wissenschaft, Religion, Sittlichkeit, Recht, Wirtschaft) und den ›äußeren‹ Organisationsformen der Kultur (Gemeinschaft, Herrschaft, Staat, Kirche)", die „Scheidung" zwischen der Erforschung der Objektivationsformen des Geistes und der Erforschung „von ihrem ›realen Sein und Werden‹", deren „unerträgliche Künstlichkeit" René König schon vor sechzig Jahren beklagte (1958/1971: 160), ist bis heute nicht überwunden. Das Bemühen um diese Überwindung hat viele Versuche gezeitigt, Organisation und Sinn, Gesellschaft und Kultur aufeinander zu beziehen, zwischen ihnen eine Wechselwirkung sowohl empirisch aufzuweisen, als auch begrifflich zu fassen. Am weitesten reichen dabei wohl die Versuche Max Webers, „die Logik der Handlungsstruktur und die Logik der Sinnkonstruktion auf das Verhalten von Menschen zu beziehen" und „dieses Zurechnungsproblem" zu lösen (Lepsius 1986: 20). Dass man, wenn man dies aus der Perspektive der Wechselwirkung von Interessen und Ideen tut, sehr weit kommt, hat Lepsius in dem hier zitierten Aufsatz gezeigt, worauf wir in unserem Rahmen nicht weiter eingehen können. Auch Lepsius bleibt dabei aber dem Gedanken verhaftet, die Wechselwirkung von analytisch unabhängig voneinander zu begreifenden Momenten (Interessen und Ideen, Gesellschaft und Kultur) einander begründet zuzurechnen.

Friedhelm Neidhardt geht zwar von einer bereits vorliegenden inhärenten Beziehung von Kulturellem und Sozialem aus, wenn er formuliert, Kultursoziologie „lenkt die Aufmerksamkeit auf Aspekte, die alles Gesellschaftliche mitbestimmen – auf Sinnkomplexe, auf die jedes soziale Handeln allemal bezogen bleibt" (1986: 10); es bleibt aber gerade die Beziehung selbst eigentümlich unterbestimmt: Was heißt denn „mitbestimmen" und ›bezogen bleiben‹?

Und Karl-Siegbert Rehberg benennt eine entscheidende Bestimmung, indem er seine konzise Rekapitulation der Probleme der philosophischen Anthropologie mit dem traditionsreichen Titel „Der Mensch als Kulturwesen" (2010) überschreibt; es wird aber das Entscheidende, Konstitutive an dieser Bestimmung gerade wieder als ein Aspekt unter anderen möglichen zurückgenommen. Rehberg bestimmt dann zwar zu Recht „Kultur als wichtigstes Merkmal des Menschen und somit aller seiner Handlungen und Beziehungen" (a. a. O.: 25); aber dieses ‚wichtigste Merkmal' empirisch gesättigt auf den Begriff zu bringen, gelingt ihm nicht. Schließlich fällt seine Behauptung, dass „‚das Soziale' durch und durch kulturell *codiert"* sei (ebd.; kursiv i. Orig.), hinter das, was sie sagen will, wieder zurück, denn „codiert" werden kann nur etwas, das im Prinzip vor der Kodierung bereits vorliegt, diese tritt hinzu.[1]

Neben dem – hier anhand weniger Beispiele belegten – Versuch der Bestimmung von Wechselwirkungen der zwei als analytisch unabhängig gedachten Momente der Kultur und der Gesellschaft finden sich soziologistische und kulturalistische Versuche, der ‚unerträglichen Künstlichkeit der Scheidung' zu begegnen. Auf diese werden wir hier nicht weiter eingehen; festgehalten sei nur dass Erstere dabei a-kulturell das Handlungsgeschehen auf Gesellschaftliches reduzieren, während Letztere a-sozial das Moment des Gesellschaftlichen in der Kultur aufgehen lassen.

Wie kann man aber das (Human-)Gesellschaftliche, das durch „Sinnkomplexe" immer schon ‚mitbestimmt' ist, analytisch unabhängig von diesen immer schon je einzelkulturspezifischen „Sinnkomplexe[n]" fassen und zugleich der Unmöglichkeit Rechnung tragen, menschliches Handeln, also eben dieses (Human-)Gesellschaftliche, unabhängig von Kultur überhaupt zu begreifen?

Wenn Karl Mannheim schreibt: „Sozietät ist stets ein kulturbildender Faktor (und ihre Formen, die Formen der Vergesellschaftung, kann man in einem gewissen Sinn bereits als Kulturgebilde betrachten) und die Kulturgebilde hinwiederum werden, einmal entstanden und zum »Ansichsein« gelangt, zugleich zu sozialisierenden Faktoren." (1980: 59), dann bringt er damit die Unmöglichkeit, die menschliche Gesellschaft a-kulturell zu begreifen zum Ausdruck; dass gleichwohl ‚der Aufbau, die Organisation und der Wandel des sich vergesellschaftenden Lebens' (ebd.) durchaus a-kulturell vonstatten gehen kann und analytisch als eigenständig zu fassen ist, zeigt sich, wenn man die humane Gesellschaft mit den nicht-humanen Gesellschaften vergleicht. Oben haben wir dies bereits thematisiert (S. 40 ff.). Letztlich ist es dieses einfache Vorgehen, das hier weiterführt; ein Vorgehen, das etwa in den Konzeptualisierungen der philosophischen und soziologischen Anthropologie immer schon eine Rolle gespielt hat und das heute, al-

---

1   Vgl. unten (S. 155) Searles Ausführungen zu den regulativen Regeln.

lerdings oftmals in reduktionistischer Weise, im Umfeld von Soziobiologie und zum Teil auch bei neuro-wissenschaftlichen Ansätzen wieder genutzt wird: eben einen Vergleich der humanen mit nicht-humanen Formen von Sozialität anzustellen.

4.3 Tier und Mensch, Natur und Kultur

Nochmals sei daran erinnert, dass mit ‚Gesellschaft' im weiteren Sinne die Koordination des Verhaltens von Mitgliedern der entsprechenden Gesellschaft auf den Begriff gebracht wird – gleich, ob es sich bei diesen Mitgliedern um Exemplare einer nicht-humanen Gattung aus dem Tierreich oder um Individuen der Gattung Homo resp. der Art Homo sapiens handelt. Ein typisches Beispiel für diesen Begriff der Gesellschaft ist etwa in dem thematisch, was Hölldobler und Wilson über die „hoch sozialen Geschöpfe" der Ordnung Hymenoptera schreiben: „Mehr als 90 Prozent der Signale, die in der Kommunikation von diesen merkwürdigen kolonialen Kreaturen benutzt werden, sind chemisch. Die Substanzen, die Pheromone, werden von exokrinen Drüsen in verschiedenen Teilen des Körpers ausgeschieden. Wenn sie von anderen Mitgliedern der Kolonie gerochen oder geschmeckt werden rufen sie eine besondere Antwort hervor."[cclxii] (Hölldobler/Wilson 2009: XVIf.) Diese Signale ihrer Artgenossen gehören in die Umwelt der Exemplare. Auf diese Umwelt reagieren die Tiere unvermeidlicherweise, da sie als ihre besondere Umwelt ihren „Mustern besonderen Verhaltens"[cclxiii] (Count 1970: 7; kÜ) entspricht. Aber bei den nicht-humanen Gattungen fällt Hineintreten in die Umwelt, also die Unvermeidlichkeit, *dass* ein komplementäres Exemplar sich verhält, und Auslösen des entsprechenden Verhaltens, also Bestimmung *wie* es sich verhält, zusammen:

> „Entscheidung für Entscheidung antwortet das Insekt auf diejenigen Stimuli, auf die *zu antworten* sein sensorisches und nervliches System *programmiert ist*.[2] Diese Stimuli formen die hoch gefilterte sensorische Welt der Kaste zu welcher es gehört. Ein Kastenmitglied führt bestimmte Aufgaben aus, weil es eine niedrige Antwortschwelle für Stimuli hat, die mit dieser Aufgabe verbunden sind."[cclxiv] (Hölldobler/Wilson 2009: 55; kursiv von mir, TL) – „Das Lernen ist gleichwohl begrenzt und statistisch vorhersagbar. Es ist zudem polar: das Insekt ist *angeborenerweise voreingerichtet* bestimmte Antworten zu geben *und kontra-voreingerichtet* (das heißt prädisponiert zu widerstehen)

---

2 Begrifflich unangemessen ist es, hier von Entscheidung zu sprechen, da ein programmiertes Verhalten ja schlicht abläuft und keine Optionen, zwischen denen entschieden werden müsste, eröffnet sind.

andere Arten von Antworten zu geben. Die Gesamtheit von gegenteiligen Voreinrichtungen, voreingerichtet und kontra-voreingerichtet, erscheint adaptiv"[cclxv] (a. a. O.: 56; kursiv von mir, TL). – „Diese Züge des Verhaltens und der Physiologie [z. B.: „Zuckersensitivität und das Alter der bei Nahrungssuche"] sind wahrscheinlich durch gemeinsame neurobiochemische Pfade verbunden, die unter der regulatorischen Kontrolle von zumindest zwei Hormonen stehen, die in die Fortpflanzungssignalgebung bei Insekten involviert sind"[cclxvi] (a. a. O.: 106).

Diese Programmierung bestimmt etwa auch die „Arbeitsteilung" (s. o., S. 50, zur „Stigmergie") und geht bis in die Anpassung physiologischer Ausprägungen an die jeweiligen erforderlichen „Aufgaben", die im Laufe des Lebens eines Exemplars durchlaufen werden; die entsprechenden Mechanismen sind mittlerweile gut erforscht.

Oben (S. 16) haben wir mit Konrad Lorenz und George Herbert Mead das Aufeinandertreffen von Hunden angeführt, das zwar im Modus komplexer abläuft als die entsprechenden Stimulus-Reaktions-Sequenzen bei Insekten, das aber, um Pascals Terminus zu benutzen (s. o., S. 129), derselben Ordnung angehört.

In der Kontrastierung des Verhaltens von Ameisen oder eben auch von Hunden mit dem Handeln von Menschen tritt die Differenz beider, treten Eigenheiten des Handelns hervor. Bevor wir dies weiter ausarbeiten, wenden wir uns noch einer Spezies zu, deren Ähnlichkeit im Verhalten zum Handeln des Menschen Aufschluss verspricht: der Spezies der – ja notorisch hochintelligenten – Raben. Bernd Heinrich, der umfangreiche und vielfältige Forschungen über Raben durchführte, schreibt, u. E. dabei die Differenz zum Zwecke der Verdeutlichung überbetonend: „Raben sind Individuen. Ameisen nicht."[cclxvii] (Heinrich 2000: xvii) Besonders aufschlussreich ist ein Aspekt, den wir oben (S. 43) bereits erwähnten: der Aspekt der jugendlichen „Neugier", die sich bei Raben findet. Neugier ist ja eigentlich ein Aspekt menschlichen Handelns, und zwar einer, der für dessen Innovativität, die wiederum als ein besonderes Merkmal der Gattung Mensch gelten kann, zentral ist. – Zunächst stellt Heinrich fest:

> „Die vier jungen Vögel berührten auf unseren täglichen Spaziergängen vorzugsweise alle neuen Objekte. Sie wählten sie mit einer Rate von mehr als zehntausendmal häufiger als den Hintergrund oder Objekte, zu denen sie zuvor schon einmal Kontakt hatten. Das Hauptauslösekriterium für das Picken oder für das Aufnehmen von etwas ist Neuheit."[cclxviii] (a. a. O.: 68)

Hier scheint es so, als hätten Raben nicht nur Umwelt – sei es eine enge, wie die oben beschriebenen Insekten, oder eine weitere, wie die Hunde, sondern Welt (vgl. hierzu unten, S. 149): allem Neuen, dem sie begegnen, wenden sie sich zu.

Nichts scheint außerhalb der von den für sie ‚spezifischen Stimuli geformten sensorische Welt' zu liegen, oder, wie man in der Sprache eines derjenigen Biologen, die für die philosophische Anthropologie wichtige Bezugsautoren waren, sagen könnte: nichts scheint außerhalb ihres „Umweltstunnels" (von Uexküll 1920/1973: 108) zu liegen – und insofern gehört zu ihrer Umwelt alles, was sinnlich wahrnehmbar ist; das aber ist wie beim Menschen: der Rabe hat also, wie der Mensch, so scheint es, nicht lediglich eine durch Schemata seiner Spezies bestimmte Umwelt, sondern Welt.

Durch zahlreiche Experimente mit wildlebenden wie mit von Menschen aufgezogenen Raben zeigt Heinrich dann jedoch, „dass die starke Neugier der Raben, kontrastierende oder neue Objekte zu erforschen letztlich in ihrer Umwelt die Funktion hat, Nahrung zu finden."[cclxix] (Heinrich 2000: 70) „Diese Experimente zeigten, dass die *Neugier* der Raben sicherstellt, dass alle oder nahezu alle Gegenstände in ihrer Umgebung aufgedeckt werden. Ich sah sie niemals *irgendetwas* auslassen, das neu für sie war."[cclxx] (A. a. O.: 68 f.; kursiv i. Orig.) Mit diesem Verhalten stellen sie sicher, dass sie – als Allesfresser – alles Fressbare auch tatsächlich entdecken: „Wenn die Vögel lediglich von Objekten angezogen würden, weil sie bereits als gute Nahrung *bekannt* wären, dann würde, was sie bereits kennen eben besser bekannt, aber nichts würde entdeckt werden." Wenn hingegen, was untersucht wurde, sich als nicht fressbar erwies, wurde es gleich zu „Hintergrund": „Wenn sie ermittelt hatten, dass es keine Nahrung war, waren sie bald gelangweilt."[cclxxi] (A. a. O.: 69; kursiv i. Orig.) – Entsprechend ist es eben für Raben auch verhaltensökonomisch rational, wenn sie mit zunehmender Vollständigkeit ihres Archivs der untersuchten Gegenstände das „Neugier"-Verhalten aufgeben:

> „Die Neugier der Raben lässt mit dem Alter nach. Wenn sie vier Monate alt sind, werden sie schon scheu vor den meisten neuen Stimuli. Wenn sie reifen, verkehrt sich jene anfängliche Anziehung durch neue Dinge in ihr Gegenteil. Sie werden zunehmend ängstlich vor neuen Objekten. Ich habe einmal einen Schwarm wild gefangener junger Vögel mit allen Arten von neuen Objekten getestet, die meine jungen Vögel unwiderstehlich fanden – Filmdosen, Flaschen, Dosen, Silberbesteck und ähnliches. Sie haben die Gegenstände ignoriert bis sie wirklich hungrig wurden. Die älteren Vögel erinnerten mich an meinen Vater. Als er zum ersten Mal Erdnussbutter- und Marmeladenbrot sah, war er fünfundfünfzig Jahre alt. Er ‚wusste', dass Butter nicht von Erdnüssen kommt, es sei denn, dass es minderwertige Butter wäre, und das war es dann."[cclxxii] (A. a. O.: 72)

Was Heinrich zu einem die Gemeinsamkeit betonenden Vergleich anregt, zeigt zugleich die fundamentale Differenz: junge Raben können nicht umhin, unbekannte Objekte zu untersuchen – alte Raben können nicht umhin, sie zu meiden:

sie haben keine Wahl;[3][ccixxiii] der Mensch jedoch hat die Wahl und wir müssen, wie etwa bei Herrn Heinrich senior, Habitualisierungen bemühen, um seine Wahl zu erklären.

Das Soziale – sei es human, sei es nicht-human – besteht also in der Genese und Verknüpfung von Verhalten. Nicht-human bedeutet das Hervorbringen einer bestimmten Reaktion als Verhaltens*möglichkeit* zugleich die Realisierung dieser und nur dieser Möglichkeit durch das Exemplar: So kann ein Hund im Aufeinandertreffen mit einem anderen nicht nur nicht umhin, überhaupt zu reagieren; vielmehr kann er auch nicht umhin, in der spezifischen, durch biologische Faktoren (genetische und Reize in der Situation) programmierten Weise zu reagieren (vgl. die oben, S. 16, bereits zitierte Beschreibung von Konrad Lorenz). Auch die hohe Komplexität der auf Abstimmung von Exemplaren ausgerichteten Verhaltenssteuerung bei sozialen Tieren gehört derselben Ordnung an wie die Reaktion auf Reize, wie komplex auch immer sie sein mögen.

Demgegenüber formulierte etwa Max Scheler, der ‚moderne Begründer der philosophischen Anthropologie' (Schischkoff 1978/1982: 607), der Mensch sei „nicht mehr trieb- und umweltgebunden, sondern «umweltfrei», und, wie wir es nennen wollen, «*weltoffen*»: Ein solches Wesen hat «*Welt*»." (Scheler 1928/1983: 38) – Wir haben diese Begrifflichkeit bereits oben verwendet.

Was bedeutet dies nun vor dem Hintergrund des soeben zum tierischen Verhalten Ausgeführten? Wenn der Mensch Welt statt Umwelt hat, wenn er also nicht von „Mustern besonderen Verhaltens"[ccixxiv] (Count 1970: 7; kÜ) auf eben ein besonderes Verhalten festgelegt ist, wenn er aber zugleich, wie wir gesehen haben (s.o., S. 22), nicht nicht-reagieren kann – auch nicht, wenn er einem Artgenossen begegnet – dann ist *jedes* Verhalten eine Antwort auf die Präsenz der Situation. Bezogen auf die Ko-Präsenz von anderen Gattungsmitgliedern gibt es auf

---

3 Heinrich spricht allerdings von „Wahl": „Viele der mit dem Nestbau assoziierten Verhaltensweisen sind durch Hormone vorbereitet, aber wie bei allen anderen Vögeln und auch bei uns, indiziert die Komplexität der Antworten, dass der Verstand der Vögel durch mehr als bloß Hormone getrieben wird. Die Beziehung in und zwischen Paaren und mit anderen Raben könnte suggerieren, dass diese Vögel urteilen und wählen." (Heinrich 2000: 130) Das ganze auf diesen Satz folgende Kapitel aber („Paare als kooperative Gespanne und das Teilen", 131–136) läuft darauf hinaus, zu zeigen, dass die frühe Paar-Bildung (Jahre vor Nestbau und Hervorbringung von Nachwuchs) einen ökologischen Vorteil hat, da die Raben ihre Futtersuche und Behauptung als Paar aufeinander abstimmen und so ein für beide vorteilhaftes gemeinsames Verhalten entwickeln können: „Deshalb kann man vom Standpunkt der evolutionären Verhaltensforschung her sagen, dass Paare kooperieren, während man es von dem der Psychologie her nicht sagen würde, aber könnte." (a.a.O.: 135) – Zu Heinrichs vorsichtiger Deutung s. auch: „Bei all den oben genannten Vorkommnissen findet sich kein Beweis, dass Raben die Kosequenzen ihrer Aktionen antizipierten und sich in einer Weise verhielten, dass sie bewusst einem wechselseitig akzeptierten Plan folgten. Meistenteils gibt es keine Notwendigkeit, solch ein Szenario aufzurufen" (a.a.O.: 134f.).

dieser konstitutiven Ebene keine Nicht-Reziprozität. Anders nun als beim Tier, wo die Reaktion auf die sinnlich wahrnehmbare Anwesenheit eines Artgenossen für jedes Exemplar festgelegt ist,⁴ ist beim Menschen nur klar, *dass* jedes Verhalten eine Antwort auf die wahrnehmbare Anwesenheit eines Gattungsgenossen ist (vgl. o., S. 137, Fn. 59). Es gibt keine bloße Juxtaposition; mit Lévi-Strauss' Formulierung kann man sagen, die Reziprozität „setzt eine Bindung an die Stelle der Juxtaposition"ᶜᶜˡˣˣᵛ (1949/1984: 117; üK). Dieses kulturelle Moment, das sich zunächst negativ: als Deutungs- und Handlungsbedürftigkeit, zeigt, erfährt in jeder spezifischen Kultur eine geregelte Ausgestaltung von Reziprozität; darin zeigt sich das kulturelle Moment positiv: als Anerkennung des anderen Anwesenden qua Artgenossen – zunächst in der konkreten Form der Anerkennung als Freund oder als Feind. Durch die spezifische Ausgestaltung von Reziprozität konstituiert sich daraufhin die jeweilige Kultur als diese spezifische Kultur.

Die „Instinktreduktion" (Gehlen 1956/1986: 21, passim), die Nietzsche zu der Bestimmung führte, der Mensch sei „das noch nicht festgestellte Tier" (Nietzsche 1886/1981: 69; vgl. 1887/1981: 308), als eine evolutionsbiologische Ursache der Menschwerdung ist in der anthropologischen Tradition immer wieder durchdacht worden. Im Anschluss an Arnold Gehlen ist dabei immer wieder auch vom Menschen als „Mängelwesen" die Rede gewesen. Zwar führte Gehlen selbst diese Bestimmung zunächst sehr zurückhaltend ein,⁵ gleichwohl zeigt diese Bezeichnung, dass das Konstitutive, das in der Freisetzung des Menschen von der biogrammatischen Festlegung auf spezifische Reaktionen liegt, nicht immer angemessen erfasst wurde. Dies scheint auch Adornos kritischer Anmerkung zur Anthropologie zugrunde zu liegen:

> „Die These arrivierter Anthropologie, der Mensch sei offen – selten fehlt ihr der hämische Seitenblick aufs Tier –, ist leer; sie gaukelt ihre eigene Unbestimmtheit, ihr Fallissement, als Bestimmtes und Positives vor. [...] Daß nicht sich sagen läßt, was der Mensch sei, ist keine besonders erhabene Anthropologie sondern ein Veto gegen jegliche." (Adorno 1966/1982: 131)

Tatsächlich lässt sich nicht sagen, „was der Mensch sei", wenn man an eine *inhaltliche* Bestimmung denkt – und Anthropologie wird von dem heimlichen Wunsch getrieben, diese Bestimmung vornehmen zu können, womit sie hinter die eigenen

---

4   Dort, wo Tiere in der Lage sind, verschiedene Perspektiven einzunehmen, können sie es eben nicht situationsungebunden, sondern immer nur passend zur jeweiligen Situation (vgl. zur Rolle der Sprache in diesem Zusammenhang: Tomasello 2002: 195).
5   „Wenn der Mensch hier und in dieser Beziehung, im *Vergleich* zum Tier als ‚Mängelwesen' erscheint, so akzentuiert eine solche Bezeichnung eine Vergleichsbeziehung, hat also nur einen transitorischen Wert, ist kein ‚Substanzbegriff'." (1940/1986: 20; kursiv i. Orig.)

Erkenntnisse zurückfiele. Aber es lässt sich doch, wir werden es unten sehen, der Mensch *strukturell* bestimmen: als dasjenige Wesen, das sich selbst bestimmt und sich selbst zu bestimmen nicht umhin kann – dass es dabei in je spezifische Kulturen und damit gesetzte kulturelle Schemata eingebunden ist, widerspricht dem nicht. Entscheidend ist die Eröffnung von Möglichkeiten, die durchaus als durch natürliche Selektion hervorgegangen gedacht werden müssen.[6] Aber wie ist das Konstitutive nun genauer zu bestimmen?

Vielfach ist – neu-kantianisch – die Weltoffenheit des Menschen als Problem der Reizüberflutung behandelt worden, man könnte hierin eine Reduktion auf das erkenntnistheoretische Problem der Konstitution von Dingen sehen. Was aber bedeutet die Instinktreduktion demgegenüber für die Koordination von Verhalten?

Negativ heißt es, dass es kein vorgegebenes Schema der Verhaltenskoordination gibt, positiv, dass es vielfältige Verhaltensoptionen gibt, die aber zunächst unbestimmt sind.[7] – Dass nun aber das Exemplar A nicht nur ein biogrammatisch vorschematisiertes Verhalten von B etwas angeht, sondern potentiell alles, was B tut, zeigt, dass strukturell eine Beziehung von Reziprozität besteht: Was auch immer B in Anwesenheit von A tut, bezieht sich objektiv auf A – et vice versa. Bezieht es sich inhaltlich nicht auf A, muss dies markiert sein, was bedeutet, dass es sich strukturell unabdingbar auf A bezieht. Durch die Instinktreduktion, durch das Natur überschreitende Faktum der Natur, dass der Mensch nicht nur Umwelt hat, dass er also nicht, wie komplex auch immer, letztlich in seinem Verhalten ein naturgesetzliches Produkt der Vektoren Situation und Verhaltensprogrammierung ist, sondern dass er vielmehr Welt hat, also weltoffen ist, hat sich demnach dergestalt eine strukturelle Form von Reziprozität herausgebildet, dass es keine bloße Juxtaposition mehr geben kann (vgl. oben, S. 150, zu Lévi-Strauss).

Reziprozität auf dieser fundamentalen Ebene ist also für die Beziehung zwischen Angehörigen der Gattung Mensch konstitutiv, sie eröffnet eine Welt von Möglichkeiten der wechselseitigen Bezogenheit im Verhalten, die zugleich unausweichlich ist. Instinktreduktion bezogen auf das Verhältnis von Angehörigen der Gattung zueinander bedeutet also objektiv unausweichliche strukturelle Reziprozität. – Dies haben wir nun oben bereits kennengelernt als vorgängiges Aufeinander-bezogen-Sein (s. u. a. S. 71).

---

6   Dies hat André Leroi-Gourhan gezeigt, der etwa darauf hinweist, dass der – biologisch evolutionär hervorgebrachte – „Erwerb der Zweifüßigkeit […] mit einer tiefgreifenden Modifizierung der Schädelaufhängung und mit der Befreiung der Hand einhergeht: der Kortikalfächer hat sich weit geöffnet und steht in Verbindung mit afferenten Zentren, die zu den verschiedenen für Sprache bedeutsamen Bereichen gehören." (1964–65/1984: 119)

7   Dies wäre auf das Verhältnis von Inzesttabu und Heiratsregeln zu beziehen (WEITERE FORSCHUNGSMÖGLICHKEIT).

Ein Phänomen, an dem man sich diesen Übergang etwas anschaulicher machen kann, ist die Entsaisonalisierung der Paarungsbereitschaft beim Menschen: „Der Östrus oder die Periode weiblicher ‚Brunft' wurde durch virtuell kontinuierliche sexuelle Aktivität ersetzt. Kopulation wird nicht durch die Reaktion auf die konventionellen Primatensignale des Östrus, wie etwa die Veränderung der Farbe der Haut rund um die weiblichen Sexualorgane und die Ausschüttung von Pheromonen, initiiert, sondern durch ein ausgedehntes Vorspiel, gefolgt von wechselseitiger Stimulation durch die Partner."[cclxxvi] (Wilson 1975: 547f.) Es handelt sich also bei der sexuellen Aktivität in der Gattung Mensch nicht um den Ablauf eines Verhaltensschemas, sondern um eine Entscheidung, das Ergreifen von Handlungsoptionen. Dass diese dann wiederum kulturell unterschiedlich geregelt sind, ist notorisch.

Die mit dem Eröffnetsein von Handlungsoptionen verbundene Unsicherheit, von der wir oben auch mit Lévi-Strauss' Beispiel des reziproken Weineinschenkens (S. 15 f.) sprachen, ist sozusagen der negative Aspekt der strukturellen Reziprozität, die zugleich Ausdruck der Weltoffenheit, der Nicht-Festgestelltheit ist und also Wahloptionen eröffnet. Die strukturelle Reziprozität stellt in *einer* Bewegung die Sozialität der Gattung Mensch dar, also die unvermeidliche Notwendigkeit, den eröffneten Raum des Handelns zu füllen. Damit ist Kultur in der Welt: Kultur als aus dieser hervorgegangener Gegensatz zur Natur ist konstitutiv sowohl auf der Seite der Eröffnung von Optionen: eben als universelle strukturelle Reziprozität, als auch auf der Seite der auf je spezifische Weise zu treffenden Entscheidung zwischen Optionen.

4.4 Die Reziprozitätsregel als Konstitutivum von Kultur

Lévi-Strauss behandelt im Ausgang von dem genannten Beispiel die Reziprozität zwar vor dem Hintergrund der bereits konstituierten Sozialität, fasst aber auch genau diesen Prozess der Konstitution ins Auge:

> „In diesem Sinne erscheint uns die jeweilige Haltung der Fremden im Restaurant als die unendlich ferne, kaum wahrnehmbare, aber nichtsdestoweniger zu erkennen Projektion einer Grundsituation: derjenigen, in der sich Individuen oder primitive Horden befinden, die zum ersten Mal oder ausnahmsweise mit Unbekannten in Berührung kommen."[cclxxvii] (Levi-Strauss 1949/1984: 118)

Eine solche Situation also, wie die im Restaurant, obwohl als diese schon soziokulturell konstituiert, erinnert gleichwohl an die Situation der strukturellen Reziprozität: zwei oder mehrere Angehörige der Gattung treffen aufeinander und was jeder von ihnen tut, stellt objektiv eine Antwort auf dieses Aufeinandertreffen, das objektiv eine Begegnung ist, dar; was jeder von ihnen auch tut, ist also objektiv auf den anderen bezogen. Die Situation der Gruppen der Nambikwara, die Lévi-Strauss beschrieben hat (s. o., S. 118), ist eine weitere Veranschaulichung davon. Wir haben gesehen, dass sie, wie überhaupt jede Situation der gegenseitig wahrnehmbaren Ko-Präsenz von Angehörigen der Gattung Mensch, objektiv bereits keine Juxtaposition darstellt (s. o., S. 30). Theodor W. Adorno hat in der ästhetischen Theorie ein interessantes Gegenbild zur Juxtaposition entworfen; es ist dort von Elementen der Komposition die Rede:

> „Die Elemente finden sich nicht in Juxtaposition, sondern reiben sich aneinander oder ziehen einander herbei, eines will das andere, oder eines stößt das andere ab." (Adorno 1970/1982: 275)

Es ist klar, dass die Intentionalisierung der Elemente einer Komposition metaphorisch ist; gleichwohl ist das Bild sprechend: Auch in der Situation des Zusammentreffens von Angehörigen der Gattung reiben deren Aktionen sich objektiv aneinander oder ziehen einander herbei, ohne Rücksicht auf die Intention der Handelnden: diese sind strukturell aufeinander bezogen und können nicht umhin, durch ihr Handeln diese strukturelle Reziprozität inhaltlich auf spezifische Weise zu gestalten.

Der eröffnete Möglichkeitsraum, der die Entlassung aus der Natur bedeutet, kann nun weder wieder durch Natur, durch instinktgesteuertes Verhalten also, gefüllt werden; noch ist es dem Menschen möglich, nicht zu reagieren. Er muss sich entscheiden und eine Lösung finden, die die „reziproke Unsicherheit beseitigt" (Lévi-Strauss). Es kann schließlich aber auch diese Entscheidung nicht dauerhaft dem Zufall überlassen werden; vielmehr muss auch die u. U. zufällige Reaktion als sich bewährende verstetigt werden. Da sich ja eine strukturierte Gattungsgestalt ergeben hat, muss die Entscheidung zunehmend geregelt erfolgt sein.

Zwischen der Skylla des Rückfalls in bloße *Regulierung* durch biogrammatische Programmierung und der Charybdis der Implosion in unstrukturiertem *Zufallsgeschehen* durch ständig wiederkehrende Ad-hoc-Entscheidungen hat nun eine *Geregeltheit mittels Regeln* sich herausgebildet. Wie konnte sich dies vollziehen?

Wir haben oben des öfteren von der strukturellen Reziprozität als Regel gesprochen; und bei Lévi-Strauss hieß es: „das Inzestverbot [...] bildet eine Regel, jedoch eine Regel, die als einzige unter allen gesellschaftlichen Regeln zugleich einen Charakter der Universalität besitzt"[ccdxxviii] (1949/1984: 52 f.; kÜ). Dabei ist seine These zu berücksichtigen: „Wie die Exogamie ist auch das Inzestverbot eine Reziprozitätsregel: ich verzichte auf meine Tochter oder meine Schwester nur unter der Bedingung, daß mein Nachbar dasselbe tut."[cclxxix] (a. a. O.: 120; kÜ) Wie ist das zu verstehen?

Dazu ist zunächst zu klären, was eine Regel ist. Wir können hier nicht die weitreichende Diskussion zu dieser Frage aufnehmen (s. etwa Heringer 1974, Kripke 1982); ich greife auf Ausführungen zurück, die ich an anderer Stelle (2008, hier: 165 f.) gemacht habe. Zunächst sei daran erinnert, dass Handeln, anders als Verhalten im engeren Sinne, regelgeleitet ist (vgl. S. 2 u. S. 143). Dieses Moment der Regelgeleitetheit bedeutet zunächst einmal, dass den Handelnden von den ihr Handeln bestimmenden – nicht determinierenden – Regeln Handlungsmöglichkeiten eröffnet werden. Regeln im Allgemeinen verknüpfen Handlungssequenzen miteinander, indem sie zum einen Anschlussoptionen eröffnen und zum anderen die Konsequenzen festlegen, die eine jeweilige Auswahl aus diesen Optionen bedeutet – und zwar bevor noch eine Entscheidung für eine der Optionen getroffen wurde. Dies lässt sich am einfachsten am Beispiel der Begrüßung zeigen (vgl. unsere obige Analyse, S. 6 ff.), da hier die Zahl der regelgemäß eröffneten Optionen minimal ist: es gibt genau zwei. Ein Reisender in einem Zugabteil etwa, der von einem zugestiegenen Passagier begrüßt wird, hat nur zwei Möglichkeiten: entweder (a) zurückzugrüßen oder (b) die Grußerwiderung zu unterlassen. Bevor der Begrüßte noch seine Wahl trifft, also bevor er noch im handelnden Vollzug eine der Optionen praktisch realisiert, liegt bereits deren Konsequenz fest – insofern kann er diese Konsequenz in seiner Entscheidung für eine der Optionen berücksichtigen; gleich aber, ob er sie sich bewusst macht oder nicht: sie liegt fest.

Wenn also nun etwa der Reisende, der von dem neuen Passagier begrüßt wird, zurückgrüßt, so nimmt er damit unweigerlich, ob er will oder nicht, das Angebot an, den Handlungsraum der Reise als gemeinsamen zu betrachten. Damit muss er, wenn er zum Beispiel gerade ein Buch liest, gewärtig sein, von dem Mitreisenden, durch ein Gespräch etwa, an der weiteren Lektüre gehindert zu werden, und es ist an ihm, also an dem ersten Reisenden, sich diesem Ansinnen aktiv zu entziehen, wenn er in Ruhe weiter lesen will. Sollte er aber nicht zurückgrüßen, so weist er damit das Angebot, den Handlungsraum der Reise praktisch als gemeinsamen zu realisieren, zurück. In diesem Falle müsste der Zugestiegene, sollte er ein Interesse an einem gemeinsamen Gespräch haben, seinerseits aktiv werden und einen neuen Versuch starten, um doch noch die Reise beider zu einer gemeinsamen werden zu lassen.

Man sieht an diesem Beispiel einerseits, wie Regeln Optionen eröffnen und zugleich festlegen, was diese Optionen bedeuten, indem sie verbindlich bestimmte Folgen mit diesen Optionen verknüpfen, und man sieht andererseits, dass diese Optionen und ihre Bedeutungen bzw. Konsequenzen unabhängig sind von der Absicht der Handelnden, unabhängig von ihren subjektiven Intentionen also; sie

werden vielmehr objektiv durch die Regeln konstituiert. So verhält es sich mit allem Handeln.
Diesen Typus von Regeln nennt John R. Searle konstitutive Regeln:

„Konstitutive Regeln [...] regeln nicht nur, sondern erzeugen oder definieren auch neue Formen des Verhaltens. Die Regeln für Fußball oder Schach zum Beispiel regeln nicht bloß das Fußball- oder Schachspiel, sondern sie schaffen sozusagen überhaupt erst die Möglichkeit, solche Spiele zu spielen. Die Handlungen beim Fußball- oder Schachspiel sind dadurch konstituiert, daß in Übereinstimmung mit (zumindest einem größeren Teil von) den entsprechenden Regeln gehandelt wird. [...] Konstitutive Regeln konstituieren (und regeln auch) eine Tätigkeit, deren Existenz von den Regeln logisch abhängig ist."[cclxxx] (Searle 1969/1983 a: 54; kÜ)

Davon unterscheidet Searle regulative Regeln, die er wie folgt bestimmt:

„Wir können zunächst sagen, dass regulativen Regeln vorgängig oder unabhängig von ihnen existierende Verhaltensformen regeln – zum Beispiel regeln viele Anstandsregeln zwischenmenschliche Beziehungen, die unabhängig von jenen Regeln existieren. [...] Regulative Regeln regeln eine bereits existierende Tätigkeit, eine Tätigkeit, deren Existenz von den Regeln logisch unabhängig ist."[cclxxxi] (Searle 1969/1983 a: 54 f.; kÜ)

Regeln unterscheiden sich grundsätzlich von Naturgesetzen dadurch, dass man von ihnen *abweichen* kann. Das liegt für *regulative Regeln* auf der Hand: Wenn die Mitglieder des Guarneri String Quartet bei einer Europa-Tour in den 1960er Jahren etwa nicht im Frack auf die Bühne kamen, sondern in „dunklen Anzügen, weißen Hemden und Krawatten" (was schon ein Kompromiss war, womit „den Modespalt zu überbrücken sie sich entschieden" – Steinhardt 1998/2000: 192), so weichen sie von den im Unterschied zu den amerikanischen auf europäischen Bühnen nach wie vor geltenden Anstandsregeln ab und müssen sich als Konsequenz die Tiraden des Konzertorganisators anhören; gleichwohl aber haben sie ein Konzert gegeben. – Für *konstitutive Regeln* führt die Möglichkeit der Abweichung aber zu einer Besonderheit: Weicht man etwa von den konstitutiven Regeln des Schachspiels ab, indem man den Springer diagonal beliebig viele Felder setzt, so spielt man schlicht kein Schach mehr; mit der Abweichung von konstitutiven Spielregeln verlässt man das Spiel. – Für die *Reziprozitätsregel* schließlich, die ja als kulturkonstitutive zu den konstitutiven Regeln zählt, gilt aber nun nicht einmal diese Möglichkeit der Abweichung durch Verlassen des Spiels:[8] Man

---

8   Dies verkennt Marcel Hénaff, wenn er die zeremonielle Gabe mit dem Spiel vergleicht (s. o., S. 133). Sie ist, wenn auch nur eine kulturspezifische Variation des Themas der Reziprozität,

hat nur die Möglichkeit, eine der von dieser Regel eröffneten Optionen zu wählen. Damit kann von dieser Regel um keinen Preis abgewichen werden. Denn entscheidet sich etwa der Gegrüßte, die Regel nicht zu beachten, so grüßt er objektiv nicht und dieses Nicht-Grüßen ist eine von der konstitutiven Regel des Grüßens eröffnete Option, die bestimmte, durch die Regel festgelegte Konsequenzen hat.

Damit können wir festhalten: *Die Reziprozitätsregel transformiert Verhalten zu Handeln* – und zwar unvermeidlicherweise, da mit der Instinktreduktion Verhaltensoptionen als echte Optionen[9] konstituiert werden, von denen unvermeidbarerweise eine gewählt wird. Zugleich *konstituiert die Reziprozitätsregel damit Regelhaftigkeit überhaupt*,[10] da im gleichen Moment, wo Verhalten im engeren Sinne nicht mehr möglich ist, auch das Nichtreagieren logisch und pragmatisch ausgeschlossen ist und damit jede Antwort objektiv die Wahl einer Option darstellt; und schließlich konstituiert *die Reziprozitätsregel die Autonomie der Handlungsinstanz* und damit diese *als Entscheidungsinstanz*, eben weil diese nicht umhinkann, zu wählen, also frei eine Entscheidung zu treffen.[11]

Die Konstitution[12] der Gattung durch Reziprozität heißt nun also, dass unvermeidbar ist, *dass* ein Individuum der Gattung auf ein anderes reagiert, dass es

---

    also nur eine kulturspezifische Gestalt der Reziprozitätsregel, so doch eben eine Reziprozitätsregel, von der ein Abweichen – und damit ein Verlassen des Spiels – eben nicht möglich ist. Searle selbst verfügt nicht über einen Begriff der Reziprozitätsregel; insofern muss man, wie wir es hier tun, über seine Unterscheidung hinausgehen.

9 Vgl.: „optio, ōnis (von *opio, ere, dem Stammworte zu optāre), I) fem., der freie Wille, die freie Wahl, die Willkür, das Belieben" (Georges 1913–18/2002: 39233 [Bd. 2, 1377]) – „opto, āvī, ātum, āre (Frequ. eines alten *opio, ere), sich etwas aussersehen, I) wählend = etwas sich ersehen, aussuchen, wählen [...] II) wünschend = wünschen, den Wunsch äußern, Verlangen tragen, verlangen, sich Hoffnung machen (hingegen cupere, Wünsche hegen)" (a. a. O.: 39237 [Bd. 2, 1377])

10 Sie erfüllt damit das von Lévi-Strauss genannte „Erfordernis der Regel als Regel" (vgl. o., S. 127).

11 An dieser Stelle wären Ausführungen zu ergänzen über die Bedeutung der Sprache als historisch emergierter Bedingung der Möglichkeit von Regelgeleitetheit und Regelbewusstsein (vgl. Oevermann 1986: 22–25), welches eben sprachlich konstituiert ist. Dies würde den vorliegenden Studienbrief überfrachten. Wie eine entsprechende Explikation im Ausgang von Kompetenztheorien (etwa Chomsky 1965, 1965/1972, Searle 1969/1983 a u. b, und Piaget 1957, 1957/1979) zu leisten wäre, dazu s. Oevermann 1986.

12 Es sei hier betont, dass wir konstitutionstheoretisch argumentieren, nicht historisch-genetisch. Einerseits ist eine sozialisationstheoretische Erweiterung unabdingbar; darauf kann hier nur hingewiesen werden: Ontogenetisch betrachtet *werden* Personen, indem die der Bedürfnisbefriedigung dienende Instinktreaktionen von Säuglingen vom befriedigenden Gegenüber gemäß der (immer schon konstituierten) Regelhaftigkeit von Sozialität als Handlungen gedeutet werden, auf die es antwortet. Wenn etwa ein Säugling als Reaktion auf den Reiz des Gesichtsschemas lächelt, so deutet die Mutter dies als Handlung des Anlächelns und antwortet entsprechend (vgl. Spitz 1950: 138 f.). Diese Antworten machen aus den vorgängigen Instinktreaktionen nach und nach Handlungen und ziehen das werdende Subjekt,

aber zugleich frei ist, in dem, *wie* es reagiert: „Dass es Begegnung gibt, ist eine natürliche Notwendigkeit, doch bei den Menschen ist sie weder programmiert noch programmierbar."^cclxxxii (Hénaff 2002/2009: 215; kÜ; vgl. o., S. 137, Fn. 59) Insofern wäre hier auch angemessener wie folgt zu formulieren: dass unvermeidbar ist, *dass* ein Individuum der Gattung auf ein anderes antwortet, dass es aber zugleich frei ist, in dem, *wie* es antwortet. Dieser durch Instinktreduktion eröffnete Möglichkeitsraum, kann nun, wie gesagt, nicht durch Entscheidungen geschlossen werden, die ständig immer wieder neu zufällig „getroffen" werden. Was erlaubt ein Bewahren des Bewährten? Wenn eine Weise der Lösung des Problems der reziproken Unsicherheit sich bewährt hat, kann sie tradiert werden.[13] Dies können nun kulturspezifische Reziprozitätsregeln wie etwa die der zeremoniellen Gabe leisten, die ja, wie wir mehrfach gesehen haben, zugleich obligatorisch und freiwillig ist. Wittgenstein hat herausgearbeitet, dass Regeln eine Gemeinschaft der Regelbefolger voraussetzen, die die Regelbefolgung gegebenenfalls kritisieren kann:

„Darum ist ›der Regel folgen‹ eine Praxis. Und der Regel zu folgen glauben ist nicht: der Regel folgen. Und darum kann man nicht der Regel ›privatim‹ folgen, weil sonst der Regel zu folgen glauben dasselbe wäre, wie der Regel folgen." (Wittgenstein 1952/1982: 128; § 202)

Diese Verankerung der Regelbefolgung in kollektiver Praxis überführt die universelle strukturelle Reziprozität, sie inhaltlich gestaltend, in eine spezifische Praxis: eine kollektiv verankerte und kollektiv getragene Kultur, die spezifische Optionen des eröffneten Möglichkeitsraumes positiv auszeichnet. Diese Auszeichnung kann unterschiedliche Formen annehmen, ist letztlich aber auf drei Typen beschränkt. Wenn Arnold Gehlen für die sogenannten primitiven Gesellschaften festhält: „Wer nicht realer oder fiktiver Blutsverwandter ist, ist virtueller Feind" (1955: 37), so tritt

---

das objektiv in die strukturelle Reziprozität hineingestellt ist, in die sich vollziehende positive Reziprozitätsbeziehung hinein. So lassen diese Antworten in dem werdenden Subjekt ein Selbst werden – gewissermaßen wird der Strukturort dafür, der Strukturort der Autonomie, durch die abnehmende Instinktbindung zunehmend hierfür frei. – Andererseits ist – so schwierig dies auch ist – der Übergang von der Natur zur Kultur evolutionstheoretisch weiter aufzuklären: Phylogenetisch betrachtet ist dieser Übergang u. E. eben so zu denken, dass mit der Instinktreduktion die Notwendigkeit der Entscheidung und damit in einem die Unmöglichkeit der Nicht-Entscheidung emergiert. Dies muss aber, worauf hier nur hingewiesen werden konnte (s. vorangehende Fn.), zusammengehen mit der Emergenz von Sprache. Diese erlaubt es erst, vergangene Entscheidungen ebenso zu vergegenwärtigen wie zukünftige und ermöglicht somit die Ausbildung von Regelhaftigkeit überhaupt.
13 Es ist aber festzuhalten, dass die Möglichkeit sowie die Notwendigkeit der Entscheidung zugleich bestehen bleiben, denn von der Tradition kann abgewichen werden und das Beibehalten der Tradition ruht auch auf einer Entscheidung.

für moderne Gesellschaften die Kategorie des neutralen Fremden als Tertium hinzu, das aber, wie wir oben gesehen haben (S. 16) die Verpflichtung zu „ziviler Unaufmerksamkeit"[cclxxxiii] (Goffman 1963/66: 83–88) mit sich bringt.

Abbildung 4   Verhältnis von struktureller und inhaltlich gestalteter Reziprozität (2) (eigene Darstellung)

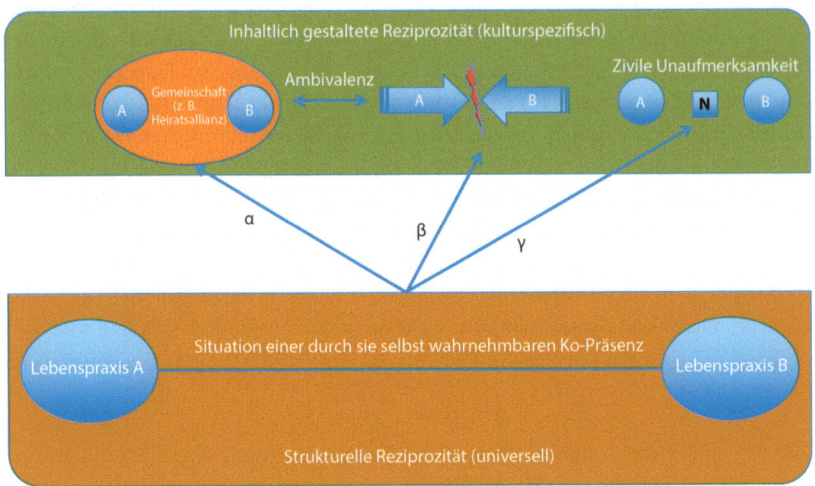

Man kann nun sagen, dass nur die Antworten α und γ sich für eine dauerhafte Ausgestaltung eignen, die Antwort β irgendwann in eine der beiden anderen überführt werden muss (dies hat die funktionalistische Betrachtung etwa des Kula-Tauschs oder des Potlatsch stets im Blick gehabt: die Vermeidung der Verstetigung kriegerischer Auseinandersetzung durch die Allianzbildung mittels zeremonieller Gabe). Zur positiv dauerhaften Ausgestaltung des Möglichkeitsraums gehören also solche Regeln wie die der Begrüßung, universell und doch kulturspezifisch ausgeformt, die zeremonielle Gabe oder die wechselseitige Weingabe, die Lévi-Straus heranzieht, aber eben auch die Regeln der „zivilen Unaufmerksamkeit" (Goffman 1963/66: 83–88), die mit dem neutralen Fremden als praktischer Option einhergehen.

Kultur ist somit konstitutionstheoretisch an zwei Orten anzusiedeln: Einerseits emergiert sie mit der natürlichen Evolution der Instinktreduktion als *universelle Kultur* in der Eröffnung von Möglichkeiten des Handelns in der *strukturellen Reziprozität:* wir sind in Situationen der wahrnehmbaren Ko-Präsenz unvermeidlich aufeinander bezogen und können nicht umhin, uns in Bezug auf den anderen zu entscheiden; und andererseits wird sie als *spezifische Kultur* durch die *verstetigte inhaltliche Gestaltung* dieser Möglichkeiten hervorgebracht: wir entscheiden uns geregelt, also gemäß vorliegender kulturspezifischer Muster – diese sind aber anders als die in entsprechend genetisch vorgesehenen Prägungsphasen erworbenen und letztlich genetisch programmierten „Verhaltensmuster" (vgl. o., S. 2) kulturell transformierbar und können sich wandeln (vgl. hierzu Loer 2008: 178 f.). Um noch einmal Lévi-Strauss' Beispiel (s. o., S. 15) heranzuziehen: Derjenige, der der „reziproken Unsicherheit" ausgesetzt ist, folgt Regeln, die sich zur Lösung dieses Handlungsproblems ausgebildet und bewährt haben; diese Regeln verknüpfen die Situation mit spezifischen Handlungen – eben dem wechselseitigen Weineingießen, die eine Auswahl aus durch die strukturelle Reziprozität eröffneten Optionen, eine Ausgestaltung des so eröffneten Möglichkeitsraums darstellen. Wenn man heute in Südfrankreich unterwegs ist, wird man vermutlich finden, dass es andere Regeln gibt, die den Umgang in Restaurants regeln.[14]

Was ist also der Modus von Sozialität als strukturierender Genese von Verhalten (i. w. S.) und dessen Koordination bei der Gattung Mensch? Es ist Kultur qua regelgeleitetem Verhalten, also qua Handeln – das sich vom Verhalten im engeren Sinne eben genau dadurch unterscheidet: dass es regelgeleitet ist.

Diese Konzeption des Moments des Übergangs von Natur in ihren Gegensatz Kultur, das Hervortreiben der Kultur durch das Nachlassen der Instinktgebundenheit des Verhaltens hat – wie alle Rekonstruktion – hypothetischen Charakter. Gleichwohl kann sie beanspruchen, dem Selbstverständnis der Anthropologie gerecht zu werden, die den Menschen „nicht […] durch Metaphysik und […] nicht durch mathematisch-experimentelle Naturwissenschaft" bestimmen will; dies wird vielmehr durch Rekonstruktion der menschlichen Praxis, also durch soziologische empirische Forschung geleistet. Zudem gelingt es so, „mit einem Minimum von Faktoren, Hypothesen und Entitäten aus[zu]kommen" (Cloeren 1995: Sp. 1300), jedenfalls mit weniger „Faktoren, Hypothesen und Entitäten" als konkurrierende Konzeptionen. – Gemäß dem fallibilistischen Verständnis von Wissenschaft gilt dies natürlich nur, bis sie überholt wird: „Wissenschaftlich aber überholt zu werden, ist […] nicht nur unser aller Schicksal, sondern unser aller Zweck." (Weber 1919/1985: 592)

---

14 Die Situation selbst aber bleibt bestehen, wie ich kürzlich (Nov. 2019) in einem Fleischerimbiss in Münster festellen konnte, wo der bloße zufällige Blickkontakt unter dort einsam speisenden, einander unbekannten Männern zum Grüßen – mindestens in Form eines Kopfnickens – führte. **Weitere Forschungsmöglichkeit**: Erheben Sie an solchen Orten Protokolle und analysieren Sie sie.

4.5 Ausklang

Wenn unsere These der strukturellen Reziprozität trägt, so wirft dies auch ein Licht auf die Deutung des Austauschs – etwa des Grußes – als „Geste[, die] an ein archaisches Gewaltverhältnis" gemahnt und in der „sich die kulturelle Gemeinschaft ihres Banns über die willkürliche Gewalt" versichert (Schmid Noerr 1987: 234). Beides nämlich: Gewalt und die Erklärung zum Feind einerseits, Gruß und das Angebot der Allianz andererseits sind dann gestaltende Handlungen, die als Lösung des Problems der strukturellen Reziprozität: der ursprünglichen Unbestimmtheit in vorgängigem Aufeinander-bezogen-Sein, vollzogen werden. Der Gruß wäre dadurch überhaupt erst eine wechselseitige Bestimmung und Anerkennung eigenen Rechts und somit entlastet von dem Stigma der Angstbewältigung – und im Händedruck läge durchaus nicht, wie Theodor W. Adorno einst meinte, „etwas Archaisches […], was sich mit der rationalen westlichen Zivilisation nicht vereinbaren läßt." (1967/1986) Dass Adorno trotz dieser seiner Deutung von dieser Form des Grußes nicht lassen mochte, entstammt „keiner bloßen Liebe zur altfränkschen Sitte" (Schmid Noerr 1987: 234), sondern seinem Gespür für die Grundlagen der Gemeinschaft. Denn auch der „rationalen westlichen Zivilisation" selbst nämlich liegt zugrunde, was alle Kultur konstituiert: Wir können nicht umhin uns aufeinander zu beziehen – der Händedruck ist dabei, auch ob der leiblichen Gebundenheit dieser Grußform, eine besonders *verbindliche positive* wechselseitige Positionierung im Universum der Gattung (vgl. aber den folgenden Nachtrag anlässlich der Pandemie mit SARS-CoV-2); ob wir aber diese Form wählen oder die *verbindliche negative* von sich andeutenden Drohgesten bis hin zur Prügelei[cclxxxiv] (vgl. Lévi-Strauss 1948: 92) oder die ebenfalls *verbindliche neutrale* der „zivilen Unaufmerksamkeit" (Goffman 1963/66: 83–88) – alle belegen, *dass wir nicht umhin können uns verbindlich aufeinander zu beziehen.*

Nachtrag anlässlich der Pandemie mit SARS-CoV-2

Die Pandemie mit dem Coronavirus SARS-CoV-2 hat aufgrund der Bemühungen um die Vermeidung enger physischer Kontakte Veränderungen in den Begrüßungsformen bewirkt. Was etwa den Händedruck betrifft, den wir in dem obigen, vor dem Beginn der Pandemie geschriebenen Abschnitt als besonders verbindliche positive wechselseitige Positionierung im Universum der Gattung bezeichneten, so ist dieser wohl auf absehbare Zeit aus dem Repertoire der Begrüßungsformen verschwunden; was tritt an seine Stelle und an die Stelle anderer nicht mehr opportuner Begrüßungsformen? Um dies genauer zu untersuchen, empfiehlt es sich eine „Fallauswahl gemäß der Bestimmung der Dimensionen des Forschungsfeldes, also angeleitet durch einen dimensionalen Auswahlrahmen kontrastiv vorzunehmen" (Funcke/Loer 2019: 10).[15] Bezogen auf unsere Frage sind demgemäß Dimensionen zu entwerfen, mittels derer sich typische Begegnungssituationen kontrastiv ordnen lassen, um möglichst aussagekräftige Fälle zu bestimmen. Für das Auftreten von unterschiedlichen Formen und Intensitäten der Begrüßung erscheinen a prima vista drei Dimensionen als besonders relevant: (A) Handelt es sich um eine Begrüßung an einem (Aa) *öffentlichen* oder an einem (Ab) *privaten* Ort? (B) Ist die Sozialbeziehung, die durch die Begrüßung eröffnet wird (Ba) *spezifisch* oder (Bb) *diffus* im Sinne Talcott Parsons?[16] (C) Treffen in der Begegnung,

---

15 Diesen Prozess der kontrastiven Fallauswahl habe ich ursprünglich im Rahmen eines Beratungsprojekts der Firma toca (Chicago) zusammen mit Armin Möhrle (jetzt San Francisco) als *dimensional selection frame* und *sequential contrastive recruiting* konzeptualisiert.
16 Parsons unterscheidet fünf Dimensionen, die sogenannten „pattern variables", in denen jede soziale Beziehung strukturiert ist; für ihn sind dies Dimensionen, in denen jeder Handelnde sich einem Pol zuordnen muss, um eine Situation überhaupt angemessen einschätzen und in ihr handeln zu können (Parsons/Shils 1951/1962: 76 f.). Die für unsere Frage besonders relevante Dimension „spezifisch/diffus" (a. a. O.: 77) hat Ulrich Oevermann bei seiner Bestimmung des Arzt/Patient-Verhältnisses in den Vordergrund gerückt (1996: 118 f.). Als diffus bezeichnet er im Anschluss an Parsons in seiner Professionalisierungstheorie Beziehungen von ganzen Personen. Das Modell, an dem sich die Besonderheit dieser Sozialbeziehung gut verdeutlichen kann, ist das der Verwandtschaftsbeziehung, und der Aspekt, der dies besonders deutlich hervortreten lässt, ist der der Zulässigkeit bzw. des Ausschlusses von Themen. In einer *diffusen* sozialen Beziehung, in besonderer Reinform in der Ehebeziehung, kann keiner der Angehörigen ein Thema ausschließen, ohne dies zu begründen. Umgekehrt gilt in einer *spezifischen* Sozialbeziehung, zum Beispiel am Bankschalter, dass nur diejenigen Themen ohne Weiteres angesprochen werden können, die mit der Rolle gesetzt sind. Über Themen, die außerhalb der Definition der Rolle des Bankangestellten bzw. des Bankkunden liegen, zu sprechen, kann jeder der Beteiligten sich folgenlos weigern. Die spezifische Sozialbeziehung ist also rollenförmig, und die Rolle gibt genau vor, was in dieser Beziehung thematisierbar ist und was nicht; wer ein neues Thema einführen will, muss dies gegebenenfalls begründen.

die durch die Begrüßung gestaltet wird, (Ca) miteinander *vertraute* oder (Cb) einander *unbekannte* Personen aufeinander?

Gemäß diesen drei Dimensionen können wir nun Fälle von Begegnungen entwerfen und wie folgt in einem Schema einordnen:

	(Aa) öffentlich		(Ab) privat	
	(Ba) spezifisch	*(Bb) diffus*	*(Ba) spezifisch*	*(Bb) diffus*
(Ca) vertraut	(1) Garagist/Kunde	(2) Sportfans	(3) Bankangestellter/Kunde	(4) Familienangehörige
				(5) Freunde
			(6) Arzt/Patient[17]	
(Cb) unbekannt	(7) Schaffner/ Fahrgast	(8) Motorradfahrer[18]	(9) Handwerker/ Kunde, die sich nicht kennen	(10) Bekanntschaft machen[19]

Da dazu keine Erhebungen vorliegen und auch wir selbst bisher keine durchführen konnten, seien zwei Beobachtungen herangezogen. (1a) So fiel mir etwa auf, dass in Begegnungen zwischen meinem Garagisten und seinen Kunden, die sich zuvor per Handschlag begrüßten – selbst wenn der Garagist häufig aufgrund seiner öligen Hände nur das Handgelenk reichte –, die nunmehr lediglich verbale Begrüßung häufig mit Nennung des Namens erfolgt („'n Tag, Herr Bramey!" – „'n

---

17 Für die Beziehung zwischen Arzt und Patient ist „gilt grundsätzlich die widersprüchliche Einheit von spezifischen und diffusen Beziehungsanteilen für beide Beteiligte gleichermaßen" (Oevermann 1996: 118): „Ein solches Arbeitsbündnis bildet in sich selbst eine autonome Praxis, deren Partizipanten sich als ganze Personen in der Logik diffuser Sozialbeziehungen aneinander binden, obwohl sie grundsätzlich in der spezifischen Sozialbeziehung von Vertragspartnern einer kaufbaren Dienstleistung verbleiben." (Oevermann 2009: 117) Dies bedeutet, dass der Patient einerseits mit dem Arzt eine spezifische, rollenförmige Beziehung eingeht, wozu die formalen, zum Teil vertraglichen Aspekte der Rollen gehören, wie bestimmte Sprechzeiten, Bezahlung eines Honorars, Einhalten von Terminen etc., andererseits aber eine diffuse Sozialbeziehung eröffnet, wozu etwa gehört, „sich trotz der faktischen Spezifität der rollenförmigen Behandlung im Innenraum der therapeutischen Praxis vollkommen zu öffnen" (ebd.).

18 Hier geht es nicht darum, dass sich zwei Motorradfahrer auf ihren Maschinen auf einer Landstraße begegnen, sondern um die Begegnung von Motorradfahrern etwa an einem Imbissstand.

19 Also etwa das Vorstellen eines zuvor unbekannten Freundes eines Freundes durch diesen.

Tag, Herr Müller!"). (5a) Des weiteren konnte ich eine Person mehrfach dabei beobachten, wie sie Freunde mit einer von ihr sogenannten Corona-Umarmung begrüßte, die darin besteht, die Gesichter weitestmöglich voneinander abzuwenden und den Körper des Gegenübers nur mit den (bekleideten) Armen, nicht aber mit den (bloßen) Händen zu umfangen. Dies wurde von der Person häufig kommentiert mit den Worten: „Wir machen ja immer eine Corona-Umarmung"; oftmals gefolgt von einer Erläuterung wie: „Wenn wir das Gesicht so zur Seite drehen, kann ja nichts passieren." – Was lässt sich aus diesen Fällen schließen?

(ad 1a) Wir hatten oben (S. 114) erwähnt, dass der Name für die Person steht. Die Anrede mit Namen betont also offenbar die persönliche Beziehung und vertieft damit die persönliche Reziprozität; als ein Substitut für den Händedruck positionieren die sich Begrüßenden sich auf diese Weise wechselseitig im Raum der Personen. Eine Handlungsoption wäre ja, dass der Händedruck ersatzlos entfällt, zumal die Begründung dafür evident ist. Dass dies nicht geschieht, macht deutlich, wie bedeutsam offenbar die wechselseitige Verortung für „die wunderbare Unzerreißbarkeit der Gesellschaft" (Simmel 1908/1992: 34) ist.

(ad 5a) Die Umarmung, eine Begrüßungsform, die sich in Deutschland erst in den letzten Jahrzehnten verbreitet hat, muss aufgrund der großen körperlichen Nähe als eine Steigerung des Händedrucks aufgefasst werden. Die Positionierung, von der wir in Bezug auf die Begrüßung und generell in Bezug auf die Reziprozität sprachen, findet hier einen unmittelbar anschaulichen sinnlichen Ausdruck. Dass sie trotz der Infektionsgefahr ausgeübt wird – wenn auch auf eine die Gefahr mindernde Weise –, zeigt die Bedeutsamkeit, die sie für die betreffenden Pesonen hat. Dass nun die „Corona-Umarmung" entsprechend kommentiert, also begründet wird, kann einerseits darauf antworten, dass eine Umarmung angesichts der Infektionsgefahr nicht opportun ist, andererseits darauf, dass die Umarmung, die ja eine Geste intimer Zuwendung darstellt, mit einer Geste der Abwendung einhergeht, deren mögliche Deutung als Ablehnung so vermieden werden soll. Insofern könnte man sagen, dass Corona Distanz und Nähe zugleich schafft, weil die epidemiologisch gebotene Distanz offenbar immerzu irritiert, so dass man nach Wegen sucht, sie zu überwinden.[20]

Um diese beiden Fälle angemessen analysieren zu können, wären Aufzeichnungen der Begrüßungen, am besten Videoprotokolle zu erheben. Hier bieten sich WEITERE FORSCHUNGSMÖGLICHKEITEN auch bezüglich der anderen Fälle. Die Erhebung ist hier durchaus schwierig, kann man ja nicht vorab ein Einverständnis der Beteiligten einholen, ohne die Begrüßungshandlung zu unterlaufen. Am besten wäre es, man würde an Orten, wo Fälle aus dem Dimensionsraum auftreten könnten, Videokameras fest installieren und die Aufgezeichneten im Nachhinein

---

20 Dank an Sascha Liebermann (Alfter) für diesen Hinweis.

um Erlaubnis für die Verwendung der Aufzeichnung bitten. Allerdings lässt sich auch auf Videomaterial zurückgreifen, dass von den Beteiligten selbst aufgezeichnet bzw. in Auftrag gegeben wurde – so etwa bei Familienfeiern wie Hochzeiten, wo ja Situationen der Begegnung immer mit aufgezeichnet werden.[21] – Ein allfälliger, aber möglichst zu vermeidender Ersatz hierfür könnten detaillierte Beschreibungen sein, die man von beobachteten Fällen anfertigt.

Auch der Umgang miteinander von Angesicht zu Angesicht verändert sich angesichts der als Mund-Nasen-Schutz getragenen Masken im Sinne des Zugleichs von Distanz und Nähe: Welche bewusste Aufmerksamkeit wird nicht auf die Augenpartien gerichtet, um Zu- und Abwendungen, um Stimmungen des Gegenübers zu erfassen – und eigene auszudrücken.[22] Hier wären WEITERE FORSCHUNGSMÖGLICHKEITEN unabdingbar auf Videoprotokolle angewiesen, welche selbst zu erheben noch schwieriger, welche zu analysieren noch aufschlussreicher sein dürfte.[23]

Das hygienisch begründete Gebot der Vermeidung körperlicher Berührung und Nähe hat zudem die Aufmerksamkeit auf berührungslose Begrüßungsformen anderer Kulturen gelenkt. Auch hier finden sich WEITERE FORSCHUNGSMÖGLICHKEITEN. Dabei wäre zu berücksichtigen, dass „die Grußformen auch etwas darüber sagen, wie sich die Beziehungen der Individuen zueinander gestalten, ob sie sich als Individuen begegnen, als Verwandtschafts- oder Stammeszugehörige, gibt es doch viele Kulturen, in denen die haptische Verbindung (der Handschlag), nicht vorgesehen" ist und stattdessen „eine leibliche Distanz herrscht." (Sascha Liebermann, E-Mail an den Autor vom 4. Sept. 2020)

Schließlich – WEITERE FORSCHUNGSMÖGLICHKEITEN – wären auch Formen des medial vermittelten Austauschs, die an die Stelle von Treffen in physischer Anwesenheit treten – Videokonferenzen etwa, Teletherapien (vgl. Loer, R. 2021), aber auch per Video durchgeführte Junggesellenabschiede[24] – und fernmündliche und schriftliche Kommunikationsformen, die an die Stelle von mündlicher Kommunikation in physischer Anwesenheit treten, zu untersuchen. Dabei wäre zu fragen, ob körperliche Distanz auch soziale Distanz bedeuten muss oder ob nicht räum-

---

21 Zur Analyse von Videoaufzeichnungen s. Loer 2021 c, 2022 c u. 2010.
22 Insofern erscheint es übertrieben, wenn Kai von Klitzing schreibt: „Viele Gesichter sehen sie [sc.: Kinder] nur noch hinter Masken verschleiert, sie können sich kein Bild über die emotionalen Regungen des Gegenübers machen." (2020: 22)
23 Einen interessanten Teilaspekt dieser Problematik, nämlich die wechselseitige Wahrnehmung etwa des Mundbildes in der logopädischen Praxis mit Mund-Nasen-Maske bzw. in der videobasierten Teletherapie behandelt auf aufschlussreiche Weise eine aktuelle Bachelorarbeit an der Hochschule für Gesundheit Bochum (Loer, R. 2021).
24 Auch hier müsste ein dimensionaler Auswahlrahmen für die Fallrekrutierung entworfen werden – der dem in obiger Tabelle dargestellten ähneln dürfte.

liche Distanz u. U. gerade zu gesteigerter sozialer Nähe führt. – Jedenfalls dürfte deutlich werden, dass der soziale Raum nicht physisch, sondern eben durch Regeln konstituiert wird und dass wechselseitig wahrnehmbare Ko-Präsenz nicht an physische Anwesenheit gebunden ist, sondern strukturelle Reziprozität in Zeiten multimedialer Dauerpräsenz sich tendenziell universalisiert: Wir können nahezu auf nichts in der Welt mehr nicht antworten. – Ziehen wir uns deshalb aber wie Pink Floyd hinter *The Wall* zurück, so kommt unweigerlich der Moment indem wir uns und die Welt fragen: *Is there anybody out there?*

Literatur

Adam, Leonhard (1918): Stammesorganisation und Häuptlingstum der Wakahstämme. In: Zeitschrift für vergleichende Rechtswissenschaft XXXV(2/3): 264
Adam, Leonhard (1922): Potlatch. Eine ethnologisch-rechtswissenschaftliche Betrachtung. In: Lehmann, Walter (ed.), Festschrift Eduard Seler dargebracht zum 70. Geburtstag von Freunden, Schülern und Verehrern, Stuttgart: Strecker und Schröder, 27–45
Adorno, Theodor W. (1951/1984): Minima Moralia. Reflexionen aus dem beschädigten Leben. Frankfurt/M.: Suhrkamp
Adorno, Theodor W. (1955/1979): Zum Verhältnis von Soziologie und Psychologie. In: ders. 1979, 42–85
Adorno, Theodor W. (1962/1979): Aberglaube aus zweiter Hand. In: ders. 1979, 147–176
Adorno, Theodor W. (1962–63/1974): Skoteinos oder Wie zu lesen sei. In: ders., Drei Studien zu Hegel, Frankfurt/M.: Suhrkamp, 84–133
Adorno, Theodor W. (1964): Jargon der Eigentlichkeit. Zur deutschen Ideologie. Frankfurt/M.: Suhrkamp
Adorno, Theodor W. (1965/1979): Gesellschaft. In: ders. 1979, 9–19
Adorno, Theodor W. (1966/1975): Gesellschaft. In: Kunst, Hermann (ed.), Evangelisches Staatslexikon, Stuttgart, Berlin: Kreuz, Sp. 836–842
Adorno, Theodor W. (1966/1982): Negative Dialektik. Frankfurt/M.: Suhrkamp
Adorno, Theodor W. (1967/1986): »Händedruck – Symbol des guten Willens. Soll man oder soll man nicht?«. In: ders., Vermischte Schriften II, Frankfurt/M.: Suhrkamp, 738 [Gesammelte Schriften, Bd. 20 Nr. 2]
Adorno, Theodor W. (1970/1982): Ästhetische Theorie. Frankfurt/M.: Suhrkamp
Adorno, Theodor W. (1979): Soziologische Schriften I. Hg. v. Tiedemann, Rolf. Frankfurt/M.: Suhrkamp
Albrecht [Gerhard] et al. (1936): Reine und angewandte Soziologie. Eine Festgabe für Ferdinand Tönnies zu seinem achtzigsten Geburtstage am 26. Juli 1935. Leipzig: Hans Buske (Nachdruck 1989, Antiquariat und Verlag Keip GmbH Frankfurt am Main)
Allert, Tilman (2005): Der deutsche Gruß. Geschichte einer unheilvollen Geste. Berlin: Eichborn

Apaschev, Kantemir (2019): Weihnachtsbescherung in der neuen Nachbarschaft. o. O. [Witten/Hamm] (Tpskr., 1 S.; 25. 02. 2019)

Aristoteles (1985): Nikomachische Ethik. Hg. v. Bien, Günther. Hamburg: Felix Meiner (Auf der Grundlage der Übersetzung von Eugen Rolfes)

Austin, J. L. (1962): How to do Things with Words. Oxford

Barnett, H. G. (1938): The Nature of the Potlatch. In: American Anthropologist 40(3): 349–358

Baudelaire, Charles (1861): Les fleurs du Mal. Paris: Poulet-Malassis de de Broise

Baudelaire, Charles (1861/1975): Die Blumen des Bösen. München: Carl Hanser [Sämtliche Werke/Briefe, Bd. 3]

Becker-Lenz, Roland; Franzmann, Andreas; Jansen, Axel; Jung, Matthias (ed.) (2016): Die Methodenschule der Objektiven Hermeneutik. Eine Bestandsaufnahme. Wiesbaden: Springer VS

Bedorf, Thomas; Herrmann, Steffen (ed.) (2016): Das soziale Band. Geschichte und Gegenwart eines sozialtheoretischen Grundbegriffs. Frankfurt/M., New York: Campus Verlag

Berger, Otto (1895/2004): Der gute Ton. Das Buch des Anstandes und der guten Sitte. Ein unentbehrlicher Ratgeber für den gesellschaftlichen Verkehr. In: Zillig 2004, 3650–3911

Bernsdorf, Wilhelm (ed.) (1969): Wörterbuch der Soziologie, Stuttgart: Ferdinand Enke

Best, Elsdon (1909): Maori Fores Lore: Being some Account of Native Forest Lore and Woodcraft, as also of many Myths, Rites, Cusoms, and Superstitions connected with the Flora and Fauna of the Tuhoe or Ure-wera District. Part III. In: T.N.Z.I.: 433–481

Best, Elsdon (1942/1977): Forest Lore of the Maori with methods of snaring, trapping, and preserving birds and rats, uses of berries, roots, fern-root, and forest products, with mythological notes on origins, karakia used, etc. Wellington: E. C. Keating

Bibel (1985): Neue Jerusalemer Bibel. Freiburg, Basel, Wien: Herder (Einheitsübersetzung mit dem Kommentar der Jerusalemer Bibel. Neu bearbeitete und erweiterte Ausgabe. Deutsch herausgegeben von Alfons Deissler und Anton Vögtle in Verbindung mit Johannes M. Nützel)

Bischof, Norbert (1973): Die biologischen Grundlagen des Inzesttabus. In: Reinert, Günther (ed.), Bericht über den 27. Kongreß der Deutschen Gesellschaft für Psychologie in Kiel 1970, Göttingen: Verlag für Psychologie. Dr. C. J. Hogrefe, 115–142

Bischof, Norbert (1985): Das Rätsel Ödipus. Die biologischen Wurzeln des Urkonfliktes von Intimität und Autonomie. München, Zürich: Piper

Blau, Peter M. (1968): Social Exchange. In: Sills, David L. (ed.), Humo to Inte, New York, London: Macmillan, 452–457 [International Encyclopedia of the Social Sciences, Bd. 7]

Blau, Peter M. (1968/2005): Sozialer Austausch. In: Adloff, Frank; Mau, Steffen (ed.), Vom Geben und Nehmen. Zur Soziologie der Reziprozität, Frankfurt/M.: Campus, 125–137

Boas, Franz (1888): The Central Eskimo. In: Powell, J. W., Sixth Annual Report of the Bureau of American Ethnology to the Secretary of the Smithsonian Institution [1884-85], Washington: Government Printing Office, 399-670

Boas, Franz (1898): 12th Report on the North-Western Tribes of Canada. In: B. A. Adv. Sc. [zit n.: Mauss 1923-24/1960: 198, Fn. 2 bzw. 1923-24/1975: 63 f., Fn. 122]

Boas, Franz (1905): The Kwakiutl of Vancouver Island. In: American Museum of Natural History (ed.), Memoir of the American Museum of Natural History, v. 5, pt. 2, New York: American Museum of Natural History, 301-522

Boas, Franz (1925): Contributions to the ethnology of the Kwakiutl. New York: Columbia University Press

Boas, Franz; Hunt, George (1897): The Social Organization and the Secret Societies of the Kwakiutl Indians.

Böhme, Gernot (2012): Atmosphäre. In: Günzel, Stephan (ed.), Lexikon der Raumphilosophie, Darmstadt: Wissenschaftliche Buchgesellschaft, 33 f.

Borsche, T. (1984): Name I: Antike. In: Ritter/Gründer 1984, Sp. 364-377

Brentano, Lujo (1907): Der Unternehmer. Berlin: von Leonhard Simion Nf. (Vortrag gehalten am 3. Januar 1907 in der Volkswirtschaftlichen Gesellschaft in Berlin)

Brockhaus (1998·15): Fünfzehnter Band MOC-NORD. Leipzig, Mannheim: F. A. Brockhaus [Brockhaus - Die Enzyklopädie in vierundzwanzig Bänden, Bd. 15]

Brockhaus (1998·17): Siebzehnter Band PERU-RAC. Leipzig, Mannheim: F. A. Brockhaus [Brockhaus - Die Enzyklopädie in vierundzwanzig Bänden, Bd. 17]

Brockhaus (1999·22): Zweiundzwanzigster Band THEM-VALK. Leipzig, Mannheim: F. A. Brockhaus [Brockhaus - Die Enzyklopädie in vierundzwanzig Bänden, Bd. 22]

Brückner, Christine (1960/1997): Ein Frühling im Tessin. Roman. Frankfurt/M., Berlin: Ullstein

Brückner, Christine [c.b.] (1971/1986): Genugtuung und Träumerei (Eine Vogesen-Wanderung). In: dies.; Kühnert, Otto Heinrich, Erfahren und erwandert, Frankfurt/M., Berlin, Wien: Ullstein, 196-203

Brückner, Christine (1993): Brief an mein Patenkind. In: dies., Die Stunde des Rebhuhns, Frankfurt/M., Berlin: Ullstein, 319-322

Bülow, Fr. (1969 a): Gemeinschaft. In: Bernsdorf 1969, 336-340

Bülow, Fr. (1969 b): Gesellschaft. In: Bernsdorf 1969, 355-358

Burkholz, Roland; Gärtner, Christel; Zehentreiter, Ferdinand (ed.) (2001): Materialität des Geistes. Zur Sache Kultur - im Diskurs mit Ulrich Oevermann. Weilerswist: Velbrück

Büschges, Günter (2002): Gesellschaft. In: Endruweit/Trommsdorff 2002, 195-200

Büttemeyer, Wilhelm (1992): Realisierung/Realisation I. In: Ritter/Gründer 1992, Sp. 143-146

Cahnmann, W. J. (1980): Boas, Franz. In: Bernsdorf, Wilhelm, Beiträge bis über Ende 1969 verstorbene Soziologen, Stuttgart: Ferdinand Enke, 42 f. [Internationales Soziologenlexikon, Bd. 1]

Caillé, Alain (1996): Ni holisme ni individualisme méthodologiques. Marcel Mauss et le paradigme du don. In: Revue européenne des sciences sociales 105: 181-224

Caillé, Alain (1996/2006): Weder methodologischer Holismus noch methodologischer Individualismus – Marcel Mauss und das Paradigma der Gabe. In: Moebius, Stephan; Papilloud, Christian (ed.), Gift – Marcel Mauss' Kulturtheorie der Gabe, Wiesbaden: VS Verlag für Sozialwissenschaften, 161–214
Caillé, Alain (2000/2007): Anthropologie du don. Le tiers paradigme. Paris: La Découverte/Poche
Caillé, Alain (2000/2008): Anthropologie der Gabe. Frankfurt/M., New York: Campus
Caillé, Alain (2018): Hommage à Marcel Hénaff. In: RdM sem. 52: 23–24
Casajus, Dominique (1984): L'énigme de la troisième personne. In: Galey, Jean-Claude (ed.), Différences, valeurs, hiérarchie, Textes offerts à Louis Dumont, Paris: EHESS, 65–77
Casmann, Otto (1596): Secunda pars anthropologiae: hoc est: fabrica humani corporis. Hanau [Psychologia anthropologica., Bd. 2]
Chomsky, Noam (1965): Aspects of the Theory of Syntax. Cambridge/MA: The Massachusetts Institute of Technology
Chomsky, Noam (1965/1972): Aspekte der Syntax-Theorie. Frankfurt/M.: Suhrkamp
Cloeren, H. J. (1984): Ockham's razor. In: Ritter/Gründer 1984, 1094 ff.
Cloeren, Hermann J. (1995): Sparsamkeitsprinzip. In: Ritter, Joachim, Historisches Wörterbuch der Philosophie: Se–Sp, Darmstadt: Wissenschaftliche Buchgesellschaft, Sp. 1300–1304 [Historisches Wörterbuch der Philosophie, Bd. 9]
cnrtl [Centre National de Ressources Textuelles et Lexicales] https://www.cnrtl.fr
Count, Earl W. (1970): Eine biologische Entwicklungsgeschichte der menschlichen Sozialität. Versuch einer vergleichenden Wirbeltiersoziologie mit besonderer Berücksichtigung des Menschen. In: ders., Das Biogramm. Anthropologische Studien, Frankfurt/M.: S. Fischer Verlag, 1–135
Count, Earl W. (1970/1973): The Biogenesis of Human Socialitiy. An Essay in Comparative Vertebrate Sociology. In: ders., Being and Becoming Human. Essays on the Biogram, New York, Cincinatti, Toronto, London, Melbourne: D. Van Nostrand Company, 1–117
Courtine, Jean-François (1992): Realitas. In: Ritter/Gründer 1992, Sp. 178–185
Craig, Elsdon W. G. (1964/1980): Man of the mist. A biography of Elsdon Best. Wellington: A. H. & A. W. Reed
Croft, William (2006): The relevance of an evolutionary model to historical linguistics. In: Nedergaard Thomsen, Ole (ed.), Competing Models of Linguistic Change: Evolution and Beyond, Amsterdam, Philadelphia: John Benjamins Publishing Company, 91–132
Dahrendorf, Ralf (1959/1965): Homo Sociologicus. Ein Versuch zur Geschichte, Bedeutung und Kritik der Kategorie der sozialen Rolle. Köln, Opladen: Westdeutscher Verlag
Dahrendorf, R.; Crouch, C. (1980): Malinowski, Bronislaw. In: Bernsdorf, Wilhelm, Beiträge bis über Ende 1969 verstorbene Soziologen, Stuttgart: Ferdinand Enke, 264 f. [Internationales Soziologenlexikon, Bd. 1]
Davy, Georges (1922): La foi jurée. Étude sociologique du problème du contrat, la formation du lien contractuel. Paris: Librairie Félix Alcan

de Fresne, Baronesse (1859/2004): Maximen der wahren Eleganz und Noblesse in Haus, Gesellschaft und Welt. In: Zillig 2004, 6370-6718

de Saussure, Ferdinand (1916/1971): Cours de linguistique générale. Paris: Payot

Descola, Philippe (2001/2013): Wahlverwandtschaften. Antrittsvorlesung am Lehrstuhl für die Anthropologie der Natur, Collège de France, 29. März 2001. In: Mittelweg 36 (22)5: 4-26

Devereux, Georges (1939): The Social and Cultural Implications of Incest Among the Mohave Indians. In: Psychoanal Q (8)4: 510-533

diCorcia, Philip-Lorca; Luis Brea, José (1998): Streetwork. Salamanca: Ediciones Universidad de Salamanca

Dierse, Ulrich (1984): Ordnung III. Neuzeit. In: Ritter, Joachim; Gründer, Karlfried (ed.), Historisches Wörterbuch der Philosophie: Mo-O, Darmstadt: Wissenschaftliche Buchgesellschaft, Sp. 1279-1303 [Historisches Wörterbuch der Philosophie, Bd. 6]

Dröge, Kai (2010): »Auf ein Modell hundert Prozent vertrauen? Na, dann wärs kein Modell, dann wärs ja die Wirklichkeit.«. In: Honegger, Claudia; Neckel, Sighard; Magnin, Chantal, Strukturierte Verantwortungslosigkeit. Berichte aus der Bankenwelt, Berlin: Suhrkamp, 47-53

Dronov, Vladimir; Matchabelli, Vladimir; Gallais, Françoise (2008): Russisch ohne Mühe heute. Nörvenich: Assimil

Duden (2001 a): Deutsches Universalwörterbuch. Mannheim: Bibliographisches Institut & F. A. Brockhaus AG (CD-ROM)

Duden (2001 b): Das Fremdwörterbuch. Mannheim: Bibliographisches Institut & F. A. Brockhaus AG (CD-ROM)

Eisenberg, Peter (1998): Das Wort. Stuttgart, Weimar: J. B. Metzler [Grundriß der deutschen Grammatik, Bd. 1]

Eisenberg, Peter (1999/2001): Der Satz. Stuttgart, Weimar: J. B. Metzler [Grundriß der deutschen Grammatik, Bd. 2]

Ekeh, Peter P. (1974): Social Exchange Theory. The Two Traditions. London: Heinemann

Emerson, Ralph Waldo (1844/1907): Gifts. In: ders., Essays, New York: Charles E. Merrill Co., 187-192

Encycl. Brit. (2014): Encyclopædia Britannica. London: Encyclopaedia Britannica (Ultimate Refrence Suite DVD)

Endruweit, Günter (ed.) (1989 a): Sanktion - Zweistufenthese, München; Stuttgart: dtv; Enke, 762 f. [Wörterbuch der Soziologie, Bd. 3]

Endruweit, Günter (1989 b): Wissenschaft. In: ders. 1989 a, 820 f.

Endruweit, Günter (2002): Kommunikation. In: Endruweit/Trommsdorff 2002, 280 f.

Endruweit, Günter; Trommsdorff, Gisela (ed.) (2002), Wörterbuch der Soziologie, Stuttgart: Lucius & Lucius

Evans-Pritchard, E. E. (1984): Vorwort. In: Mauss, Marcel, Die Gabe. Form und Funktion des Austauschs in archaischen Gesellschaften, Frankfurt/M.: Suhrkamp, 7-12

Fabre, Daniel (1986/1999): Die Familie. Privates Leben und Brauchtum im Widerstreit. In: Ariès, Philippe; Chartier, Roger (ed.), Von der Renaissance zur Aufklärung,

Augsburg: Weltbild/Bechtermünz, 535–572 [Geschichte des privaten Lebens, Bd. 3]

Fauconnet, Paul (1928): La Responsabilité. Étude sociologique. Paris: Félix Alcan

Fillmore, Charles; Kay, Paul; O'Connor, Catherine (1988): Regularity and idiomaticity in grammatical constructions: the case of *let alone*. In: Language: 501–538

Firth, Raymond (1981): Bronislaw Malinowski. In: Silverman, Sydel (ed.), Totems and Teachers: Perspectives on the History of Anthropology, New York: Columbia University Press, 103–137

Firth, Raymond (1981/1986): Bronislaw Malinowski. In: Malinowski, Bronislaw, Schriften zur Anthropologie, Frankfurt/M.: Syndikat, 227–265 [Schriften in vier Bänden, Bd. 4 Nr. 2]

Fischer, Joachim (2006): Philosophische Anthropologie – Ein wirkungsvoller Denkansatz in der deutschen Soziologie nach 1945. In: Zeitschrift für Soziologie 35(5): 322–347

Fischer, Joachim (2008): Lévi-Strauss und die deutsche Soziologie: Strukturalismus, Philosophische Anthropologie und Poststrukturalismus. In: Kauppert/Funcke 2008, 175–191

Fontane, Theodor (1894–95/2000): Effi Briest. Roman. In: Bertram, Mathias (ed.), Deutsche Literatur von Lessing bis Kafka. Basisbibliothek [CD-ROM], Berlin: Directmedia Publishing, 16354–16838

Franzmann, Andreas; Rychner, Marianne; Scheid, Claudia; Twardella, Johannes (ed.) (vsl. 2021): Handbuch zur Methode der Objektiven Hermeneutik. Wiesbaden: Barbara Budrich

Franzmann, Manuel (2017): Säkularisierter Glaube. Fallrekonstruktionen zur fortgeschrittenen Säkularisierung des Subjekts. Weinheim: Beltz Juventa

Fuchs-Heinritz, Werner [W. F. H.] (1994): Anthropologie, philosophische. In: ders.; Lautmann, Rüdiger; Rammstedt, Otthein; Wienold, Hanns (ed.), Lexikon zur Soziologie, Opladen: Westdeutscher Verlag, 44 f.

Fuhrmann, Manfred (1997): Seneca und Kaiser Nero. Eine Biographie. Berlin: Alexander Fest

Funcke, Dorett; Loer, Thomas (ed.) (2019 a): Vom Fall zur Theorie. Auf dem Pfad der rekonstruktiven Sozialforschung. Wiesbaden: Springer VS

Funcke, Dorett; Loer, Thomas (2019 b): Von der Forschungsfrage über Feld und Fall zur Theorie – Zur Einleitung. In: Funcke/Loer 2019 a, 1–56

Furet, François; Richet, Denis (1965–66/1981): Die Französische Revolution. München: C. H. Beck (Aus dem Französischen übersetzt von Ulrich Friedrich Müller)

Garfinkel, Harold (1964/1984): Studies of the routine grounds of everyday activities. In: ders., Studies in Ethnomethodology, Cambridge: Polity, 35–75

Gehlen, Arnold (1940/1986): Der Mensch. Seine Natur und seine Stellung in der Welt. Wiesbaden: AULA-Verlag [Studienausgabe der Hauptwerke, Bd. 1]

Gehlen, Arnold (1955): Die Sozialstrukturen primitiver Gesellschaften. In: ders.; Schelsky, Helmut (ed.), Soziologie. Ein Lehr- und Handbuch zur modernen Gesellschaftskunde, Düsseldorf, Köln: Eugen Diederichs, 13–45

Gehlen, Arnold (1956/1986): Urmensch und Spätkultur. Philosophische Ergebnisse und Aussagen. Wiesbaden: AULA-Verlag [Studienausgabe der Hauptwerke, Bd. 3]

Gemoll, Wilhelm (1954/1979): Griechisch-deutsches Schul- und Handwörterbuch. München, Wien: Freytag, Hölder-Pichler-Tempsky (Durchgesehen und erweitert von Karl Vretska. Mit einer Einführung in die Sprachgeschichte von Heinz Kronasser)

Georges, Karl Ernst (1913–18/2002): Lateinisch – Deutsch. Ausführliches Handwörterbuch. Berlin: Directmedia Publishing (Elektronische Ausgabe der 8. Auflage (1913/1918). (Digitale Bibliothek Band 69))

Gerhards, Jürgen (2000): Auf dem Weg zu einer theoriegesteuerten empirischen Kultursoziologie. In: Barlösius, Eva; Gerhards, Jürgen; Hitzler, Ronald; Neckel, Sighard (ed.), Empirische Kultursoziologie, Hagen: Fernuniversität

Gerhards, Jürgen (2010): Kultursoziologie diesseits des „Cultural Turn". In: Wohlrab-Sahr 2010, 277–308

Girtler, Roland (2003): Franz Boas – Burschenschaftler und Schwiegersohn eines österreichischen Revolutionärs von 1848. Wien (http://www.burschenschaftsgeschichte.de/pdf/girtler_franz_boas.pdf; zuletzt angesehen am 26. Jan. 2012)

Głowiński, Michał (2001/2003): Von Ghetto zu Ghetto. In: ders., Eine Madeleine aus Schwarzbrot, Frankfurt/M.: Jüdischer Verlag, 130–133

Godelier, Maurice (1996): L'énigme du don. Paris: Fayard

Godelier, Maurice (1996/1999): Das Rätsel der Gabe. Geld, Geschenk, heilige Objekte. München: C. H. Beck (Aus dem Französischen von Martin Pfeiffer)

Goldman, Irving (1975): The Mouth of Heaven: Introduction to Kwakiutl Religious Thought. New York: John Wiley & Sons

Goffman, Erving (1963/1966): Behavior in Public Places. Notes on the Social Organization of Gatherings. New York, London: The Free Press, Collier-Macmillan

Grassé, Pierre-P. (1959): La réconstruction du nid et les coordinations interindividuelles chez Bellicositermes natalensis et Cubitermes sp. La théorie de la stimergie: essai de l'interprétation du comportement des termites constructeurs. In: Insectes sociaux 6(1): 41–80

Greene, Brian (2004): Der Stoff, aus dem der Kosmos ist. Raum, Zeit und die Beschaffenheit der Wirklichkeit. Berlin: Siedler

Greene, Brian; Grolle, Johann (2004): „Warum ist nicht nichts?". In: Der Spiegel 39: 190–193

Grimm, Brüder (1843/2012 a): Der Hase und der Igel. In: ders., Märchen 2, Leipzig: Haffmans bei Zweitausendeins, 458–462 [Kinder- & Hausmärchen, Bd. 2]

Grimm, Brüder (1843/2012 b): Der Hase und der Igel. In: ders., Verworfene und hinzugefügte Märchen sowie hochdeutsche Übertragungen der Mundartmärchen, Leipzig: Haffmans bei Zweitausendeins, 296–300 [Kinder- & Hausmärchen, Bd. 3]

Grimm, Jacob; Grimm, Wilhelm (1877/1984): Vierten Bandes Zweite Abteilung H–Juzen. München: dtv (Bearbeitet von Moriz Heyne) [Deutsches Wörterbuch, Bd. 10]

Grimm, Jacob; Grimm, Wilhelm (1878/1984): Vierten Bandes Erste Abteilung Erste Hälfte. Forschel-Gefolgsmann. München: dtv (Bearbeitet von Jacob Grimm, Karl Weigand und Rudolf Hildebrand) [Deutsches Wörterbuch, Bd. 4]
Grimm, Jacob; Grimm, Wilhelm (1897/1984): Vierten Bandes Erste Abteilung Zweiter Theil. Gefoppe-Getreibs. München: dtv (Bearbeitet von Rudolf Hildebrand und Hermann Wunderlich) [Deutsches Wörterbuch, Bd. 5]
Grimm, Jacob; Grimm, Wilhelm (1956/1991): Zwölfter Band. I. Abteilung. V-Verwunzen. München: dtv (Bearbeitung von E. Wülcker, R, Meiszner, M. Leopold, C. Weele und der Arbeitsstelle des Deutschen Wörterbuches zu Berlin) [Deutsches Wörterbuch, Bd. 25]
Grimm, Jacob; Grimm, Wilhelm (1960/1984·29): Vierzehnten Bandes I. Abteilung 2. Teil. Wenig-Wiking. München: dtv (Bearbeitet von der Arbeitsstelle des Deutschen Wörterbuches zu Berlin) [Deutsches Wörterbuch, Bd. 29]
Grimm, Jacob; Grimm, Wilhelm (1960/1984·30): Vierzehnter Band II. Abtielung Wilb-Ysop. München: dtv (Bearbeitet von Ludwig Sütterlin und den Arbeitsstellen des Deutschen Wörterbuches zu Berlin und Göttingen) [Deutsches Wörterbuch, Bd. 30]
Grünepütt, Katrin (1992): Realität der Außenwelt. In: Ritter/Gründer 1992, Sp. 206–211
Habermas, Jürgen (1963/1981): Ein philosophierender Intellektueller (1963). In: ders., Philosophisch-politische Profile, Frankfurt/M.: Suhrkamp, 160–166
Habermas, Jürgen (1981): Zur Kritik der funktionalistischen Vernunft. Frankfurt/M.: Suhrkamp [Theorie des kommunikativen Handelns, Bd. 2]
Habermas, Jürgen (1986): Entgegnung. In: Honneth, Axel; Joas, Hans (ed.), Kommunikatives Handeln. Beiträge zu Jürgen Habermas' »Theorie des kommunikativen Handelns«, Frankfurt/M.: Suhrkamp, 327–405
Hegel, Georg Friedrich Wilhelm (1819–20/1983): Philosophie des Rechts. Die Vorlesung von 1819/20 in einer Nachschrift. Hg. v. Henrich, Dieter. Frankfurt/M.: Suhrkamp
Heidegger, Martin (1962/1976): Zeit und Sein. In: ders., Zur Sache des Denkens, Tübingen: Niemeyer, 1–25
Heidegger, Martin (1962/o.J.): Zeit und Sein. En hommage à Jean Beaufret. o. O. [Paris]: Plon (unpaginierte Sonderausgabe; http://www.bard.edu/library/arendt/pdfs/ZeitundSein2.pdf; heruntergeladen am 26. März 2019)
Heinrich, Bernd (1989 a): Ravens in Winter. New York: Schuster & Schuster
Heinrich, Bernd (1989 b): Die Seele der Raben. München, Leipzig: List (Aus dem Amerikanischen von Marianne Menzel, Illustrationen von Bernd Heinrich)
Heinrich, Bernd (2000): Mind of the Raven. Investigation and Adventures with Wolf-Birds. New York: Cliff Street
Heitmeyer, Wilhelm (ed.) (1997): Was hält die Gesellschaft zusammen? Frankfurt/M.: Suhrkamp [Bundesrepublik Deutschland, Bd. 2]
Hénaff, Marcel (1999): Lévi-Strauss et la question du symbolisme. In: RdM sem. 14: 353–367
Hénaff, Marcel (1999/2008): Lévi-Strauss und die Frage des Symbolismus. In: Kauppert/Funcke 2008, 248–274

Hénaff, Marcel (1999/2009): Lévi-Strauss and the question of symbolism. In: Wiseman, Boris (ed.), The Cambridge Companion to Lévi-Strauss, Cambridge: Cambridge University Press, 177–195
Hénaff, Marcel (2002): Le prix de la vérité. Le don, l'argent, la philosophie. Paris: Édition du Seuil
Hénaff, Marcel (2002/2009): Der Preis der Wahrheit. Gabe, Geld und Philosophie. Frankfurt/M.: Suhrkamp
Hénaff, Marcel (2012): Le don des philosophes. Repenser la réciprocité. Paris
Hénaff, Marcel (2012/2014): Die Gabe der Philosophen. Gegenseitigkeit neu denken. Bielefeld: Transcript (übersetzt aus dem Französischen von Eva Moldenhauer)
Hénaff, Marcel (2014): Don cérémoniel, paradoxe de l'altérité et reonnaissance réciproque. In: Revue d'éthique et de théologie morale 281: 53–71
Hénaff, Marcel (2016): Das soziale Band, das politische Band: Allianz, Gewalt, Anerkennung. In: Bedorf/Herrmann 2016: 51–71
Hengartner, Thomas; Merki, Christoph Maria (ed.) (1999/2001 a): Genußmittel. Eine Kulturgeschichte. Frankfurt/M., Leipzig: Insel
Hengartner, Thomas; Merki, Christoph Maria (1999/2001 b): Für eine Geschichte der Genußmittel. In: dies. 1999/2001 a: 9–26
Heringer, Jürgen (ed.) (1974): Seminar: Der Regelbegriff in der praktischen Semantik. Frankfurt/M.: Suhrkamp
Herrmann, Steffen (2016): Agonale Vergemeinschftung. Normative Grundlagen des Gabentauschs nach Marcel Mauss. In: Bedorf/ders. 2016: 120–140
Hertz, Robert (1922): Le péché et l'expiation dans les sociétés primitives. Paris: Ernest Leroux (Édition établie par Marcel Mauss dans la Revue de l'histoire des religions, Annales du Musée Guimet)
Hillebrandt, Frank (2009): Praktiken des Tauschens. Zur Soziologie symbolischer Formen der Reziprozität. Wiesbaden: VS Verlag für Sozialwissenschaften
Hoernlé, A. W. (1925): The Importance of Sib in the Marriage Ceremonies of the Southeastern Bantu. In: South African Journal of Science (22)11: 481–492
Hölldobler, Bert; Wilson, Edward O. (1994/1995): Ameisen. Die Entdeckung einer faszinierenden Welt. Basel, Boston, Berlin: Birkhäuser (Aus dem Amerikanischen von Susanne Böll)
Hölldobler, Bert; Wilson, Edward O. (2009): The Superorganism. The Beauty, Elegance, and Strangeness of Insect Societies. New York, London: W. W. Norton & Company (Line drawings by Margaret C. Nelson)
Homer (ca. 720 v. Chr./1983): Ilias. München, Zürich: Artemis (Übertragen von Hans Rupé. Mit Urtext, Anhang und Registern)
Homer (ca. 700 v. Chr./1986): Odyssee. Darmstadt: Wissenschaftliche Buchgesellschaft (Griechisch und deutsch. Übertragung von Anton Weiher. Mit Urtext, Anhang und Registern)
Honneth, Axel (1992/2003): Kampf um Anerkennung. Zur moralischen Grammatik sozialer Konflikte. Frankfurt/M.: Suhrkamp (Mit einem neuen Nachwort)
Honneth, Axel (2018): Anerkennung. Eine europäische Ideengeschichte. Berlin: Suhrkamp

Horkheimer, Max (1996): Briefwechsel 1941–1948. Frankfurt/M.: Suhrkamp [Gesammelte Schriften, Bd. 17]
Hu, Hsien Chin (1944): The Chinese Concepts of Face. In: American Anthropologist 46(1): 45–64
Hu, Hsien Chin (1944/1966): Die chinesischen Begriffe vom »Gesicht«. In: Mühlmann, Wilhelm Emil; Müller, Ernst W. (ed.), Kulturanthropologie, Köln, Berlin: Kiepenheuer & Witsch, 238–263
Hubert, Henri; Mauss, Marcel (1899/1968): Essai sur la nature et la fonction du sacrifice (1899). In: Mauss, Marcel, Les fonctions sociales du sacré, Paris: Les Éditions de Minuit, 193–324 [Œuvres, Bd. 1]
Hühn, Helmut (1992): Realisierung/Realisation II. In: Ritter/Gründer 1992, Sp. 146 ff.
Huizinga, Johan (1938/1940): Homo ludens. Proeve eener bepaling van het spel-element der cultuur. Haarlem: H. D. Tjeenk Willink & Zoon N. V.
Huizinga, Johan (1938/1987): Homo Ludens. Vom Ursprung der Kultur im Spiel. Reinbek bei Hamburg: Rowohlt (In engster Zusammenarbeit mit dem Verfasser aus dem Niederländischen übertragen von H. Nachod. Mit einem Nachwort von Andreas Flitner)
Institut für Sozialforschung (1956): Gesellschaft. In: dass., Soziologische Exkurse. Nach Vorträgen und Diskussionen, Frankfurt/M: EVA, 22–39
Jahn, Ronny Markus; Tiedtke, Michael (2014): „Herzlich willkommen." Auch unscheinbarste Sprechakte haben latente Bedeutungen, sagt die Objektive Hermeneutik, eine Forschungsmethode zur Sinnerschließung. Macht sie für die Supervisionspraxis Sinn? In: Journal Supervision 4: 3 ff.
Jung, Matthias (2012): „Objektbiographie" oder „Verwirklichung objektiver Möglichkeiten"? Zur Nutzung und Umnutzung eines Steinbeiles aus der Côte d'Ivoire. In: Lasch, Heike; Ramminger, Britta (ed.), Hunde – Menschen – Artefakte. Gedenkschrift für Gretel Gallay, Rahden/Westf.: Leidorf, 375–383
Jung, Matthias (2019): Die Analyse materieller Kultur mit der Methode der Objektiven Hermeneutik. In: Funcke/Loer 2019 a, 19–216
Junod, Henri A. (1936): Vie sociale. Paris: Payot [Mœurs et coutumes des Bantous, Bd. 1]
Kallmann, Emma (1891/2004): Der gute Ton. In: Zillig 2004, 8985–9209
Kauppert, Michael; Funcke, Dorett (ed.) (2008): Wirkungen des wilden Denkens. Zur strukturalen Anthropologie von Claude Lévi-Strauss. Frankfurt/M.: Suhrkamp
Kekulé, August (1890/1929): Rede von August Kekulé, gehalten bei der ihm zu Ehren veranstalteten Feier der Deutschen Chemischen Gesellschaft im großen Saal des Rathauses der Stadt Berlin am 11. März 1890. Ber. d. deutsch. chem. Ges. 23, 1302 (1890). In: Anschütz, Richard, Abhandlungen, Berichte, Kritiken, Artikel, Reden, Berlin: Verlag Chemie, 937–947 [August Kekulé, Bd. II]
Keller, Gottfried (1846/2002): Die Begegnung. In: ders., Gesammelte Gedichte, Berlin: Directmedia, 60191–60798 [Deutsche Lyrik von Luther bis Rilke]; hier: 60302 f.
Keller, Rudi (1974): Zum Begriff der Regel. In: Heringer 1974, 10–24
Kiener, Franz (1956): Kleidung. Mode. Mensch. Versuch einer psychologischen Deutung. München, Basel: Ernst Reinhardt
Klärner, Diemut (2010): Einfühlsames Rabenvolk. In: FAZ: 29. 9. 2010

Kneer, Georg; Nassehi, Armin; Schroer, Markus (2001): Vorwort der Herausgeber. In: dies. (ed.), Klassische Gesellschaftsbegriffe der Soziologie, München: Wilhelm Fink, 7-12
Komter, Aafke (2010): The Evolutionary Origins of Human Generosity. In: International Sociology 25(3): 443-464
König, René (1958/1971): Kultur. In: ders. (ed.), Soziologie, Frankfurt/M.: Fischer Bücherei, 159-164
König, René (1972): Marcel Mauss (1872-1950). In: KZfSS 24: 633-657
Kraus, Karl (1911): Ich hatte ja keine Ahnung. In: Die Fackel 331: 8-13
Kripke, Saul A. (1982): Wittgenstein on Rules and Private Language. An Elementary Exposition. Oxford: Basil Blackwell
Latour, Bruno (2005): Reassembling the social. An introduction to Actor-Network-Theory. Oxford: Oxford University Press
Lee, Hyun-Jae (2005): Identitätsbegriffe aus «Feministischer» Perspektive. Frankfurt/M., Berlin, Bern, Bruxelles, New York, Oxford, Wien: Peter Lang
Leibniz, Gottfried Wilhelm (1714/2013): Principes de la nature et de la grâce fondés en raison. In: ders., Leibniz sogenannte Monadologie und Principes de la nature et de la grâce fondés en raison, Berlin: de Gruyter, 43-79
Lenoir, Raymond (1924): Sur l'Institution du Potlatch. In: Revue philosophique de la France et de l'étranger 97: 233-267
Lepsius, M. Rainer (1986): Interessen und Ideen. Die Zurechnungsproblematik bei Max Weber. In: Neidhardt/Lepsius/Weiß, Johannes (1986), 20-31
Leroi-Gourhan, André (1964-65/1984): Hand und Wort. Die Evolution von Technik, Sprache und Kunst. Frankfurt/M.: Suhrkamp
Lévi-Strauss, Claude (1948): La Vie familiale et sociale des Indiens Nambikwara. In: Journal de la société des américanistes: 1-132 (https://www.persee.fr/docAsPDF/jsa_0037-9174_1948_num_37_1_2366.pdf; heruntergeladen am 18. Aug. 2019)
Lévi-Strauss, Claude (1949/1974 a): Introduction: Histoire et ethnologie. In: ders. 1958/1974, 3-33
Lévi-Strauss, Claude (1949/1974 b): L'Efficacité symbolique. In: ders. 1958/1974, 205-226
Lévi-Strauss, Claude (1949/1978 a): Einleitung: Geschichte und Ethnologie. In: ders. 1958/1978, 11-40
Lévi-Strauss, Claude (1949/1978 b): Die Wirksamkeit der Symbole. In: ders. 1958/1978, 204-225
Lévi-Strauss, Claude (1949/1984): Die elementaren Strukturen der Verwandtschaft. Frankfurt/M.: Suhrkamp (Übersetzt von Eva Moldenhauer)
Lévi-Strauss, Claude (1949/2002): Les Structures Élémentaires de la Parenté. Berlin, New York: Mouton de Gruyter
Lévi-Strauss, Claude (1950/1960): Introduction à l'œuvre de Marcel Mauss. In: Mauss 1950/1960, IX-LII
Lévi-Strauss, Claude (1950/1974): Einleitung in das Werk von Marcel Mauss. In: Mauss 1974, 7-41
Lévi-Strauss, Claude (1955/1978): Traurige Tropen. Frankfurt/M.: Suhrkamp
Lévi-Strauss, Claude (1955/1984): Tristes Tropiques. Paris: Plon

Lévi-Strauss, Claude (1956/1974): Postface aux chapitres III et IV. In: ders. 1958/1974, 93–110
Lévi-Strauss, Claude (1956/1978): Nachtrag zu den Kapiteln 3 und 4. In: ders. 1958/1978, 95–111
Lévi-Strauss, Claude (1957/1974): Préface. In: ders. 1958/1974, I f.
Lévi-Strauss, Claude (1957/1978): Vorwort. In: ders. 1958/1978, 9 f.
Lévi-Strauss, Claude (1958/1974): Anthropologie structurale. Paris: Plon
Lévi-Strauss, Claude (1958/1978): Strukturale Anthropologie I. Frankfurt/M.: Suhrkamp (Übersetzt von Hans Naumann)
Lévi-Strauss, Claude (1983): Le regard éloigné. Paris: Plon
Lévi-Strauss, Claude (1983/1985): Der Blick aus der Ferne. München: Fink (Übersetzt von Hans-Horst Henschen und Joseph Vogl)
Lévi-Strauss, Claude; Eribon, Didier (1988): De près et de loin. Paris: Odile Jacob
Lévi-Strauss, Claude; Eribon, Didier (1988/1989): Das Nahe und das Ferne. Eine Autobiographie in Gesprächen. Frankfurt/M.: S. Fischer (Aus dem Französischen von Hans-Horst Henschen)
Lévi-Strauss, Claude; Hénaff, Marcel (2004): 1963–2003. L'anthropologue face à la philosophie. In: Esprit 301(1): 88–109
Lipp, W. (1980): Gehlen, Arnold. In: Bernsdorf, Wilhelm, Beiträge bis über lebende oder nach 1969 verstorbene Soziologen, Stuttgart: Ferdinand Enke, 274 f. [Internationales Soziologenlexikon, Bd. 2]
[Lisbeth] Tante Lisbeth (1908/2004): Anstandsbüchlein für junge Mädchen. In: Zillig 2004, 11069–11189
Locher, A. (1974): Gut, das Gute, das Gut. II. In: Ritter 1974, Sp. 946–951
Loer, Regina (2021): Einsatz von und Erfahrung mit Videobehandlung in der Logopädie während der COVID-19-Pandemie innerhalb Deutschlands. Eine retrospektive Erfassung. Bochum: hsg Bochum (Unveröffentlichte Arbeit zur Erlangung des Bachelor of Science im Studienfach Logopädie an der Hochschule für Gesundheit Bochum)
Loer, Thomas (2005): Bericht zur Kongressreise nach Toruń/Polen: 7th Conference of the European Sociological Association vom 9. bis zum 12. Sept. 2005. o. O. [Dortmund] (Ms., 3 S.; https://www.academia.edu/37888908, zuletzt angesehen am 1. Dez. 2018)
Loer, Thomas (2006 a): Zum Unternehmerhabitus – eine kultursoziologische Bestimmung im Hinblick auf Schumpeter. Karlsruhe: Universitätsverlag Karlsruhe (http://www.ksp.kit.edu/386644026X)
Loer, Thomas (2006 b): Streit statt Haft und Zwang – objektive Hermeneutik in der Diskussion. Methodologische und konstitutionstheoretische Klärungen, methodische Folgerungen und eine Marginalie zum Thomas-Theorem. In: sozialer sinn 7(2): 345–374
Loer, Thomas (2006 c): ‚Embeddedness' oder Einflussstruktur? Soziologische Reflexionen zur Kulturspezifität von Handeln, diskutiert am Verhältnis von Vergemeinschaftung und Vergesellschaftung in der industriellen Kultur des Ruhrgebiets. In: Sociologia Internationalis 44(2): 217–251

Loer, Thomas (2006 d): Zum Unternehmerhabitus – eine kultursoziologische Bestimmung im Hinblick auf Schumpeter. Karlsruhe: Universitätsverlag Karlsruhe (http://www.ksp.kit.edu/386644026X)

Loer, Thomas (2006 e): Überlegungen zur kultursoziologischen Fundierung von Transformationsforschung am Fall Lettlands. In: Schartau, Mai-Brith (ed.), After EU Enlargement: Changes and Challenges in the Baltic Sea Region, Huddinge: Södertörns högskola Enhete för Tysklandsstudier, 176–196

Loer, Thomas (2007 a): [Rez. v.] Tilman Allert: Der deutsche Gruß. Geschichte einer unheilvollen Geste. Berlin 2005. In: sozialer sinn 8(2): 408–412

Loer, Thomas (2007 b): Die Region. Eine Begriffsbestimmung am Fall des Ruhrgebiets. Stuttgart: Lucius & Lucius

Loer, Thomas (2008): Normen und Normalität. In: Willems, Herbert (ed.), [Grundlagen der Soziologie und Mikrosoziologie], Wiesbaden: VS Verlag für Sozialwissenschaften, 165–184 [Lehr(er)buch Soziologie, Bd. 1]

Loer, Thomas (2010): Videoaufzeichnungen in der interpretativen Sozialforschung. Anmerkungen zu Methodologie und Methode. In: sozialer sinn 2: 319–352

Loer, Thomas (2013): Zur eigenlogischen Struktur einer Stadt. Konstitutionstheoretische, methodologische und methodische Reflexionen zu ihrer Untersuchung. Frankfurt/M.: Humanities Online

Loer, Thomas (2015 a): Forschungsnotiz zum Begriff der Ausdrucksgestalt. In: sozialer sinn 16(1): 71–84

Loer, Thomas (2015 b): Diskurspraxis – Konstitution und Gestaltung. Testierbare Daten – Methodologie der Rekonstruktion. Objektive Hermeneutik in der Diskussion. In: sozialer sinn 16(2) (16): 291–317

Loer, Thomas (2016 a): Wirklichkeitsflucht und mögliche Welterweiterung. Hunde als Objekte im Modus des Als-Ob. In: Hitzler, Ronald; Burzan, Nicole (ed.), Auf den Hund gekommen. Interdisziplinäre Annäherung an ein Verhältnis, Wiesbaden: Springer VS, 203–228

Loer, Thomas (2016 b): Objektive Bedeutungsstruktur und latente Sinnstruktur. Eine Forschungsnotiz zu zwei klärungsbedürftigen Termini der Objektiven Hermeneutik. In: sozialer sinn 17(2): 355–382

Loer, Thomas (2016 c): Als ob. Fingierte Souveränität im Bilde – Analyse einer Photographie von August Sander. In: Burkart, Günter; Meyer, Nikolaus (ed.), Die Welt anhalten. Von Bildern, Fotografie und Wissenschaft, Weinheim, Basel: Beltz Juventa, 301–325

Loer, Thomas (2018 a): Zum Sinn der Unterscheidung von Supervision, Coaching, Organisationsberatung. Versuch einige begriffliche Klärungen vorzunehmen, ohne sich der Bevormundung der Praxis durch die Wissenschaft schuldig zu machen. Overberge (Vortrag im Rahmen der Mitgliederversammlung der Deutschen Gesellschaft für Supervision und Coaching e. V. (DGSv) in Kassel am 28. Sept. 2018; Tpskr., 15 S.)

Loer, Thomas (2018 b): [Rez. v.] Manuel Franzmann: Säkularisierter Glaube […]. In: sozialer sinn 19(2): 456–469

Loer, Thomas (2018 c): Das Gedicht an der Wand. Analyse des Gedichts *avenidas* von Eugen Gomringer sowie seiner öffentlichen Präsentation. In: sozialer sinn 19(1): 191–226

Loer, Thomas (2019): [Rez. v.] Emmanuelle Loyer: Lévi-Strauss. Eine Biographie[…]. In: sozialer sinn 20(2): 293–304

Loer, Thomas (2020): Reziprozität. Annäherungen an eine Grundlegung der Kultur- und Sozialwissenschaften. Hagen: Fernuniversität Hagen (Studienbrief)

Loer, Thomas (vsl. 2021 a): „Es gibt…" – Konstitutive Reziprozität als Strukturmoment universeller Religiosität. Eine Ergänzung zu Ulrich Oevermanns Strukturmodell der Religiosität. In: sozialer sinn (i. Vorber.)

Loer, Thomas (vsl. 2021 b): Photographieanalyse mit der Objektiven Hermeneutik. In: Franzmann et al. (ed.) (in Vorbereitung)

Loer, Thomas (vsl. 2021 c): Videoanalyse mit der Objektiven Hermeneutik. Unaufdringliche Insistenz – Da'wa durch Geplauder. In: Franzmann et al. (ed.) (in Vorbereitung)

Loer, Thomas (vsl. 2021 d): Photographien analysieren. Wiesbaden: VS Verlag [Objektive Hermeneutik in Wissenschaft und Praxis, Bd. 2]

Loer, Thomas (vsl. 2022 a): Strukturelle Reziprozität. Grundlegung der Kultur- und Sozialwissenschaften. (in Vorbereitung)

Loer, Thomas (vsl. 2022 b): Forschungsnotiz zum Begriff der Erwartung – mit Blick auf dessen Konzeption in der Systemtheorie

Loer, Thomas (vsl. 2022 c): Videographien analysieren. Wiesbaden: VS Verlag [Objektive Hermeneutik in Wissenschaft und Praxis, Bd. 3]

Lorenz, Konrad (1950/1975): So kam der Mensch auf den Hund. München: dtv

Loyer, Emmanuelle (2017): Lévi-Strauss. Eine Biographie. Berlin: Suhrkamp (Aus dem Französischen von Eva Moldenhauer)

Luhmann, Niklas (1981): Wie ist soziale Ordnung möglich? In: ders., Gesellschaftsstruktur und Semantik. Studien zur Wissenssoziologie der modernen Gesellschaft. Band 2, Frankfurt/M.: Suhrkamp, 195–285

Luhmann, Niklas (1984/1985): Soziale Systeme. Grundriß einer allgemeinen Theorie. Frankfurt/M.: Suhrkamp

Maiwald, Kai-Olaf; Sürig, Inken (2018): Mikrosoziologie. Eine Einführung. Wiesbaden: Springer VS

Malinowski, Bronislaw (1922): Argonauts of the Western Pacific. An Account of Native Enterprise and Adventure in the Archipelagoes of Melanesian New Guinea. London: Georg Routledge & Sons, Ltd. (als PDF gedruckt von http://www.gutenberg.org/cache/epub/55822/pg55822.txt am 10. Mai 2019)

Malinowski, Bronislaw (1922/1978): Argonauten des westlichen Pazifiks. Ein Bericht über Unternehmungen der Eingeborenen in den Inselwelten von Melanesisch-Neuguinea. Hg. v. Kramer, Fritz W. Frankfurt/M.: Syndikat (Mit einem Vorwort von James G. Frazer. Aus dem Englischen von Heinrich Ludwig Herdt) [Schriften in vier Bänden, Bd. 1]

Malinowski, Bronislaw (1926/1962): Crime and Custom in Savage Society. Paterson/NJ: Littlefield, Adams & Co.

Malinowski, Bronislaw (1926/1983): Gegenseitigkeit und Recht. In: Kramer, Fritz; Sigrist, Christian (ed.), Gleichheit und Gegenseitigkeit, Frankfurt/M.: Syndikat, 135-174 [Gesellschaften ohne Staat, Bd. I]
Mannheim, Karl (1980): Über die Eigenart kultursoziologischer Erkenntnis. In: ders., Strukturen des Denkens, Frankfurt/M.: Suhrkamp, 33-154
Marquard, Odo (1971): Anthropologie. In: Ritter, Joachim, Historisches Wörterbuch der Philosophie: A-C, Basel und Stuttgart, Sp. 362-374 [Historisches Wörterbuch der Philosophie, Bd. 1]
Marx, Karl (1844/2000): Ökonomisch-philosophische Manuskripte aus dem Jahre 1844. In: ders.; Engels, Friedrich, Ausgewählte Werke, Berlin: Directmedia, 570-820
Marx, Karl (1890/1974): Das Kapital. Kritik der politischen Ökonomie. Erster Band. Buch I: Der Produktionsprozeß des Kapitals. Berlin: Dietz
Matthes, Joachim (1992): The Operation Called „Vergleichen". In: ders. (ed.), Zwischen den Kulturen?, Göttingen: Otto Schwertz & Co., 75-99
Mauss, Marcel (1904-05/1968): Essai sur les variations saisonnières des sociétés eskimo. Étude de morphologie sociales. In: ders., Sociologie et anthropologie, Paris: Presse universitaires de France, 389-475
Mauss, Marcel (1923/1969): l'obligation à rendre les présents (1923). In: ders., Cohésion sociale et divisions de la sociologie, Paris: Les Éditions de Minuit, 44f. [Œuvres, Bd. 3]
Mauss, Marcel (1923-24/1960): Essais sur le don. Forme et raison de l'échange dans les sociétés archaïques. In: ders. 1960, 143-279
Mauss, Marcel (1923-24/1975): Die Gabe. Form und Funktion des Austauschs in archaischen Gesellschaften. In: ders., Gabentausch. Soziologie und Psychologie. Todesvorstellung. Körpertechniken. Begriff der Person, Frankfurt/M., Berlin, Wien: Ullstein, 11-144 [Soziologie und Anthropologie, Bd. II]
Mauss, Marcel; Hubert, Henri (1902-03/1960): Esquisse d'une théorie générale de la magie. In: Mauss, Marcel (1950/1960): Sociologie et anthropologie. Paris: Presses Universitaires de France (précédé d'une introduction à l'œuvre de Marcel Mauss par Claude Lévi-Strauss), 1-141
Mauss, Marcel; Hubert, Henri (1902-03/1974): Entwurf einer allgemeinen Theorie der Magie. In: Mauss, Marcel (1974): Theorie der Magie. Soziale Morphologie. Frankfurt/M., Berlin, Wien: Ullstein (Mit einer Einleitung von Claude Lévi-Strauss) [Soziologie und Anthropologie, Bd. I], 43-179
Mead, George Herbert (1932/1969): Philosophie der Sozialität. Aufsätze zur Erkenntnisanthropologie. Hg. v. Kellner, Hansfried. Frankfurt/M.: Suhrkamp
Mead, George Herbert (1932/1980): The Philosophy of the Present. Chicago, London: University of Chicago Press (Edited by Arthur E. Murphy, with prefatory remarks by John Dewey)
Mead, George Herbert (1934/1980): Geist, Identität und Gesellschaft aus der Sicht des Sozialbehaviorismus. Hg. v. Morris, Charles W. Frankfurt/M.: Suhrkamp
Mead, George Herbert (1934/1983): Mind, Self, and Society from the Standpoint of a Social Behaviorist. Chicago, London: University of Chicago Press (Edited and with an Introduction by Charles W. Morris)

Mead, Hirini Moko (2003/2016): Tikanga Māori. Living by Māori Values. Wellington: Huia

Menge, Hermann (1963/1978): Langenscheidts Taschenwörterbuch der lateinischen und deutschen Sprache. Berlin, München, Wien, Zürich: Langenscheidt (Bearbeitung von Erich Pertsch)

Métraux, Rhoda (1968): Bronislaw Malinowski. In: Sills, David L.; Merton, Robert K., Lang to Myth, New York, London: Macmillan, 541–549 [International Encyclopedia of the Social Sciences, Bd. 9]

Moorfield, John C. (2011): Te Aka Māori-English, English-Māori Dictionary (online). Northcote: Longman/Pearson (https://maoridictionary.co.nz/; zuletzt angesehen am 18. Juni 2019)

Müller, Hans-Peter; Kock Marti, Claudia; Seiler Schiedt, Eva; Arpagaus, Brigitte (1999): Atlas vorkolonialer Gesellschaften. Kulturelles Erbe und Sozialstrukturen der Staaten Afrikas, Asiens und Melanesiens. Berlin: Dietrich Reimer

Müller-Doohm, Stefan (2003): Adorno. Eine Biographie. Frankfurt/M.: Suhrkamp

Neidhardt, Friedhelm (1986): »Kultur und Gesellschaft«. Einige Anmerkungen zum Sonderheft. In: ders./Lepsius/Weiß 1986, 10–18

Neidhardt, Friedhelm; Lepsius, M. Rainer; Weiß, Johannes (eds.) (1986): Kultur und Gesellschaft, Opladen: Westdeutscher Verlag

Nietzsche, Friedrich (1886/1981): Jenseits von Gut und Böse. Vorspiel einer Philosophie der Zukunft. In: ders. 1981, 9–205

Nietzsche, Friedrich (1887/1981): Zur Genealogie der Moral. Eine Streitschrift. In: ders. 1981, 207–346

Nietzsche, Friedrich (1981): Jenseits von Gut und Böse. Zur Genealogie der Moral. Der Fall Wagner. Götzen-Dämmerung. Nietzsche contra Wagner. Ecce homo. Der Antichrist. Dionysos-Dithyramben. Autobiographisches aus den Jahren 1856–1869. Frühschriften. Hg. v. Schlechta, Karl. Frankfurt/M., Berlin, Wien: Ullstein [Werke, Bd. III]

NP (1947/2000): Der Prozeß gegen die Hauptkriegsverbrecher vor dem Internationalen Militärgerichtshof Nürnberg 14. November 1945–1. Oktober 1946. In: Der Nürnberger Prozeß. Das Protokoll des Prozesses gegen die Hauptkriegsverbrecher vor dem Internationalen Militärgerichtshof 14. November 1945–1. Oktober 1946, Berlin: Directmedia, 212–31257

Oevermann, Ulrich (1976): Programmatische Überlegungen zu einer Theorie und zur Strategie der Sozialisationsforschung. In: Hurrelmann, Klaus (ed.), Sozialisation und Lebenslauf. Empirie und Methodik sozialwissenschaftlicher Persönlichkeitsforschung, Hamburg, 34–52

Oevermann, Ulrich (1979): Sozialisationstheorie. Ansätze zu einer soziologischen Sozialisationstheorie und ihre Konsequenzen für die allgemeine soziologische Analyse. In: Lüschen, Günther (ed.), Deutsche Soziologie seit 1945, Opladen: Westdeutscher Verlag, 143–168

Oevermann, Ulrich (1981): Fallrekonstruktionen und Strukturgeneralisierung als Beitrag der objektiven Hermeneutik zur soziologisch-strukturtheoretischen Analyse. Frankfurt/M. (Tpskr., Ffm. 1981; 56 S.; http://publikationen.ub.uni-frankfurt.de/frontdoor/index/index/docId/4955; zuletzt angesehen am 13. Febr. 2012)

Oevermann, Ulrich (1983): Zur Sache. Die Bedeutung von Adornos methodologischem Selbstverständnis für die Begründung einer materialen soziologischen Strukturanalyse. In: von Friedeburg, Ludwig; Habermas, Jürgen (ed.), Adorno-Konferenz 1983, Frankfurt/M.: Suhrkamp, 234–289

Oevermann, Ulrich (1986): Kontroversen über sinnverstehende Soziologie. Einige wiederkehrende Probleme und Mißverständnisse in der Rezeption der »objektiven Hermeneutik«. In: Aufenanger, Stefan; Lenssen, Margrit (ed.), Handlung und Sinnstruktur. Bedeutung und Anwendung der objektiven Hermeneutik, München: Kindt, 19–83

Oevermann, Ulrich (1988): Eine exemplarische Fallrekonstruktion zum Typus versozialwissenschaftlicher Identitätsformation. In: Brose, Hanns Georg; Hildenbrand, Bruno (ed.), Vom Ende des Individuums zur Individualität ohne Ende, Opladen: Leske + Budrich, 243–286

Oevermann, Ulrich (1991): Genetischer Strukturalismus und das sozialwissenschaftliche Problem der Erklärung der Entstehung des Neuen. In: Müller-Doohm, Stefan (ed.), Jenseits der Utopie. Theoriekritik der Gegenwart, Frankfurt/M.: Suhrkamp, 267–336

Oevermann, Ulrich (1993): Die objektive Hermeneutik als unverzichtbare methodologische Grundlage für die Analyse von Subjektivität. Zugleich eine Kritik der Tiefenhermeneutik. In: Jung, Thomas; Müller-Doohm, Stefan (ed.), „Wirklichkeit" im Deutungsprozeß. Verstehen und Methoden in den Kultur- und Sozialwissenschaften, Frankfurt/M.: Suhrkamp, 106–189

Oevermann, Ulrich (1995): Ein Modell der Struktur von Religiosität. Zugleich ein Strukturmodell von Lebenspraxis und von sozialer Zeit. In: Wohlrab-Sahr, Monika (ed.), Biographie und Religion. Zwischen Ritual und Selbstsuche, Frankfurt/M., New York: Campus, 27–102

Oevermann, Ulrich (1995/96): Vorlesungen zur Einführung in die soziologische Sozialisationstheorie. Vorlesungen, gehalten im Sommersemester 95 u. Wintersemester 95/96. (Vorlesung 1–14: protokolliert v. R. Burkholz (Vorlesung v. 30.6.95 u. 7.7.95 nicht protokolliert!), Vorlesung 15–24: aufgezeichnet, verschriftet u. bearbeitet v. R. Burkholz)

Oevermann, Ulrich (1996): Theoretische Skizze einer revidierten Theorie professionalisierten Handelns. In: Combe, Arno; Helsper, Werner (ed.), Pädagogische Professionalität. Untersuchungen zum Typus pädagogischen Handelns, Frankfurt/M.: Suhrkamp, 70–182

Oevermann, Ulrich (1999): Strukturale Soziologie und Rekonstruktionsmethodologie. In: Glatzer, Wolfgang (ed.), Ansichten der Gesellschaft. Frankfurter Beiträge aus Soziologie und Politikwissenschaft, Opladen: Leske + Budrich, 72–84

Oevermann, Ulrich (2000 a): Die Methode der Fallrekonstruktion in der Grundlagenforschung sowie der klinischen und pädagogischen Praxis. In: Kraimer, Klaus (ed.), Die Fallrekonstruktion. Sinnverstehen in der sozialwissenschaftlichen Forschung, Frankfurt/M.: Suhrkamp, 58–156

Oevermann, Ulrich (2000 b): Keynote address: The difference between community and society and its consequences. In: Ross, Alistair (ed.), Developing Identities in Europe. Citizenship education and higher education. Développer les identités en Europe: Formation civique et enseignement supérieur. Sich entwickelnde Identitäten in Europa: Staatsbürgerschaftskunde und Weiterbildung, London: CiCe, 37–61

Oevermann, Ulrich (2000 c): Das Verhältnis von Theorie und Praxis im theoretischen Denken von Jürgen Habermas – Einheit oder kategoriale Differenz? In: Müller-Doohm, Stefan (ed.), Das Interesse der Vernunft. Rückblicke auf das Werk von Jürgen Habermas seit ›Erkenntnis und Interesse‹, Frankfurt/M.: Suhrkamp, 411–464

Oevermann, Ulrich (2002): Klinische Soziologie auf der Basis der Methodologie der objektiven Hermeneutik – Manifest der objektiv hermeneutischen Sozialforschung. (Tpskr., März 2002, 35 S.; http://www.ihsk.de/publikationen/Ulrich_Oevermann-Manifest_der_objektiv_hermeneutischen_Sozialforschung.pdf; heruntergeladen am 20. Mai 2015)

Oevermann, Ulrich (2003 a): Strukturelle Religiosität und ihre Ausprägung unter Bedingungen der vollständigen Säkularisierung des Bewusstseins. In: Gärtner, Christel; Pollack, Detlef; Wohlrab-Sahr, Monika (ed.), Atheismus und religiöse Indifferenz, Opladen: Leske + Budrich, 339–387

Oevermann, Ulrich (2003 b): Regelgeleitetes Handeln, Normativität und Lebenspraxis. Zur Konstitutionstheorie der Sozialwissenschaften. In: Link, Jürgen; Loer, Thomas; Neuendorff, Hartmut (ed.), ‚Normalität' im Diskursnetz soziologischer Begriffe, Heidelberg: Synchron Wissenschaftsverlag der Autoren, 183–217

Oevermann, Ulrich (2004): Sozialisation als Prozess der Krisenbewältigung. In: Geulen, Dieter; Veith, Hermann (ed.), Sozialisationstheorie interdisziplinär – Aktuelle Perspektiven, Stuttgart, 155–181

Oevermann, Ulrich (2005): Wissenschaft als Beruf – Die Professionalisierung wissenschaftlichen Handelns und die gegenwärtige Universitätsentwicklung. In: die hochschule 1: 15–51

Oevermann, Ulrich (2008/2016): „Krise und Routine" als analytisches Paradigma in den Sozialwissenschaften. In: Becker-Lenz et al. 2016: 43–114

Oevermann, Ulrich (2009): Die Problematik der Strukturlogik des Arbeitsbündnisses und der Dynamik von Übertragung und Gegenübertragung in einer professionalisierten Praxis von Sozialarbeit. In: Becker-Lenz, Roland; Busse, Stefan; Ehlert, Gudrun; Müller, Silke (ed.), Professionalität in der Sozialen Arbeit, Wiesbaden: VS Verlag für Sozialwissenschaften, 113–142

Oevermann, Ulrich (2010 a): „Der Gegenbegriff zur Natur ist nicht Gesellschaft, sondern Kultur." Gespräch mit Ulrich Oevermann. In: Herrschaft, Felicitas; Lichtblau, Klaus (ed.), Soziologie in Frankfurt. Eine Zwischenbilanz, Wiesbaden: VS Verlag für Sozialwissenschaften, 369–406

Oevermann, Ulrich (2010 b): Krisenbewältigung versus Routinisierung im Verhältnis von Prozessen der Vergemeinschaftung und der Vergesellschaftung auf mikro- und makrosozialer Ebene. Versuch einer analytischen Klärung (Vortrag beim 35. Kongress der Deutschen Gesellschaft für Soziologie. 11.–15. Oktober 2010 in Frankfurt am Main. 1910 Jubiläumskongress 2010; Tpskr., 25 S.)

Oevermann, Ulrich (2013): Objektive Hermeneutik als Methodologie der Erfahrungswissenschaften von der sinnstrukturierten Welt. In: Langer, Phil C.; Kühner,

Angela; Schweder, Panja (ed.), Reflexive Wissensproduktion. Anregungen zu einem kritischen Methodenverständnis in qualitativer Forschung, Wiesbaden: Springer Fachmedien, 69–98

Oevermann, Ulrich (2014): Sozialisationsprozesse als Dynamik der Strukturgesetzlichkeit der ödipalen Triade und als Prozesse der Erzeugung des Neuen durch Krisenbewältigung. In: Garz, Detlef; Zizek, Boris (ed.), Wie wir zu dem werden, was wir sind. Sozialisations-, biographie- und bildungstheoretische Aspekte, Wiesbaden: Springer VS, 15–69

Oevermann, Ulrich; Allert, Tilman; Gripp-Hagelstange, Helga; Konau, Elisabeth; Krambeck, Jürgen; Schröder-Cäsar, Erna; Schütze, Yvonne (1976): Beobachtungen zur Struktur der sozialisatorischen Interaktion. Theoretische und methodologische Fragen der Sozialisationsforschung. In: Lepsius, M. Rainer (ed.), Zwischenbilanz in der Soziologie, Stuttgart, 274–295

Oevermann, Ulrich; Allert, Tilman; Konau, Elisabeth; Krambeck, Jürgen (1979): Die Methodologie einer »objektiven Hermeneutik« und ihre allgemeine foschungslogische Bedeutung in den Sozialwissenschaften. In: Soeffner, Hans-Georg (ed.), Interpretative Verfahren in den Sozial- und Textwissenschaften, Stuttgart: J. B. Metzlersche Verlagsbuchhandlung, 352–434

Ortigues, Edmond (1962): Le discours et le symbole. Paris: Éditions Aubier-Montaigne

Otte, Gunnar (2012): Programmatik und Bestandsaufnahme einer empirisch-analytischen Kunstsoziologie. In: Sociologia Internationalis 1-2: 115–143

Parsons, Talcott; Shils, Edward A. (1951/1962): Values, Motives, and Systems of Action. In: dies. 1962, 45–275

Parsons, Talcott; Shils, Edward A. (1962) (ed.): Toward a General Theory of Action, New York: Harper

Pascal [Blaise Pascal] (1897/1976): Pensées. Paris: GF Flammarion

Peirce, Charles S. (1891/1976): Die Architektonik von Theorien. In: ders., Schriften zum Pragmatismus und Pragmatizismus, Frankfurt/M.: Suhrkamp, 266–287

Peirce, Charles S. (1891/1998): The Architecture of Theories. In: ders., Scientific Metaphysics, Ann Arbor/MI: UmMI Books on Demand, 11–27 [Collected Papers, Bd. 6]

Peirce, Charles S. (1906/1958): To Lady Welby. On Signs and Categories. In: ders., Reviews, Correspondence, and Bibliography, Cambridge/MA: Harvard University Press, 220–231 [Collected Papers, Bd. 8]

Perrot, Michelle; Martin-Fugier, Anne (1987/1999): Die Akteure. In: ders. (ed.), Von der Revolution zum Großen Krieg, Augsburg: Weltbild/Bechtermünz, 95–310 [Geschichte des privaten Lebens, Bd. 4]

Peters, Hans M. (1956): Gesellungsformen der Tiere. In: Ziegenfuß, Werner (ed.), Handbuch der Soziologie. Zweite Hälfte, Stuttgart: Ferdinand Enke, 613–640

Piaget, Jean (1957): Le jugement moral chez l'enfant. Paris: Presses Universitaires de France (PUF)

Piaget, Jean (1957/1979): Das moralische Urteil beim Kinde. Frankfurt/M.: Suhrkamp (Aus dem Französischen von Lucien Goldmann)

Planck, Ulrich (1985): Agrarsoziologie. In: Görres-Gesellschaft zur Pflege der Wissenschaft (ed.), Abendland – Deutsche Partei, Freiburg: Herder, Sp. 64 ff. [Staatslexikon. Recht, Wirtschaft, Gesellschaft, Bd. 1]
Platon (1990): Πολιτεία. Der Staat. Darmstadt: WBG (Bearbeitet von Dietrich Kurz. Griechischer Text von Émile Chambry. Deutsche Übersetzung von Friedrich Schleiermacher.) [Werke in acht Bänden. Griechisch und deutsch, Bd. 4]
Poldervaart, Pieter (2001): McDonald's – Lächeln für 2700 Franken brutto. In: saldo 16: 12.10.2001 (https://www.ktipp.ch/artikel/d/mcdonalds-laecheln-fuer-2700-franken-brutto/; zuletzt angesehen am 26. Febr. 2016)
Pound, Ezra (1934/1987): ABC of Reading. New York: Penguin
Python, Monty (1979/1992): Das Leben Brians. Drehbuch und apokryphe Szenen. Zürich: Haffmans (Aus dem Englischen von Michel Bodmer)
Rahmann, Hinrich (1989): Tiersoziologie. In: Endruweit 1989 a, 762 f.
Rahmann, Hinrich (2002): Tiersoziologie. In: Endruweit/Trommsdorff 2002, 639 f.
Rahwan, Iyad; Cebrian, Manuel; Obradovich, Nick; Bongard, Josh; Bonnefon, Jean-François; Breazeal, Cynthia; Crandall, Jacob W.; Christakis, Nicholas A.; Couzin, Iain D.; Jackson, Matthew O.; Jennings, Nicholas R.; Kamar, Ece; Kloumann, Isabel M.; Larochelle, Hugo; Lazer, David; McElreath, Richard; Mislove, Alan; Parkes, David C.; Pentland, Alex ‚Sandy'; Roberts, Margaret E.; Shariff, Azim; Tenenbaum, Joshua B.; Wellman, Michael (2019): Machine behaviour. In: Nature 568: 477–486
Rehberg, Karl-Siegbert (2010): Der Mensch als Kulturwesen. Perspektiven der Philosophischen Anthropologie. In: Wohlrab-Sahr 2010, 25–51
Reimann, Horst (1989): Kommunikation. In: Endruweit, Günter (ed.), Ich – Rückkopplung, München; Stuttgart: dtv; Ferdinand Enke, 343–348 [Wörterbuch der Soziologie, Bd. 2]
Reiner, H. (1974): Gut, das Gute, das Gut. I. In: Ritter 1974, Sp. 938–946
Riedel, Manfred (1992): Gesellschaft, Gemeinschaft. In: Brunner, Otto; Conze, Werner; Koselleck, Reinhart (ed.), Geschichtliche Grundbegriffe. Historisches Lexikon zur politisch-sozialen Sprache in Deutschland. Band 2: E–G, Stuttgart: Klett-Cotta, 801–862
Riesenhuber, K. (1974): Gut, das Gute, das Gut. III. In: Ritter 1974, Sp. 951–960
Ringelnatz, Joachim (1928/2007): Allerdings. In: ders., Die Gedichte von Joachim Ringelnatz, Frankfurt/M.: Haffmans bei Zweitausendeins, 335–443
Ritter, Joachim (ed.) (1974): Historisches Wörterbuch der Philosophie: G–H. Darmstadt: Wissenschaftliche Buchgesellschaft [Historisches Wörterbuch der Philosophie, Bd. 3]
Ritter, Joachim; Gründer, Karlfried (ed.) (1984): Historisches Wörterbuch der Philosophie: Mo–O. Darmstadt: Wissenschaftliche Buchgesellschaft [Historisches Wörterbuch der Philosophie, Bd. 6]
Ritter, Joachim; Gründer, Karlfried (ed.) (1992): Historisches Wörterbuch der Philosophie: R–Sc. Darmstadt: Wissenschaftliche Buchgesellschaft [Historisches Wörterbuch der Philosophie, Bd. 8]
Rosa, Hartmut (2016): Resonanz. Eine Soziologie der Weltbeziehung. Berlin: Suhrkamp

Roth, Philip (2007): Exit Ghost. Boston, New York: Houghton, Mifflin and Company
Rühmkorf, Peter (1989/1990): Einmalig wie wir alle. Reinbek bei Hamburg: Rowohlt
Rumpf, Horst (2002): Sich einlassen auf Unvertrautes. In: Neue Sammlung 42(1): 13–29
Sahlins, Marshall (1972/2004): Stone Age Economics. London, New York: Routledge
Scheler, Max (1928/1983): Die Stellung des Menschen im Kosmos. Bern, München: Francke Verlag
Schischkoff, Georgi (ed.) (1978/1982): Philosophisches Wörterbuch. Stuttgart: Alfred Kröner (Begründet von Heinrich Schmidt. Einundzwanzigste Aufl. Neu bearb. von Georgi Schischkoff)
Schmid Noerr, Gunzelin (1987): Adornos Erschaudern. Variationen über den Händedruck. In: van Reijen, Willem; Schmid Noerr, Gunzelin (ed.), Vierzig Jahre Flaschenpost: ›Dialektik der Aufklärung‹ 1947–1987, Frankfurt/M.: Fischer Taschenbuch, 233–241
Schneider, David M. (1964): Incest. In: Gould, Julius; Kolb, William L. (ed.), A Dictionary of the Social Sciences, New York: The Free Press of Glencoe, 322 f.
Schoch, Agnes (1979): Vorarbeiten zu einer pädagogischen Kommunikationstheorie. Frankfurt/M.: Suhrkamp
Schrader, Achim (2001): Agrargesellschaft. In: Kneer, Georg; Nassehi, Armin; Schroer, Markus (ed.), Klassische Gesellschaftsbegriffe der Soziologie, München: Wilhelm Fink, 7–54
Schulze, Holger (2016): Resonanz. Klangkolumne. In: Merkur 808: 75–80
Schumpeter, Joseph Alois (1928/1987): Unternehmer. In: ders., Beiträge zur Sozialökonomik, Wien, Köln, Graz, 137–157
Searle, John R. (1969/1983 a): Sprechakte. Ein sprachphilosophischer Essay. Frankfurt/M.: Suhrkamp (Übersetzt von R. und R. Wiggershaus)
Searle, John R. (1969/1983 b): Speech Acts. An Essay in the Philosophy of Language. Cambridge, London, New York, New Rochelle, Melbourne, Sydney: Cambridge University Press
Seligman, C. G.; Seligman, Brenda Z. (1932): Pagan Tribes of the Nilotic Sudan. London: George Routledge & Sons
Selle, Gert (1994): Betrifft Beuys. Annäherung an Gegenwartskunst. Unna: LKD-Verlag
Seneca, L. Annaeus (62/1995): Ad Lucilium. Epistulae morales LXX–CXXIV, [CXXV] – An Lucius. Briefe über Ethik 70–124, [125]. Darmstadt: WBG (Lateinischer Text von François Préchac. Übersetzt, eingeleitet und mit Anmerkungen versehen von Manfred Rosenbach) [Philosophische Schriften, Bd. 4]
Shils, Edward (1968/1982): Society and Societies. The Macrosociological View. In: ders., The Constitution of Society, Chicago, London: University of Chicago Press, 53–68
Simmel, Georg (1907/1993): Dankbarkeit. Ein soziologischer Versuch. In: ders., Aufsätze und Abhandlungen 1901–1908. Band II, 308–316 [Gesamtausgabe, Bd. 8]
Simmel, Georg (1908/1992): Soziologie. Untersuchungen über die Formen der Vergesellschaftung. Frankfurt/M.: Suhrkamp (Herausgegeben von Otthein Rammstedt) [Gesamtausgabe, Bd. 11]

Smith, Adam (1776/1981): An Inquiry into the Nature and Causes of the Wealth of Nations. Volume 1. Hg. v. Campbell, R.H.; Skinner, A.S. Indianapolis: Liberty Fund [Glasgow Edition of the Works and Correspondence of Adam Smith, Bd. 2,1]

Smith, Linda Tuhiwai (1999/2012): Decolonizing Methodologies. Research and Indigenous Peoples. London, New York; Dunedin: Zed Books; Otago University Press

Spaemann, R. (1974): Gut, höchstes. In: Ritter 1974, Sp. 973–976

Spaemann, Robert (1996/2006): Personen. Versuche über den Unterschied zwischen ‚etwas' und ‚jemand'. Stuttgart: Klett-Cotta

Spinola, Julia (2005): Die Großen Dirigenten unserer Zeit. Mit ausführlichem Lexikonteil. Berlin: Henschel

Spitz, René A. (1950): Anxiety in Infancy. A Study of its Manifastations in the First Year of Life. In: Int J Psychoanal: 138–143

Spode, Hasso (1999/2001): Alkoholische Getränke. In: Hengartner/Merki 1999/2001 a: 27–90

Stagl, Justin (1981): Die Beschreibung des Fremden in der Wissenschaft. In: Duerr, Hans Peter (ed.), Beiträge aus Ethnologie und Anthropologie, Frankfurt/M.: Syndikat, 273–295 [Der Wissenschaftler und das Irrationale, Bd. 1]

Steinhardt, Arnold (1998/2000): Indivisible by Four: A String Quartet in Pursuit of Harmony. New York: Farrar Straus Giroux

Stentzler, Friedrich (1979): Versuch über den Tausch. Zur Kritik des Strukturalismus. Berlin: Medusa-Verlag

Stowasser, J.M.; Petschenig, Michael; Skutsch, Franz (1979/1998): Stowasser. Lateinisch – deutsches Schulwörterbuch. München: Oldenbourg Schulbuchverlag (Auf der Grundlage der Bearbeitung von 1979 von R. Pichl, [...])

Sutter, Hansjörg (1997): Bildungsprozesse des Subjekts. Eine Rekonstruktion von Ulrich Oevermanns Theorie- und Forschungsprogramm. Opladen: Westdeutscher Verlag

Swanton, John R. (1908): Social Conditions, Beliefs and linguistic Relationship of the Tlingit Indians. In: Twenty-Sixth Annual Report of the Bureau of American Ethnology: 391–485 (https://archive.org/details/socialconditions00swanrich; zuletzt angesehen am 11. Jun. 2019)

Therborn, Göran (2000): Die Gesellschaften Europas 1945–2000. Frankfurt/M., New York: Campus (Theorie und Gesellschaft Band 47. Aus dem Englischen von Andreas Wirthensohn)

Thomas, William I. (1937): Primitive Behavior. An Introduction to the Social Sciences. New York, London: McGraw-Hill Book Company

Thurnwald, Richard (1921): Die Gemeinde der Bánaro. Ehe, Verwandtschaft und Gesellschaftsbau eines Stammes im Innern von Neu-Guinea. Aus den Ergebnissen einer Forschungsreise 1913–15. Ein Beitrag zur Entstehungsgeschichte von Familie und Staat. Stuttgart: Ferdinand Enke (Mit Stammbäumen, Plänen und Diagrammen etc.)

Tokarczuk, Olga (1998/1999): Dom dzienny, dom nocny. Wałbrzych: Wydawnictwo „Ruta"

Tokarczuk, Olga (1998/2001): Taghaus, Nachthaus. Roman. Stuttgart: Deutsche Verlags-Anstalt (Aus dem Polnischen von Esther Kinsky)
Tolstoi, Leo N. (1912/o.J.): Hadschi Murat. In: ders., Hadschi Murat und andere Erzählungen, Darmstadt: Progress-Verlag Johann Fladung GmbH, 5–171
Tomasello, Michael (2002): Die kulturelle Entwicklung des menschlichen Denkens. Zur Evolution der Kognition. Frankfurt/M.: Suhrkamp
Tönnies, Ferdinand (1880–81/2000): Gemeinschaft und Gesellschaft (Theorem der Kultur-Philosophie) Entwurf von 1880/81. In: ders., 1923–1925, Berlin, New York: Walter de Gruyter, 31–67 [Ferdinand Tönnies Gesamtausgabe, Bd. 15]
Tönnies, Ferdinand (1887/1988): Gemeinschaft und Gesellschaft. Grundbegriffe der reinen Soziologie. Darmstadt: Wissenschaftliche Buchgesellschaft
Tönnies, Ferdinand (1887/2008): Gemeinschaft und Gesellschaft. Berlin: Deutsches Textarchiv (http://www.deutschestextarchiv.de/toennies_gemeinschaft_1887; zuletzt aufgerufen am 19. Dez. 2016)
Trappe, Tobias (2004): Wirklichkeit. In: Ritter, Joachim; Gründer, Karlfried; Gabriel, Gottfried (ed.), Historisches Wörterbuch der Philosophie: W–Z, Darmstadt: Wissenschaftliche Buchgesellschaft, Sp. 829–846 [Historisches Wörterbuch der Philosophie, Bd. 12]
Tregear, Edward (1891): Maori-Polynesian Comparative Dictionary. Wellington: Lyon and Blair (http://nzetc.victoria.ac.nz/tm/scholarly/name-110553.html; zuletzt angesehen am 18. Juni 2019)
Tugendhat, Ernst (1979): Selbstbewußtsein und Selbstbestimmung. Sprachanalytische Interpretationen. Frankfurt/M.: Suhrkamp
Tugendhat, Ernst (2007): Anthropologie als «erste Philosophie». In: ders., Anthropologie statt Metaphysik, München: C. H. Beck, 34–54
Tylor, Edward B. (1915): On a Method of Investigating the Development of Institutions; Applied to Laws of Marriage and Descent. In: The Journal of the Royal Anthropological Institute of Great Britain and Ireland: 267 ff.
Vierkandt, Alfred (1928): Gesellschaftslehre. Stuttgart: Ferdinand Enke (2., völlig umgearb. Aufl.)
Vierkandt, Alfred; Briefs, G.; Eulenburg, F.; Oppenheimer, Franz; Sombart, Werner; Tönnies, Ferdinand; Weber, Alfred; von Wiese, Leopold (ed.) (1931/1959): Handwörterbuch der Soziologie. Stuttgart: Ferdinand Enke (Unveränderter Neudruck)
Voland, Eckart (2007): Die Natur des Menschen. Grundkurs Soziobiologie. München: C.H. Beck
von Gleichen-Russwurm, Alexander (1932/2004): Der gute Ton. Ein Ratgeber für richtiges Benehmen in allen Lebenslagen. In: Zillig 2004, 6719–6909
von Humboldt, Alexander (1845–62/2008·1): Kosmos. Entwurf einer physischen Weltbeschreibung. Teilband 1. Darmstadt: WBG (Herausgegeben und kommentiert von Hanno Beck in Verbindung mit Wolf-Dieter Grün, Sabine Melzer-Grün, Detlef Haberland, Paulgünther Kautenburger, Eva Michels-Schwarz, Uwe Schwarz und Fabienne Orazie Vallino) [Darmstädter Ausgabe, Bd. VII Nr. 1]
von Humboldt, Alexander (1845–62/2008·2): Kosmos. Entwurf einer physischen Weltbeschreibung. Teilband 2. Darmstadt: WBG (Herausgegeben und kommentiert

von Hanno Beck in Verbindung mit Wolf-Dieter Grün, Sabine Melzer-Grün, Detlef Haberland, Paulgünther Kautenburger, Eva Michels-Schwarz, Uwe Schwarz und Fabienne Orazie Vallino) [Darmstädter Ausgabe, Bd. VII Nr. 2]

von Klitzing, Kai (2020): Kindheit in Zeiten von Corona. In: Kortmann, Bernd; Schulze, Günther G. (ed.), Jenseits von Corona. Unsere Welt nach der Pandemie – Perspektiven aus der Wissenschaft, Bielefeld: transcript Verlag, 21–30

von Knigge, Adolph Freiherr (1788/2004): Über den Umgang mit Menschen. In: Zillig 2004, 9393–10337

von Uexküll, Jakob (1920/1973): Theoretische Biologie. Frankfurt/M.: Suhrkamp (Mit einem Vorwort von Rudolf Bilz)

von Wiese, Leopold (1931/1959): Ländliche Siedlungen. In: Vierkandt et al. 1931/1959, 522–526

von York, B. (1893/2004): Lebenskunst. Die Sitten der guten Gesellschaft auf sittlich-ästhetischer Grundlage. Ein Ratgeber in allen Lebenslagen. Auf Anregung hervorragender Persönlichkeiten herausgegeben von B. v. York. In: Zillig 2004, 18149–18699

Watzlawick, Paul; Beavin, Janet Helmick; Jackson, Don D. (1967): Pragmatics of Human Communication. A Study of Interactional Patterns, Pathologies, and Paradoxes. New York, London: W. W. Norton & Company

Watzlawick, Paul; Beavin, Janet Helmick; Beavin, Janet Helmick; Jackson, Don D. (1967/1996): Menschliche Kommunikation. Formen, Störungen, Paradoxien. Bern, Göttingen, Toronto & Seattle: Hans Huber

Weber, Max (1903–06/1985): Roscher und Knies und die logischen Probleme der historischen Nationalökonomie. 1903–1906. In: ders. 1985, 1–145

Weber, Max (1919/1980): Politik als Beruf. Vortrag. In: ders., Gesammelte politische Schriften, Tübingen: Mohr (Siebeck), 505–560

Weber, Max (1919/1985): Wissenschaft als Beruf. In: ders. 1985, 582–613

Weber, Max (1920/1986): Die protestantische Ethik und der Geist des Kapitalismus. Die protestantischen Sekten und der Geist des Kapitalismus. Die Wirtschaftsethik der Weltreligionen. Tübingen: Mohr (Siebeck) [Gesammelte Aufsätze zur Religionssoziologie, Bd. I]

Weber, Max (1922/1985): Wirtschaft und Gesellschaft. Grundriß der verstehenden Soziologie. Tübingen: Mohr (Siebeck) (besorgt v. Johannes Winckelmann)

Weber, Max (1985): Gesammelte Aufsätze zur Wissenschaftslehre. Tübingen: Mohr (Siebeck) (Herausgegeben von Johannes Winckelmann)

Weinrich, Harald (1993): Textgrammatik der deutschen Sprache. Mannheim, Leipzig, Wien, Zürich: Dudenverlag (unter Mitarbeit von Maria Thurmair, Eva Brendl, Eva-Maria Willkop)

Wellmer, Albrecht (2009): Versuch über Musik und Sprache. München: Hanser

Wernet, Andreas (2000/2009): Einführung in die Interpretationstechnik der Objektiven Hermeneutik. Wiesbaden: VS Verlag für Sozialwissenschaften

Westermarck, Edward (1891/1921): The History of Human Marriage II. London: Macmillan

Weyer, Johannes (2011): Autonome Technik als Herausforderung der soziologischen Handlungstheorie. In: Zeitschrift für Soziologie 40(2): 91–111

Whyte, William Foote (1943/1965): Street Corner Society. The Social Structure of an Italian Slum. Chicago, London: The University of Chicago Press

Williams, Herbert W. (1921/1957): A Dictionary of the Maori Language. Wellington: Government Printer (http://nzetc.victoria.ac.nz/tm/scholarly/tei-WillDict.html; zuletzt angesehen am 2. Juli 2019)

Williams, William (1844/1852): A Dictionary of the New Zealand Language. London, Edinburgh: Williams and Norgate Ltd.

Wilson, Edward O. (1975): Sociobiology. The New Synthesis. Cambridge: Belknap

Wilson, Edward O. (1986): Biophilia – The human bond with other species. Cambridge/MA: Harvard University Press

Wirth, Louis (1938): Urbanism as a Way of Life. In: AJS 44(1): 1–24

Wittgenstein, Ludwig (1952/1982): Philosophische Untersuchungen. Frankfurt/M.: Suhrkamp

Wohlrab-Sahr, Monika (ed.) (2010): Kultursoziologie. Paradigmen – Methoden – Fragestellungen. Wiesbaden: VS Verlag für Sozialwissenschaften

Zehentreiter, Ferdinand (1990): Technokratisierung der Identitätsformation und Resistenz der Lebenspraxis – die Methode der strukturalen Hermeneutik als Paradigma soziologischer Analyse der Gegenwartskultur. Frankfurt/M. (Dissertation. Frankfurt am Main: Johann Wolfgang Goethe-Universität (Fachbereich Gesellschaftswissenschaften))

Zehentreiter, Ferdinand (2001): Systematische Einführung. Die Autonomie der Kultur in Ulrich Oevermanns Modell einer Erfahrungswissenschaft der sinnstrukturierten Welt. In: Burkholz/Gärtner/ders. 2001: 11–104

Zillig, Werner (ed.) (2004): Gutes Benehmen. Anstandsbücher von Knigge bis heute. Berlin: Directmedia

Originalzitate

i "Poetry in translation is like taking a shower with raincoat on." (Bemerkung des von Masatoshi Nagase gespielten japanischen Dichters in dem Film *Paterson* [2016] von Jim Jarmusch; ca. h 1:13)

ii "Normally, recordings are a natural outgrowth of performance, but in this case the process was reversed." (Steinhardt 1998/2000: 156)

iii « D. E.: En donnant pour titre *Le Regard éloigné,* à un recueil d'articles, aviez-vous pour intention de manifester votre distance avec la société dans laquelle nous vivions?

C. L.-S.: C'est un titre emprunter au japonais, qui m'est venu en lisant Zeami, le créateur du *nô*. Il dit que pour être bon acteur, il faut savoir se regarder soi-même de la façon que les spectateurs vous regardent, et il emploie l'expression de regard éloigné. J'ai trouvé qu'elle représentait très bien l'attitude de l'ethnologue regardant sa propre société, non comme il la voit en tant qu'il en est membre, mais comme d'autres observateurs, placés loin d'elle dans le temps ou dans l'espace, la regarderaient. » (Lévi-Strauss/Eribon 1988: 249; kursiv i. Orig.)

iv "I believe the ideal teacher would approach any masterpiece that he was presenting to his class *almost* as if he had never seen it before." (Pound 1934/1987: 86; kursiv i. Orig.)

v "When his composition goes out into the world, like a child who has grown up and left its parents, a composer relinquishes control of it. He must accept that every performance will be different, some far afield from his original premise." (Steinhardt 1998/2000; 177)

vi "patterns of [...] behavior" (Count 1970/1973: 4)

vii "The overarching claim is that the proper units of a grammar are more similar to the notion of construction in traditional and pedagogical grammars than to that of rule in most versions of generative grammar." (Fillmore/Kay/O'Connor 1988: 501) – "biological approach to the study of human society, behavior and cognition" (Croft 2006: 91)

viii "very simple example [...] – an utterance of the sentence 'Hello'" (Searle 1969/1983 b: 48)

ix "that under certain conditions an utterance of 'Hello' counts as greeting of the hearer by the speaker" (Searle 1969/1983 b: 49)
x "no sincerity condition" (Searle 1969/1983 b: 64)
xi "sincerity condition" (Searle 1969/1983 b: 60)
xii ἑ τοῦ ἀγαθοῦ ἰδέα μέγιστον μάθημα (Platon 1990: 530; 505a)
xiii „summum bonum" (Spaemann 1974: Sp. 973)
xiv « De plus, c'est une erreur de croire que le crédit auquel a droit une proposition scientifique dépende étroitement du nombre des cas où l'on croit pouvoir la vérifier. Quand un rapport a été établi dans un cas, même unique, mais méthodiquement et minutieusement étudié, la réalité en est autrement certaine que quand, pour le démontrer, on l'illustre de faits nombreux, mais disparates, d'exemples curieux, mais confusément empruntés aux sociétés, aux races, aux civilisations les plus hétérogènes. » (Mauss 1904–05/1968: 391)
xv « Bien souvent, nous avons observé le cérémonial du repas dans les restaurants à bas prix du Midi de la France, surtout en ces régions où le vin […] est entouré d'une sorte de respect mystique […]. Dans les petits établissements où le vin est compris dans le prix du repas, chaque convive trouve, devant son assiette, une modeste bouteille d'un liquide le plus souvent indigne. Cette bouteille est semblable à celle du voisin, comme le sont les portions de viande et de légumes qu'une servante distribue à la fronde. […] La petite bouteille peut contenir tout juste un verre, ce contenu sera versé, non dans le verre du détenteur, mais dans celui du voisin. Et celui-ci accomplira aussitôt un geste correspondant de réciprocité.

Que s'est-il donc passé ? Les deux bouteilles sont identiques en volume, leur contenu semblable en qualité. Chacun des participants de cette scène révélatrice n'a, en fin de compte, rien reçu de plus que s'il avait consommé sa part personnelle. D'un point de vue économique, personne n'a gagné et personne n'a perdu. […]

La situation de deux étrangers que se font face, à moins d'un mètre de distance, des deux côtés d'une table de restaurant à bon marché […] est banale et épisodique. […] L'usage de notre société est d'ignorer les personnes dont le nom, les occupations et le rang social ne sont pas connus. Mais, dans le petit restaurant, de telles personnes se trouvent placées pour deux ou trois demi-heures dans une promiscuité assez étroite, et momentanément unies par une identité de préoccupations. Un conflit, pas très aigu sans doute, mais réel, et qui suffit à créer un état de tension, existe, chez l'une et l'autre, entre la norme de la solitude et le fait de la communauté. Elles se sentent à la fois seules, et ensemble, contraintes à la réserve habituelle entre étrangers, alors que leur position respective dans l'espace physique, et leur relation aux objets et aux ustensiles du repas, suggère, et dans une certaine mesure réclame, l'intimité. Ces deux étrangers sont exposés, pour un court espace de temps, à vivre ensemble. […] C'est cette situation fugace, mais difficile, que l'échange du vin permet la résolution. Il est une affirmation de bonne grâce, qui dissipe l'incertitude réciproque, il substitue un lien à la juxtaposition. » (Lévi-Strauss 1949/2002: 69 f.)

Originalzitate

xvi "civil inattention" (Goffman 1963/66: 83-88)
xvii "I have given the illustration of the dog-fight as a method of presenting the gesture. The act of each dog becomes the stimulus to the other dog for his response. There is then a relationship between these two; and as the act is responded to by the other dog, it, in turn, undergoes change. The very fact that the dog is ready to attack another becomes a stimulus to the other dog to change his own position or his own attitude. He has no sooner done this than the change of attitude in the second dog in turn causes the first dog to change his attitude. We have here a conversation of gestures." (Mead 1934/1983: 42 f.)
xviii "There *is* then a relationship between these two" (ebd.; kursiv v. mir, TL)
xix "patterns of special behavior" (Count 1970/1973: 4)
xx "Nobody ever saw a dog make a fair and deliberate exchange of one bone for another with another dog. Nobody ever saw one animal by its gestures and natural cries signify to another [...]; I am willing to give this for that." (Smith 1776/1981: 26)
xxi « Bref, on n'a jamais vu d'animaux faire une *convention* (ce qui est d'un tout autre ordre que les conduites de coordination ou même de coopération au sein du groupe ou que les faits de hiérarchie spontanée). » (Hénaff 2012: 72 f.; kursiv i. Orig.)
xxii 您好 (Nínhǎo) oder 你好 (Nǐhǎo) (Dank an Chen Teng-Hsiang, Frankfurt/M. u. Taipeh)
xxiii السَّلَامُ عَلَيْكُمْ – שָׁלוֹם עֲלֵיכֶם
xxiv "civil inattention" (Goffman 1963/66: 83-88)
xxv « juxtaposition » (Lévi-Strauss 1949/2002: 70)
xxvi "metacommunicational axiom of the pragmatics of communication [...]: *one cannot not communicate.*" (Watzlawick/Beavin/Jackson 1967: 51; kursiv i. Orig.)
xxvii "The full condition of *copresence* [...]: persons must sense that they are close enough to be perceived in whatever they are doing, including their experiencing of others, and close enough to be perceived in this sensing of being perceived." (Goffman 1963/1966: 17; kursiv i. Orig.)
xxviii "Flowers [...] are always fit presents [...], because they are a proud assertion that a ray of beauty outvalues all the utilities of the world. These gay natures contrast with the somewhat stern countenance of ordinary nature: they are like music heard out of a workhouse. Nature does not cocker us: we are children, not pets: she is not fond: everything is dealt to us without fear or favor, after severe universal laws. Yet these delicate flowers look like the frolic and interference of love and beauty. Men use to tell us that we love flattery, even though we are not deceived by it, because it shows that we are of importance enough to be courted. Something like that pleasure, the flowers give us: what am I to whom these sweet hints are addressed?" (Emerson 1844/1907: 187)
xxix « Car l'ouverture comporte toujours un risque » (Lévi-Strauss 1949/2002: 70)
xxx "You're a writer – give up 'interactions.'" (Roth 2007: 142)
xxxi "no sincerity condition" (Searle 1969/1983 b: 64)

xxxii "close physical contact and distant social relations" (Wirth 1938: 1)
xxxiii « l'occasion du partage d'une cabine de transatlantique ou de wagon-lit » (Lévi-Strauss 1949/2002: 69)
xxxiv « Dans ces phénomènes sociaux ‹ totaux › [...] s'expriment à la fois et d'un coup toutes sortes d'institutions : religieuses, juridiques et morales [...] ; économiques » (Mauss 1923–24/1960: 147)
xxxv "When we speak of American society or British society or Arab or African societies [...] We think of something 'deeper', more permanent, more rooted in the constitutive properties of man's being [...]. The most special circumstances [sc.: in order to recognize something as society] is self-sufficiency – self-government or self-regulation, self-reproduction, cultural self-generation." (Shils 1968/1982: 53)
xxxvi "Pluralitas non est ponenda sine necessitate" (Guillelmus de Ockham zit. n.: Cloeren 1984: 1094) – "that not more independent elements are to be supposed than necessary." (Peirce 1891/1998: 20)
xxxvii « les régulations purement sociale (lesquelles se constatent dans toute société animale) » (Hénaff 2012: 82)
xxxviii "Community is the collectivity of integral persons or groups in their totality [...]. In contrast to this, *Gesellschaft* (society) is a collectivity of persons in their function of being role-players or partners of contracts, for example as producers or consumers in a market." (Oevermann 2000 b: 39 f.; kursiv i. Orig.)
xxxix "On the one side we have the archaic, not to say the primitive and simple form of community, which is incorporated in family life and neighbourhood. This type of community is founded essentially on mutual personal knowledge. And on the other side we have the community in the much more complex form of the collectivity which constitutes a political unity of common practice and which underlies the modern constitutional state with a written law. In this type of community the power of binding to the social norms is not safeguarded by the mutual personal knowledge but by the valid law and its institutions." (Oevermann 2000 b: 40)
xl "Even Marx presupposed unspoken[ly] a much further and more general logic of sociality in his reduced modelling of social exchange *(Äquivalententausch)*. In order to realise an economic exchange of objects of different practical value, a person A, who has X objects in surplus and Y objects in shortage, has to anticipate socially, that is by taking over the role or the perspective of the other, that this other person B has complementary to himself (A), X objects in shortage and Y objects in surplus, so that both can complement each other and relate to each other economically in a meaningful exchange. In addition, both have to anticipate mutually, that the other anticipates their own situation and the anticipation on the part of the other [...]. Then they have only to bargain about the exchange value of the different objects. In order to be able to make this calculation they have to be able to relate to each other in the sociality of reciprocity – that means to encounter each other in a form of unconditional acknowledgement of their otherness, an acknowledgement which in itself

reproduces, in its unconditional mutuality, a pre-existing unification and solidarity-bond of subjects in their sameness. This logic of co-operation has to be fulfilled before economic exchange can take place. It is this logic of preceding sociality (*Sittlichkeit* in terms of the Hegelian philosophy of law) which neither Marx nor his counterpart, the utilitarian tradition of theories of rational choice and economic activity, were able to express." (Oevermann 2000 b: 38; kursiv i. Orig.)

xli "a radical doubt on the generality of 'society' as an overall concept for the subject of sociology as is for example stressed emphatically in the so called 'critical theory' of the Frankfurt School" (Oevermann 2000 b: 40, Fn. 6)

xlii "I propose the concept of 'sociality' as a term, which embraces the dichotomy of community and society." (Oevermann 2000 b: 40, Fn. 6)

xliii "embraces"

xliv "The definition of society when applied to a modern society presupposes the existence of families, neighborhoods and cities, churches and sects, states and provinces, schools and universities, firms, farms, industrial plantes, and cooperative societies, all interpenetrating each other" (Shils 1968/1982: 54).

xlv "the colony operates as an information-processing system" (Hölldobler/Wilson 2009: 58)

xlvi « La stimulation des ouvriers par les travaux mêmes qu'ils accomplissent, stimulation significative déclenchant des réponses précises et adaptées, a reçu le nom de *stigmergie*; La stigmergie suffit à expliquer les corrélations entre les tâches effectuées et permet de se passer de toute notion de plan et de régulation » (Grassé 1959: 78; kursiv i. Orig.)

xlvii « le compagnon social joue comme un ensemble de stimuli significatifs » (Grassé 1959: 78).

xlviii « interpréter la société, dans son ensemble, en fonction d'une théorie de la communication » (Lévi-Strauss 1956/1974: 95)

xlix „obrazy wotywne porozwieszane w nawach, ludzka wdzięczność zamieniona w obrazki" (Tokarczuk 1989/1999: 53)

l « pourqvoy il y a plus tot qvelqve chose qve rien. » (Leibniz 1714/2013: 62; n. 7; Hervorhebung getilgt)

li "Arthur Schnabel once said that applause is a receipt for services rendered, not a bill for services due. Fine, but when you are bathed in applause after a good performance, it is hard to make that distinction. We are happy to play encores." (Steinhardt 1998/2000: 12)

lii « Dans les rapports de don c'est soi que l'on donne à travers un bien qui est un symbole. Dans l'échange marchand c'est le bien qui compte selon des mesures objectives. » (Lévi-Strauss/Hénaff 2004: 96 [MH])

liii «Спаси вас Бог» (Dronov/Matchabelli/Gallais 2008: 13)

liv "type of community [...] founded essentially on mutual personal knowledge" (Oevermann 2000 b: 40)

lv "Flowers [...] are always fit presents" (Emerson 1844/1907: 187) lvi "Men use to tell us that we love flattery [...], because it shows that we are of importance enough to be courted. Something like that pleasure, the flowers give us: what am I to whom these sweet hints are addressed?" (Emerson 1844/1907: 187)

lvii « la chose précieuse [...] lui permet [sc. permet au donneur] d'intervenir dans l'espace du partenaire. » (Hénaff 2002: 171)

lviii « Nous savons qu'il existe certains types d'objets spécialement appropriés, le plus souvent par leur caractère non immédiatement utilitaire, à faire des cadeaux. Dans certains pays ibériques, ces objets ne peuvent se trouver [...] que dans des magasins conçus en fonction de cette destination privilégiée : les ‹ casas de regalias › ou ‹ casas de presentes ›, auxquels correspondent les ‹ gift shops › du monde anglo-saxon. » (Lévi-Strauss 1949/2002: 65)

lix « le vin [...] est entouré d'une sorte de respect mystique » (Lévi-Strauss 1949/2002: 68) – « l'un [sc. : le viande et les légumes] sert d'abord à nourrir, l'autre à honorer. » (a. a. O.: 69)

lx "Procedurally it is my preference to start with familiar scenes and ask what can be done to make trouble." (Garfinkel 1964/1984: 37)

lxi « Disons que je vous en ai laissé le soin, puisque vous avez consacré un magistral ouvrage à démontrer que l'échange de dons tel qu'il se pratiquait dans les sociétés sans écriture (et sous forme vestigielle encore dans la nôtre) n'est pas de même nature que l'échange marchand ! Là-dessus, vous et moi sommes d'accord, et Mauss le savait avant nous. Mais cela ne veut pas dire qu'en se plaçant à un plus haut niveau d'abstraction, on ne puisse situer l'échange de dons et l'échange marchand dans une même problématique. » (Lévi-Strauss/Hénaff 2004: 92 [CLS])

lxii « Vous parlez de don et de réciprocité, mais en employant – comme Mauss – le term d'échange. » (Lévi-Strauss/Hénaff 2004: 91 [MH]; Hervorheb. i. Orig.)

lxiii "The most basic difference is that the obligations incurred in social transactions are not clearly specified in advance. In economic transactions the exact obligations of both parties are simultaneously agreed upon: a given product is sold for a certain price. Both commodities may change hands at the time the agreement is reached, or a contract is made that stipulates precisely the obligations either party has to discharge in the future. In social exchange, by contrast, one party supplies benefits to another, and although there is a general expectation of reciprocation, the exact nature of the return is left unspecified. [...] Doing a favor has an entirely different social significance from making a bargain." (Blau 1968: 454)

lxiv "the concept of social exchange refers to voluntary social actions that are contingent on rewarding reactions from others and that cease when these expected reactions are not forthcoming." (Blau 1968: 454)

lxv « l'obligation à rendre les présents » (Mauss 1923–24/1960: 145)

lxvi "Second, a man may donate money to charity because his conscience demands that he help the poor and without expecting gratitude in any form from them. While this could be viewed as an exchange of his money for the internal approval of his superego, here again it seems preferable to exclude conformity with internalized norms from what is meant by

Originalzitate

the term 'exchange'. Third, an uncontrollable impulse may compel a man to squander his money; such behavior motivated by irrational drives does not entail any exchange either." (Blau 1968: 453 f.)

lxvii "The stable composition of the group and the lack of social assurance on the part of its members contribute toward producing a very high rate of social interaction within the group. The group structure is product of these interactions.

Out of such interactions there arises a system of mutual obligations which is fundamental to group cohesion. If men are to carry on their activities as a unit, there are many occasions when they must do favors for one another. The code of the corner boy requires him to help his friends when he can and to refrain from doing anything to harm them. When life in the group runs smoothly, the obligations binding members to one another are not explicitly recognized. Once Doc asked me to do something for him, and I said that he had done so much for me that I welcomed the chance to reciprocate. He objected: 'I don't want it that way. I want you to do this for me because you're my friend. That's all.'" (Whyte 1943/1965: 256 f.)

lxviii « rapports d'amitié, d'amour, de solidarité – et dans [...] les formes de célébrations traditionnelles (fêtes religieuses, mariages, anniversaires, invitations, remises de récompenses). » (Hénaff 2002: 205)

lxix « dans le domaine des civilités – formules et gestes de politesse » (Hénaff 2002: 205)

lxx „Jeżeli znajdziesz swoje miejsce – będziesz nieśmiertelna." (Tokarczuk 1989/1999: 168)

lxxi « et tout l'*Essai sur le don* émane, de la façon la plus directe, des *Argonauts of Western Pacific* » (Lévi-Strauss 1950/1960: xxxii; kursiv i. Orig.)

lxxii "I have found only one writer who fully appreciates the importance of reciprocity in primitive social organization." (Malinowski 1926/1962: 24)

lxxiii "Thurnwald shows how the symmetry of social structure and of actions pervades native life." He "seems to be aware of its psychological foundation in 'human feeling' rather than of its social function in safeguarding the continuity and adequacy of mutual services." (Malinowski 1926/1962: 24)

lxxiv "The dual principle [...] is the integral result of the inner symmetry of all social transactions, of the reciprocity of services, without which no primitive community could exist. [...] I venture to foretell that wherever careful inquiry be made, symmetry of structure will be found in every savage society, as the indispensable basis of reciprocal obligations." (Malinowski 1926/1962: 25)

lxxv "Each community has [...] a weapon for the enforcement of its rights: reciprocity." (Malinowski 1926/1962: 23)

lxxvi "The Kula is a form of exchange, of extensive, inter-tribal character; it is carried on by communities inhabiting a wide ring of islands, which form a closed circuit. [...] Along this route, articles of two kinds, and these two kinds only, are constantly travelling in opposite directions. In the direction of the hands of a clock, moves constantly one of these kinds – long necklaces of red shell, called soulava [...]. In the opposite direction moves the other kind – bracelets of white shell called mwali [...] Each of these articles, as it travels in its own direction on the closed circuit, meets on its way articles of the other class, and is constantly being exchanged for them. Every movement of the Kula articles, every detail of the transactions is fixed and regulated by a set of traditional rules and conventions, and some acts of the Kula are accompanied by an elaborate magical ritual and public ceremonies." (Malinowski 1922: 60 [S. des PDF-Drucks])

lxxvii "On every island and in every village, a more or less limited number of men take part in the Kula – that is to say, receive the goods, hold them for a short time, and then pass them on. Therefore every man who is in the Kula, periodically though not regularly, receives one or several mwali (arm-shells), or a soulava (necklace of red shell discs), and then has to hand it on to one of his partners, from whom he receives the opposite commodity in exchange. Thus no man ever keeps any of the articles for any length of time in his possession. One transaction does not finish the Kula relationship, the rule being 'once in the Kula, always in the Kula,' and a partnership between two men is a permanent and lifelong affair. Again, any given mwali or soulava may always be found travelling and changing hands, and there is no question of its ever settling down, so that the principle 'once in the Kula, always in the Kula' applies also to the valuables themselves. The ceremonial exchange of the two articles is the main, the fundamental aspect of the Kula." (Malinowski 1922: 60 [S. des PDF-Drucks])

lxxviii "These objects are not owned in order to be used; the privilege of decorating oneself with them is not the real aim of possession." (Malinowski 1922: 63 [S. des PDF-Drucks])

lxxix « Ils circulent ainsi de groupe en groupe, de génération à génération, [...] sans jamais appartenir définitivement à personne. » (Lenoir 1924: 261)

lxxx "Thus, side by side with the ritual exchange of arm-shells and necklaces, the natives carry on ordinary trade, bartering from one island to another a great number of utilities, often unprocurable in the district to which they are imported, and indispensable there." (Malinowski 1922: 61 [S. des PDF-Drucks])

lxxxi "the Kula is concerned with the exchange of wealth and utilities, and therefore it is an economic institution" (Malinowski 1922: 61 [S. des PDF-Drucks])

lxxxii "The Kula is [...] rooted in myth, backed by traditional law, and surrounded with magical rites. All its main transactions are public and ceremonial, and carried out according to definite rules. It [...] happens periodically, at dates settled in advance, and it is carried on along definite trade routes, which must lead to fixed trysting places. Sociologically, though transacted between tribes differing in language, culture, and probably even in race, it is based on a fixed and permanent status, on a partnership which binds into couples some thousands of individuals. This partnership is a lifelong relationship, it implies various mutual duties and privileges, and constitutes a type of inter-tribal relationship on an enormous scale." (Malinowski 1922: 62 [S. des PDF-Drucks])

lxxxiii "Finally, the Kula is not done under stress of any need, since its main aim is to exchange articles which are of no practical use. [...] Yet this simple action – this passing from hand to hand of two meaningless and quite useless objects – has somehow succeeded in becoming the foundation of a big inter-tribal institution, in being associated with ever so many other activities." (Malinowski 1922: 62 [S. des PDF-Drucks])

lxxxiv "The Kula [...] welds together a considerable number of tribes" (Malinowski 1922: 61 [S. des PDF-Drucks])

lxxxv "They [sc.: the "savages" carrying on Kula] know their own motives, know the purpose of individual actions and the rules which apply to them, but how, out of these, the whole collective institution shapes, this is beyond their mental range. [...] the integral picture does not exist in his [sc.: "the most intelligent native's"] mind; he is in it, and cannot see the whole from the outside." (Malinowski 1922: 61 [S. des PDF-Drucks])

lxxxvi "why, then, are these objects valued, what purpose do they serve?" (Malinowski 1922: 63 [S. des PDF-Drucks])

lxxxvii "The vaygu'a – the Kula valuables – in one of their aspects are overgrown objects of use. They are also, however, ceremonial objects in the narrow and correct sense of the word." (Malinowski 1922: 65 [S. des PDF-Drucks])

lxxxviii "The main principle underlying the regulations of actual exchange is that the Kula consists in the bestowing of a ceremonial gift, which has to be repaid by an equivalent counter-gift after a lapse of time, be it a few hours or even minutes, though sometimes as much as a year or more may elapse between payments. But it can never be exchanged from hand to hand, with the equivalence between the two objects discussed, bargained about and computed." (Malinowski 1922: 68 [S. des PDF-Drucks])

lxxxix "The second very important principle is that the equivalence of the counter-gift is left to the giver, and it cannot be enforced by any kind of coercion." (Malinowski 1922: 68 [S. des PDF-Drucks])

xc "What [...] are the forces at work which keep the partners to the terms of the bargain?" (Malinowski 1922: 68 [S. des PDF-Drucks])

xci "The Kula [...] is a big, complicated institution, insignificant though its nucleus might appear." (Malinowski 1922: 71 [S. des PDF-Drucks])

xcii "So much has been written about the potlatch of the Northwest Coast tribes that almost everyone has some ideas about it. Generally, however, these ideas are not clear or consistent." (Barnett 1938: 349)

xciii "ceremonial distribution of property and gifts to affirm or reaffirm social status, as uniquely institutionalized by the American Indians of the Northwest Pacific coast. The potlatch reached its most elaborate development among the southern Kwakiutl from 1849 to 1925. Although each group had its characteristic version, the potlatch had certain general features. Ceremonial formalities were observed in inviting guests, in speechmaking, and in the distribution of goods by the donor according to the social rank of the recipients. The size of the gatherings reflected the rank of the donor. Great feasts and generous hospitality accompanied the potlatch, and the efforts of the kin group of the host were exerted to maximize the generosity. The proceedings gave wide publicity to the social status of donor and recipients because there were many witnesses.

A potlatch was given by an heir or successor to assert and validate his newly assumed social position. Important events such as marriages, births, deaths, and initiations into secret societies were also occasions for potlatches; but trivial events were used just as often, because the main purpose of a potlatch was not the occasion itself but the validation of claims to social rank. The potlatch was also used as a face-saving device by individuals who had suffered public embarrassment and as a means of competition between rivals in social rank." (Encycl. Brit. 2014, Lemma 'potlatch')

xciv « Pendant plusierus jours, des fêtes se célèbrent au cours desquelles toute les fonctions de la vie sociale s'opèrent simultanément. Les clans affrontés, réunis dans la maison de danse suivant un protocole déterminé, communient dans les festins, concluent des alliances, des marriages, échangent des biens et rivalisent en des jeux guerriers dans l'atmosphère mythique créée par la prise de noms, le port du masque, les chants, les danses, les représentations dramatiques, au cours desquels les groupes s'épient, prêts à marquer les fautes rituelles dues à la défection d'un esprit et susceptibles d'entraîner la mise à mort du danseur, l'abandon du chant. Les groupes entreprennent des guerres de danse, de chant et de nourriture. Le tout s'accompagne, de la part des groupes bénéficiant des services rendus, d'ostentation, de dépense ou de gaspillage, de distributions de richesses ou de destructions de richesses. Des couvertures de lynx, de marmotte, de loutre de mer, de vison sont partagées ou déchirées ou brûlées ; des armes sont offertes, des esclaves sont mis à mort ou donnés, des réserves d'huile et de graisse sont brûlées, des canots sont brisés, des plaques de cuivre sont brisées, jetées à la mer ou enterrées soit sous les piliers des maisons, soit sous les piliers totémiques.

Ces rites sont associés aux croyances concernant l'au-delà et les êtres surnaturels [...]. Ils sont analogues aux sacrifices. Ils s'adressent simultanément aux morts et aux vivants, aux puissances invisibles et aux puissances visibles. Les destruction de richesses consacrent [...] les biens aux esprit ; les distributions de richesses [...] annihilent l'autorité et la puissance des invités des groupes adverses auxquels on donne le nom de morts en rapports avec eux. Elles entraînent, pour le groupe invité, la double obligation d'accepter, en dehors de l'indemnité pour les services rendus, les personnes ou les biens offerts en cadeaux, partie de la personne du chef, conservent quelque chose de son mana. A ce titre, ils lient celui qui les reçoit après avoir consommé des nourritures, et le maintiennent dans un état de dépendance dont il ne saurait affranchir qu'en opposant mana à mana. La non-acceptation de cadeaux serait cause de rupture et de guerre. » (Lenoir 1924: 252 f.)

xcv "English Translation of Potlatch Means 'To Give'" (https://umistapotlatch.ca/potlatch-eng.php; zuletzt angesehen am 14. Mai 2019)

xcvi « ‹ Potlatch › veut dire essentiellement ‹ nourrir ›, ‹ consumer ›. » (Mauss 1923–24/ 1960: 152)

xcvii « Cependant il ne nous paraît pas que le sens proposé soit originaire. En effet BOAS indique pour le mot potlatch [...] le sens de *Feeder*, nourrisseur, et littéralement ‹ *place of being satiated* ›, place où on se rassasie [...]. Mais les deux sens de potlatch : don et aliment ne sont pas exclusifs, la forme essentielle de la prestation étant ici alimentaire, en théorie du moins.» (Mauss 1923–24/1960: 152, n 1; Kapitälchen u. kursiv i. Orig.)

xcviii "Many people believe that a rich and powerful person is someone who has a lot. The people who speak Kwak'wala, the Kwakwaka'wakw, believe that a rich and powerful person is someone who gives the most away. Since a time beyond memory, the Kwakwaka'wakw have been hosting potlatches and potlatching continues to play a central and unifying role in community life today.

The word 'potlatch' means 'to give' and comes from a trade jargon, Chinook, formerly used along the Pacific coast of Canada. Guests witnessing the event are given gifts. The more gifts given, the higher the status achieved by the potlatch host. The potlatch ceremony marks important occasions in the lives of the Kwakwaka'wakw: the naming of children, marriage, transferring rights and privileges and mourning the dead.

It is a time for pride – a time for showing the masks and dances owned by the Chief or host giving the potlatch. It is a time for joy. 'When one's heart is glad, he gives away gifts. Our Creator gave it to us, to be our way of doing things, to be our way of rejoicing, who we are [Kwakwaka'wakw]. Everyone on earth is given something. The potlatch was given to us to be our way of expressing joy.' – Elder Agnes Axu Alfred" (https://umistapotlatch.ca/potlatch-eng.php; zuletzt angesehen am 14. Mai 2019)

xcix "The goods distributed consist almost entirely of treasure items. They have an arbitrary value unrelated for the most part to physical human needs. Their consumption utility, especially in recent times, has been negligible; they consist of cloth, blankets, and other surplus wealth which is manipulated solely upon the prestige level." (Barnett 1938: 351)

c "For the Kwakwaka'wakw, coppers were perhaps the greatest symbol of wealth and power. Coppers, or t'łakwa (pronounced: GLACK-wa) were beaten sheets of copper in the shape of shields. Every copper has its own name, history and value. Coppers with animal names refer to the crest of the original owner. Others, such as, 'All-Other-Coppers-Are-Ashamed-to-Look-at-it,' were named for the economic transactions that involved that particular copper. They could measure up to three feet long and were painted or sometimes engraved with the owner's crest design.

Only chiefs can own coppers and owning a copper is required to conduct certain types of potlatch business. Coppers document the most important events and transactions engaged in during the life of its owner and perhaps his or her descendants as well.

The more used a copper was, or the more it was publicly displayed in a potlatch, the more valuable it became. A copper's value was measured by how many blankets it was worth. One special copper was known to be worth nine thousand blankets. […]

In earlier times, 'breaking' a copper was the most formidable challenge that could be made by an owner to a rival, who then must break a copper of equal or larger value. A rival who could not respond faced humiliation before the community." (https://umistapotlatch.ca/potlatch-eng.php; zuletzt angesehen am 14. Mai 2019) ci "it seems certain that the transfer of property at a potlatch bears but a remote resemblance to those exchanges which we ordinarily class as economic." (Barnett 1938: 352)

cii « Les dons de biens, nourritures, couvertures, objets fabriqués, haches, lances, javelots, canots, nasses à saumon, harpons, ne constituent pas des transactions. […] Les nourritures, comme les objets fabriqués, participent des morts et des vivants, membres du groupe d'où il proviennent, portent des noms, ont une responsabilité » (Lenoir 1924: 261).

ciii « prestations *totales de type agonistique* » (Mauss 1923–24/1960: 153 ; kursiv i. Orig.)

civ "Receiving less is not prejudicial to his standing, and to insist upon an equivalence is contrary to the code of liberality." (Barnett 1938: 353)

cv « Le système économique des Indiens de la colonie britannique est largement basé sur le crédit tout autant que celui des peuples civilisés. Dans toutes ses entreprises, l'Indien se fie à l'aide de ses amis. Il promet de les payer pour cette aide à une date ultérieure. Si cette aide fournie consiste en choses de valeur qui sont mesurées par les Indiens en couvertures comme nous les mesurons, nous, en monnaie, il promet de rendre la valeur du prêt avec intérêt. L'Indien n'a pas de système d'écriture et, par suite, pour donner sûreté à la transaction, elle est faite en public. Contracter des dettes d'un côté, payer des dettes de l'autre côté, c'est le potlatch. Ce système économique s'est développé à un tel point que le capital possédé par tous les individus associés de la tribu excède de beaucoup la quantité de valeurs disponibles qui existe ; autrement dit, les conditions sont tout à fait analogues à celles qui prévalent dans notre société à nous: si nous désirions nous faire payer toutes nos créances, nous trouverions qu'il n'y a à aucun degré assez d'argent, en fait, pour les payer. Le résultat d'une tentative de tous les créanciers de se faire rembourser leurs prêts, c'est une panique désastreuse dont la communauté met longtemps à se guérir.

Il faut bien comprendre qu'un Indien qui invite tous ses amis et voisins à un grand potlatch, qui, en apparence, gaspille tous les résultats accumulés de longues années de travail, a deux choses en vue que nous ne pouvons reconnaître que sages et dignes de louanges. Son premier objet est de payer ses dettes. Ceci est fait publiquement, avec beaucoup de cérémonie et en manière d'acte notarié. Son second objet est de placer les fruits de son travail de telle sorte qu'il en tire le plus grand profit pour lui aussi bien que pour ses enfants. Ceux qui reçoivent des présents à cette fête, les reçoivent comme prêts qu'ils utilisent dans leurs présentes entreprises, mais après un intervalle de quelques années, il leur faut les rendre avec intérêts au donateur ou à son héritier. Ainsi, le potlatch finit par être considéré par les Indiens comme un moyen d'assurer le bien-être de leurs enfants, s'ils les laissent orphelins lorsqu'ils sont jeunes… » (Boas 1898: 54 f.; zit. n.: Mauss 1923–24/1960: 198, Fn. 2)

cvi « Généralement méconnue, cette institution a été décrite par Boas à plusieurs reprises et de façon différente dans le résumé général des enquêtes ethnographiques sur la Colombie britannique. Institution économique dans le 12° Rapport, moyen d'acquérir un nom et un rang social dans le 5°, création d'obligations accompagnant tous les événements importants de la vie sociale : achat de la femme, investiture de l'héritier du chef, acquisition d'un nom ou d'une danse dans le 6°, cérémonie de caractère religieux dans le 7°, elle revêt tour à tour une importance et une signification différentes sans autoriser une définition précise.» (Lenoir 1924: 237)

cvii "The truth is that their services are nominal and their pay is honorific." (Barnett 1938: 352 f.)

cviii Le potlatch « fait naitre une relation entre deux personnes ou plutôt entre deux groupes, les engage vis à vis l'un de l'autre et modifie pour un temps l'équilibre de leur *status*. Il permet donc de nouer des rapports nouveaux, temporaires et particuliers au sein de l'ordre établi.» (Davy 1922: 23 ; kursiv i. Orig.)

cix « Le temps du potlatch [...] implique [...] la rencontre de groupes de dialectes et d'habitudes de vie différents mais reconnaissant, comme les Haida et les Tsimshian, leur parenté mythique.» (Lenoir 1924: 251)

cx « Ce fut une surprise pour moi de découvrir que Mauss n'employait pas le mot réciprocité dans l'*Essai sur le don* ; et que c'est le terme échange qui en est l'équivalent constant.» (M. Hénaff an T. Loer, 26. Febr. 2011, 10:01 Uhr MEZ ; kursiv i. Orig.)

cxi « Dans la civilisation scandinave et dans bon nombre d'autres, les échanges et les contrats se font sous la forme de cadeaux, en théorie volontaires, en réalité obligatoirement faits et rendus. [...] Dans ces phénomènes sociaux ‹ totaux ›, comme nous proposons de les appeler, s'expriment à la fois et d'un coup toutes sortes d'institutions : religieuses, juridiques et morales – et celles-ci politiques et familiales en même temps ; économiques – et celles-ci supposent des formes particulières de la production et de la consommation, ou plutôt de la prestation et de la distribution ; sans compter les phénomènes esthétiques auxquels aboutissent ces faits et les phénomènes morphologiques que manifestent ces institutions.» (Mauss 1923–24/1960: 147)

cxii « De tous ces thèmes très complexes et de cette multiplicité de choses sociales en mouvement, nous voulons ici ne considérer qu'un des traits, profond mais isolé : le caractère volontaire, pour ainsi dire, apparemment libre et gratuit, et cependant contraint et intéressé de ces prestations. Elles ont revêtu presque toujours la forme du présent, du cadeau offert généreusement même quand, dans ce geste qui accompagne la transaction, il n'y a que fiction, formalisme et mensonge social, et quand il y a, au fond, obligation et intérêt économique. Même, quoique nous indiquerons avec précision tous les divers principes qui ont donné cet aspect à une forme nécessaire de l'échange [...] de tous ces principes, nous n'en étudions à fond qu'un. *Quelle est la règle de droit et d'intérêt qui, dans les sociétés de type arriéré ou archaïque, fait que le présent reçu est obligatoirement rendu ? Quelle force y a-t-il dans la chose qu'on donne qui fait que le donataire la rend ?* » (Mauss 1923–24/1960: 147 f.; kursiv i. Orig.)

cxiii « ainsi nous rivalisons dans nos étrennes, nos festins, nos noces, dans nos simples invitations et nous nous sentons encore obligés à nous *revanchieren*, comme disent les Allemands.» (Mauss 1923–24/1960: 153; kursiv i. Orig.)

cxiv « Les Tlinkit et les Haïda [...] expriment fortement la nature de ces pratiques en disant que ‹ les deux phratries se montrent respect ›.» (Mauss 1923–24/1960: 151)

cxv "The expression 'showing of respect' is often used and in the following connections: A man showed respect and true politeness to his mother-in-law or a woman to her son-in-law by not addressing her or him directly. A man showed respect to his father-in-law by working for him in exchange for having received his daughter as wife, and the father-in-law showed respect to his daughter and his son-in-law by giving a large dower. A man showed respect to his brother-in-law by returning any present the latter chose to make him with heavy interest; nor was he at liberty to decline an expensive present of this kind." (Swanton 1908: 242)

cxvi « ces mécanismes spirituels, [...] qui oblige à rendre le présent reçu. Or, nulle part la raison morale et religieuse de cette contrainte n'est plus apparente qu'en Polynésie. » (Mauss 1923–24/1960: 153)

cxvii « que la déclaration de Tamati Ranaïpiri et le bref commentaire qu'en fait Mauss son la véritable ouverture de l'*Essai*. » (Casajus 1982: 71 f.; kursiv i. Orig.) – « Tous les thèmes sur lesquels l'*Essai* varie sont déjà exposé dans le bref commentaire de Mauss sur la déclaration de Tamati Ranaïpiri » (a. a. O.: 76; kursiv i. Orig.).

cxviii "Elsdon Best has been acknowledged as a New Zealand-born ethnologist of high standing in the scientific community because of his years of meticulous study of Maori culture." (Smith 1999/2012: 86 f.)

cxix « Le mot *hau* désigne, comme le latin *spiritus*, à la fois le vent et l'âme, plus précisément, au moins dans certains cas, l'âme et le pouvoir des choses inanimées et végétales » (Mauss 1923–24/1960: 158, Fn. 4; kursiv i. Orig.).

cxx "highly prized object" (Mead 2003/2016: 193) – "The object" that fits "into the category of taonga [...] must be highly prized and preferably an heirloom." (Mead 2003/2016: 194)

cxxi "Recency rule (for anaphora). – 85 % of the time of [sic!] so, the referent is the most recently mentioned object of correct gender and number." (https://cs.nyu.edu/faculty/davise/ai/ambiguity.html; zuletzt angesehen am 9. Juli 2019)

cxxii « de rendre quelque chose en paiement » (Mauss 1923–24/1960: 158) – "repaying, paying, responding, avenging, replying" (https://maoridictionary.co.nz; zuletzt angesehen am 17. Juni 2019)

cxxiii « qu'ils [sc. les taonga] soient désirable (*rawe* [sic!]), ou désagréables *(kino)*. » (Mauss 1923–24/1960: 158; kursiv i. Orig.)

cxxiv "Then some serious evil would befall me, even death." (Best 1909: 439)

cxxv « le *hau* des *taonga* » (Mauss 1923–24/1960: 159; kursiv i. Orig.)

cxxvi "because the *mauri* is theirs: it was they who located it in the forest, who caused it to be" (Best 1909: 439; kursiv i. Orig.)

cxxvii "I will now speak of the *hau*, and the ceremony of *whangai hau*. That *hau* is not the *hau* (wind) that blows – not at all. I will carefully explain to you. Suppose that you possess a certain article, and you give that article to me, without price. We make no bargain over it. Now, I give that article to a third person, who, after some time has elapsed, decides to make some return for it, and so he makes me a present of some article. Now, that article that he gives to me is the *hau* of the article I first received from you and then gave to him. The goods that I received for that item I must hand over to you. It would not be right for me to keep such goods for myself, whether they be desirable items or otherwise. I must hand them over to you, because they are a *hau* of the article you gave me. Were I to keep such equivalent for myself, then some serious evil would befall me, even death. Such is the *hau*, the *hau* of personal property, or the forest *hau*. Enough on these points.

I will explain something to you about the forest *hau*. The *mauri* was placed or implanted in the forest by the *tohunga*. It is the *mauri* that causes birds to be abundant in the forest, that they may be slain and taken by man. These birds are the property of, or belong to, the *mauri*, the *tohunga*, and the forest: that is to say, they are an equivalent for that important item, the *mauri*. Hence it is said that offerings should be made to the *hau* of the forest. The *tohunga* (priests, adepts) eat the offering because the *mauri* is theirs: it was they who located it in the forest, who caused it to be. That is why some of the birds cooked at the sacred fire are set apart to be eaten by the priests only, in order that the *hau* of the forest-products, and of the *mauri*, may return again to the forest – that is, to the *mauri*. Enough of these matters." (Best 1909: 439; kursiv i. Orig.)

"Now, concerning the *hau* of the forest. This *hau* is not the *hau* that blows (wind). No. I will explain it carefully to you. Now, you have something valuable which you give to me. We have no agreement about payment. Now, I give it to someone else, and, a long time passes, and that man thinks he has the valuable, he should give some repayment to me, and so he does so. Now, that valuable which was given to me, that is the *hau* of the valuable which was given to me before. I must give it to you. It would not be correct for me to keep it for myself, whether it be something very good, or bad, that valuable must be given to you from me. Because that valuable is a *hau* of the other valuable. If I should hang onto that valuable for myself, I will becom mate. So that is the *hau* – *hau* of valuables, *hau* of the forest. So much for that." (Sahlins 1974/2000: 152; kursiv i. Orig.)

"Na, mo te hau o te ngaherehere. Taua mea te hau, ehara i te mea ko te hau e pupuhi nei. Kaore. Maku e ata whakamarama ki a koe. Na, he taonga tou ka homai e koe moku. Kaore a taua whakaritenga utu mo to taonga. Na, ka hoatu hoki e ahau mo tetehi atu tangata, a ka roa pea te wa, a ka mahara taua tangata kei a ia ra taua taonga kia homai he utu ki a au, a ka homai e ia. Na, ko taua taonga i homai nei ki a au, ko te hau tena o te taonga i homai ra ki a au i mua. Ko taua taonga me hoatu e ahau ki a koe. E kore rawa e tika kia kaiponutia e ahau moku; ahakoa taonga pai rawa, taonga kino ranei, me tae rawa taua taonga i a au ki a koe. Notemoa he hau no te taonga tena taonga na. Ki te mea ka kaiponutia e ahau taua taonga moku, ka mate ahau. Koina taua mea te hau, hau taonga, hau ngaherehere. Kati ena.

Whangainga o te hau ngaherehere. Ka whakamarama ahau ki a koe mo te hau ngaherehere. Ko te mauri, na te tohunga i hoatu (whakanoho) ki te ngaherehere. Na te mauri te manu i whakahua ki te ngaherehere, ka tikina atu e te tangata, ka patua, ke riro mai i te tangata. Ko enei manu he taonga no te mauri raua ko te tohunga, me te ngaherehere, ara he utu mai no te taonga o te ngaherehere, ara o te mauri. Koia i kiia ai kia whangaia te hau o te ngaherehere. Ma nga tohunga e kai, na ratou hoki te mauri. Koia i wehea ai etehi o nga manu i tunua ai ki te ahi tapu ma nga tohunga anake e kai, koia tera, kae hoki te hau o te taonga o te ngaherehere me te mauri ki te ngaherehere ano, ara ki te mauri. Kati ena." (Best 1909: 441)

cxxviii "Best's research amongst the Tuhoe is probably the most significant early work on Maori because it was clearly conceived by Best as research, and followed many of the conventions now associated with social science. This includes systematic note taking, checking and rechecking of sources, interviews with informants and, eventually, the publication of results. At that time, however, he was not involved with Tuhoe simply as a researcher. He was employed initially as paymaster-storeman for the road works and was expected to ease the communications between the road workers, who were British, and the chiefs of Tuhoe, who did not actually desire to have a road built through their lands. He was to play this intermediary role between Maori and colonial officials for the rest of his life." (Smith 1999/2012: 87)

cxxix "it appears that he was treated with respect; his mistakes were forgiven and his intense questioning answered with patience." (a. a. O.: 88)

cxxx "The disputed text absolutely should be restored to its position as an explanatory gloss to the description of a sacrificial rite." (Sahlins 1972/2004: 157)

cxxxi "vital essence, vitality – of a person, place or object", "ceremonial offering of food to an *atua*", "fame, reputation, name, prestige, eminence, renown, esteem, prominence, report", "wind, breeze, breath", "air, gas", "excess – over a complete measurement", "external angle, corner, obtuse angle", "present in return for one received" (Moorefield 2011: Lemma 'hau')

cxxxii "The *hau* in question really means something on the order of 'return on' or 'product of', and the principle expressed in the text on *taonga* is that any such yield on a gift ought to be handed over to the original donor." (Sahlins 1972/2004: 157; kursiv i. Orig.)

cxxxiii "stands before verbs to indicate care, deliberation or thoroughness in carrying out the activity" (Moorefield 2011: Lemma 'ata')

cxxxiv "The term 'trade' assumes at the very least a two-way transaction between those who sold and those who bought. It further assumes that human beings and other cultural items were commodities or goods and were actually available 'for sale'. For indigenous peoples those assumptions are not held. […] one hundred blankets and fifty beads do not buy one hundred million hectares of land for the rest of eternity" (Smith 1999/2012: 92).

cxxxv « C'est la circulation d'une chose qui la fait être ce qu'elle est. » (Casajus 1984: 71)

cxxxvi "spark of life, the active component that indicates the person is alive" (Mead 2003/2016: 395)

cxxxvii "the prosperity and fruitfulness of the forest, of trees, birds, etc., is represented by the life-principle or *mauri* of such forest, which is an immaterial quality, but a material symbol of that quality was also employed, and it was known by the same name. This material *mauri* was usually a stone, and it was carefully concealed in the forest." (Best 1942/1977: 7; kursiv i. Orig.)

cxxxviii « une obscurité : l'intervention d'une tierce personne » (Mauss 1923–24/1960: 159)
cxxxix « L'énigme de la troisième personne » (Casajus 1984)
cxl « B lui-même n'est là que pour autant qu'en lui le flux s'actualise. » (a. a. O.: 69)
cxli « Même s'ils s'actualisent sous forme de prestations d'objets, les flux dont parle l'informateur ont des propriétés en tant que tels. » (a. a. O.: 70)
cxlii « Tout ce qui est acquis, ce qui apparaît comme le fait premier, c'est l'existence d'un mouvement d'échange. » (a. a. O.: 74)
cxliii "the Maori was trying to explain a religious concept by an economic principle" (Sahlins 1972/2004: 157).
cxliv « L'esprit de la chose donnée » (Mauss 1923–24/1960: 157)
cxlv « ils sont priés de détruire l'individu qui les a acceptés. C'est donc qu'ils contiennent en eux cette force, aux cas où le droit, surtout l'obligation de rendre, ne serait pas observée. » (Mauss 1923–24/1960: 157 f.)
cxlvi « Mais pour bien comprendre le juriste maori, il suffit de dire : ‹ Les *taonga* et toutes propriétés rigoureusement dites personnelles ont un *hau,* un pouvoir spirituel. Vous m'en donnez un, je le donne à un tiers ; celui-ci m'en rend un autre, parce qu'il est poussée par le *hau* de mon cadeau ; et moi je suis obligé de vous donner cette chose, parce qu'il faut que je vous rende ce qui est en réalité le produit du *hau* de votre *taonga.* ›
Interprétée ainsi, non seulement l'idée devient claire, mais elle apparaît comme une des idées maîtresses du droit maori. Ce qui, dans le cadeau reçu, échangé, oblige, c'est que la chose reçue n'est pas inerte. Même abandonnée par le donateur, elle est encore quelque chose de lui. Par elle, il a prise sur le bénéficiaire, comme par elle, propriétaire, il a prise sur le voleur. Car le *taonga* est animé du *hau* de sa forêt, de son terroir, de son sol ; il est vraiment ‹ native › : le *hau* poursuit tout détenteur. » (Mauss 1923–24/1960: 159 ; kursiv i. Orig.)
cxlvii « Ne sommes-nous pas ici devant un de ces cas (qui ne sont pas si rares) où l'ethnologue se laisse mystifier par l'indigène ? […] Or, ce n'est pas une raison parce que des sages maori se sont posés les premiers certains problèmes, et les ont résolus de façon infiniment intéressante, mais fort peu satisfaisante, pour s'incliner devant leur interprétation. Le *hau* n'est pas la raison dernière de l'échange : c'est la forme consciente sous laquelle des hommes d'une société déterminée, où le problème avait une importance particulière, ont appréhendé une nécessité inconsciente dont la raison est ailleurs. » (Lévi-Strauss 1950/1960: XXXVIII f. ; kursiv i. Orig.)
cxlviii « trois obligations : donner, recevoir, rendre » (Mauss 1923–24/1960: 206)
cxlix (a) « obligation d'en [sc. : des cadeaux] faire », (b) « obligation d'en recevoir», (c) « l'obligation de rendre les cadeaux reçus » (Mauss 1923–24/1960: 161)
cl « cadeau à la fois obligatoirement et volontairement donné et obligatoirement et volontairement reçu » (Mauss 1923/1969: 44)
cli « ces échanges obligatoires et volontaires » (Mauss 1923–24/1960: 166)
clii « fêtes, foires qui servent aux échanges volontaires-obligatoires » (Mauss 1923–24/1960: 172)

cliii   « un système si net et si développé des échanges sous la forme de dons, volontairement et forcément donnés, reçus et rendus » (Mauss 1923-24/1960: 251)
cliv   « le caractère volontaire, pour ainsi dire, apparemment libre et gratuit, et cependant contraint et intéressé de ces prestations » (Mauss 1923-24/1960: 147)
clv   « Enfin, ces prestations et contre-prestations s'engagent sous une forme plutôt volontaire, par des présents, des cadeaux, bien qu'elles soient au fond rigoureusement obligatoires, à peine de guerre privée ou publique. » (Mauss 1923-24/1960: 151)
clvi   « Dans la civilisation scandinave et dans bon nombre d'autres, les échanges et les contrats se font sous la forme de cadeaux, en théorie volontaires, en réalité obligatoirement faits et rendus » (Mauss 1923-24/1960: 147)
clvii   « Loc. [P. oppos. à *en pratique, en fait, en réalité*] En théorie. Conformément à la théorie, d'un point de vue abstrait, spéculatif » (https://cnrtl.fr/definition/th%C3%A9orie; zuletzt angesehen am 13. Aug. 2019)
clviii   « L'obligation de donner est l'essence du potlatch. » (Mauss 1923-24/1960: 205; Kursivierung getilgt)
clix   « On dit de l'un des grands chefs mythiques qui ne donnait pas de potlatch qu'il avait la ‹ face pourrie ›. » (Mauss 1923-24/1960: 206)
clx   "Another expression for 'losing *lien*' is *tiu-jên* – 'to lose man.' *Jên*, 'man,' here probably stands for *jên-kê* – 'character.'" (Hu 1944: 50; kursiv i. Orig.)
clxi   *lien* is "the basic prerequisite for the personality" (Hu 1944: 62)
clxii   « c'est vraiment la *persona*, qui sont ainsi mis en jeu » (Mauss 1923-24/1960: 206; kursiv i. Orig.)
clxiii   "institutionalized by the American Indians of the Northwest Pacific coast" (Encycl. Brit. 2014, Lemma 'potlatch')
clxiv   « L'obligation de donner […] ; son étude pourrait faire comprendre comment les hommes sont devenus échangistes. » (Mauss 1923-24/1960: 206)
clxv   « Refuser de donner, négliger d'inviter […], équivaut à déclarer la guerre ; c'est refuser l'alliance et la communion. » (Mauss 1923-24/1960: 206 f.)
clxvi   "civil inattention" (Goffman 1963/66: 83-88)
clxvii   « On trouvera aisément un grand nombre de faits concernant l'obligation de recevoir. » (Mauss 1923-24/1960: 161)
clxviii   « C'est ‹ perdre le poids › de son nom » (Mauss 1923-24/1960: 210).
clxix   « quand on donne un nom propre à un individu, on le range dans une classe définissable objectivement ou subjectivement : on le signifie donc ou l'on se signifie soi-même à travers lui. » (Lévi-Strauss/Hénaff 2004: 102 f. [CLS])
clxx   « L'obligation de rendre est tout le potlatch, dans la mesure où il ne consiste pas en pure destruction. » (Mauss 1923-24/1960: 212; Kursivierung getilgt)
clxxi   « Ces destructions, elles, très souvent sacrificielles et bénéficiaires pour les esprits » (Mauss 1923-24/1960: 212)

clxxii « L'obligation de rendre dignement est impérative. On perd la ‹ face › à jamais si on ne rend pas » (Mauss 1923-24/1960: 212).

clxxiii « pousser plus loin l'analyse » (Mauss 1923-24/1960: 214)

clxxiv « La force des choses » (Mauss 1923-24/1960: 214)

clxxv « Mais l'unité du tout est encore plus réelle que chacune des parties. [...] Notre analyse les [sc. : les éléments] abstrait, mais ils sont étroitement, nécessairement unis. » (Mauss/Huber 1902-03/1960: 80)

clxxvi « comme d'habitude [...] la pensée primitive se montre plus digne de foi que certains sociologues. » (Lévi-Strauss 1949/2002: 518)

clxxvii « Même abandonnée par le donateur, elle est encore quelque chose de lui. Par elle, il a prise sur le bénéficiaire» (Mauss 1923-24/1960: 159).

clxxviii « Ailleurs, bien loin d'ici ! » (Baudelaire 1861: 130)

clxxix « appréhendé une nécessité inconsciente dont la raison est ailleurs » (Lévi-Strauss 1950/1960: XXXIX)

clxxx « on sursautera peut-être devant la suggestion que la répugnance d'un paysan méridional à boire sa propre fiole de vin fournisse le modèle selon lequel s'est construite la prohibition de l'inceste. [...] Nous croyons cependant que toutes deux constituent des phénomènes du même type, qu'elles sont éléments d'un même complexe culturel, ou plus exactement du complexe fontamental de la culture. » (Lévi-Strauss 1949/2002: 71)

clxxxi "heterosexual relations between members of the nuclear family" (Schneider 1964: 322)

clxxxii "Among the Bohindu, a tribe in the Belgian Congo belonging to the Basongo Meno, children who are born in the same village on the same day are said to be *ishoke* to one another and regarded as twins, and consequently they cannot intermarry." (Westermarck 1891/1921: 157; kursiv i. Orig.)

clxxxiii « Nous nous trouvons [...] confrontés avec un fait, ou plutôt un ensemble de faits, qui n'est pas loin [...] d'apparaître comme un scandale : nous voulons dire cet ensemble complexe de croyances, de coutumes, de stipulations et d'institutions que l'on désigne sommairement sous le nom de prohibition de l'inceste. Car la prohibition de l'inceste présente, sans la moindre équivoque, et indissolublement réunis, les deux caractères où nous avons reconnu les attributs contradictoires de deux ordres exclusifs : elle constitue une règle, mais une règle qui, seule entre toutes les règles sociales, possède en même temps un caractère d'universalité. » (Lévi-Strauss 1949/2002: 10)

clxxxiv « La prohibition de l'inceste n'est, ni purement d'origine culturelle, ni purement d'origine naturelle ; et elle n'est pas, non plus, un dosage d'éléments composites empruntés partiellement à la nature et partiellement à la culture. Elle constitue la démarche fondamentale grâce à laquelle, par laquelle, mais surtout en laquelle, s'accomplit le passage de la nature à la culture. » (Lévi-Strauss 1949/2002: 28 f.)

clxxxv « Il s'agit d'un modèle culturel universel, sinon partout également développé. » (Lévi-Strauss 1949/2002: 62) clxxxvi « que tout contact social comporte un appel et que cet appel est un espoir de réponse. » (Lévi-Strauss 1949/2002: 70)

clxxxvii "Once estimated at more than 20,000, the population was devastated by introduced diseases; it had grown to more than 1,000 individuals by the early 21st century." (Encycl. Brit. 2014, Lemma 'Nambicuara')

clxxxviii « deux bandes qui savent qu'elles sont dans le voisinage l'une de l'autre » : « Elles craignent la prise de contact, et en même temps elles la désirent. En fait, elles ne peuvent se rencontrer accidentellement, car, depuis plusieurs semaines elles guettent la fumée verticale de leur feux de campement qui s'élève, parfaitement discernable à plusieurs dizaines de kilomètres, au milieu du ciel clair de la saison froide ; et c'est un des spectacles les plus impressionnants des territoires Nambikwara que ces fumées, qui peuplent soudainement, vers le soir, un horizon que l'on aurait cru désertique. La bande qui s'approche est-elle amicale ou hostile ? On l'ignore, et l'on discute longuement de la conduite à tenir. Pendant des jours ou des semaines on s'évite en maintenant une distance raisonnable entre les feux, puis un jour, selon que le contact apparaît comme inévitable, comme désirable, ou comme nécessaire, les femmes et les enfants se dispersent dans la brousse et les hommes partent pour affronter l'inconnu. » (Lévi-Strauss 1948: 91)

clxxxix « la rencontre de deux groupes, quand elle peut se dérouler de façon pacifique, a-t-elle pour conséquence une série de cadeaux réciproques ; le conflit toujours possible fait place à un marché. » (Lévi-Strauss 1948: 93)

cxc « mystérieuse circulation de marchandises s'opère sans hâte pendant une demi-journée ou une journée tout entière » (Lévi-Strauss 1948: 93)

cxci « Et si on les [sc. : les prestations réciproques] considère comme des échanges, ceux-ci s'effectuent sans aucun marchandage » (Lévi-Strauss 1948: 93).

cxcii « Il s'agit donc bien de dons réciproques, et non d'opérations commerciales. » (Lévi-Strauss 1949/2002: 78)

cxciii « l'échange, phénomène total, est d'abord un échange total » (Lévi-Strauss 1949/2002: 70)

cxciv « tous les opérations, rituelles ou profanes, au cours desquelles des objets ou des produits sont donnés ou reçus [...] ces cadeaux ne sont pas offerts, principalement, ou en tout cas, essentiellement, dans le but de recueillir un bénéfice ou des avantages de nature économique. » (Lévi-Strauss 1949/2002: 63)

cxcv « Car, pour la pensée primitive, il y a bien autre chose, dans ce que nous nommons une ‹ commodité ›, que ce qui la rend commode pour son détenteur ou pour son marchand. » (Lévi-Strauss 1949/2002: 63)

cxcvi « nous sommes donc, ici aussi, en plein dans le domaine de la réciprocité. » (Lévi-Strauss 1949/2002: 65)

cxcvii « Comme l'exogamie, la prohibition de l'inceste est une règle de réciprocité : car je ne renonce à ma fille ou à ma sœur qu'à la condition que mon voisin y renonce aussi » (Lévi-Strauss 1949/2002: 72).

cxcviii « classes matrimoniales » (Lévi-Strauss 1949/2002: XXVII u. pass.)
cxcix « Mais la relation qui existe entre le mariage et les cadeaux n'est pas arbitraire : le mariage est lui-même partie inhérente des prestations qui l'accompagnent ; il en forme seulement le motif central. » (Lévi-Strauss 1949/2002: 74)
cc « un nouveau mariage ranime tous les mariage qui se sont produits à d'autres moment, et en des points différents de la structure sociale, si bien que chaque connexion s'appuie sur toutes les autres et leur donne, au moment où elle s'établit, un regain d'activite'. » (Lévi-Strauss 1949/2002: 74)
cci "An incestuous couple as well as a stingy family automatically detaches itself from the give-and-take pattern of tribal existence; it is a foreign body-or at least an inactive one-in the body social [sic!]. [...] Incestuous couples fail to participate in the erotic (in the freudian sense) mixture that cements the tribe together. Were incest tolerated, the tribe would fall apart into small groups thereby jeopardizing its existence. Were incest permitted social cohesion, the very formation of social groupings, would be impossible." (Devereux 1939: 529)
ccii « types de mariage » (Lévi-Strauss 1949/2002: XXVIII u. pass.)
cciii « la forme la plus subtile, mais aussi la plus fragile, de la réciprocité » (Lévi-Strauss 1949/2002: 523).
cciv « au point de vue logique que psychologique, la réalisation la plus simple et la plus grossièrement concrète du principe de réciprocité. » (Lévi-Strauss 1949/2002: 516 f.).
ccv « il suffit qu'un groupe humain proclame la loi du mariage avec la fille du frère de la mère, pour que s'organise, entre toute les générations et entre toutes les lignées, une vaste ronde de réciprocité, aussi harmonieuse et inéluctable que les lois physiques ou biologiques » (Lévi-Strauss 1949/2002: 519).
ccvi "From this more comprehensive point of view the obligation to reciprocate in exchange is not in response to the specific powers in the objects but to a cosmological conception that postulates an eternal circulation of forms of being. The obligations to give and the obligations to repay are obligations to participate in this vital circulation." (Goldman 1975: 124)
ccvii « un système cohérent qui fonde la conception indigène de l'univers. » (Lévi-Strauss 1949/1974 b: 218)
ccviii Il doit présenter « à la malade un dénouement, c'est-à-dire une situation où tous les protagonistes ont rétrouvé leur place, et sont rentrés dans un ordre sur lequel ne plane plus de menace. » (Lévi-Strauss 1949/1974 b: 217)
ccix « l'inceste est, pour parler le langage des mathématiciens, la ‹ limite › de la réciprocité, c'est-à-dire le point où elle s'annule » (Lévi-Strauss 1949/2002: 523).
ccx « ce qui détermine le mariage, là encore, et comme partout, ce n'est pas la relation de parenté en elle-même, mais le fait que cette relation de parenté, en se transformant en alliance, permet de construire une structure de réciprocité. » (Lévi-Strauss 1949/2002: 523).
ccxi « Car dire qu'une société fonctionne est un truisme ; mais dire que tout, dans une société, fonctionne est une absurdité. » (Lévi-Strauss 1949/1974 a: 17).

ccxii « analyse structurale » (Lévi-Strauss 1949/2002: 534).
ccxiii « La marche de notre analyse est donc voisine de celle du linguiste phonologue. Mais il y a plus : si la prohibition de l'inceste et l'exogamie ont une fonction essentiellement positive, si leur raison d'être est d'établir, entre les hommes, un lien sans lequel ils ne pourraient s'élever au-dessus d'une organisation biologique pour atteindre une organisation sociale, alors il faut reconnaître que linguistes et sociologues n'appliquent pas seulement les mêmes méthodes, mais qu'ils s'attachent à l'étude du même objet. De ce point de vue, en effet, ‹ exogamie et langage ont la même fonction fondamentale : la communication avec autrui, et l'intégration du groupe › » (Lévi-Strauss 1949/2002: 534).
ccxiv "The Tsonga were formerly organized as independent peoples, each occupying its own territory and named for a powerful, dominant patrilineage. [...] Tsonga economy is based on mixed agriculture and pastoralism. [...] The settlement pattern is characterized by scattered villages of mud and wattle huts, each village being occupied by members of a patrilineage; descent, succession, and inheritance are also patrilineal. Polygyny is common, and a bride-price is paid." (Encyc. Brit. 2014: Lemma 'Tsonga')
ccxv « lorsque je demandais un jour à une femme du pays de Mapoutjou si son mari pourrait épouser la femme de son beau-frère, elle sembla extrêmement scandalisée par cette idée et s'écria : ‹ A quoi pensez-vous? Epouser sa mère! › Pour elle cela aurait été un inceste, absolument comme si cet homme avait eu des rapports sexuels avec sa propre mère. » (Junod 1936: 228)
ccxvi "the wife's brother's wife is addressed as *ora* and seems to be looked upon as similar to a mother-in-law. It is clear that she stands in a relationship quite different from that of a wife's sister or a brother's wife. But no reasons were discovered for treating her as a mother-in-law." (Seligman/Seligman 1932: 60; kursiv i. Orig.)
ccxvii « Mboza m'a dit: ‹ Si mon ménage était troublé par des disputes, si Nsaboula ma femme m'abandonnait pour se réfugier chez ses parents, ou bien encore, si elle mourait sans enfants, j'irais réclamer mes bœufs... Or les bœufs ont servi à acheter une femme à mon beau-frère (Maphounga pour Mahangalé). Si Gogwé [« des Gogwés où Mbouza s'est procuré sa femme » – a. a. O.: 234] n'a pas d'autre moyen à sa disposition, il devra séparer le couple Maphounga-Mahangalé, annuler leur mariage, renvoyer Maphounga chez elle et réclamer l'argent a ses parents. Ou bien je pourrais prendre moi-même Maphounga pour femme, et dans ces deux cas le mariage Maphounga-Mahangalé serait annulé. › Il pourrait donc arriver que Mboza épouse sa grande moukoñwana, bien qu'une telle union soit réellement incestueuse suivant le sens moral profond de la tribu. C'est vraiment terrible! » (Junod 1936: 228 f.)
ccxviii « N'oublions pas que cet homme est le mari présomptif de la fille de la première [sc. : de l'épouse du mari de l'épouse], exactement comme il est le mari actuel de la fille de la seconde [sc. : de la beau-mère]. » (Junod 1936: 228)
ccxix "*Uku lobola* is the term used by the Zulu and kindred tribes for the transfer of cattle in exchange for a bride." (Hoernlé 1925: 482, Fn.; kursiv i. Orig.)

ccxx "The man does not buy the woman. She does not become his possession, for he cannot sell her in any circumstances, he has no power of life and death over her, and will always be held responsible for her death by her relatives." (Hoernlé 1925: 490)

ccxxi « Il ne faut pas chercher plus loin, à notre sens, les raisons de l'attitude spéciale du mari vis-à-vis de sa grande moukōnwana : tout contact, toute intimité entre lui et elle, aurait eu, au point de vue social, une signification redoutable. Le circuit du *lobola* serait prématurément et irrévocablement bouclé, le développement de la série, théoriquement indéfinie, des prestations et des contre-prestations, aurait avorté, tout le système des connexions aurait prouvé son échec. Aussi, une double conséquence résulte-t-elle de ces rapports difficiles entre le mari et sa belle-sœur : d'une part, les relations sexuelles entre eux sont interdites, et assimilées à l'inceste ; et d'autre part, par un paradoxe apparent, le mari a la possibilité de la revendiquer pour épouse, en cas de séparation dont les torts seraient reconnus incomber à la femme. [...] Comme on le voit, la femme du frère de la femme incarne un double personnage, et il n'est pas étonnant de la voir revêtue de ce caractère de chose sacrée, la nature de laquelle elle participe par son ambiguïté. Ce double caractère apparaît bien, si l'on essaye d'isoler la lettre du système, son caractère en quelque sorte abstrait, son arithmétique, des réalités plus concrètes qui sont sous-jacentes. D'un point de vue théorique, la femme est acquise par les bœufs, et les bœufs servent à acheter la belle-sœur ; cette dernière est le symbole, le gage des bœufs. Elle peut donc être revendiquée, si la partie prenante se montre incapable, par défaut de la femme, d'exécuter la partie du contrat qui lui incombe. Ceci est l'aspect formel du système du *lobola*, son expression mécanique et inhumaine. Il n'est pas inutile de noter, à ce sujet, que le *lobola* a tendu, de façon croissante, à prendre la forme d'une véritable opération de vente. Mais la réalité profonde est autre ; j'ai obtenu ma femme en transférant les bœufs, et la femme ne m'a été remise que parce que sa famille comptait à son tour, grâce aux bœufs, recevoir une nouvelle épouse pour un membre du groupe. Cette dernière – la grande moukōnwana – est donc, en quelque sorte, la cause finale de toute l'opération. Tout se passe comme si, au lieu d'être au terme du processus, elle se trouvait placée à son origine; tout se passe comme si j'avais échangé la grande moukōnwana contre mon épouse. Et en réalité, je l'ai bien échangée : car elle est mes bœufs, c'est-à-dire qu'elle est ma chair, et que, symboliquement au moins, elle est de mon clan. » (Lévi-Strauss 1949/2002: 537 f.; kursiv i. Orig.)

ccxxii "The cattle belonging to a group are thought to be a part of it in such a way that any evil affecting the group will also affect the cattle, while ritual impurity in connection with the cattle will immediately show itself by disaster in the human group." (Hoernlé 1925: 481)

ccxxiii « il faut s'adresser à certaines structures fondamentales de l'esprit humain » (Lévi-Strauss 1949/2002: 87 f.)

ccxxiv « En quoi consiste les structure mentales auxquelles nous avon fait appel et dont nous croyons pouvoir établir l'universalité? Elles sont, semble-t-il, au nombre de trois: l'exigence de la Règle comme Règle; la notion de réciprocité considérée comme la forme la plus immédiate sous laquelle puisse être intégrée l'opposition de moi et d'autrui; enfin, le caractère synthétique du Don, c'est-à-dire le fait que le transfert consenti d'une valeur d'un individu à un autre change ceux-ci en partenaires, et ajoute une qualité nouvelle à la valeur transférée. » (Lévi-Strauss 1949/2002: 98)

ccxxv « Chaque enfant apporte avec lui en naissant, et sous forme de structures mentales ébauchées, l'intégralité des moyens dont l'humanité dispose de tout éternité pour définir ses relations au Monde et ses relations à l'Autrui. » (Lévi-Strauss 1949/2002: 108)

ccxxvi « le caractère structurel des phénomènes sociaux [...] de le prendre au sérieux et d'en tirer imperturbablement toutes les conséquences » (Jean Pouillon, zit. n. Lévi-Strauss 1957/1974: I)

ccxxvii « paradigme du don » (Henaff 2012: 70)

ccxxviii pecunia ex quo in honore esse coepit, uerus rerum honor cecidit, mercatoresque et uenales in uicem facti quaerimus non quale sit quidque, sed quanti (Seneca 62/1995: 730 [Epist. 115, 10]).

ccxxix "Prominent gift scholars such as Alain Caillé and Jacques Godbout argue that calculation and reciprocity are not central to the gift; their work focuses on the altruistic and socially beneficial aspects of the gift." (Komter 2010: 444) – « nous défendons, comme lui mais par d'autres voies, une conception politique du don (et donatiste du politique). » (Caillé 2018: 23)

ccxxx « Mauss [...] a montré que la réciprocité généreuse rituellement codée constituait le fait dominant des relations entre groupes dans les sociétés traditionnelles et formait le ciment même du lien social. » (Hénaff 2002: 145)

ccxxxi « le don cérémoniel [...] consiste à *se donner* à quelqu'un par la médiation de quelque chose. » (Hénaff 2002: 189, Fn. 72; kursiv i. Orig.)

ccxxxii « L'alliance matrimoniale institue et perpétue cette reconnaissance[, « qui constamment lie les uns aux autres des êtres »,] sur le long terme en l'indexant sur la reproduction de la vie – ce dont la femme est la médiatrice obligée – et en l'enchaînant sur l'alternance des générations. » (Hénaff 2002: 192 f.)

ccxxxiii « que le véritable universel sociologique et anthropologique que ce dernier [sc. : Lévi-Strauss] a découvert n'est pas celui de l'obligation d'échanger, mais celui de la triple obligation de donner, recevoir et rendre des femmes, des mots et des biens. De donner et recevoir des symboles puisque dans la relation de don qui scelle les alliances, femmes, paroles et biens valent d'abord à titre symbolique. » (Caillé 1996: 217; Kursivierung getilgt)

ccxxxiv « Dans certaine anciennes formes d'engagement réciproque (en Grèce, à rome), on brisait en deux une poterie ou une pièce de métal dont chaque partenaire gardait une moitié comme preuve et garantie de l'accord conclu ; chaque pièce, ajustable à l'autre, pouvait témoigner de cet accord à tout moment, et souvent bien longtemps après. » (Hénaff 2002: 178)

ccxxxv « Deux idées paraissent donc essentielles : 1° le principe du symbolisme : liaison mutuelle entre des éléments distinctifs dont la combinaison est significative, et 2° l'éffet du symbolisme : liaison mutuelle entre des sujets qui se reconnaissent engagés l'un à l'égard de l'autre dans un pacte, une alliance (divine ou humaine), une convention, une loi de fidélité. » (Ortigues 1962: 61; zit. n.: Hénaff 1999/2008: 260, Fn. 9)

ccxxxvi   « Le premier don ne crée pas une dette mais lance un appel ; il suscite chez le bénéficiaire l'exigence de répondre. » (Hénaff 2002: 187)

ccxxxvii   « donner à son tour » (Hénaff 2002: 186)

ccxxxviii   "Now what is giving? It does not consist [in] A's putting B away from him and C's subsequently taking B up. It is not necessary that any material transfer should take place. It consists in A's making C the possessor according to *Law*." (Peirce 1906/1958: 225 f.; kursiv i. Orig.)

ccxxxix   « Renvoyer la balle n'est pas une décision facultative : c'est la condition minimale exigée pour rester dans le jeu. Telle est la *loi* édictée et acceptée. L'obligation de réciprocité dans le don rituel relève d'un type semblable de convention. » (Hénaff 2014: 68; kursiv i. Orig.)

ccxl   « tout cela se déroule selon des protocoles bien établis qui valent comme des conventions » (Hénaff 2002: 177 f.)

ccxli   « le lien du donneur au donataire est personnel, exclusif, intense. […] cela constitue l'avancée du même au cœur de l'autre, ou de l'autre au cœur du même. Chacun est au centre d'une toile tissée de ces liens nombreux. Ainsi s'engendre une sorte d'ubiquité réciproque qui surmonte le paradoxe du tout et des parties, de l'un et du multiple, du ici et du là-bas, du local et du global. C'est bien cela que l'on peut appeler le lien social. » (Hénaff 2002: 171 f.)

ccxlii   « les rapports du don restent essentiels dans le domaine des civilités – formules et gestes de politesse ou rapports d'amitié, d'amour, de solidarité – et dans toutes les formes de célébrations traditionelles (fêtes religieuses, mariages, anniversaires, invitations, remises de récompenses). » (Hénaff 2002: 205)

ccxliii   « À la limite, la société politique pourrait […] ne compter que sur les seuls liens civiques définis par la loi, ou les liens d'intérêt générés par l'échange marchand » (Hénaff 2002: 205)

ccxliv   « En somme, les sociétés modernes demandent à la loi d'assurer la reconnaissance publique de chacun, au marché d'organiser la subsistance et aux rapports de don privés de générer du lien social. » (Hénaff 2002: 205 f.)

ccxlv   « Mais sans ce lien social, sans cette relation fondatrice, sans cette reconnaissance mutuelle et personelle où chacun risqué quelque chose de soi dans l'espace de l'autre, il n'y a tout simplement pas de communauté possible. » (Hénaff 2002: 206)

ccxlvi   "Tegenover elkaar staan steeds […] twee groepen, in een geest tusschen [sic!] vijandschap en gemeenschap in aan elkaar verbonden." (Huizinga 1938/1940: 88)

ccxlvii   « Ainsi on doit distinguer deux niveau de la réciprocité: 1° La réciprocité basale et constitutive pour le genre humain parce que la condition humain est caracterisée par ‹ la reduction de l'instinct ›, cela veut dire que chaque individue rencontrant un autre être humain ne peut pas éviter l'interaction, car éviter veut dire interagir par évitement. / 2° Au deuxième niveau chaque culture forme des règles positives de la réciprocité qui distinguent des options concrètes comme autorisées ou voire imposées des autres options interdites. (Ici on trouve toutes les formes des salutations imposées par des normes de la politesse et des évitements des salutations imposés.) » (T. Loer an M. Hénaff, 11. Okt. 2010)

ccxlviii « Je constate en tout cas que vous avez une position philosophique précise en ce qui concerne les 2 niveaux que vous distinguez : 1/ réciprocité de base propre à tout être vivant ; et 2/ réciprocité culturellement élaborée. / J'accepte cette distinction. / Je dirais cependant que dans le cas du vivant humain ce qui est remarquable c'est que la réciprocité de base s'exprime déjà par l'offre de quelque chose qui est le symbole du lien entre les agents. / Il faut préciser que le don cérémoniel est par nature public donc a lieu entre groupes; il ne se réduit pas à des initiatives individuelles. Je crois qu'il faut comme Lévi-Strauss parler d'une origine symbolique de la société » (M. Hénaff an T. Loer, 30. Nov. 2010).

ccxlix « Il ne s'agit pas en effet de reconnaître l'autre au sens purement naturel de pouvoir l'identifier, de le percevoir comme un semblable dans l'espèce, il s'agit de le reconnaître au sens de lui accorder du respect, d'admettre sa valeur, son importance : bref, son existence égale à la mienne, *ailleurs, autrement.* » (Hénaff 2002: 186 ; kursiv i. Orig.)

ccl « L'échange de dons résout la tension entre la nécessité de la rencontre – exigence de la nature – et l'indécidabilité des réponses – exigence de la liberté. » (Hénaff 2002: 187)

ccli « 1) les festivités et les présents que s'offrent à tour de rôle les chefs de clan (ou de tout autre type de groupe) d'une société traditionnelle ; 2) les cadeaux que des parents font à leurs enfants pour leur anniversaire, ou que quiconque fait à un être aimé pour lui faire plaisir et lui exprimer de l'attachement et de l'estime ; 3) les donations en produits de nécessité faites à des populations après une catastrophe. » (Hénaff 2012: 66)

cclii « Le premier cas est marqué par l'obligation rigoureuse de donner en retour pour les présents reçus […] ; il pose donc la question d'une *réciprocité fondamentale* qui ne saurait se réduire ni à un simple échange de bonnes manières ni à un retour attendu sur investissement. » (Hénaff 2012: 67 ; kursiv i. Orig.)

ccliii « Le deuxième cas révèle chez les donneurs une générosité spontanée et heureuse envers les êtres chers ; on y discerne d'abord une qualité psychologique ou morale. Cela correspond en grec au champ sémantique de la *kharis* (dont un des sens premiers est ‹ joie ›), celui du don unilatéral (il n'y a pas d'anti-*kharis*). » (Hénaff 2012: 67 ; kursiv i. Orig.)

ccliv « Le troisième cas, celui du don solidaire, est marqué par une dimension beaucoup plus sociale de générosité […], soit envers des proches (amis ou voisins ; la réciprocité est souhaitable mais non contraignante), soit envers des inconnus frappés par une catastrophe (où rendre n'aurait aucun sens) : ce qui correspondrait au champ de la *philia* ou de la *philantropia* » (Hénaff 2012: 67 f. ; kursiv i. Orig.)

cclv « Pour moi réciprocité se définit comme une réponse ciblée à l'action d'un autre agent. » (M. Hénaff an T. Loer, 30. Nov. 2010)

cclvi « Dans ces moments de fête [du don cérémoniel], il ne s'agit pas de proposer et d'obtenir des biens de consommation, mais de se donner des gages et des témoignages publics de la volonté d'assurer une vie commune. » (Hénaff 2012: 63)

cclvii   « le but [des échanges rituels] n'est pas de se montrer bons ni même solidaires. Il n'est pas question d'entraide. » (Hénaff 2012: 63)

cclviii   « À l'opposé de ces pratiques collectives, l'acte charitable est admirable à la mesure de sa discrétion ; par hypothèse il n'attend pas de réplique, pas plus que l'action philanthropique n'attend une compensation. » (Hénaff 2012: 64)

cclix   « Une obligation proprement contractuelle est limitée dans le temps : elle définit une exigence comptable, en quantité et en qualité, quant aux objets échangés, et elle comporte des engagements juridiques contraignants sous peine de sanctions (amendes, prison). » (Hénaff 2012: 64)

cclx   « Dans la vie pratique et pour la satisfaction de ses besoins intellectuels, l'homme doit être convaincu qu'il peut connaître quelque chose du monde. Mais, en même temps, il ne doit pas lui échapper que chaque progrès de son savoir élargit dans des proportions beaucoup plus grandes le champ de son ignorance, de sorte qu'il ne sait même pas si ce savoir en est un. » (Lévi-Strauss/Hénaff 2004: 103 [CLS])

cclxi   Anthropologia est doctrina humanae naturae (Casmann 1556, zit. n. Marquard 1971: Sp. 363)

cclxii   "highly social creatures" – "More than 90 percent of the signals used in communication by these strange colonial creatures are chemical. The substances, the pheromones, are released from exocrine glands located in various parts of the body. When smelled or tasted by other colony members, they evoke a particular response." (Hölldobler/Wilson 2009: XVI f.)

cclxiii   "patterns of special behavior" (Count 1970/1973: 4)

cclxiv   "Decision by decision, the insect responds to those stimuli to which its sensory and nervous systems are *programmed to respond*. These stimuli compose the highly filtered sensory world of the caste to which it belongs. A caste member performs specialized tasks because it has lower response thresholds to stimuli linked to those tasks." (Hölldobler/Wilson 2009: 55; kursiv von mir, TL)

cclxv   "The learning is nevertheless limited and statistically predictable. It is also biased: the insect is *innately prepared* to make certain kinds of responses *and counterprepared* (hence predisposed to resist) making other kinds of responses. The ensemble of biases, prepared and counterprepared, appears adaptive" (Hölldobler/Wilson 2009: 56; kursiv von mir, TL).

cclxvi   "These behavioral and physiolgoical traits [e.g.: "sucrose sensitivity and the age of foraging"] are probably linked through common neurobiochemical pathways under the regulatory control of at least two hormones involved in reproductive signaling in insectcs" (Hölldobler/Wilson 2009: 106).

cclxvii   "ravens are individuals. Ants aren't." (Heinrich 2000: xvii)

cclxviii   "The four young birds on our daily walks contacted all new objects preferentially. They picked them out at a rate of up to tens of thousands of times greater than background or previously contacted objects. The main initial criterion for pecking or picking anything up is novelty." (Heinrich 2000: 68)

cclxix "that ravens' strong curiosity to explore contrasting or novel objects in their environment functions ultimately in food-finding." (Heinrich 2000: 70)
cclxx "These experiments showed that ravens' *curiosity* ensures exposure to all or almost all items in the environment. I never saw them pass up *anything* that was new to them." (Heinrich 2000: 68 f.; kursiv i. Orig.)
cclxxi "If the birds were attracted to objects merely because they were already *known* to be good food, then what they already knew would be known even better, but nothing would be discovered." "background" – "Having determined they were not food, they soon get bored." (Heinrich 2000: 69; kursiv i. Orig.)
cclxxii "Ravens' curiosity declines with age. By the time they are four months old, they already become shy of most novel stimuli. As they mature, that initial attraction to novel things reverses. They become increasingly fearful of novel objects. I once tested a crowd of wild-caught juveniles with all kinds of objects that my young birds found irresistibly fascinating – film canisters, bottles, cans, silverware, and the like. They ignored the items until they got really hungry. The older birds reminded me of my father. He saw a peanut butter and jelly sandwich for the first time when he was fifty-five years old. It may have amused him, but he would not eat one then, or ever. He 'knew' butter doesn't come out of peanuts, unless it was very inferior butter, and that was that." (Heinrich 2000: 72)
cclxxiii "choice": "Many of the behaviors associated with nesting are primed by hormones, but as in all other birds and also in us, the complexity of responses indicate that the birds' minds are driven by more than just hormones. The relationships within and between pairs and with other ravens could suggest that these birds evaluate and make choices." (Heinrich 2000: 130) – "Pairs as Cooperative Teams and Sharing" (Heinrich 2000: 131–136) – "Therefore, from the standpoint of evolutionary ecology pairs cooperate, while from that of psychology they may not, but could." (Heinrich 2000: 135) – "In all of the above instances, there is no proof that the ravens anticipated the consequences of their actions and behaved in a conscious way in mutually agreed-upon plans. For the most part, there is no necessity to invoke such a scenario" (Heinrich 2000: 134 f.)
cclxxiv "patterns of special behavior" (Count 1970/1973: 4)
cclxxv la réciprocité « substitue un lien à la juxtaposition » (Lévi-Strauss 1949/2002: 70)
cclxxvi "The estrus, or period of female 'heat', has been replaced by virtually continuous sexual activity. Copulation is initiated not by response to the conventional primate signals of estrus, such as changes in color of the skin around the female sexualorgans and the release of pheromones, but by extended foreplay entailing mutual stimulation by the partners." (Wilson 1975: 547 f.)
cclxxvii « En ce sens, l'attitude respective des étrangers du restaurant nous apparaît comme la projection infiniment lointaine, à peine perceptible, mais néanmoins reconnaissable, d'une situation fondamentale: celle dans laquelle se trouvent des individus ou des bandes primitives, entrant en contact pour la première fois ou exceptionnellement, avec des inconnus. » (Levi-Strauss 1949/2002: 70 f.)

cclxxviii « la prohibition de l'inceste [...] constitue une règle, mais une règle qui, seule entre toutes les règles sociales, possède en même temps un caractère d'universalité. » (Lévi-Strauss 1949/2002: 10)

cclxxix « Comme l'exogamie, la prohibition de l'inceste est une règle de réciprocité : car je ne renonce à ma fille ou à ma sœur qu'à la condition que mon voisin y renonce aussi » (Lévi-Strauss 1949/2002: 72).

cclxxx "But constitutive rules do not merely regulate, they create or define new forms of behavior. The rules of football or chess, for example, do not merely regulate playing football or chess, but as it were they create the very possibility of playing such games. The activities of playing football or chess are constituted by acting in accordance with (at least a large subset of) the appropriate rules. [...] Constitutive rules constitute (and also regulate) an activity the existence of which is logically dependent on the rules." (Searle 1969/1983 b: 33 f.)

cclxxxi "As a start, we might say that regulative rules regulate antecedently or independently existing forms of behavior; for example many rules of etiquette regulate inter-personal relationships which exist independently of the rules. [...] Regulative rules regulate a pre-existing activity, an activity whose existence is logically independent of the rules." (Searle 1969/1983 b: 33 f.)

cclxxxii « Qu'il y ait rencontre est une nécessité naturelle, mais, pour les humains, elle n'est ni programmée ni programmable. » (Hénaff 2002: 186)

cclxxxiii "civil inattention" (Goffman 1963/66: 83–88)

cclxxxiv « Des gestes de menace s'esquissaient, parfois même des rixes se produisaient » (Lévi-Strauss 1948: 92)

The manufacturer's authorised representative in the EU is Springer Nature Customer Service Centre GmbH, Europaplatz 3, 69115 Heidelberg, Germany. If you have any concerns regarding our products, please contact ProductSafety@springernature.com

Printed and bound by CPI Group (UK) Ltd, Croydon, CR0 4YY
23/03/2026
02076749-0003